通产省与日本奇迹

[美] 查默斯·约翰逊 著
李雯雯 译
于杰 校

四川人民出版社

图书在版编目（CIP）数据

通产省与日本奇迹／（美）查默斯·约翰逊著；
李雯雯译. —成都：四川人民出版社，2022.2
ISBN 978-7-220-11973-6

Ⅰ.①通… Ⅱ.①查… ②李… Ⅲ.①产业政策-研究-日本 Ⅳ.①F131.30

中国版本图书馆CIP数据核字（2021）第047415号

MITI and the Japanese Miracle: The Growth of Industrial Policy, 1925-1975, by Chalmers Johnson, published in English by Stanford University Press.
Copyright ©1982 by the Board of Trustees of the Leland Stanford Junior University. All rights reserved.

This translation is published by arrangement with Stanford University Press, www.sup.org.

四川省版权局著作权合同登记号：21-2022-56

TONGCHANSHENG YU RIBEN QIJI
通产省与日本奇迹

[美]查默斯·约翰逊 著　李雯雯 译　于杰 校

出 版 人	黄立新
责 任 编 辑	邵显瞳
封 面 设 计	张 科
版 式 设 计	戴雨虹
责 任 校 对	舒晓利
责 任 印 制	许 茜
出 版 发 行	四川人民出版社（成都槐树街2号）
网　　　　址	http://www.scpph.com
E-mail	scrmcbs@sina.com
新 浪 微 博	@四川人民出版社
微 信 公 众 号	四川人民出版社
发行部业务电话	（028）86259624　86259453
防盗版举报电话	（028）86259624
照　　　　排	四川胜翔数码印务设计有限公司
印　　　　刷	成都东江印务有限公司
成 品 尺 寸	145mm×210mm
印　　　　张	16.5
字　　　　数	350千字
版　　　　次	2022年2月第1版
印　　　　次	2022年2月第1次印刷
书　　　　号	ISBN 978-7-220-11973-6
定　　　　价	89.00元

■版权所有·侵权必究

本书若出现印装质量问题，请与我社发行部联系调换
电话：（028）86259453

使资源具有生产力的只能是管理者,而不是大自然、经济学规律或政府。

———— **彼得·德鲁克**
《动荡时代的管理》

目录

001 译者序：红利渐远
004 前言

001 第一章 日本的"奇迹"
042 第二章 经济官僚
105 第三章 产业政策的兴起
148 第四章 经济参谋本部
201 第五章 从军需省到通产省
254 第六章 高成长职能机构
310 第七章 行政指导
352 第八章 国际化
390 第九章 日本模式？
413 附　录
436 注　释
482 参考书目

译者序

红利渐远

经典常读常新,"新"在个人认知。

对于所有经济体来说,无论是以本土市场为主还是参与国际市场,经济增长、发展均要通过商品和货币的有序流动实现。战后之初的日本无物可流、货币无序,对决策者来说,为实现经济重建、恢复、追赶、(力图)超越,只要能够带来物流和现金流,任何可选的手段、措施都是"合理"的。通产省(的机构变迁、角色转换)、产业政策(当然日本本土也有不少官员、研究者并不认同"日本有产业政策"一说)正迎合了这一需求,且在相应时间内达到了预期的效果——最大限度地建立和提高产能。"相应时间"指的是日本经济体量、科技和企业竞争力的提升同美国产业对前者承受程度和美国政府容忍程度的临界点。其间最不应忽视的因素是日元兑美元汇率,当然这同属产业政策之列。汇率因素实则是美国开放市场,美国市场对日本商品的开放,解决了通产省产业政策下扩张的产能,并反馈以美元现金流,日本经济实现了一个完美的闭环。日本发动侵略战争的经济目的，部分以这种方式实现了。至今，美国仍然发挥着为某些经济体提供现金流的角色。

前述提及的"合理"，是站在日本本国角度，不能要求美国视这种"合理"为"正当"，就如同新棋手不能指望自己悔棋、对方让棋成为常态，即便是对手方曾经是有意为之。以"美国也有产业政策"来辩护，一个"对等"要求便可以终结绝大部分争论。这是美国自20世纪80年代在经贸问题上对日本由容忍到鹰派的重要原因。

作者约翰逊·查默斯先生并非第一位注意到日本的资本主义、市场经济同美国不同的观察者，但他是第一位系统地阐述这一差异的学者。我个人认为，本书是美国各界重新认识日本的里程碑式著作，也是美国产学界研究美日经贸关系的转折点（参与20世纪80年代美日贸易谈判的克莱德·普雷斯托维茨先生就深受其影响，见笔者翻译的《美日博弈》），为美国20世纪80年代开始增加的贸易立法做了思想上的准备，并影响至今。作为学者，查默斯在写作本书时从历史沿革和政策效果的角度，理解且不乏支持日本的通产省模式，甚至建议其他后发经济体有选择地借鉴日本经验。本书初版时风靡世界，相信有不少经济体从中获得启发，并实施了他提到的借鉴。不过，仅对日本的态度，他在20世纪80年代后期完全逆转，呼吁美国视日本为"对手"，他的这一转变同样影响了后来者。这也正是本书为经典的原因。

细读本书，在重温以通产省沿革为主线的日本社会、经济变迁之余，有必要思考日本在"奇迹"之后力图超越领先者过程中的努力。日本于20世纪80年代前半期在半导体产业上的政策，可以视为一典型举措——以当时相对清晰的产品和行业发展方向为目标，集中了包括通产省在内各实权省厅的政策支持，举行业几大巨头之力，全力开发、投产存储芯片。日本参与公司产能之大令国外竞争者陷入绝望，最终对日本企业、行业形成反噬。倘若这样的政策导向了错误的方向，结果则是灭顶之灾，无论是否在经济领域，其负面影响时间持久、代价高昂。

时运变迁，红利已远。幸运的是，日本稳住了在发达经济体中的位次。

于杰
2021年10月

前言

政府与国民经济活动之间的关系，可能是政治经济学研究中最久远、最基本的问题。这方面的对照比较也是一切现代政治分析的中心：自由贸易对重商主义、社会主义对资本主义、自由放任对社会目标导向、公共部门对私人部门，最后是侧重程序正义（自由）对侧重结果正义（平等）。在这个中心课题的讨论中，不管是作为一个实例还是作为一种模式，日本都占有显要的位置。日本在第二次世界大战之后的空前经济增长，使其成为资本主义世界中生产高度发展的第二经济大国，也是目前国家导向型市场体制的最佳范例。对于其他许多尚在发展或发达的工业国来说，日本已总体或部分成为一个样板。

本书论述的焦点是日本政府的经济部门，特别是在国民经济中起导向作用、大名鼎鼎的通商产业省（以下简称"通产省"）。虽然通产省并不是影响国民经济的唯一重要部门，国家总体上在国民经济中也并不扮演主要角色，但在该部门重要性的问题上，

·前言·

我不想过分敛藏其锋芒。如果不提通产省的功绩，就难以理解日本经济增长的速度、方式及成果。长期以来，国家与企业之间的合作被认为是日本经济制度的显著特征，但国家在这种合作中发挥的作用，要么被指责为过分突出，要么被斥以只起辅助作用，从未有人对此进行研究。我希望能借本书填补这一空白。

通产省的历史在现代日本政治、经济史中居于中心地位。然而，同样重要的是，该日本政府经济部门的施政方式和成就，亦是计划经济支持者、混合市场经济支持者这两方持续论战所围绕的中心。国家干预、统筹规划的计划经济，不能充分发挥市场灵活配置资源的功能，且压抑了劳动者的积极性；实行这类经济体制的国家为履行其职能，将劳动者限制在某些特定的工作领域或地域范围内，使其不能自由流动。而混合市场经济国家则苦心孤诣地寻方问道，希冀将政治优先目标纳入其市场体制，同时又不致步上"英国病"（与工业化大规模生产伴生的劳工怠工）的后尘或因美国式法制受挫。当然，日本人并不拥有这些问题的全部答案。但考虑到解决20世纪末任何一个重大问题——能源供应、环境保护、技术革新等——几乎都要求政府扩大职能的事实，日本独特的优先目标和实施步骤还是颇具启发性的。它们至少应当提醒外国观察家，日本成就的取得并非没有代价。

作为一种后发的特殊模式，日本的例子既不同于西方市场经济国家，也区别于发展中国家或第二次世界大战之后的新兴国家。最重要的差异是，在日本，国家的经济职能是和私人部门共同承担的，公共部门和私人部门共同完善了令市场为发展中的目标服务的方式和手段。这种模式被证明是有史以来政府干预经济发展最成功的策略。如今，它正在东亚新兴工业国家和地区，例如韩国、中国台湾，以及新加坡和南亚、东南亚其他国家，频频出现。作为对产业革命最初受益者的回应，事实证明，相对纯粹由国家支配的计划经济，日本模式具有无可比拟的优势。

基于第一章阐述的原因，本书循历史脉络展开研究。1925年至1975年的时间框架意义重大：它始于日本实施产业政策的政府部门建立的年份，其间历经产业政策的主要问题浮出水面并引发论战，体现了战前和战后人事、组织方面的直接连续性。作为这段历史的开场白，本书前两章阐述围绕产业政策本身、围绕文官把持的日本政府的争议。最后一章，我简要总结了全书提出的一些具有广泛性的课题，并试图借此概括出日本政治经济的模式。

在这段历史的分析中，我还试图展示一些日本政府的语言——概念、委婉用语、标语。对不懂日语的读者而言，在括号中用罗马字重现日语术语可能很烦人。若真如此，那我很抱歉。但必须强调的是，所有政府的语言都是委婉的，往往晦涩难懂；甚至通晓其政府语言的日本学生都会想要确切了解我所翻译的内容，因为日本很多法律和组织的名称都会以多种不同方式翻译成英语。与此同时，为照顾对日本感兴趣却不愿看日文的读者，一应术语、法律、文献名和社团名称均被翻译成了英语；日本人则按日语规则具名，但姓氏跟在名字后面。附表一特别提供了1925—1975年间通产省所有内阁大臣、次官的名字。部分读者可能还会对本书中出现的大量日本人名存在识别困难。Nakamura、Nagamura、Nakayama和Nagayama这几个名字各自对位的日文迥然不同，但换成英文却很容易混淆。这并非我有意为之。政府和国家政策方面的太多研究都给读者纸上谈兵之感，鲜少触及实际情况。而本书有一部分内容讨论的是在职官员，他们的名字自然出现得频繁些。

在我进行本书课题研究和写作的过程中，许多人士和团体都伸出了援手。在日本，我得感谢东京都立大学（现已并入首都东京大学）的升味准之辅和赤木须留喜两位教授，他们为我推荐了参考资料，并就本书课题与我进行了广泛讨论，还指出了各个论题的重要程度。通产省的横川浩于1978—1979年期间在加利福尼亚大学伯克利分校（以下简称"伯克利"）从事研究工作，他对我指导的日本政治研讨班做了许多重要贡献。伯克利东亚图书馆的汤谷英次先生和村田书店（东京都目黑区鹰番3丁目9－8）的村田司郎先生，则在收集与通产省历史有关的珍稀资料方面，给了我非常宝贵的帮助。伯克利东亚研究所日本问题研究中心还为本书课题的研究提供了经费和前往日本的旅费。自从1972年开始本书课题研究以来，我在伯克利得到了多位研究生的帮助，包括藤本哲也、安田隆二、河本千鹤子、后藤田照雄、三云秋子、松本洋子、张达忠（均为音译）等。我还要感谢加州棕榈泉的保利娜·D.福克斯，她为我制作《洛杉矶时报》剪报长达八年之久。

我最应当感谢的是希拉·K.约翰逊，她对我的手稿进行了专业的编校并完成了全部文稿的录入。

虽说得益于这许多慷慨襄助，我仍须对本书关于日本通产省和昭和时代的分析所涉及的一切事实或解读负责。

查默斯·约翰逊
1980年12月于伯克利

第一章

日本的"奇迹"

日本人普遍认为,"奇迹"一词首次出现是在1962年。伦敦的《经济学人》杂志在1962年9月1日和8日分两期刊登了一篇题为《正视日本》(*Consider Japan*)的长文。后来,这篇长文迅速以《惊人的日本》(*Odorokubeki Nihon*)之名翻译成日文并在东京出版成册。即便到了这个时候,大多数日本人也并不相信他们当时造就的经济增长率——日本史无前例的增长率,日本的权威人士和经济学家甚至发文提醒这种繁荣会如何消逝、经济衰退即将到来、政府政策存在不合理之处。[1] 不过,日本人关注的是不负责任的预算、"超额信贷"和巨大的国内需求;而《经济学人》着眼的却是需求的扩张、傲人的生产率、相对融洽的劳资关系,以及超高的储蓄率。就这样,日本国内外对战后日本经济的褒扬,对所谓"奇迹"背后原因的探索拉开了序幕。

首先是奇迹本身的一些具象。表1—1罗列了1926—1978年,也就是本书研究覆盖的整个期间的各项工业生产指数,并将1975

表 1-1 1926—1978 年日本矿业和制造业生产指数
（1975 年 = 100）

年份	全部产业	公用事业	矿业和制造业	矿业	全部制造业	钢铁	有色金属	金属制品	机械	陶瓷和水泥	化工	石油和煤产品	造纸	纺织	木材及木制品	食品
1926		2.5		54.5		1.5	4.0				1.5	0.7	4.9	17.4		
1927		2.8		59.7		1.7	4.1				1.7	0.8	5.3	18.8		
1928		3.3		62.0		2.0	4.6				1.8	1.0	5.8	18.1		
1929		3.6		63.2		2.2	4.6				2.2	1.0	6.4	18.9		
1930	5.5	3.9	5.8	62.0	5.3	2.1	4.8		1.4	8.4	2.5	1.0	5.5	21.8	15.8	21.0
1931	5.0	4.0	5.2	58.8	4.7	1.8	4.4		1.1	8.5	2.6	1.1	5.3	23.0	15.2	19.0
1932	5.3	4.3	5.5	60.0	5.0	2.3	4.9		1.0	9.2	3.2	1.2	5.3	24.9	16.0	20.8
1933	6.4	4.9	6.7	68.6	6.1	3.1	5.7		1.4	10.3	3.7	1.4	5.8	28.6	18.8	22.3
1934	6.9	6.3	7.2	75.1	6.5	3.7	5.6		1.4	10.0	4.3	1.7	5.4	31.5	24.0	22.5
1935	7.3	6.0	7.6	81.0	6.9	4.4	6.7		1.4	11.6	5.2	1.8	5.9	33.4	26.4	22.5
1936	8.2	6.5	8.6	89.6	7.8	4.9	7.4		1.7	12.0	6.2	2.1	7.0	35.8	27.6	23.0
1937	9.6	7.1	10.0	97.5	9.2	5.7	8.7		2.3	12.7	7.1	2.5	8.0	40.8	27.9	25.2
1938	9.9	7.7	10.3	103.8	9.4	6.5	9.1		2.5	13.5	8.1	2.7	7.2	33.6	27.5	25.5

第一章 日本的"奇迹"

续表

年份	全部产业	公用事业	矿业和制造业	矿业	全部制造业	钢铁	有色金属	金属制品	机械	陶瓷和水泥	化工	石油和煤产品	造纸	纺织	木材及木制品	食品
1939	10.9	8.1	11.4	108.8	10.5	7.2	10.3		3.1	14.2	8.6	3.2	8.3	33.6	32.2	26.1
1940	11.4	8.3	12.0	116.7	11.0	7.3	10.1		3.8	14.7	8.5	3.4	8.3	30.4	26.8	22.7
1941	11.8	9.1	12.4	117.1	11.3	7.5	9.6		4.4	13.1	8.5	4.0	8.5	24.6	33.5	19.7
1942	11.5	9.1	12.0	114.4	11.0	7.9	10.9		4.5	10.8	7.1	4.0	6.7	19.5	31.7	17.5
1943	11.7	9.2	12.1	115.5	11.1	8.9	13.3		5.0	9.6	6.1	4.0	5.7	12.7	28.0	14.5
1944	11.9	9.0	12.4	105.1	11.4	8.3	14.7		5.8	7.5	5.7	3.2	3.3	6.8	24.8	11.9
1945	5.2	5.4	5.3	55.5	4.8	2.9	5.5		2.5	2.9	2.3	0.9	1.6	2.6	14.8	7.9
1946	2.3	6.9	2.2	40.9	1.8	1.0	2.9		0.8	3.1	1.4	0.4	1.7	4.3	22.7	7.0
1947	2.9	7.8	2.7	54.0	2.3	1.3	4.0		0.9	3.8	1.9	0.5	2.4	5.8	29.9	6.3
1948	3.8	8.5	3.6	66.2	3.0	2.1	5.5		1.4	5.8	2.5	0.8	3.5	6.6	34.7	7.7
1949	4.8	9.6	4.6	75.7	4.0	3.7	6.3		1.7	7.6	3.5	0.9	4.9	8.9	34.8	11.7
1950	5.9	10.3	5.7	80.0	5.1	5.1	7.3		1.8	9.0	4.7	1.7	6.7	12.6	36.5	13.1
1951	8.0	11.0	7.8	91.4	7.1	6.9	8.8		2.9	12.5	6.3	2.8	9.1	17.9	54.7	16.8
1952	8.6	11.9	8.4	94.4	7.7	7.1	9.3		3.0	13.0	6.9	3.6	10.4	20.3	58.2	17.2

续表

年份	全部产业	公用事业	矿业和制造业	矿业	全部制造业	钢铁	有色金属	金属制品	机械	陶瓷和水泥	化工	石油和煤产品	造纸	纺织	木材及木制品	食品
1953	10.4	12.7	10.2	101.2	9.5	8.4	9.9		3.8	15.4	8.6	4.6	13.3	24.4	55.7	26.3
1954	11.2	13.5	11.1	97.5	10.4	8.8	11.5		4.3	17.5	9.8	5.4	14.5	26.5	54.6	28.5
1955	12.1	14.5	11.9	98.0	11.3	9.8	12.2		4.3	17.7	11.3	6.2	16.6	29.6	54.4	30.3
1956	14.9	16.7	14.6	108.3	13.9	12.0	14.7		6.2	21.5	13.6	8.0	19.2	35.2	60.8	32.0
1957	17.3	18.6	17.3	119.3	16.5	13.6	16.4		8.7	25.3	16.0	9.6	21.7	38.9	64.1	30.7
1958	17.4	19.7	17.3	115.7	16.6	12.8	16.0	15.6	9.3	23.9	16.0	10.0	21.3	34.8	61.8	35.6
1959	20.9	22.6	20.8	114.6	20.1	17.0	21.0	19.2	12.0	28.3	18.5	12.4	27.9	40.6	65.9	37.7
1960	26.0	26.5	25.9	125.2	25.3	22.4	27.8	24.4	16.5	25.7	22.3	15.8	33.6	47.9	73.2	39.9
1961	31.0	30.8	31.0	134.0	30.4	28.3	33.3	28.8	21.4	41.5	25.5	19.0	40.5	51.7	77.5	43.1
1962	33.5	32.9	33.6	137.0	32.9	28.3	32.5	30.3	24.0	45.3	29.2	21.4	43.4	54.5	79.3	46.6
1963	37.3	36.0	37.4	135.9	36.7	31.9	37.2	34.0	26.5	48.1	32.2	25.6	48.0	58.6	83.8	57.8
1964	43.2	40.6	43.3	137.1	42.6	39.7	45.6	39.6	32.3	55.5	36.6	30.3	54.5	64.8	88.9	62.7
1965	44.9	43.3	44.9	135.2	44.3	40.8	45.3	40.5	32.8	57.1	40.1	34.8	55.7	69.4	90.0	66.7
1966	50.7	47.6	50.8	143.1	50.2	47.2	51.0	48.0	38.1	62.2	45.3	40.0	62.5	76.4	95.4	73.1

· 第一章 日本的"奇迹" ·

续表

年份	全部产业	公用事业	矿业和制造业	矿业	制造业									
					全部制造业	钢铁	有色金属	金属制品	机械	陶瓷和水泥	化工	石油和煤产品	造纸	纺织	木材及木制品	食品
1967	60.5	54.0	60.7	141.0	60.2	61.1	61.6	58.6	49.6	72.8	53.0	48.1	69.6	83.3	102.5	76.8
1968	69.7	59.6	70.1	142.1	69.6	68.4	74.3	71.0	61.5	81.4	62.6	56.9	76.9	88.4	107.0	78.7
1969	80.7	67.0	81.3	142.9	80.9	82.6	86.6	84.0	74.8	90.3	73.7	67.9	86.6	97.0	113.9	83.6
1970	91.8	75.9	92.5	139.2	92.2	94.2	93.8	96.9	87.7	101.0	86.8	79.8	98.2	105.2	118.7	89.9
1971	94.3	80.6	94.9	131.6	94.6	91.2	95.7	100.1	89.8	102.6	91.6	87.4	100.6	109.4	117.1	92.6
1972	101.1	87.4	101.8	121.9	101.6	98.7	108.4	111.0	87.3	109.5	97.2	91.5	106.7	110.8	120.7	97.8
1973	116.2	97.4	117.0	112.8	117.0	118.8	128.6	133.4	117.4	126.5	110.2	106.6	119.3	118.5	122.1	98.6
1974	111.7	97.3	112.3	105.8	112.4	116.9	112.6	123.0	116.2	117.0	109.9	104.4	113.7	106.1	109.1	97.5
1975	100.0	100.0	100.0	100.0	100.0	100.0	100.0	100.0	100.0	100.0	100.0	100.0	100.0	100.0	100.0	100.0
1976	111.0	108.5	111.1	100.0	111.2	109.5	119.3	116.8	113.7	110.4	111.5	102.7	113.3	108.4	106.8	101.1
1977	115.6	113.7	115.7	103.1	115.7	108.1	125.0	124.9	121.3	115.2	117.2	104.7	115.3	106.7	104.4	104.6
1978	122.7	119.9	122.8	105.9	123.0	110.1	135.0	134.3	131.5	121.0	131.0	104.0	120.8	107.7	107.0	106.1

来源：每日新闻社（Mainchi Shimbun Sha）编，《昭和史辞典》（Shōwa shi jiten），东京，1980 年，第 45 页。

年的数值设定为基数 100。该表显示了几个有趣的情况：奇迹实际上直到 1962 年才开始，且当时的产量仅为 1975 年的三分之一。所谓日本惊人的经济力量有一半要等到 1966 年以后才能显现出来。该表也清楚表明，1954 年、1965 年和 1974 年的经济"衰退"倒逼日本政府转向新的乃至更有创造性的经济举措。这体现了日本经济从上述时期的逆境中恢复，甚至变得更强大的能力。该表也是经济结构调整的记录：矿业因煤炭为石油让道而衰落；重心由纺织业转向机械制造业和金属制品业，日本人将这种部门迁移称为"重化工业化"。

如果我们将基数稍作变动——比方说，将 1951—1953 年的数值设定为 100，那么 1934—1936 年的国民生产总值指数就成了 90，1961—1963 年为 248，1971—1973 年为 664；1934—1936 年的制造业生产指数为 87，1961—1963 年为 400，1971—1973 年为 1350。整个战后期，即 1946—1976 年，日本经济增长了 54 倍。[2] 当本书研究的期间行将结束时，日本的经济活动几乎占到了整个世界的 10%，但其国土面积仅相当于地表的 0.3%，并维持着近 3% 的世界人口。无论世人是否愿意将这一成就称作"奇迹"，它都应当是值得探究的发展案例。

在我之前，已有许多学者在这些领域进行了探索，对他们的成果进行综述是引入本书研究和我本人具体观点的必要先导。"奇迹"一词的频繁使用表明，解释日本经济增长的原因并非易事——尤其这种增长还会在一个又一个短暂的有利条件耗尽或消失之后反复出现；"奇迹"一词并不能单拿出来或仅用来指代始于 1955 年的高速增长。早在 1937 年，当时还很年轻的有泽广已教授（Arisawa Hiromi，1896年生）——任何罗列战后二三十位产业政策主要制定人的名单必有其名，就曾用"日本奇迹"的提法来描述日本工业产值在1931—1934年间高达81.5%的增长率。[3] 今天，我们已经明白这一奇迹为什么会发生：那是时任大藏相高桥是清（Takahashi Korekiyo）实行通货再膨胀的赤字财政政策的结果。因为高桥后来力图中止这一由他开启的赤字政策，一众年轻军官于1936年2月26日清晨刺杀了时年81岁的高桥。

然而，这一较早出现的奇迹仍令学者们心存疑惑，因为诚如查尔斯·金德尔伯格（Charles Kindleberger）所说，日本如何做到"早在凯恩斯主义未成气候的1932年便出台凯恩斯政策"是个"谜团"。[4] 有些日本人并没有过分纠结于这个谜团，他们索性把高桥是清称作"日本的凯恩斯"。[5] 就像我希望在本书中明确的，这种类比并不恰当。日本20世纪30年代的国家干预比凯恩斯主义走得更远，有泽广巳及其政府同事在他们成长的关键期所积累的经验教训，与奠定今时今日西方公认的那些主流财政政策截然不同。

金德尔伯格所谓的"谜团"确实引起了现今研究日本经济"奇迹"的主要流派——映射派的注意。这些学者将西方（主要是英美）经济行为的概念、问题和标准映射到日本的案例上进行研究。无论该流派在各国从事的此类研究有何价值，它们都无须我们长久驻足。此类研究的宗旨与其说是解释日本奇迹产生的原因（虽然也有可能提炼出一些日本政治经济原理），不如说是参照日本的成就，找到本国的差距，或是就日本增长对世界其他地区可能产生的影响发出警告。甚至始见于1962年《经济学人》

杂志的那本精彩绝伦的小书，也要换成《瞧瞧日本在干什么，再想想英国》的题名才更合适。因为怎么看，那都是作者写作的真正目的。此后陆续出现的类似著作包括：拉尔夫·休因斯（Ralph Hewins）的《日本奇迹风云人物》（The Japanese Miracle，1967年）、P. B. 斯通（P. B. Stone）的《日本腾飞：经济奇迹纪实》（Japan Surges Ahead：The Story of an Economic Miracle，1969年）、罗贝尔·吉兰（Robert Guillain）的《日本的挑战》（The Japanese Challenge，1970年）、赫尔曼·卡恩（Herman Kahn）的《崛起的超级大国日本》（The Emerging Japanese Superstate，1970年）和霍坎·赫德贝里（Hakan Hedberg）的《日本的复仇》（Japanese Revenge，1972年）。同类题材著作中最出色的一本，可能要属傅高义（Ezra Vogel）的《日本第一：带给美国人的教训》（Japan as Number One：Lessons for Americans，1979年），因为它明确提点了美国可以从日本学到什么，而不是在分析日本经济惊人增长的原因。本书研究无意效仿上述早期著作——主张在日本以外的国家采取日本式制度，但确实有志于极尽翔实地展示日本经济领域中一些主要制度的复杂性，好让有心照搬这些制度的人意识到，他们将因此得到日本体制的哪些回馈——计划中的、计划外的，甚至不愿接受的。

还有一种对日本奇迹大相径庭的解释，来自社会经济学派，我有时称之为"奇迹"研究中的"非政治"派。这个门庭广大的学派包括四种分析类型，它们彼此交叉，但倘使研究目的既定，仍可明确加以区分，尽管它们鲜少以单一形式出现。它们是：一

第一章 日本的"奇迹"

般由人文学者,特别是人类学家推崇的"国民性—基本价值观—共识"型分析;主要由经济学家进行的"否定奇迹"型分析;由研究劳资关系、储蓄率、公司管理、银行制度、福利制度、综合商社、现代日本其他制度和机构的学者所倡导的"独特结构特征"型分析;各种形式的"搭便车"型分析。换言之,这种分析强调那些促进日本经济在战后高速增长[①]的实际却短暂的有利条件。在概括这些分析类型的优劣之前,我想说,在一定程度上,我赞同所有这些类型的分析。我的兴趣既非争论它们所揭示的事实,也非质疑它们与日本奇迹之间的关联。不过,我相信,有一点可以得到证实:这些分析中有许多应当还原为更加基本的分析类型,特别是对国家政策影响的分析;衡量它们的标准也应当与以往不同,从而增加政府及其产业政策的衡量比重。

国民性分析认为,经济奇迹之所以发生是因为日本人独有的、植根于文化的相互协作能力。这种能力体现在很多方面:相对其他多民族国家较低的犯罪率、个人服从集体、强烈的忠于集体意识和爱国热情,最后却同样重要的是经济表现。日本文化对经济生活最重要的贡献,据说是日本人著名的"共识",即政府、执政党、产业领袖和民众之间,对整个社会的首要经济目标,以及达到这些目标须采用的手段,做到了真正的观点一致。用以指涉日本人这种文化能力的词语应运而生:"动态共识"[6]、"自发集体主义"[7]、"天生集体主义"[8]、"没有蜘蛛的蜘蛛网"[9]以及"日本公司"[10]。

[①] 经济高速增长在日文中对应的表述为"高度经济成长",简称"高度成长"或"高成长",为行文简洁故,本书亦有使用"高成长"一词来表达"经济高速增长"之意。——译者注

至于上述分析的价值，我的基本态度是，它过于笼统，存在阻断而非推进审慎研究的倾向。共识和集体主义对日本的经济增长固然重要，但与其说它们源自日本人的基本价值观，不如说它们取决于鲁思·贝内迪克特（Ruth Benedict）曾经所谓日本的处境因素：发展起步晚、资源匮乏、亟待发展贸易、国际收支制约等。[11]将某种"特有的协作能力"臆断为日本人的文化特性会导致探究的过程偏离当日本人协作时（在本书研究涉及的近一半时间里，他们并未协作）他们为什么会协作的问题，同时还会忽略这种协作系日本政府和其他组织精心设计和驱策的可能性——情况有时确实如此。戴维·泰特斯（David Titus）关于日本战前利用天皇制将社会矛盾"私人化"而非"社会化"的研究，可以算是看待"共识"问题的新颖视角[12]。

　本书接下来讨论的许多实例将阐明，政府如何有意识地引导了其委托人间的协作，而且效果比太平洋战争期间它试图控制后者要好得多。总之，日本人的基本价值观可能确实不同于西方世界，但这需要研究而不是假设，而且根据基本价值观对社会行为进行解释应当另外分析，即专门研究那些用侧重经济分析的方式无法解释的行为。实际上，从文化角度解释日本经济奇迹在几年前更为流行，因为那时只有日本出现了奇迹。如今韩国、中国台湾和香港，以及新加坡，甚至东亚以外的一些国家或地区也有了重演这种奇迹或与之一较高下之势，文化层面解释受到的关注大不如前。[13]

　典型的"否定奇迹"型分析其实并非主张日本经济没有成就可言，但它们暗示，这些成就还到不了奇迹的程度，不过是市场力量作用的正常产物。这些理论源于对日本经济增长的专业经济分析，它们因此自认无懈可击。但是，这类分析往往也会得出整合了其提出者不曾研究却无论如何想要从其模型中剔除的相关问题的延伸结论。休·帕特里克（Hugh Patrick）直言，"我派观点认为，日本的经济成就应主要归功于个人和私营企业为把握完全自由的商品和劳务市场所提供的机会而采取的行动和努力。虽然政府助力经济增长并确实为之创造了环境，但其作用往往被夸大"[14]。不过，他也承认这种观点有解释不通的地方："令人困惑的是，在对日本战后经济成就进行宏观分析时，从劳动力和资本总体投入的增长及二者更有效的配置来看，产出和劳动生产率的增量中各有40%多和50%无法解释。"[15]如果能够显示，是政府的产业政策改变了某些经济战略性行业的投资率（比如石化或汽车工业的产量提升和成功营销），那么，也许我们可以说，政府的作用并没有被夸大。我相信这一点可以得到证明，本书后面自有分解。

休·帕特里克所谓日本政府仅仅是为经济增长提供了环境的观点自然也会遭到众多日本人质疑。通产省前次官佐桥滋（Sahashi Shigeru）声称政府对经济负有全面责任，他断言："认为政府只用给各个行业提供有利环境而无须为后者指明方向，是彻头彻尾的自我中心（商人）论调。"[16]是有发生过行业或企业抵制政府指示的情形——战后政治中最敏感的事件，但这些过去不曾、现在也没有频繁发生，并不能成为常态。

从纯经济角度讨论日本经济，问题似乎出在其假设而非分析。例如，假设作为发展型国家的日本和作为监管型国家的美国是一码事。菲利普·特雷齐斯（Philip Trezise）就认为："日本政治本质上与西方民主国家没什么不同。"[17]不过，二者在国家财政预算过程方面存在差异。在日本，预算的拨款先于批准，"国会自1955年以来从未修改过政府提出的预算，唯一的例外是1972年，政府行为失当加上在野党联合抵制导致国防开支小幅削减"。在那之前，国会批准政府预算的程序显然只是走过场。[18]

美日之间另一处不同应该是在银行制度方面。战前，日本所有公司的自有资本率都在66％左右，与美国目前的52％尚有可比性。但到了1972年，日本的自有资本率却低至16％左右，且整个战后时期都保持着这种状态。大企业通过向城市银行申请贷款取得资金，后者因此过度放贷，于是完全依赖中央银行——日本银行（简称"日银"）的信用担保，而日银自身在经历其"失去的"20世纪50年代的惨烈一搏后，实际已沦为大藏省的附庸。于是，政府便与"战略性产业"（常规表述，使用得很普遍，但并非军事意义上的）的命运有了直接、紧密的关系，且其影响无论在形式上还是法律上，似乎都要远远超过其他市场经济国家内的同类关系。1974年，通产省公开引入"计划主导型市场经济体制"的概念，力图对自己过去20年（在此之前为完善这种体制而历经尝试和失败的20年）的所作所为进行命名和总结，但这样做不光光是为了给自己树碑立传。[19]计划主导型市场经济体制无疑包含一些与"其他民主制度"的不同之处，其中之一就是对经济奇迹本身的重视和扶植。

研究日本经济的"否定奇迹"派学者亦认同日本经济确有增长，但坚称这是资本、劳动力、资源和市场诸要素能够在彼此间自由发生作用且不受任何真正意义上限制的结果。他们否定日本人在探讨和管理日本经济过程中不断创造和应用的一切概念，比如"产业结构""过度竞争""投资协调"和"公私合作"，理由是违背经济逻辑，因而无法成立。最要命的是，他们的解释通过预设政府干预不会引起任何不同并以此作为原则，巧妙地避开了对这种干预实际影响的分析。结果就如约翰·罗伯茨（John Roberts）所言，日本"在20世纪60年代'奇迹般'崛起为一流经济大国被日本和外国作家极尽渲染，却鲜有著作对个中曲折或何人主导做出可圈可点的解释"[20]。本书的目的便是为这些问题寻找答案。

流行的第三种日本奇迹分析类型，重点强调日本独特制度发挥的作用。它是我目前为止归纳出来的四种类型中最重要的一种，也是日本国内外研究最为深入的一种。用最简单的话来说，这种类型的分析主张，日本通过被战后日本雇主们习惯唤作自身"三大神器"的"终身"雇佣制、"年功序列"（nenkō）工资制和企业工会制，获得了特殊经济优势[21]。比如，通产省的天谷直弘（Amaya Naohiro）就称这三种制度是他所谓日本团扇（uchiwa）① 经济制度的精髓。无独有偶，1970年，通产省前次官大滋弥嘉久（Ōjimi Yoshihisa）② 在向经济合作与发展组织（OECD，简称"经合组织"）下属产业委员会报告时，曾提到帮助日本实现高成长的各种典型日本现象，他口中的现象也是指上面的"三大神

---

① 喻所有人及其活动均系日本这个大家庭的组成部分，经济上相应采取家庭式管理。——译者注
② 也作"大慈弥嘉久"。——译者注

器"。[22]由此推论：正是因为这些制度，日本获得了更多劳动投入，降低了罢工风险，不仅能够较为轻松地开展技术革新，在质量管理上也胜人一筹，总体而言，该国推出适销商品种类之多、速度之快均非国际上的其他竞争者所能及。

这一论断无疑是正确的，但却从未得到清楚明白的阐述，至多是一种简单的提法。另外尚有几点需要指出：首先，"三大神器"并非"独特制度"的全部，当然也不是最关键的。其他种种包括个人储蓄制度、分配制度、政府高层官员退休后转入私营企业担任领导职务的"下凡"（amakudari）制度、产业集团化（经联会，抑或各行业通过企业联合形成的寡头垄断组织）、"二元经济结构"（被克拉克［Clark］很务实地称为"产业等级"制度[23]）及其催生的复杂分包结构、税收制度、股东对公司微乎其微的影响力、一百多个"公共政策公司"（几种不同形式的公营公司），以及许是所有制度中最重要的——由政府控制的金融机构，尤其是日本开发银行，还有"第二预算"，或者说投资预算（财政投融资制度）[24]。

本书没必要对上述制度一一阐述，因为即使是日本问题的新手研究者也十分熟悉其中大多数制度，剩下的那些将在本书后面的章节详细分析，因为它们属于政府影响和指导国民经济基本工具的组成部分。需要强调的是，这些制度构成了一个体系——一个任何个人或机构都不曾设想过的体系，一个作为日本发展起步晚的即时反应或计划外结果及政府促进增长的政策而与时俱进的体系。从一个完整体系的角度看，它们构成了推动经济增长的一整套制度（天谷直弘喻之为"国民生产总值发动机"），但如果按照常见的做法，将它们单个拿出来看，它们却毫无道理可言。[25] 人们对独特制度理论所持的主要保留态度自然也是其深度不够，该理论于是沦为一种片面解释。

我们来举个例子，由于世界范围内对日本奇迹的认同，美国的一些企业管理学教授开始建议美国企业家尝试日本"三大神器"中的一件或全部。有些时候，日本的做法辅以适当调整，也能够顺利推行[26]。然而，如果美国企业家在缺乏日本体系中其他制度作为支撑的情况下当真实行"终身"雇佣制，那他很快就会落入破产境地。且不说别的，日本的"终身"雇佣制并非包揽一辈子，而只是到55岁，再长也不会超过60岁。尽管工资增长与工龄挂钩，但职业保障却与工龄无关：企业衰退期最先遭到解雇的恰恰是那些工龄最长的人，因为他们薪酬最高。终身雇佣制也不适用于"临时工"——他们可能以这种身份度过整个工作生涯，而临时工在日本企业劳动力中所占的比例远远超出任何美国工会所能容忍的限度（以丰田汽车公司为例，其在20世纪60年代的临时工比例是42%）。[27]

即使这些问题可以解决，美国雇主也无法在困难时期效仿其日本同行，去压榨下游数量庞大的企业中介和小转包商。富冈隆夫（Tomioka）将此类转包商称为日本经济周期的"减震器"——当大公司承担不起劳动力固定成本而必须"转嫁压力"时，这些小公司就成了被动接受方。[28] 另一方面，美国雇员缺少日本那种可用于救济失业的庞大分销系统，以便遭到解雇时赖以栖身。一旦经济气候使然，日本的分销系统就好比一块巨大的海绵，去吸纳失业和半失业者。作为日本中间商层次繁多的证明，

1968年，日本的批发交易额远超零售交易额，二者比率高达4.8∶1，而该比率在美国仅为1.3∶1。[29]这便难怪日本许多有识之士不愿改变现有的分销系统，充耳不闻外国推销员抗议进入壁垒之声，因为除了分销，该系统还发挥着其他社会功能，尤其是减轻为提供充足的失业保险而不得不承担的税负。

从经济增长的角度来看，日本式的终身雇佣制有许多优越之处：它为雇主全力或接近全力生产提供强效激励、抑制横向组织的工会运动，以及用大川一司（Ohkawa）和罗索夫斯基（Rosovsky）的话说，它为日本企业家提供"即便是节约人力型的技术和组织革新亦无反对动机的劳动者"。[30]但终身雇佣制并不是孤立存在的，离开"独特制度"体系的其他组成部分便无以自行。

这些特殊制度的第二个要义，涉及它们的历史渊源及其如何维系自身。就是因为这一点，该奇迹研究流派有时会不自觉地与第一个流派混同，后者认为是日本的文化和国民性在支撑日本经济。比如，天谷直弘将"三大神器"溯至日本的家庭（*ie*）、村庄（*mura*）和国（*kuni*）① 这样的传统领域，主张三者如今已融合在一起并复刻到日本的工业企业中。[31]必须指出的是，此类说法不过是一种避免上述特殊制度招致心怀敌意的（往往来自国外）批评者攻击的宣传手段罢了。日本国内外学者的广泛研究表明，所谓的特殊制度实际上都始于20世纪，通常不早于第一次世界大战期间。

---

① 原文给出的英文为"province"，这里系按日语译出。——译者注

比如，终身雇佣制源于多重因素影响，包括：第一，一战期间压制左翼社会改革运动的努力。第二，20世纪20年代，大量朝鲜半岛和中国台湾地区的劳工流入日本，迫使日本工人不计代价地争取职业保障。另外战争期间，军火公司为留住其最优秀的员工，不得不为他们提供职业保障。作为日本产业制度主要权威之一的 R. P. 多尔（R. P. Dore），将这方面研究情况总结如下："1900年，日本的雇佣制度属于类似英国的市场导向型。本世纪（20世纪）前两个十年，有意识的制度性改革开始影响日本雇佣制度，并在30年代完善了家庭式企业制度（或可称之为公司家长制），接着又在40年代后期对这一制度做出改进，以适应工会的崛起势头，随之产生了今天（被多尔）称为'福利社团主义'的东西。"[32]

中村隆英（Nakamura Takafusa）发现了战时统制经济时期一整套重要制度的源头，这些制度中包括以银行为中心的经连会（*keiretsu*，建立在其时金融机构指定制基础上的产业集团）和转包制度。虽然转包制度战前就已存在，但通过中小企业与大型机器制造厂的强制合并（所谓的 *kigyō seibi* 或"企业重整"运动，将在第五章讨论），它在战时得到极大程度的加强。[33]

日本政府通过多种途径影响其特殊制度的结构。这些制度有许多是在20世纪30年代的"产业合理化"运动中或太平洋战争期间，由该国政府直接创设的。即便那些非由政府直接创设的制度，也是先有政府认识到它们符合政府自身目的的用处，然后才得以强化。储蓄制度就是一个例子。正如许多评论家所主张的，日本的私人储蓄率之所以能成为和平时期所有市场经济国家储蓄额占其国民生产总值比重的最高历史纪录，大抵要归因于日本人的节约天性。但来自外部的强大压力也是刺激日本人储蓄的动因，诸如：相对薄弱的社会保障体系、每累积半年一次性发放大额奖金的薪酬体制、在工人年满 60 岁前就大幅削减其收入的退休制度、新增住房和住房用地的紧缺以及子女大学教育的额外费用——这两项都意味着巨额支出、欠发达的消费信贷体系、政府经营且以有竞争力的利率作为保障的邮政储蓄系统、缺乏高度发达的资本市场或替代个人储蓄的其他选择，以及储蓄利息所得享受实质性税收豁免。政府对这些储蓄诱因心知肚明，也完全清楚储户存放在邮政储蓄系统的资金会直接流入大藏省账户，然后进入基于政府计划的再投资环节。在储蓄制度上，节约天性也许确实发挥了作用，但政府为激发这种天性也是煞费苦心。

我们归纳的第四种解释类型——"搭便车"理论主张，二战后奉行与美国结盟的政策令日本受惠良多，如果说日美同盟并非日本经济快速增长的全部原因，至少也能对其中不可思议之处做出解释。按照该理论的分析，日本在三个方面搭了便车：国防开支低、进入主要出口市场通道顺畅和技术转让相对廉价。

虽然日本无须在军备上消耗大量国民收入是事实，但这一点并不能对其经济增长率造成明显影响。如果日本的总投资率一直很低——比如和中国一样低，那国防需求是会拖后腿的，但日本经济高速增长期的资本形成占国民生产总值的比例超过了 30%，国防开支低对经济增长的影响就可以忽略不计了。一直在效仿日本实施高投资战略并取得与日本同样甚至更为瞩目成就的韩国和中国台湾地区，它们的例子表明：极其高昂的国防开支与经济表

· 第一章　日本的"奇迹" ·

现关系不大，甚至毫不相干。

相比之下，出口因素要更加重要。日本从二战后全球兴起的开放贸易体系中获得了巨大利益，日本政府领导人也是一再肯定关税与贸易总协定、国际货币基金组织和 1971 年之前实行固定汇率等组织和机制对他们的利好影响，尽管日本并非这些组织和机制的创始国。实际上，通产省领导人的态度是比较悲观的，他们根据过往历史判断，日本的重大经济成就都出现在国际贸易相对开放的时期——明治维新到一战期间及 1945—1970 年间，遂以史为鉴，表达了他们对 20 世纪末很可能会酷似 1920—1945 年光景的担忧。[34]

尽管如此，我们讨论的重点是，日本经济的增长更多依靠国内市场（按人口计算，相当于美国的一半规模）的发展，对出口则没有那么大的依赖。埃莉诺·哈德利（Eleanor Hadley）注意到，虽然 20 世纪 60 年代初期的日本经济体量是 1934—1936 年的三倍左右，但出口当时占国民生产总值的比重却只是同一世纪 30 年代中期的 2/3 左右。[35] 20 世纪 60 年代后期，日本的出口也仅占国民生产总值的 9.6%，相比之下，加拿大这一数字是 19.8%。[36] 比起法国、德国、意大利、英国或作为经济合作与发展组织成员的整个欧洲地区，日本在 1953—1972 年间对国民生产总值中进出口份额的依赖程度一直偏低（按不变价格计算）：日本国民生产总值中，出口约占 11.3%，进口约占 10.2%；而经济合作与发展组织欧洲地区的相应数字分别为 21.2% 和 20.9%。[37] 毋庸置疑，像日本这样资源稀缺的人口大国必须出口以满足基本的进口需求，但对外出口并非日本高速增长期间拉动其经济发展的主要因素。

1955年之后的二十年间，国内需求带动了日本的经济增长。当然，1955年之前也是有内需的，但随着石桥湛山于1956年12月组阁和池田勇人（Ikeda Hayato）重掌藏相一职，二人开始推行"积极财政"政策。池田以"减税1000亿日元就是补助1000亿日元"的口号作为1957年财政预算的基础，史无前例地开启了国内需求的大门。[38]虽然"锅底"衰退期间（1958年6月陷入低谷）的国际收支问题使得积极财政政策步调放缓，但经济对政府调控反应迅速，在池田升任首相并实施"国民收入倍增计划"的"岩户景气"（1958年7月—1961年12月）时期即告回升。这段时期乃至以后的一些时期，拉动经济的力量一直是政府营造的长期利好预期催生的民营资本投资，而非出口贸易。

技术转让，也就是上述"搭便车"的第三个方面，并非严格意义上的免费，但无疑对日本经济的增长至关重要，而以往为这些技术支付的对价相比它们今时今日的身价，则微乎其微。实际上，日本基础性、高增长产业所需技术均系外部引进，数量又以来自美国的为最。不过，将这种跨太平洋及起自欧洲的专有权利、技术和专门技能转让行为称为"搭便车"，却未免是避重就轻，而且带有误导性。毕竟，引进外部技术，其实是出现"奇迹"的关键。

技术引进是日本战后产业政策的核心要素之一，说到这儿就不能不提通产省和日本政府在其中扮演的角色。在20世纪60年代后期和70年代实行资本自由化之前，未经通产省批准，任何技术都无法输入日本；未经通产省审核并对合作条款连番修改，任何与外资合办的企业都无法成立；若非通产省对卖方施压、迫使其降低使用费或做出有利于日本整体产业的条件变更，任何专有权利都无法购得；任何引进外国技术的项目未经通产省及其下属各咨询委员会认定时机适当、相关产业已被列入"育成"（*ikusei*，培育、扶植之意）名录，均不得通过。

从《外国资本法》1950年出台（其后30年一直有效），技术转让这一块就是日本政府主管。政府做什么、怎么做绝非"搭便车"，而是极其复杂的公私互动过程，是如今被称为"产业政策"的存在。通产省则是日本政府中负责制定和实施产业政策的主要机构。

现在来介绍最后一个学派，我将自己也划入这一学派。该学派强调发展型国家政府在经济奇迹中的作用。虽然本书剩下的篇幅均围绕这一主题，以及发展型国家政府在追求奇迹过程中出现的部分失误，但在此之前，有几个延伸出来的问题需要先交代。我所谓"发展型国家"是什么意思？确切地说，日本的政治经济思想承袭自德国历史学派——有时会被打上"经济民族主义"、*Handelspolitik*（德文，贸易政策的意思）或新重商主义的标签。但在说英语的国家看来，该学派并非严格意义上的经济学主流学派。于是，日本一直被作为某种与其本质不相干的经济形态"变体"来研究，因此，如果在讨论发展型国家之前必须有言在先，一定是通过否定这些不相干来还原其本真。

引发争议的并非国家干预经济本身。各国干预本国经济的理由各不相同，诸如保护国家安全（军事产业复合体）、保障工业安全、提供消费者保护、扶助弱势群体、促进市场交易公平、遏制自由企业制度中的垄断和私人控制趋势、在自然垄断中保障公共权益、实现规模经济、防止过度竞争、保护和发展工业、分配重要资源、保护环境、保障就业等等。问题是政府如何干预、为何干预。这是20世纪政治的关键议题之一，随着时间的推移还会越发尖锐。深谙日本银行界的路易·马尔肯（Louis Mulkern）就说过："我觉得，20世纪80年代大国的致命弱点，莫过于无法明确政府在国民经济中的角色。"[39]日本对这一角色的具体定义，这一角色与经济奇迹之间的关系，也在20世纪后期一并成为政治经济学的主要组成部分及该学科重新受到关注的首要原因。

西方独有的对二元思维的普遍偏爱，在政治经济学领域表现得比其他任何领域都要明显。韦伯（Weber）通过对"市场经济"和"计划经济"的区分开启了现代的二元思维实践。近期类似的提法有达伦多夫（Dahrendorf）对"市场引导"和"计划引导"的界定、多尔（Dore）对"市场导向制度"和"政府导向制度"的划分，以及乔治·凯利（George Kelly）对"法治国家"和"人治国家"的界定等。[40]我在后面得用到其中几组概念，但有一点我必须先声明，为便于当前的讨论，这些成对概念中的后者不等于苏联式的指令性经济。苏联式经济体制，并非"理性决定型计划"，而是"意识形态决定型计划"。在苏联及依附和模仿它的国家，生产方式实行国家所有制、国家作为计划主体，以及目标设定行政指令化，这些都不是落实发展目标的合理手段（即使它们一度可能是）。它们与其内在的基本价值观融为一体，是即便被证明低效或无效亦不容置疑的存在。日本经济属于此处意义上的理性决定型计划，而指令性经济则不然。实际上，1925年以来的日本历史提供了大量例证解释指令性经济为什么不属于理性决定型计划，日本人可是从中结结实实地上了一课。

市场经济与计划经济之间最基本的差异是对国家在经济事务中所行使职能的理念不同。作为共同体组织的国家与人类社会相伴而生，可谓历史悠久。直到 19 世纪左右，世界各地的不同国家几乎都还在行使同样的职能。这些不为个人、家庭或村庄所具备的职能，使得大型社会机构的组建成为可能，包括：国防、筑路、水利、铸币和司法。工业革命后，国家开始承担新职能。在第一批实现工业化的国家中，国家自身几乎不干预新兴的经济活动，但及至 19 世纪末，为维持竞争秩序、保护消费者权益等，国家开始履行监管职能。正如亨利·雅各比（Henry Jacoby）所说："一旦资本主义改变了传统的社会生活方式，类似有效竞争、自由流动及社会保障制度缺位等因素，就会迫使国家担负起与个体保护和福利相关的职责。因为每个人都要对自己负责，也因为个人主义成了社会准则，国家基本可视为唯一的监管机构。"[41]

在那些工业化起步较晚的国家，工业化运动由政府领导，也就是说，政府承担着发展职能。针对私人经济活动的这两种不同方针——监管方针和扶持方针，产生了两种不同的政企关系。美国是以监管方针为主导的国家代表，日本则是主要采取扶持方针的典型范例。监管型或市场引导型国家看重经济竞争的形式和程序——你也可以称之为规制，但并不介入实务层面。例如，美国政府出台了限制公司规模的诸多反垄断法规，但决定哪类产业存续、哪类产业退出却不是它该操心的事儿。相反，发展型或计划引导型国家的主要特征，恰恰是制定这些具体的社会目标和经济目标。

区分两类国家的另一个方法，是通过研究一国经济政策中的优先目标。在计划引导型国家，政府最重视的是产业政策，也就是说，首先考虑本国的产业结构，考虑将其升级以增强本国的国际竞争力。产业政策存在本身就意味着发展经济的战略或目标导向。而另一方面，市场引导型国家往往都不会有产业政策（或者任何意义上可以这样称呼的东西）。相反，其对内、对外经济政策，包括贸易政策在内，强调的是规则和对等让步（尽管可能受制于某些与产业不相干的目标，比如稳定物价或充分就业）。其贸易政策通常服从总体外交政策，更多地用于巩固政治关系而不是仅限于获取经济优势。

这些对经济类型的不同划分是有价值的，因为它们让我们注意到，日本继1868年明治维新之后，作为一个计划引导的发展型国家再度崛起，其经济方针由产业政策决定。与之相对的是，美国几乎是在同一时期开始走上经济为外交政策服务的市场引导型监管国家之路。进入现代的日本在经济上始终强调国家扶持的首要目标，而不是制定具体规范以管控经济活动。回头看19世纪末20世纪初的明治时代，目标则是著名的"富国强兵"。其后在20世纪30、40年代，目标又变成了走出萧条、备战、军工生产和战后复原。从1955年左右开始，确切地说是自1960年实施国民收入倍增计划以来，日本的目标一直是高速增长，有时被表述成"赶欧超美"。天谷直弘详细列出了日本过去一百年的目标：殖产兴业、富国强兵、扩大产能、振兴出口、完全雇用和高速增长。[42]直到20世纪70年代，日本才开始转向带有监管性质的外交政策，同样地，美国也开始出现倾向发展型产业政策的初步迹象。但日本的经济体制仍属于计划引导型，美国从根本上说也仍然是市场引导型。[43]

这一点只消看看两种体制在政治经济决策方面的差异便一目了然。在日本，经济政策的发展性和战略性表现为所谓经济科层，即大藏省、通产省、农林水产省、建设省、运输省加上经济企划厅官员，在政府中的显赫地位。这些政府机关吸引了日本顶尖学府中最优秀的毕业生，而在这些部门中身居要职的，过去一直是、现在仍然是最具社会威望的人士。精英官僚掌握着日本最重要决策的制定权，负责起草实际上所有的法规，把控国家预算，还是一切重大政策创新的源头，尽管他们也会受到压力集团和政客们的影响。同样重要的是，一旦这些官员从政府部门退休（在日本通常是50—55岁），他们就摇身一变，成为私营企业、银行界、政界和众多国有公司的权势人物——与美国普遍情形截然相反的精英流动方向。[44]位高权重、才具卓越且声名显赫的经济官僚阶层，是计划引导型国家的必然产物。

在美国这样的市场引导型国家，公共部门一般吸引不到最优秀的人才，国家决策由选举出来的专业人士主导，这些人通常是律师，而不是公务员。精英的流动也不是从政府转向私人部门，而是恰好相反，一般通过比日本广泛得多的政治任命方式来实现。再者，美国真正对应日本通产省的部门并非商务部，而是国防部，其性质和职能决定其具备与通产省趋同的战略性和目标导向性视野。实际上，美国语境中诸如"日本公司"等名词，与其国内由"军工复合体"（或称"军工铁三角"，指代政府与企业在解决国防问题方面的紧密合作关系）延伸开来的那些表述一样。①（一些日本人也不甘示弱地将日本的政企关系称作"官产复合体"。)⁴⁵ 美国的经济决策大多由国会做出，同时预算也由国会控制，这些决策体现了市场引导型国家重程序轻结果。进入 20 世纪 70 年代，美国人开始尝试增设与产业政策相关的政府专门机构，比如能源部，但他们对此类机构的态度仍十分谨慎，所以这些机构至今都没多大名气。

要将计划引导型国家和市场引导型国家明显区分开来还有一个办法，那就是看看两种体制下各自牵涉的价值权衡与取舍。第一，市场引导型国家最重要的评价标准是效率，但在计划引导型国家，这一价值却要让位给效益。美国人和日本人都容易将效率和效益的内涵搞混。美国人常常批评其政府部门缺乏效率，虽说这一点可以理解，但他们没有意识到效率并不适合作为官僚机构的评价标准，而效益才是评价目标导向性战略活动的合理标准⁴⁶。另一方面，日本人至少在一定程度上持续忍受着自己国家极度低效甚至不合理的农业结构，因为它毕竟有点儿效益：它提供了粮食，使得这部分无须进口。

第二，两种体制都关注"外部性"或米尔顿·弗里德曼（Milton Friedman）所谓"邻里效应"——生产存在诸如环境污染等未标价社会成本的例子。不过，在这个例子中，计划引导型体制相比市场引导型体制，在识别国家目标导致的外部影响并调动力量加以解决方面，所面临的困境要远甚于后者。计划引导型

---

① 都含有贬损意。——译者注

体制的立场和军事组织差不多：胜者王侯败者寇，以成败论英雄。将领在用兵方面做到经济节约（高效）固然是好，但这一点却不及胜败的结果来得重要。所以，尽管环境破坏极其严重的事实已经人所共知，但此后很长一段时间里，日本仍坚持高速增长的产业政策。另一方面，当计划体制国家最终调整目标、将类似工业污染等问题作为优先处理事项时，它通常会比市场体制国家更富成效，这从日、美两国在20世纪70年代治理污染情况的比较就能看出。

第三，计划体制的必要前提是存在一系列达成广泛共识的社会总体目标，比如高速增长。如果存在这样一种共识，按照同样的衡量基准，以国民生产总值增长为例，计划体制会比市场体制表现得更出色，只要国民生产总值增长是前者追求的目标。然而，如果共识并不存在，如果计划经济体制国家内部对总体目标存在困惑或争议，那它就会显得相当无所适从，既不能解决基本问题，也无法追究失败的责任。日本曾经经历过这种因事态的意外发展突然推翻该国共识而导致的迷茫，比如1971年的"尼克松冲击"期间，再比如1973年的石油危机之后。一般来说，计划体制的突出优势在于它处理常规问题的成效，而市场体制的突出优势在于它应对紧急状况的成效。在后一种情形下，当遭遇不熟悉或未知的重大问题时，对规则、程序和行政责任的强调有助于加快采取措施以解决问题。

第四，由于两种体制下的决策过程以不同机构为核心——决策权一个是精英官僚把持，一个由国会掌握，二者政策变更的过程就表现为截然不同的方式。计划体制下，政策变更表现为官僚阶层内部的争论、政党的派系内讧、政府部门之间的矛盾；市场体制下，政策变更则表现为国会中围绕新法案的激烈辩论和选举战。比如，日本在20世纪60年代后期和整个70年代由贸易保护主义转向贸易自由化，最明显的信号就是被通产省内部"国内派"与"国际派"之间的斗争释放出来的，而日本政府走上更趋开放的贸易自由化道路的最可靠征兆，无疑是该部门的关键职位最终被国际派官员占据的事实。美国人有时会被日本的经济政策搞得一头雾水，因为他们太过关注政客们怎么说，对日本的官僚体制却知之甚少；日本人则过分重视美国官员的言论，对国会议员及其众多幕僚却不够关注。

　　用历史的眼光来看，现代日本自1868年开始跻身计划引导型和发展型国家。在尝试由国家直接经营企业近15年之后，日本发现了计划体制最突出的隐患：腐败、官僚主义和无效垄断。日本当时是、此后也仍然是计划体制，但它并不负有经济国有化的意识形态义务。其选择体制的尺度是一种理性标准，视乎该体制在实现发展目标方面的有效性。因此，明治时期的日本开始从国家办企转为政府与私营企业合作，优先扶持那些能够快速采用新技术的企业，以及符合国家富国强兵目标的企业。这一转变促成了日本政府与大企业间的合作关系。二战前，这种合作表现为政府与财阀（私人拥有的工业帝国）之间的紧密联系。政府引导财阀涉足其认为需要发展的领域。而财阀这边，则为日本开启了现代技术商业化的浪潮，并在制造业和银行业领域实现了可与世界其他工业国比肩的规模经济。这种合作产生了很多重要结果，包括形成了著名的大型先进企业和小型落后企业并存的二元企业结构，但最重要的结果也许莫过于把必要的竞争机制引入计划体制之中。

二战后，占领时期的改革帮助财阀企业实现了现代化，使它们摆脱了昔日受家族控制的桎梏。这些改革还增加了企业数量，促进了工人运动的发展，并缓解了农民在旧秩序下积压的不满情绪，但原有的计划体制并未改变：考虑到战后恢复经济的需求及对外国援助的依赖，当时不太可能改换其他体制。振兴经济的大部分设想都来自政府部门，企业界①则回以被一位学者称为"习惯性响应"的态度[47]。政府一般不会直接命令企业，但那些遵从政府所释放信号进而采取相应行动的企业会在融资、税收和申请引进外国技术或建立合资企业方面享受照顾和优惠政策。不过话又说回来，企业并没有服从政府的义务。日本的商业文学中，大公司不靠强大政府资源支持也能造就辉煌（比如索尼和本田）这等引人入胜的事迹刻画满目皆是，但类似案例屈指可数。

来自市场体制国家的观察家常常误解计划体制，因为他们不明白，计划体制依托的行政力量。比如，20世纪60年代曾流行称日本人为"经济动物"，但当时最有见识的外国分析家却不会这么做，原因就像亨德森（Henderson）所说，"毫无疑问，日本的重心在于政治而非经济——令日本学界和反对党中众多受马克思主义不同程度影响的经济决定论者困惑的根源所在"。[48]而且，并不是只有经济决定论者或者马克思主义者才会犯这种错误，这

---

① business community，中文也习惯称工商界、工商业界、工商企业界等，日文中一般称为财界，对应官界——政府、政界等，为与商工省的名称区分，本书有时亦从日语，译作"财界"。——译者注

种错误在日本题材的英文著作中随处可见。

J. P. 内特尔（J. P. Nettl）对马克思的评论与如下观点有关："'现代国家只是一个管理资产阶级共同事业的委员会'是马克思创造过的最缺乏历史普适性的概念。"[49]它不仅在历史上站不住脚，还模糊了一个事实：发展型国家的经济利益明显要服从政治目标。发展型国家的这种理念源于后发工业国因处境激发的民族主义，它的目标也始终出自与外部对标经济体的比较。丹尼尔·贝尔（Daniel Bell）在亚当·斯密（Adam Smith）的理论基础上发展出来的理论就强调了发展型国家这种政治驱动性——如果人们仅受经济动机支配，那除了获得必需品或满足急需外，就没什么因素能刺激产量提升了。[50]"发展中国家对经济增长的需求即便存在经济上的考量，也不会很多。这种需求，源于通过融入工业文明以取得完整身份资格的愿望，因为只有这种融入才能让一个国家或个体迫使其他国家平等对待自己；不能融入则意味着一国在军事上无力对抗其邻国、政治上无法控制本国国民、文化上无可与其他国家对话。"[51]

上述所有因素都影响着明治时期的日本，此外还存在日本特有的其他因素。其中一个源于19世纪日本与西方列强初次接触后，被迫签订的不平等条约——直到1911年，日本才获得关税自主权。这意味着日本不能通过保护性关税或当时被市场引导理论推崇的其他措施来扶持发展中的工业。明治政府于是决定，如果要实现日本的经济独立，就必须由通产省直接介入经济发展[52]。

日本长期存在的另一个特殊问题直到20世纪60年代后期才短暂消失，但在70年代的石油危机之后又卷土重来：那就是国

· 第一章 日本的"奇迹"·

际收支逆差，要解决外汇短缺对一个自然资源极度贫乏的国家来说是个终极难题。早在19世纪80年代，蒂德曼（Tiedemann）就写到，为实现国际收支平衡，"所有政府机构除了编制日元预算，还被要求编制外汇预算"。[53] 这种外汇预算在1937年回归，直到1964年实行贸易自由化时告终，只是其间采取了不同的形式。在经济高速增长时期，管制外汇预算便意味着管制整个经济。行使这一管制权的正是通产省，外汇配给则成为通产省实施产业政策至关重要的工具。

计划体制的政治性在其他方面也有显著表现。通产省可以说是一个经济部门，但绝不是经济学家的部门。在20世纪70年代之前，该部门的高层官员中只有两名经济学博士，其余的仅拥有经济学本科学位，更多的是公法和行政法本科学位。直到1957年6月上野幸七（Ueno Kōshichi）担任次官，现代经济理论才被引入该部门的规划过程（上野在出任次官前因肺结核经历了漫长的康复期，此间钻研了经济学）。通产省的上述定位从天谷直弘身上就能看出，他在比较学者和实务工作者的观点时指出，许多在学者看来不合理的事，对实务工作者而言却十分必要——比方说，民族主义在经济活动中是一种积极因素的现实。天谷主张建立一门"关于日本经济的学科"，以区别于"一般经济学"，并呼吁一些学科——也许不涉及物理学，但必然包括经济学在内——要融入本国国情[54]。因此，市场体制和计划体制之间更深层次的差别则是，前者由经济学家主导经济决策，而后者则由奉行民族主义的政府官员主导。

在发展型国家内部，许多政府核心部门，包括大藏省、经济企划厅、外务省等，相互间存在权力争夺。不过，最具正面影响的则是制定和执行产业政策的部门。通产省在这一领域的控制地位，使得一位日本评论家称其为"领航机关"，就连朝日新闻社一位动辄严厉抨击通产省的记者也承认，通产省是"日本毋庸置疑的智力最密集所在"。[55] 从监管自行车比赛到规定用电收费标准，通产省职权庞杂，但对它而言真正具有典型意义的权限则是把控产业政策（sangyō seisaku）。虽说制定并实施产业政策是发展型国家的职责，但产业政策本身——其内容及如何制定，仍备受争议。

按照罗伯特·尾崎（Robert Ozaki）的说法，产业政策"是在日本本土诞生的名词，不属于西方经济术语范畴。不过，通过对相关著作的解读，其定义如下：它是指一套相互关联的政策，涉及保护本土产业、发展战略产业和调整经济结构以应对当前或预期的国内外形势变化，且由通产省根据其官员对'国家利益'一词的理解，为实现国家利益而制定和推行"。[56] 虽然上述定义有点儿绕——通产省说产业政策是什么就是什么，但尾崎明确了很重要的一点：产业政策是经济国家主义的反映，而国家主义则被理解成本国利益优先，但并不必然推行保护主义、贸易管制或经济战。国家主义也许会要求采取上述措施，但日本在20世纪70年代就已经证明，在特定时期，实行自由贸易同样有可能符合国家利益。然而，产业政策却意味着承认全球经济体制绝不能按照自由竞争模式去理解：国与国之间的劳动力流动从来都不是自由的，技术流动的自由度不过比这稍好一些。

产业政策有两个基本组成部分，分别对应经济的微观层面和宏观层面：前者被日本人称为"产业合理化政策"（sangyō gōrika seisaku），后者则是"产业结构政策"（sangyō kōzō seisaku）。前者在日本由来已久，20世纪20年代后期就开始出现，但我们会在本书后面的章节看到，当时对这种政策的理解实在过于浅薄。通产省的《产业合理化白皮书》（1957年，下文简称《白皮书》）指出，产业合理化内含一种经济发展理论，据此，日本的"国际劣势"得到承认，技术、设施、管理、产业区位和产业组织领域的"矛盾"也被直面和解决。

具体来说，根据《白皮书》，产业合理化意味着：（1）企业合理化，即采取新的生产技术、投资新的设备和设施、控制品质、降低成本、运用新的管理技术，以及完善企业管理；（2）企业环境合理化，包括水陆运输和产业区位；（3）全行业合理化，意思是为一个行业中的所有企业构建一个框架，在这个框架中，它们都能够公平竞争，或者通过类似卡特尔的互助协议开展合作；（4）产业结构自身合理化，以符合国际竞争标准。[57]（此定义的最后一个要素，是在通产省创造"产业结构"的概念前归纳进去的。大约在1960年之后，它就不再被列为产业合理化概念的要素之一了。）

做一个简单解释，产业合理化指的就是微观层面的国家政策，国家采取旨在改善私营企业经营的措施介入这些企业的具体经营。名和太郎（Nawa Tarō）表示，用最简单的话来说，产业政策是国家的尝试：先查明私营企业已形成经验并正在采取的能以最低成本产生最大收益的措施，然后再为了整个国家的利益，促使全行业的所有企业均采用这些先进工序和技术[58]。

形形色色的产业合理化是一项历史悠久、耳熟能详的运动，可追溯至弗雷德里克·W. 泰勒（Frederick W. Taylor）在美国的进步时代（1890—1920年）即创立的"科学管理"制度。它在每一个工业国都存在或曾经出现过，尽管比起其他国家，它可能在日本持续得更久、走得更远[59]。相对地，产业结构政策则较为激进，争议也更大。产业结构政策涉及农业、采矿业、制造业和服务业在国家总产出中的比例；在制造业内部，又涉及轻工业、重工业的比例和劳动力密集型产业、知识密集型产业的比例。当政府试图通过其认为对国家有利的方式来调整上述比例时，就会涉及产业结构政策的适用。产业结构政策以诸如收入的需求弹性、生产比较成本、劳动力吸收率、环境保护、关联产业投资效果和出口前景等标准为制定依据，其核心是为战略产业在发展和转产间做出选择。

罗伯特·吉尔平（Robert Gilpin）根据公司组织形式普遍缺乏结构弹性的假设，从理论上为产业结构政策作出辩护：

公司偏好投资特定产业部门或产品线，即便这些领域可能处于衰退期。也就是说，上述部门作为创新阵地的能力每况愈下，它们不再是工业社会的领军部门。为了应对不断加剧的国际竞争和实力的相对衰落，公司往往倾向于保护其国内市场，或者为其老产品寻找海外新市场。这种结构僵化背后还暗藏着一个真相：对任何一家公司而言，它的经验、现有不动产和专业技术，就决定了其投资范围的相对有限。因此，它的本能反应便是保护既得利益。这就导致经济社会中可能没有强势的利益集团愿意将能源和资金大量转移到新的产业和经济活动中去。[60]

且不论这种观点是否正确，通产省当然是持赞成态度的，而且还认为自己的主要职责之一，正是在国民经济中培养愿意将能源和资金转移到新的行业和经济活动中去的大企业。和吉尔平一样，通产省坚信它期待的这种转移单靠市场力量永远无法出现，尽管它在战后的确承诺过企业自由、财产私有和市场经济，但它却一直毫不避讳地公开表明上述立场（有时为了自身利益还会显得过分公开）。

虽然有人会质疑产业政策是否应该存在于开放的资本主义国家中，但围绕这一问题的真正争议并不在于产业政策是否应该存在，只关乎它该如何运用。本书部分内容集中讨论了自产业政策首次登场以来，其配套措施在日本所引发的争论。贯彻产业政策的这些工具本身是耳熟能详的。日本在高速增长期采取的保护性措施包括：歧视性关税、本国产品享受特惠商品税、基于外汇配额制的进口限制，以及外汇管制。扶持性（日本人称之为"育成"）措施则包括：通过政府金融机构为重点产业发放低息贷款和补贴、实施特殊折旧措施、豁免指定关键设备进口税、实施外国技术引进许可、政府出资为私营企业提供工业园和交通设施，以及通产省给予"行政指导"（第七章将分析通产省这最后一项也是最有名的权力）。[61] 这些措施可根据不同标准进一步分类：一是政府干预权（"许认可权"，或"许可和批准权"）的类型和形式。二是间接指导手段的差异。比如，行政指导有一种极其重要的形式，即政府为每个战略产业提供"在厂房和设备投资方面的协调"。

由于经济需求的转变和通产省在政府内部权力地位的变化，产业政策工具的具体组合也在随着时代更迭而改变。这些工具组合真正的争议点是政府和私人部门关系的性质，它严重影响了这些组合的有效性。从某种意义上说，通产省的历史就是它探寻（或被迫接受）阿萨尔·林德贝克（Assar Lindbeck）所谓"顺应市场的干预方法"的历史。[62]从1925年建立商工省到20世纪70年代中期，通产省为寻得这样的方法显然历尽波折，每一个日本人，甚至与经济毫不沾边的人都知道这一点，而且都担心通产省终致过犹不及。通产省花了好长一段时间去寻找一种政企关系，务求既能让政府实现真正的产业政策，又能保持企业界的竞争和私有制度。然而，大约从1935年到1955年，政府统制的重拳却把日本经济压得死死的。因此，通产省将这一时期称为"黄金时代"固然可以理解，却极为不智。

高岛节男（Takashima Setsuo）以通产省企业局（原产业政策控制中心）次长的身份发文主张，实施产业政策有三种基本方式：官僚统制、自主调整和诱导行政。[63]在1925—1972年间，日本尝试了全部三种方式，产生了令人吃惊的不同结果。然而关于哪一种方式更可取，抑或具体国情或具体产业需要三种方式怎样合理搭配，日本人从未停止过争论。这种争论及其影响决策的历史构成了通产省的历史，回顾其历程，应该会让那些认为日本的产业政策可以很容易地移植到不同社会的人重新思考其观点。

产业政策会带来哪些不同？这同样是通产省所引发争议的一部分。上野裕也（Ueno Hiroya）承认，对产业政策的效果进行成本收益分析非常困难，尤其是当中也包括官僚主义、寡头垄断、模糊公私之分的政治风险及贪污贿赂这些不乐见的后果。[64]专业的数量经济学家似乎也在避免使用这一概念，理由是他们无须借助产业政策来解释经济现象。例如，引用大川一司和罗索夫斯基的说法作为他们的一个"基于典型经济理论和亲历历史的……行为假设……即私人投资决策主要取决于对利润的预期，而这种预期又以受资本—产出比率和人工—成本比率等因素影响的近期经验为基础"[65]。

我无法证明，没有政府的产业政策，日本某个特定行业将来或者过去不可能出现和成长（尽管我很容易就能想到符合这一情形的备选案例）。我相信某个特定行业在没有国家政策支持时的发展（该行业假想的或"去政策"轨道）和有国家政策支持时的发展（该行业真实的或"政策引导"轨道）存在差异，而这种差异是可以表现出来的。仅涉及过往数据的话，量化计算是可以办到的，比如，外汇配额和贸易管制如何将潜在的国内需求压缩到国内新生产业有效供给的水平；高额关税如何抵消国外产业相对国内产业的价格优势；低水平税收政策和消费信用制度，消费者的低购买力如何通过定向税收措施和消费信贷计划得到提高，从而允许他们购买新兴产业的商品；一个行业如何从国家银行或政府担保的银行获得超过自身借贷能力的资本，以扩大生产、降低单位成本；效率如何通过加速新机器专项投资折旧得到提高；出口税率优惠政策如何在国内市场饱和时发挥扩大国外市场的作用。儿玉文雄（Kodama Fumio）对日本汽车业在初创、成长和稳定三个阶段真实轨道与假想轨道的差距进行了量化计算（当然，未来衰退阶段的数据尚不可得）。[66] 他的测算同样也是分析政府的汽车产业政策在这几个阶段适当性和有效性的工具。

针对产业政策的争论短期内不会终止，在这里盖棺定论也绝非作者的意图。重要的一点是，其实日本的分析家，包括那些对通产省抱有深深敌意的，都认为，无论人们如何衡量20世纪50年代兴起的重工业和化学工业运动所付出的代价和得到的收益，政府都是这场运动的发起者和推动者。大川一司和罗索夫斯基为通产省和其他人认为的该运动主要成就提供了数据："20世纪50年代前半期，近30%的出口仍然由纤维和纺织品构成，另外20%是杂项，只有14%属于机械类。投资热过后，截至60年代前半期，出口构成已发生重大变化。纤维和纺织品下降到8%，杂项降至14%，而机械则以39%的比例升至第一位，紧随其后的是金属和金属制品（26%）。"[67]

"产业结构"这种转变是创造经济奇迹的作用机制。那么，促使奇迹发生的是整个政府的合力还是通产省单方面的作为呢？或者更严谨一些，通产省对奇迹是否起到了加速和导向作用？博尔索（Boltho）的比较研究也许给出了目前最好的答案："最适合与日本比较的三个国家（法国、德国和意大利），都拥有日本起步阶段的部分或全部优势——比如，灵活的劳动力市场、非常有利（真实情况甚至是更加有利）的国际环境，以及运用最先进技术重塑产业结构的可能性。不过，其他条件就相差甚远了。最重要的差异可能在经济政策方面。日本政府干预和保护的力度之大是任何一个西欧国家都望尘莫及的，这就使得日本更加接近另外一类国家——中央集权计划经济国家。"[68]

如果有表面证据显示，通产省在经济奇迹中的作用意义重大，需要详加研究，那也仍然存在一个问题：本书为何选择1925—1975年这样一个特殊的时间框架？既然奇迹只发生在战后的日本，为什么还要研究战前和战时？原因是多方面的。第一，虽然产业政策及通产省为落实它而建立的"国家体制"是与本书研究相关的主要课题，但在这场博弈中，通产省领导人和其他日本人很晚才意识到，他们的举措贯彻了发展型国家的内隐理论。也就是说，通产省形成产业政策理论或模式的时间最早也是在20世纪，而直到1964年产业构造审议会成立时，该部门才开始持续研究产业政策。所有参与其中的人都同意这一点，天谷直弘为此借用了黑格尔（Hegel）笔下智慧之神密涅瓦的猫头鹰总要等到黄昏才展翅飞翔的隐喻。他还认为，若换作这只猫头鹰永不醒来，可能也会是不错的安排，因为他根据事后之明推断，让通产省受到褒扬却注定失败的1962—1963年《特定产业振兴临时措置法案》（本书第七章涉及的主要问题），其致命弱点就是它将长期以来被接受为通产省产业政策中隐含要求的东西搬到了明面上。[69]

通产省直到1973年才发文称，日本的产业政策刚刚起步，政府也只是在进入20世纪70年代后才最终设法将其合理化、体制化[70]。因此，对日本体制感兴趣的人着手研究时，并没有体系化的理论性著作和诸如亚当·斯密或列宁著作那种常被引证的经典章句可以倚靠。理论建构的缺位意味着，为理解通产省及产业政策怎么会"刚刚起步"，必须从历史中寻找答案。相关的一些事实是无可辩驳的：从1925年通产省前身商工省（MCI）成立起，到1943年临时改组为军需省（MM），1945年重新启用商工省的名称，再到1949年重组为通产省，不曾有人为该部门的发展进行过规划。通产省许多极为重要的权力，表现为该部门集这诸多职权于一身和该部门权限之广泛，都是政府部门间激烈争夺的意外产物，通产省作为斗争的一方，有时是因败"制胜"。这段历史政府内部人员是了然于心的——这也成了他们传统的一部分，而且是他们强烈的团体意识的源泉，但日本公众却知之甚少，外国人则几乎一无所知。

回顾历史的另一个原因是，所有知情人都表示，他们了解产业政策如何发挥作用的时间是在战前和战时。本书后面的章节会交代清楚，在日本官僚体系的这一特殊分支中，战前和战后的人事安排是一脉相承的，战后的整肃运动根本没有波及这个部门。本书研究所覆盖期间的最后一任事务次官小松勇五郎（Komatsu Yūgorō，1974 年 11 月—1976 年 7 月在任），1944 年进入当时的通产省前身工作。在他之前，战后的所有通产省（包括其前身）事务次官，都出自各个更早的通产省前身，这可以追溯到战后的第一任事务次官椎名悦三郎（Shiina Etsusaburō）——1923 年进入农商务省。1976 年出任事务次官的和田敏信（Wada Toshinobu）是第一位没有军需省背景的通产省事务次官。

中村隆英将产业政策和行政指导的"渊薮"都溯至 20 世纪 30 年代的统制经济，并把通产省称作战时商工省和军需省的"再生"。[71]有泽广巳也说，20 世纪 70 年代的繁荣是"统制时代"的产物。曾在通产省任事务次官并两度担任大臣、后来出任自民党副总裁的椎名悦三郎则将上述繁荣归功于 20 世纪 30 年代在中国东北工作过的、包括他本人和岸信介（Kishi Nobusuke）在内的日本商工官僚的经验。[72]在内阁企划院与商工省合并组成军需省之前系该院领导干部之一、战后又转为通产省官员的田中申一

(Tanaka Shin'ichi）更主张，战时计划是"战后经济安定本部和商工省施政的基础"。[73]前田靖幸（Maeda Yasuyuki），日本研究通产省的泰斗之一，写道："战时经济的遗产在于它是重工业和化学工业化的第一次尝试；更重要的是，战争为无数'政策工具'（'what'）提供了实现手段（'how'），并积累了专业技能（'know-how'）。"[74]

比实践者和分析家们的上述评论更引人注目的是，日本经济在1930年左右开始发生决定性转折的事实。各式各样的产业政策固然可以追溯到明治时代，但进入20世纪后，日本政府逐步抛弃原先干预国内经济（即便不包括殖民地或附属国）的政策，并在近三十年的时间里一直热衷于向自由放任主义靠拢，这同样不假。所以，罗德尼·克拉克（Rodney Clark）的评论虽语出惊人，却道破了事实："相比在1970年，日本和西方的产业组织在1910年可能更加相似。"[75]

通产省和现代日本的产业政策是地地道道的昭和时代（1926年12月25日－1989年1月7日）产物，因此，本书研究涉及的时期，实际上都在裕仁天皇的统治期内。若是将这段历程再向后回溯一些，就会模糊战后经济奇迹这一研究主题；但若是不将战前商工省的历史纳入进来，就无法让读者了解通产省的传统和集体意识。通产省官僚的业务技能是在商工省、军需省和经济安定本部工作时培养起来的。这些部门一度是那般令人畏惧，据说，稍稍提一下它们的名字就能让孩童停止哭闹。包括我在内的日本奇迹的崇拜者们，我们有责任解释清楚：正是日本20世纪40年代的灾难性经历孕育了之后50、60年代的成就。

第二章

经 济 官 僚

如果分析家在政治研究过程中发现一个社会标榜的原则与它的实际做法持续背离,他会有强烈的冲动去拉响临界警铃,以示法度缺失、幕后势力作乱或虚伪当道。其最终成果通常是一本揭发丑闻或针砭时弊的著作,日本人和外国人关于日本政治下类似主题的著述更是大有泛滥之势。我本人也想写一些日本官场的怪象,但我并非为了批判,而是想要解释:天皇(战前)或国会(战后)的名义权威与政府的实际权力之间为何始终存在差异,以及这种差异为何会是日本这个发展型国家获得成功的推动因素。

长期以来,日本的政治体制一直存在统治与管理间、立法部门与行政部门间、多数党与政府官员间的明显分离——说到底是权威与权力间的分离。因此,最高统治权的宪法归属和实际归属间的差异十分明显,日本人甚至自己创造了借以讨论这种现象的术语:"表"(omote,明权)与"里"(ura,暗权),或者"宣称"

(*tatemae*，原则上的权属；爱德华·赛登施蒂克［Edward Seidensticker］曾提议将这一术语译作"假托"）与"本质"（*honne*，实际做法）。[1]

日本和其他国家的观察家们都清楚，上述差异导致了一定程度的虚伪，好听点儿是委婉含蓄，对这种虚伪，他们往往不吝挞伐之声。比如，角间隆（Kakuma Takashi）认为，战后，日本企业界人士倾向于假托自己"违心屈从"通产省的权力，而实际上，他们做的不过是努力维护与官僚机构间的传统关系。[2] 乡司浩平（Gōshi Kōhei）则对企业界的高层领导人感到恼火，因为他们把自己的决策交由往往比他们的孙子女大不了多少的各政府部门首长审批，背后又在工业俱乐部诋毁那些官员。[3] 尾林贤治（Obayashi Kenji）也觉得，作为政府官员与企业界人士协调政策的场所，为数众多的"审议会"（*shingikai*，伯杰［Berger］称之为"政策会"）实际上掩盖了通产省对工业界的"遥控"；他谈论"日本式自由竞争"的语气更是带了一丝嘲讽。[4] 一位名叫约翰·坎贝尔（John Campbell）的外国分析家则敏锐地提请注意"几乎每个与日本预算编制有所牵连的人都希望扩大多数党的作用"这一事实。[5]

权力与权威分离的根源，可以从日本封建社会的传统及发展型国家兴起的明治时代中找到答案。出于即将说明的一些原因，日本在19世纪后期采取了被韦伯（Weber）称为"君主立宪（monarchic constitutionalism）"的新政体，也就是俾斯麦（Bismarck）在德意志帝国推行的体制。俾斯麦式政体被韦伯的编辑们描述如下："总理对皇帝而不是对议会负责，军队也掌握在皇帝手中。实际上，这一安排首先是将特定权力授予了俾斯麦，然后才是普鲁士帝国的政府官员，二者对应着君主和议会。"[6] 日本在其"现代化"过程中之所以会认定德国模式优于其他模式，除了俾斯麦个人对明治时期日本核心领导人的影响外，还有某些日本自身的原因。采用这种体制最为严重后果之一，就是1941年日本决定与美、英两国开战——天皇与国会都没有参与此次决策。然而，在太平洋战争结束后超过一代人的时间里，最为重要的问题可能一直是，尽管这一制度名义上已被《1947年宪法》废除，但它仍在持续推行，甚至变得更加稳固。

现代日本官僚的前身是封建时代的武士。在德川幕府治下长达两个半世纪的和平期内，封建武士逐渐演变成一些学者口中的"政府化管理阶层（governmentalized class）"或"服役贵族（service nobility）"。[7] 如果现代官僚体制意味着韦伯所谓最理性客观的行政管理组织，这些约占总人口6%—7%的武士尚没有形成一个现代官僚体制。对韦伯来说，真正的官僚权力属于"官府"，在这个意义上，官僚权力"不像封建或教会统治下的封臣或门徒所信仰的那样与个人建立关系，而是出于非偏私的职能性目的"。[8] 在德川幕府时期，武士成了行政官员而非战士，但他们仍然保有可领取俸禄的身份，而不是按其具体才能获得酬劳。[9] 强调身份而非职务贡献的传统被明治宪法沿袭，转而适用于官僚阶层——他们在法律上一直享有特殊地位，直至《1947年宪法》废除相关规定，以及他们的继任者——由于战后日本仍受传统和官僚阶层支配，其后三十多年，这些人也得以非正式地享有前辈们的地位。

第二章 经济官僚

明治时期的日本领导人没打算新瓶装旧酒地维系武士政府，但对开现代官场新风这种事也没有多大兴趣。他们建立一个"非政治"的文官阶层的原因，实际上蕴含着极深的政治考量：曾成功领导倒幕运动的萨摩、长州两藩大权独揽而导致腐败滋生，他们试图平息公众对此表现出来的强烈不满；他们还希望向西方展示他们的"现代性"，以加速修改那些强加给日本的不平等条约；最重要的是，他们希望在新国会开幕、各政党开始为分享权力而公开竞选的1890年之后继续实施威权统治。[10]

同《明治宪法》的颁布、国会成立和各政党的组建时间相比，日本官僚体制和内阁要早五到二十年，结果可想而知。为防范各政党领导人提出相互竞争的自身权力主张，明治寡头们建立了一个软弱的国会，并设法以一个官僚组织与之抗衡——他们相信可以安排自己的支持者进入该组织，至少可以保持他们对该组织的个人控制。但经过一段时间，随着官僚组织升格政府核心以及寡头的消失，军职和文职均包括在内的官僚阶层为自身攫取了越来越多的权力。[11]

战前的日本官僚虽不为人所喜，却也受人尊重。许多日本人都不满萨摩和长州两藩在日本成为统一国家后继续享有特权，而新官僚体制，成员受过专业训练且对所有通过公平考试展示自身才能的人敞开大门，相比萨摩、长州两藩的统治显然是一种进步。各个政党自是独立于官僚机构的势力，但它们始终背负政治舞台老二的局限性。官僚阶层声称其代表国家利益，却给政党打上了仅代表地方或某一特定利益群体的标签。随着日本的工业化，各政党也演变成财阀和其他有产阶级利益的代表，渐渐获得了权势，但它们从未形成群众基础。其中一个原因是，选举权的扩大受到谨慎控制（见表2—1）；另一个原因是，国会的一院，即贵族院①被官僚机构把持。官僚机构设法让天皇直接命令其退休的高级官员进入贵族院，而这些官员在政治手腕方面可以轻取那里的贵族议员。[12] 总之，明治时代以后的军职与文职官僚是否是最能干的国家领导者这个问题并无多大意义；他们靠先发优势有效占据了大多数权力中枢部门，为此，他们可能受到质疑。这个过程中经历了许多斗争，最后的结果是意料中的必然，但做官最终成了谋取政治权力最重要的途径。举例来说，1941年10月上台的东条英机内阁中，没有一个大臣是通过选举胜出而担任国会议员的。

表2—1 1890—1969年日本选民规模的变化

选举届次	选举日期	适格选民（百万）	人口（百万）	选民/人口	选举资格
1	1890年7月1日	0.45	39.9	1.3%	男性，年过25岁，直接税纳税数额超过15日元②
7	1902年8月10日	0.98	45.0	2.18%	同上，但纳税数额标准降至10日元
14	1920年5月10日	3.1	55.5	5.50%	同上，但纳税数额标准降至3日元
16	1928年2月20日	12.4	62.1	19.98%	同上，但废除纳税要求
22	1946年4月10日	36.9	75.8	48.65%	所有年满20岁的男性和女性
25	1952年10月1日	46.8	85.9	54.45%	同上

① 1947年后称"参议院"。——译者注
② 1890年的15日元折合当时的12.30美元。由于支付的是直接税，这实质上意味着仅有产者或富人拥有选举权。

续表

选举届次	选举日期	适格选民（百万）	人口（百万）	选民/人口	选举资格
29	1960年11月20日	54.3	93.2	58.30%	同上
30	1963年11月21日	58.3	95.8	60.82%	同上
31	1967年1月29日	63.0	99.8	63.11%	同上
32	1969年12月27日	69.3	102.7	67.47%	同上

资料来源：矶村英一编，《最新行政问题百科全书》（*Gyōsei saishin mondai jtien*），东京，1972年版，第705页。

战前的日本官僚不是"公仆"，而是天皇任命且仅对天皇负责的"天皇的官吏"（*tennō no kanri*）。天皇的任命赋予他们"官"（kan）的身份。"官"这个字的中文原意，是统治一座城市的高级官吏的宅邸，当代用它指称法官时也仍保留了一部分原意（据一位法学权威所说，"官"表示不受法律严格限制的握有权力的要员）。[13]这种崇高的社会地位既可将他们向后追溯到昔日的武士，又可向前延伸至战后的官僚，因为他们拥有的是内化实权，而不是外在的或法理型的办公场所。这就意味着他们基本不受外部限制的约束。"如今的官僚，"亨德森（Henderson）写道，"当然与德川政权下的武士不一样，甚至与战前日本受过大学教育的新兴皇家官员阶层也不一样。但从独立司法审查的角度看，他们直到现在都基本凌驾于法律之上。"亨德森发现，日本与其说是法治，不如说是"官治占上风"。[14]矶村英一（Isomura）和黑沼稔（Kuronuma）也持相同观点。他们认为，日本甚至在战后也是"民享"政府，而非"民治"政府。在他们看来，这是"运用法律工具治理"，和"法治"不是一回事。[15]

现代日本官僚从武士那里继承的除了社会地位，还有后者的道德准则和精英意识。金山文二（Kanayama Bunji）提醒人们注意当代日本青年男子（和一些女子）的朴素精英主义和精英统治倾向，因为他们必须通过竞争极为惨烈的"高等文官考试"，方能进入各个政府部门。金山引用的证据包括：他们被期望毫无怨言地工作的时间之长；他们被派往国外著名大学攻读研究生课程；大多数政府部门贯彻的"为公共利益牺牲"理念；各部门"前辈"，包括那些已从政府部门退休、转而在财界或政界身居要职的原政府官员在内，在官场新丁入职前几年对这些后辈的提点和训诫。金山认为，上述传统构成了"官僚道"（kanryōdō），类似于过去的"武士道"（bushidō）。[16] 当然，战前的许多官员其实就来自武士家族，而这些家族在武士阶层瓦解后的数十年间仍然秉持祖辈的效忠意识。正如布莱克（Black）及其同事所评述："随着武士统治在整个日本的消亡，出现了一个文官阶层，人数大概是以前武士家主总数的十分之一。由于其中大部分最初来自武士阶层并享有作为天皇忠实代表的尊崇地位，不同于以往的将军或大名，这些官僚获得了从前专属于武士的某种光环。"[17]

武士以前的光环，在如今与官僚有关的一些行话中仍有迹可循。例如，指代政府当局的常用语是"上面那些人"（okami）。还有一种说法是，日本人一般不会质疑政府的权威，因为他们尊重政府的"武士刀"（denka no hōtō）——直指武士家族传家宝刀。这种镶有宝石的刀象征着一个武士家族的地位，并非杀人的兵器。山内一夫（Yamanouchi）有言，化用"武士刀"的说法反映了一种普遍意识：法律只是权威的象征，不需要权威所有者实际使用。他还认为,新旧宪法更迭对转变这种观点收效甚微。比如,据说通产省非正式行政指导的有效性归根结底是依赖它的"武士刀":政府和产业界都发现,照此行事要比挥舞诉讼和惩罚的真刀更便利。[18]

在日本各个政党遭到军国主义分子猛烈抨击的20世纪30年代,文职和军职官僚机构都将自己的活动范围扩展到了以往未曾触碰的领域,鉴于之前的20年代,各政党虽有突出的政治表现却存在社会学意义上的软肋,杜斯(Duus)和冲本(Okimoto)指出,"20世纪30年代表现出来的不是'民主'政府的垮台,而是官僚政府的稳定"——肯定了自明治维新以来潜藏的趋势。[19]克雷格(Craig)则主张,20世纪30年代见证了明治时代从西方偷师而来的价值观和制度的"本土化"。[20]无论人们如何评价1930—1945年这15年,日本政府在这段时间结束时比刚开始是要官僚化得多,对国家事务的控制也加强了许多。

二战结束时,这个官僚政府不得不因为其给整个民族带来的灾难面对国内铺天盖地的批评,还得接受盟国占领军对它实施的民主化改革。然而,占领军控制下的日本官僚政府出现了一种不寻常的态势:虽然无论从哪个角度看,它都算不得毫发无损逃避了盟军的改革,但它的一部分——各个经济部门却因权限增大而异军突起。实际上,1945—1952年的占领时期,见证了现代日本史上政府控制经济空前甚或绝后的顶峰,其控制之深无疑也是太平洋战争期间所不及。这个问题第四章、第五章还会详细展开,但是,若要理解政府各部门现任和离任官僚在占领结束后的日本政治中做过的突出贡献,就必须以占领期间日本官僚机构的

"改革"作为开场。

由于目前尚不清楚的原因，占领当局，或称盟军最高司令部（Supreme Commander for the Allied Powers，SCAP）[①]从未将日本政府中的文职部门列为需要实施基础性改革的部门。不过，盟军最高司令部却将经济部门的一个主要对手，即军事部门，从日本的政治生活中彻底清除了出去；至于经济部门的另一个对手——财阀，它也被进行了改造，使其力量大为削弱。这两项改进措施助推经济官僚占据了由此造成的真空地带。同样重要的是，盟军最高司令部还解散了战前存续的内务省（Ministry of Home Affairs，Naimu-shō）——《明治宪法》下最具声望和权势的部门，原内务省的职权主要由新设的建设省、劳动省、厚生省、自治省（起初叫"地方自治厅"）及防卫和警察部门接掌。尽管如此，内务省权力的丧失也为经济官僚权力的扩张提供了新的领域，比方说，内务省战时地方局及其实施配给制的警察权，分别移交给了商工省（the Ministry of Commerce and Industry）和经济安定本部（the Economic Stabilization Board）。

盟军最高司令部将文职官僚机构也纳入其整肃令——将那些被指认为对战争负有部分责任的人从各种公私要职上清除出去的运动[②]。[21]其整肃的主要目的，是让新一代年轻人进入政府。然而，这次整肃于各经济部门再次影响甚微。确切计算被开除的经济官

[①] 也译作"驻日盟军总司令"，日本人习惯将麦克阿瑟将军以此名义建立的盟军最高司令官总司令部称为"总司令部"，即英文 General Headquarters，缩写为 GHQ。——译者注
[②] 史称"公职追放"，简称"追放"。——译者注

僚人数很是困难，因为许多人以自己对经济恢复不可或缺为由申诉。不过，有一种估计是，商工省，也就是战时的军需省，仅开除了42名高级官员（局长以上级别），而大藏省仅开除了9名。另外，在1800名被开除的文职官僚中，有70%是内务省的警务官员和其他官员。[22]

通产省的天谷直弘认为，即便没有整肃官僚，整肃企业界领导人对战后经济也是很有帮助的，他甚至将这场整肃和实际上与明治维新同时发生的对封建领主的整肃相提并论[23]。战后的经济整肃从经济生活中消灭了食利阶级（rentier class）——韦伯称之为"有产阶级"（*Besitzklassen*，德文），以区别于包括企业家和才能出众的经理在内的"职业阶级"（*Erwerbsklassen*，德文），从而大大提升了财阀的经济效益，并为新型财阀的出现创造了条件。也许，从经济生活中消灭的最重要的食利集团是皇室本身，毕竟皇室是战前和战时"国家政策公司"的大股东[24]。然而，这场整肃并未真正触及经济官僚。

盟军最高司令部从整体上积极改革日本官僚体制的努力被普遍视为失败之举。布莱恩·胡佛顾问团（Blaine Hoover Mission）以当时最新的美国公务员法为蓝本，起草了日本的《国家公务员法》（昭和22年法律第120号，1947年10月21日颁布）。该顾问团成员之一的福斯特·罗泽（Foster Roser）事后总结道："《公务员法》建议稿于1947年秋提交日本国会。不幸的是，日本政府核心部门中思维封建，高层官僚则精明透顶，他们意识到任何类似的现代行政法都将构成对其职位的威胁，进而导致他们痛失权力。国会最终通过的法案相较代表团的建议稿，是一份彻头彻尾被阉割的文件。"[25]

20世纪30年代及战争期间,日本军方曾设法集中控制政府各部门并从后者手中接管人员选拔和升迁事务,原公务员课长[①]布莱恩·胡佛对此一无所知——他同样也不了解之后内务省和大藏省如何成功阻止了军方的这些图谋。政府各部门在阻挠公务员制度改革方面可是积累了多年经验[26]。胡佛版本的法案确实规定要设立一个隶属内阁的人事院（National Personnel Authority）来举行考试、确定工资级别,以及处理投诉。但是,该法案并没有就内阁或首相办公室控制各政府部门所需的必要权限和人员做出规定,尤其是,预算编制权仍归大藏省行使（形成对比的是,美国行政管理和预算局直属总统管理）[27]。

1948年实施的《国家公务员法》修正案要求对下至副课长、上至事务次官的所有官员重新进行考试。尽管遭到年长官员抗议,这场考试仍于1950年1月15日举行,随即落下了"天堂考试"的名声,只因参考官员可以抽烟、喝茶,而且想考多久就能考多久（有人考了一个通宵）。结果,在职官员中大约有30%未能再获任命,但与此同时,政府也进行了相应的大规模裁员,比例同为30%。所以,最终结果是,并没有任何新鲜血液注入日本政府,正常招聘渠道引进的除外。

不过,除了地位的提升,日本经济部门在占领期间的快速壮大主要应该归功于环境。首先也最重要的是,盟军最高司令部决定对日本实行间接占领,也就意味着通过给日本政府下达指示而

---

① 隶属盟军最高司令部民政局。——译者注

第二章 经济官僚

不是取代后者来统治日本。虽然在许多日本人看来,这可能是一个令人满意的决定,但它也为官僚阶层自我保护打开了方便之门。有位评论家直言这是日本官僚"面从腹背"①的七年。[28]

辻清明(Tsuji Kiyoaki)教授是日本官僚制研究方面最著名的权威。他认为,他所说的"天皇制"(并非指天皇制本身,而是指不受内阁和国会约束的政府官僚组织的结构)能够持续下去有两个至关重要的原因:一是间接统治,二是当时的日本政府迅速接受了美方起草的新宪法。后者避免了麦克阿瑟(MacArthur)将其威胁付诸行动的风险——如果日本政府继续推托,他便将美方的宪法草案提交全民公决。辻清明承认,《1947年宪法》规定了一个具有高度责任感的民主政府——这部宪法其实是占领当局为在日本切实推行民主化最重要的法律。但他同时也认为,官僚们意识到了很重要的一点:若要保留政府权力,就必须避免公民直接参政。《1947年宪法》无疑是开明的,但它也像1889年的《明治宪法》一样,是自上而下地向日本社会推行的。[29]

一名大藏省官员在向约翰·坎贝尔发表评论时阐述了辻清明的观点。他说,日本"从未经历过'人民革命',而这种革命会在公民间引发一股'政府是我们自己建立的政府'的思潮"。[30]辻清明认为,虽然占领期间在社会、劳工、产业和农业诸领域实现了相当程度的社会动员,但却错过了进行这样一次人民革命的机会。尽管如此,必须指出的是,发展型国家的有效运行,要求指

---

① 日文直译,意谓当着上司的面服从命令,心里却在否定它们;中文类似表达如"面从腹诽""面从背违"。——译者注

导经济发展的政府部门不得受到除最具权势的利益集团之外的任何束缚，以确保它能够设定并完成长期的产业发展优先任务。开放的现代社会，既存的所有压力集团和利益集团，都具备介入政府事务的有效途径。这样一种体制，无论它可以实现哪些其他价值，至少它是绝对不可能实现官方扶持下的经济发展了。因此，政府经济部门在一定程度上保持其原有影响力不被削弱，是1950年产业政策取得成功的先决条件。

日本政府不单单是保持了原有的影响力，甚至还有扩大之势——原因有两个：首先，恢复经济的要求使得官僚机构大幅膨胀。怀尔兹（Wildes）提供的数据显示，战后前三年，官僚机构的规模相比战时最大规模增加了84%。[31]无论盟军最高司令部是否察觉了其中的讽刺意味，反正日本人肯定感受到了。在《中央公论》（Chūō kōron）1947年8月一篇著名的头版社论中，编辑们写道：

> 目前形势下，政府的问题复杂又乖谬。一方面，战争的责任无疑应由政府、军方和财阀共同承担。我们知道，从战争爆发、铺开再到结束，政府在其中发挥了巨大影响。它是有罪的。许多民众也针对政府官僚的责任和罪行谴责了他们。但另一方面，鉴于目前身为战败国的境况，恢复自由经济体制是不可能的，经济生活的方方面面必然都要求扩大计划和控制，政府的职能和重要性也会一天天地扩大下去。在与解散军方和财阀同等的意义上解散政府是无法想象的，因为政府作为专业技能的集合体，必须随着行政部门的扩张和日趋复杂而不断壮大。[32]

·第二章 经济官僚·

这不仅仅是政府的工作数量增加的问题。更重要的是,盟军最高司令部坚持,过去由政府和财阀分担的经济职能现在应当全部由政府承担。正如我们将在第四章看到的,这是一种进步——政府在战前曾以饱满的热情奋力争取,却由于私营部门的抵制而未能实现。辻清明认为,盟军最高司令部在强迫财阀将其分享的那部分权力移交政府时,它从未充分认识到它这样做隐含的意味,因为它按照美国的政府理论,将官僚组织看成了一个"非政治性工具",而不是一个政治实体。再者,盟军最高司令部本身也是一个法定的政府机构——隶属美国陆军,所以相对而言,它不愿质疑那些基于为国家提供专业服务而建立的政府机构,只要后者无须为其服务并承担政治上的责任。

政府影响力扩大的第二个原因是,盟军最高司令部为取代旧秩序而扶植的政治力量相对无能。被新宪法再度送至政府领导台面上的老牌政党的干部,从未(或者说已有近二十年的时间没有)执过政。而且,他们当中最有能力的一些人已被追放。另外,政党深度参与政府事务和立法起草的美国式传统,也没有一丝在日本落地生根的迹象。1947 年 5 月 24 日,片山哲(Katayama)上台组阁,其阁僚们极度缺乏专业知识,对法律也不够熟悉,所以每逢内阁会议,都得有各自的副职陪坐身侧,好为自己建议对策。[33]这样的状况直到 1949 年 1 月吉田茂(Yoshida Shigeru, 1878—1967 年)第三次组阁时才结束。吉田茂本人曾是外务省的高级官僚,他所建立的"官僚主导体制"(kanryō shudō taisei)已经成为当今日本政治的主流态势。

在 1949 年 1 月的第 24 届国会总选举中,有 42 名原政府官僚新当选为国会议员，他们大多是吉田茂的门徒和支持者，参选议员也有吉田茂鼓励的成分。这群新晋政治家中就有刚刚卸任大藏次官一职的池田勇人（1899—1965年），他成了吉田茂的新藏相；还有刚从运输次官任上退下的佐藤荣作（Satō Eisaku，1901—1975年），很快成了吉田茂领导的自由党干事长。1948年12月24日，也就是这次选举前不久，未被起诉的甲级战犯岸信介（1896—1897年）从巢鸭监狱获释。他曾担任阿部信行（Abe）、米内光政（Yonai）和近卫文麿（Konoe）内阁的商工次官，以及东条英机内阁的商工大臣和军需次官。1952年4月29日，岸信介追放解除，一年后也被选入国会。就是这三个政府官僚出身且都在各自的阁僚生涯中担任过很高职位的人，从1957年到1972年，一直主宰着日本政治：1957年2月—1960年7月，岸信介任首相；1960年7月—1964年11月，池田任首相；1964年11月—1972年7月，佐藤任首相。再说吉田茂本人，他之前做过外务省次官和驻英大使，且已有过两次组阁经历，分别是在1946年5月—1947年7月和1948年10月—1954年12月。

除了这些领导人，许多中层国会议员也来自政府官员队伍。1946年，自由党（保守派）籍官僚出身的国会议员仅占议员总数的2.7%。而等到1949年，吉田就将上述比例提高到了18.2%，此后这个数字一直稳定地保持着。到了1970年，众议院中有69人（23%）、参议院中有50人（37%）都是官僚出身的自由民主党（一般简称"自民党"）成员。1977年，这两个比例则分别为27%与35%。[34]

在单个县级选区内拥有可靠选举"地盘"（*jiban*）的党派政

·第二章 经济官僚·

治家,对政府官僚这种染指议会的做法并不能坦然接受。他们中的许多人过去认为、现在依然认为,政府官僚与其说是要成为政治家,不如说是要取代政治家,并危险地导致行政机关与立法机关之间的职能划分模糊不清。在1952年10月的选举中,刚刚被解除不得担任公职禁令的约329名战前及战时政治家中,有40%左右被重新选入国会,并占据了该机关近30%的席位。战后日本国会的主要格局也自此定型:所谓保守势力的主流派由离任的政府官僚组成,反主流派则由没有政府机构任职经历的旧式(后来称为"纯粹")政治家组成。1955年,两个主要保守政党——前身是战前的政友会和民政党,为对付日益增长的社会主义反对力量而走到了一起。他们创建了庞大的联合政党——自民党,从此一直把持着国会,不曾中断。

在自民党内部,作为主流的官僚派和作为反主流的党人派(tōjinha)相互竞争,通常是官僚派居主导地位,但为了党内团结,没有任何一派被完全排挤出去。1958年,岸信介第二次组阁,其12名阁僚中有8名曾是政府官僚,官僚派优势就此奠定。原官僚们在自民党政务调查会和国会主要常务委员会中也占据了许多有影响的位置,批准政府各部门的计划和预算就包括在内。凭借他们的工作能力和政府背景,原官僚们加入自民党也能更快地上升到阁僚层级:有测算数据显示,官僚出身的政治家,平均当选7次就能坐到这个位置,而记者出身或代表经济利益集团的政治家需要连续9次,地方政治家则是连续10次。[35]

毫不奇怪,官僚派在国会的影响力大有永续之势,实际上也强化了官僚主导的战前模式。斯波尔丁(Spaulding)指出,国会依据《明治宪法》(1890—1947年有效)通过的所有法案中,有91%是行政机关先提案,而不是国会主动为之[36]。战后的国会也采取类似模式。以新宪法下的第一届国会为例,在1947年5月20日至12月9日的存续期间,内阁以政府名义提出法案161项,通过150项;众议院议员提出法案20项,通过8项。然后在第28届国会期间(1957年12月20日至1958年4月25日),内阁提出法案175项,通过145项;而众议院议员提出法案68项,通过15项。[37]这种模式对众议院议员提出的法案变得越来越不利。内阁的法案均由各省先提出并独立起草,随后交由自民党批准并在国会上提出。按照惯例,各省官员也会出席国会,就其法案进行解释并回答相关问题。

各项法案在呈递内阁之前,会在各省内部和各省之间进行真正的审议,民间人士也会在其中发挥一定作用。各省主持的准审议在各省下属的246个审议会(1975年数据,具体名称诸如"审议会""审查会""协议会""调查会""委员会",统称为"审议会")内开展。这些审议会都是各省大臣设立的官方常设机构,并由他们选任的民间专家组成,专门负责调查并讨论本省的政策和立法提案。1975年,下设审议会数量最多的是首相官邸(多达51个),其次是通产省(多达36个)。

如果说日本的法律均由非官方人士审查和讨论,那么,将这一点落到实处的就是各个审议会。甚至像税收和关税法这种对一国议会而言至关重要的法案,日本国会所做的也仅仅是在审议会研究之后盖个橡皮图章而已。比如,税制调查会(*Zeisei Chōsa Kai*)每年都会就修改税法和税率提出建议而无须国会参与,国会通常也不会对这些建议稿再作改动。同样地，关税率审议会（*Kanzeiritsu Shingikai*）设定的关税率及程序，国会也是一字不改地通过。[38]毋庸置疑，审议会得处理一些非常重要的事项，这些问题涉及各个审议会的选举、议事程序和相对官僚机构的独立程度。

这些问题引发了很多争论。审议会当真会为官僚机构的决策提供民间意见吗？又或者，它们不过是掩饰政府权力的幌子，意欲在公众面前营造协商一致的假象？通产省原事务次官佐桥滋在访谈中表示，就他本人而言，审议会的重要性，主要在于它是一种避免政府行为招致批评的预防手段[39]。河中二讲（Kawanaka Nikō）认为，审议会确实是官僚阶层在各省内部及各省之间的斗争中推行特定政策的重要武器：以审议会成员身份出现的重要人物名单与其说是为了打动公众，倒不如说是想要给立场相左的官僚施压或警告；作为各省服务的对象，这些重要人物在各省之间起着互相制衡的作用[40]。

有些日本记者甚至更加尖刻。《每日新闻》的经济专家们就将审议会斥作"鬼把戏"，声称它们没有独立的工作人员，向其提交的建议也是事先已经被作为其主办方的各个省批准过的。但另一方面，他们又认为，经济方面最重要的审议会——经济企划厅下属经济审议会（*Keizai Shingikai*）、通产省下属产业构造审议会（*Sangyō Kōzō Shingikai*）和大藏省下属外资审议会（*Gaishi Shingikai*），不仅仅是"摆设"。[41]不过，通产省记者俱乐部对其中之一的外资委员会持不同意见，表示，至少在资本自由化之前，外资审议会就是件"隐身蓑衣"（*kakuremino*）——覆盖在某种东西（这里即指通产省对所有在日外资企业的影响力）上的魔法斗篷，使其不可见。[42]

如果这些批评完全合理，我们就会问，国会为什么不自己承担起草和审议法案这些重大职责？答案是，日本国会并不是韦伯所说的"通过持续参与政府工作来对其实施监督"的"干实事的国会（working parliament）"。[43]政府最重要的工作在别处完成，国会只是对这些工作予以批准的场所。正如我们强调过的，国会对政府的依赖关系源于战前体制，并由于战后重建的艰难历程而得以持续和强化。20世纪40年代末和50年代初，政府为推行其政策并防止当时庸碌无为的政党干涉政府，曾搬出传统观念作为武器，即政府代表国家利益，政党仅代表地方利益、特定团体利益或私利。有种说法是，政府拥有的智慧是普遍适用的，社会中的智慧则是有条件的适用，这一日本人毫不陌生的政治哲学，与盟军最高司令部建立的一些民主制度形成了反差。小岛昭（Kojima Akira）将这种观念追溯到明治时代政府的大权独揽以确立"国家利益的正统地位"，根据定义，除此之外的一切都应划归私人利益，因而居从属地位。[44]

日本有大量利益集团存在，但却不具备使其政治活动合法化的多元化理论。战前，各政党通过向政府主张私人利益发展了自身势力，这一传统也被战后的政党继承了过来。下院议员的法案鲜有通过的一个原因是，它们实际上都是基于所代表选民的诉求提出或旨在为某一特殊利益群体服务。许多党人政治家自己也承认政府活动与其自身活动间主从关系的正统性。"他们倾向于"，坎贝尔写道，"认为选民投票几乎仅受特殊主义的'政治分肥'

要求驱动，并不在意宏观社会政策的问题。"[45]

尽管日本行政机关与立法机关间的融合关系颇令自由主义者失望，但从发展型国家的角度看，这种关系还是暗含一些优势的。战后，国会制取代天皇制，从而使日本国会成为泰特斯（Titus）所谓"最高批准者"——使其他部门决策合法化的机构[46]。和《明治宪法》下的天皇一样，国会是国家主权所在，但权威和权力之间的矛盾也一如往昔，至少矛盾的缘由有一部分是相同的。不过，一个重要变化是：相比过去的天皇制，国会对上述基本职能的行使要可靠得多、有效得多，也要民主得多。由于战后日本政府动员了各种资源并使其服务于重工业体系，利益集团和个人的需求就必然要受到抑制。虽然政府的高成长政策最终提升了全体国民的经济水平，这样一来应该也有助于满足他们多样化的利益诉求，但政府事先并没有就这些政策征求过国民自身的意见。政府为实施其计划所需的资金、立法和制度支持，实则是由怀尔兹所谓"傀儡国会"批准的[47]。

尽管如此，通过多数党自民党运作，这个"傀儡国会"也在政府与社会之间起到了协调斡旋的作用：促使政府照顾那些不容忽视的利益，比如农业和中小企业的利益，以及间或要求政府在应对诸如污染等严重问题时改变方针。同时，它也会拒绝向那些利益诉求可能破坏国家发展计划的势力集团妥协，或者迫使对方妥协。总体而言，国会在维持一个收入分配和困难承担相对平均的模式方面还是做得十分公允的。[48]

国会未宣之于口的居间调停作用，已经成为日本深度审视和研究的课题。虽然由此衍生了大量不同构想，但其中大部分都以分裂日本社会为两类阶级和组织而告终：一个居核心地位，另一个居次要地位（或者说特权阶层和普通阶层，第一等级和第二等级）；核心阶级是为社会整体利益负责发展型国家的运转，并不单单为了自身的特殊利益。核心组织即官僚机构、自民党和日本的大企业集团，则在彼此间维持一种不对称的三角关系。自民党的作用是将官僚机构的工作合法化，同时确保后者的政策不至于太过逾越公众能够忍受的限度。这当中也有维护自身利益的成分，但自民党始终要确保的是，国会和官僚机构必须响应农民的要求，因为它十分依赖拥有过度代表权的农村选区的投票。另一方面，官僚机构将自己的骨干安插进自民党内部，以确保该政党不偏离官僚机构认为对国家整体有益的轨道，并引导企业团体促进国家发展目标的实现。反过来，企业团体将提供数量庞大的资金来支持自民党的执政地位，尽管其自身并不因此取得对该政党的控制，因为自民党一般是向上、向官僚机构靠拢，而不是向下、向主要赞助人靠拢。

这种三角关系有时让人觉得矛盾重重，有时又显得趋向一致，但在河中二讲看来，两种印象都带有欺骗性——他坚称，代表战略产业利益的集团，也就是他所谓"总承包商集团"，始终保持着与官僚机构之间的特惠关系。不过，二者之间有时也会因为私人产业集团或民营企业的要求产生矛盾，包括灵活执行政府政策，或者对政策采取局部或技术性改革以让该群体中的某一类受惠。遇到这种情况，政府是愿意扶持本国产业的，会为之寻求妥协、安排兼并、提供经济激励、约束外国竞争者，不一而足，但政府也会对产业出台新的限制条件来促成自身目标。此类矛盾关系重大且旷日持久，但按照河中的说法，它应当一直被视作"亲属"（miuchi）般的存在。

面对局外人，比如消费人群、地方保守派人士，或者反对与美国结盟的团体，政府的政策则是听之任之，或者在他们形成气候时，通过自民党与之达成妥协。日本民众之所以对这些关系给予理解和支持，并非出于原则问题，而是因为它们收到的成效。局外人逐渐形成了一种"组织复视结构"——河中二讲用这一术语指代在日本体制中居于从属或依赖地位的部门，倾向于感知主导或引导部门的意图并据其制定自身政策，仿若上级部门的政策即自身政策的趋势。这一切在局外人看来似乎是达成了某种共识，但实际上，这是由势力均衡的考量和日本的脆弱性决定的。为此，河中二讲提出了"连锁决策"而非共识的概念，通过这个概念来描述官僚机构、自民党和企业之间的互利共存关系。他进一步指出，这种连锁决策的特征表现为官僚机构的领导地位、模糊化的责任和虚拟的亲属关系。[49]

对我们研究的目的而言，更为重要的特征是各个利益集团接触政府的难易程度不同："主承包商"和主要政治支持集团与政府的关系较为亲近，而战略地位较低的集团则相对疏远——虽然好过其在《明治宪法》时期的境遇。优先接触政府的渠道并不固定，既体现在各种审议会中，也体现在社会精英从官僚机构向政界和产业界流动的过程中，以及下面将要讨论的数量庞大的其他"校友"关系网中。结果是发展型国家具备的柔性和包容性要远胜于实行计划经济的国家（其效益也要大得多），但计划经济国家在目标设定和达成方面的能力又比市场经济国家要高出许多。

在这种微妙而又富有弹性的体系中，官僚与政治家之间的私交是十分复杂的。政府各省都有且只有一个真正的政治任命官员，那就是由首相（正式名称是"内阁总理大臣"）任命亦属内阁成员的主任大臣①。主任大臣通常是国会议员，但这并不绝对（《1947年宪法》第67和68条规定，首相由国会议员选举并在国会议员中产生，而国务大臣只需过半数从国会议员中产生即可）。至于各省的其他官员，则都属于非政治任命，当中级别最高者是事务次官（*jimu jikan*，我将其简称为"次官"）。因此，日本首相仅有权任命近20名国务大臣外加4名党内官员，而以美国总统为例，他至少能够任命1000人进入政府就职（据一位日本分析家计算，卡特总统仅在1977年初就任命了916名政府官员）。[50]首相还要顾及自民党内派系平衡的政治需求，但他很少去考虑某位政治家担任政府某省的大臣职务是否适格。②

日本政府坚守着国务大臣以下级别不实行任何政治任命的做法，官僚们相信这有助于树立其主张超然于政治之上而仅代表国

---

① 即作为各行政省首长的行政大臣，属于国务大臣序列，但一般以"国务大臣"作为头衔称呼的均为非主任大臣。——译者注
② 自民党的干事长——党总裁（同时也是首相）下的四名党内领导人之一，负责任命另外24名政务次官供职各省，包括：大藏省、农林省和通产省各2名（参众两院各出1名），其他省各1名。这些次官应当在政府各省与国会之间发挥联络作用，但"职位的首要吸引力在于为政治家提供运用省资源的机会以施惠其选民（从而增加自己的选举优势）和其他政治家（从而提升自己在党内的地位）"。参见 Nathaniel B. Thayer, *How the Conservative Rule Japan* (Princeton, N. J.: Princeton University Press, 1969), p. 279.《每日新闻》评论说，就像人体中的阑尾一样，政务次官似乎并不能起到重要作用。他们的任命始终着眼于对党内各派系投桃报李，并不看重政府或国会有效运作。参见 *Japan Times*, May 7, 1974, and December 27, 1975.

家利益的原则。政府最大的担忧之一是对其内政的"政治干预",或者更糟的,是各省主任大臣听命于政党或政治家。尽管在法律上,主任大臣统辖一省内部所有事务并对其负责,但从一开始,他和次官之间就不可避免地存在一种脆弱敏感的关系。主任大臣惧怕他手下的官员乃至被后者控制是很正常的事。有记者表示,一个主任大臣唯一一次享受其职位的荣光,就是他身着正装出席在皇宫举行的内阁授职仪式被拍照留影的那天。[51]如果这种现象普遍存在,下属官员们自然满意。但他们真正想要的是一位不干涉他们,同时又对统领之省负责并保护该省不被其他政客或外部利益集团——尤其是财界染指的大臣。如果他还是官僚出身,甚至就是如今受命主管之省的前官员,与下属的关系就会变得极其复杂。

大藏省官员声称他们畏惧该省官僚出身的强势大臣,比如贺屋兴宣(Kaya Okinori)、池田勇人或者福田赳夫(Fukuda Takeo)[52]。尤其是池田,无论领导哪个省,他都是一个激进的大臣。为了清除阻挠他快速发展经济计划的财政保守派,也为了收服该省以支持他自己的政治野心,他不惜重组大藏省并因此声名显赫[53]。虽然池田在担任通产大臣时受到了通产官僚的普遍爱戴,但其中的主要原因是后者与他意见一致,一旦双方意见相左,比如在1960年关于贸易自由化步调的问题上,占上风的就是池田。他一度还命令过通产官僚不得在未经他批准的情况下接受记者访问,因为他不想报纸上出现他毫不知情的新经济方案。[54]不过,池田并不插手省内的人事问题。

池田的情况属于不寻常的个例,即原政府官员变成激进的主任大臣。对官僚们而言,池田这种类型虽然有点儿难对付,却还不是真正的威胁。党人政治家跻身激进大臣要可怕得多。他们对一个省施加的影响,能够掀起席卷整个日本政界的滔天巨浪,余波尚要持续数年。这些真实事例的细节也在日本所有关于中央政府的著作中反复出现。而其中最著名的例子,可能就要属河野一郎（Kōno Ichirō,1898—1965 年）和他试图将农林省纳入其个人控制之下的事迹了。

河野在战前的政友会中就是鸠山一郎（Hatoyama Ichirō）的旧部。1951 年追放解除后,河野返回政界,站到了作为主流的吉田茂政府的对立面。随着两个保守党合并组成自民党,他相继担任第一届鸠山内阁的农林大臣、第一届岸内阁的经济企划厅长官,接着又在第二、第三届池田内阁里先后担任农林大臣和建设大臣。1964 年,时任建设大臣的河野负责东京奥运会的承办工作,而这也是战后日本以崛起的经济大国身份首次登上世界舞台。池田去世之后,河野领导了联合党人派争夺党内控制权的重大行动,惜被佐藤荣作击败,不久去世。

河野在他 1954 年 12 月首次担任农林大臣时,就大力干预省内人事。他的帮手,一位名叫安田善一郎（Yasuda Zen'ichirō）的官员,被他破格提拔为该省官房长（农林省内升任次官前的最后一步,负责省内所有人事任命）,地位在其众多前辈之上。之后,安田便将不支持河野的官员或调职或降职。这些行动安田是自愿参与的,因为他希望在退休后,能以河野门生的身份从政。他在农林省食粮厅长官任上（1961 年 7 月—1962 年 1 月）结束了他的官僚生涯,之后作为河野派成员竞选众议院议员,但以失败告终。[55] 其他省将他视作重要的反面教材以提醒：如果一个省的官员受到越级提拔，并为了自身目的甘心被政客利用，那么灾难就会降临到这个省和这类官员的身上。

由于自民党对农业选票的依赖，农林省（1978年更名"农林水产省"，简称"农水省"）常被说成是第一个遭到自民党"政治化"的省。然而，任何国家的农业部门都很少是"非政治的"。至少日本政府的另外一个省，文部省（2001年与科学技术厅统合成"文部科学省"，简称"文科省"），因为自民党要与教师工会进行意识形态斗争的关系，一直都被自民党牢牢控制，甚至都不曾假装该省独立于政治之外。对于通产省而言，自它1949年设立以来，历届首相和通产大臣多年间一直试图取得对它的控制，并利用它来实现自己的政治目标。通产官僚则一直毫不妥协地抵制这些图谋，并常常引用河野和农林省的例子。我们将选取一些通产官僚抵制的实例在后面的章节详细分析，因为这些抵制时常影响到该省的基本产业政策。

一些党人政治家出身的通产大臣，其中甚至不乏激进者，同样很受该省官僚欢迎，因为他们能干好国会中的分内事：田中角荣（Tanaka Kakuei）、中曾根康弘（Nakasone Yasuhiro）和河本敏夫（Kōmoto Toshio）就是例子。不过，即便相处融洽，在与非官僚出身的党人政治家打交道时，官僚们内心深处仍担忧涉嫌腐败的风险（日本战后曾以贪污贿赂罪名对官僚出身的政治家提出指控，但这些指控一般仅针对党人政治家）。再者，如果一个大臣想要自己指定次官（按惯例应由即将离任的通产次官提名其继任者），或者以其他方式改变官场固有规则，也难免导致冲突。通产官僚为人熟知的一种做法，是他们在政务次官坚持出席省务会议时，直接取消会议或宣布会议为私人聚会性质。[56]从通产省的角度来看，最理想的大臣是像原商工官僚椎名悦三郎（1898—1979年）那样，一方面无意干涉省内事务，另一方面，又是自民党内位高权重的政治家、国会辩论的好手（在日本语境中，这意味着政治家发言时口若悬河却不失优雅，但其实并未提及任何实质性内容——一门椎名挥洒自如的艺术）。总体而言，各省大臣战前对所辖省的影响力要大于战后，这一变化再度体现了战后官僚权力的上升。

虽然不难理解日本政治体制下官僚与政治家之间的微妙关系，但官场生活的焦点还是集中在各个省内部——非正式规则及其偶尔被违反在那里非同小可。兰多（Landau）和斯托特（Stout）提醒我们："官僚机构是人为设计和自然形成的制度的结合体。在形式属性之外，它以各种利益集团、私人关系网、裙带关系、政治掮客和派生联盟为特征。"[57]这些非正式纽带通过激发忠诚意识、纾解沟通问题、同化新成员、在价值观冲突时推出新理念等手段，维系一个组织的"文化"，帮助它有效运作。对通产省组织属性的分析自是贯穿本书始终——其中最重要的，涉及它在1939—1973年间下辖的正式机构，即各个著名的特定产业直属局，但赋予一个组织生命并让它的正式载体变得有趣起来的，恰恰是那些非正式的惯例和传统。

草柳大藏（Kusayanagi Daizō）认为，日本社会所有的人际关系都建立在四种"阀"（*batsu*，派系、集团、共同体之意）上：闺阀（*keibatsu*，基于血亲、姻亲关系形成的势力集团）、乡党阀（*kyōdobatsu*，基于同族同宗或同乡关系）、学阀（*gakubatsu*，基于同

·第二章 经济官僚·

学关系）和财阀（zaibatsu，"金钱基础上的集团"，这里取其广义，并非特指战前日本家族本位的产业帝国或称"财阀"）。[58]上述所有势力集团在日本政府中都存在，但前两种意义不大，只作粗略介绍。

通产省里就可以找到闺阀的例证，下面将举例说明。鸠山道夫（Hatoyama Michio），原为通产省工业技术院的物理学家，退休后任索尼公司技术部门负责人，是前首相鸠山一郎的二女婿。高岛节男（Takashima Setsuo），1969年从通产省退休，此前担任经济企划厅事务次官，其妻乃是原宫廷内臣黑田长礼（Kuroda Nagamichi）之女。还有增田实（Masuda Minoru），在他担任通产省资源能源厅长官期间，于1975年通过联姻成为前富士制铁社长也是战后日本工业卓越领袖之一的永野重雄（Nagano shigeo）的侄女婿。这样的例子还可以举出很多。

身份尊贵如伊藤文吉男爵（Baron Itō Bunkichi）等人也曾被战前的商工省纳入麾下。伊藤文吉是明治时期寡头政治家伊藤博文的私生子，后成为吉野信次（Yoshino Shinji）的政治保护人，而吉野则是通产省历史上几位最重要的人物之一。贵族出身的木户幸一（Kido Kōichi），战前同为商工省官僚，战时担当内大臣一职①。而椎名悦三郎与后藤新平（Gotō Shimper）之间也有一层叔侄关系②——后者系明治时期台湾民政长官、南满洲铁道株式会社（简称"南满铁道"或"满铁"）总裁，并在1923年关东地

---

① 负责辅佐天皇、玉玺保管及诏令等宫廷文书事务，属亲任官，《明治宪法》下的最高官阶。——译者注
② 椎名之父系后藤家婿养子，兼有女婿和养子的身份，所以尽管椎名非后藤家女儿所出，后藤却是他名义上的叔父。——译者注

069

震后负责东京重建。

这些关系和可能带来的影响在日本不容小视,况且,它们是否纯属偶然还不一定。许多年轻官僚请课长帮他们做媒,而课长在撮合一桩姻缘时往往会有闺阀层面的考虑。尽管如此,通晓内情的观察家大多表示,闺阀背景在战后的日本官场并没有战前那般重要。[59]然而,仍有一些通产省的官员直言,相比那些不起眼的,显赫的闺阀背景对个人事业发展更有利。久保田晃(Kubota)也指出:"平均下来,1949—1959年间,高级公务员(他深入研究的群群体)中,更常见的是拥有显赫的岳丈而不是显赫的父亲[60]。"如此看来,政府官员在日本算是热门的丈夫人选。

乡党阀同样存在于官员之中,但影响力相对微弱。通产原次官德永久次(Tokunaga Hisatsugu,退休后任新日本制铁执行董事)曾提及,他当次官时,担任大臣的是石井光次郎(Ishii Mitsujirō),战后政坛保守派主要人物之一。石井不仅是他的"前辈",还和他一样来自福冈县,也就是说,他们属于同一支"乡党"。据德永所说,这一因素多少妨碍了他和石井的关系[61]。岸信介、松冈洋右(Matsuoka Yōsuke)和鲇川义介(Ayukawa Gisuke)则都是土生土长的山口县人,而且他们每个人都说过,这种关系促成了他们20世纪30年代在"满洲"① 工业开发中的

---

① 本书英文原文中作者区别使用"满洲"(Manchuria)和"满洲国"(Manchukuo),原因在于前者是纯粹的地理概念,后者则涉及到日本官僚及官僚机构在政治圈层中的起落。纵观全书,很多在通产省或其前身显赫一时的人物都有过在"满洲国"任职的经历,作者应当是出于叙述需要,才会使用"满洲国"一词,但他显然并不承认所谓"满洲国"的合法性,如无必要,一律使用中性词"满洲"。有基于此,译者在翻译本书时,对这两个词做了直译处理,但特意加了引号,读者在阅读时应注意区分。——译者注

合作（岸信介也是佐藤荣作的亲哥哥，只是被过继给了外姓）。小金义照（Kogane Yoshiteru），战前是商工省中举足轻重的人物，20世纪50、60年代又转型成国会中通产官僚出身的政治家，可谓闺阀和乡党阀的双重例证：小金1898年出生在神奈川县小回原的一个平民家庭，但他后来作为一名风华正茂的年轻官员，娶了森恪（Mori Kaku）妻妹的女儿，森恪这位战前政友会的干事长便成了他的姨父。因为这层关系和他神奈川本地人的背景，他后来在该县第三选区中继承了原属森恪的选举地盘，并在国会中代表该地区约二十年之久。[62]

日本任何一个大型组织中都有闺阀和乡党阀的身影，但毋庸置疑，学阀才是日本官僚机构中最重要的势力，其他三阀概莫能及。基于大学同窗关系形成的各种圈层与官场生活如影随形，因为官僚们正是靠着大学文凭和顺利通过高等文官考试才得以从社会精英中脱颖而出。学阀也就成了整个日本社会中最普遍的"校友"关系网。

1886年3月1日，日本政府发布了一项敕令[①]："帝国大学应以服从国家的文、理科学教授和艰深奥义研究为目标。"在该法令基础上建立了东京帝国大学[②]——或简称"东大"，一所训练行政人员以替代政府中长州、萨摩两藩武士的院校。东大毕业生一直被政府青睐有加，但到了20世纪，随着其他现代大学的设立，政府对包括东京大学毕业生在内的所有政府官员候选人，均采取

---

① 即《帝国大学令》，日本的敕令名义上是天皇发布的法令，实为国务大臣和内阁颁布法令的一种形式，与法律不同的是，敕令的发布事先无须帝国议会即国会同意。——译者注
② 战后易名为"东京大学"。——译者注

考试的办法选拔。这类高等文官考试难度极大：据斯波尔丁计算，1928—1943 年间，主要考试的不合格率高达 90%。[63] 战后继续实行这种考试制度，情况大同小异。1977 年大约有 53000 人参加高等文官考试，仅 1300 人左右合格，也就是说，41 位报名者中只录取 1 人。由于东京大学最初的定位就是培养政府官员，加上总体优越的教育资源，通过高等文官考试的报名者一直以东京大学的学生居多（见表 2-2）。

表 2-2　1975 年和 1976 年各大学通过高等文官考试人数

大学	通过考试人数	
	1975 年	1976 年
东京大学	459	461
京都大学	172	193
东北大学	67	51
名古屋大学	34	42
九州大学	29	41
东京工业大学	44	38
早稻田大学	28	32
大阪大学	44	32
北海道大学	45	31
东京教育大学	24	22
名古屋工业大学	7	19
东京农业大学	18	15
横滨大学	19	14
千叶大学	14	12
神户大学	14	12
一桥大学	22	10
庆应义塾大学	6	10

资料来源：《朝日周刊》（*Shūkan asahi*），1977 年 7 月 15 日，第 21—23 页。
注：其他大学这两年通过人数均不到 10 人。

第二章 经济官僚

然而,并不是一个省的所有官员都必须通过文官考试选任。战前,对考试合格的官员实行敕任(据天皇诏令任命),未参加考试的官员则属于"判任"(hannin,由各行政官厅长官任命)。二者的差别大致可以参考军队中的军官与士官。时下的日本,所有政府官员都必须通过资格考试,但原有的考试制度得以保留,只是在考试的难度及其适用范围上有别于过去。现如今,想跻身官僚必须参加甲种或乙种考试;通过甲种考试且入职某省的人,可以一路升迁到包括次官在内的最高行政职务序列;而通过乙级考试的人最多被提拔到课长级别,往往还到不了这个位置。

有意进入政府部门的大学生会在他们大学生涯的最后一年参加甲种考试。考试合格并被某省录用者随即成为入职该省的某一年次官僚①。据此确定的入省年次是一名官僚整个仕途中最重要的印记,而且即便他离开了政府,也会在很长一段时间里继续跟着他。依据入省年次,在所有高级或"职业"官僚间形成了支配隶属关系——或者所谓"前辈"(年次较早者)和"后辈"(年次较晚者)的关系。升任课长和退休都得严格论资排辈,依序进行。官僚间这种"年功序列"(nenkō joretsu,资历排名)和"年次尊重"(nenji sonchō,尊重前辈)传统影响着他们的所有活动,并不仅限于省内。举个例子,尽管已步入老年并有着前首相的身份,岸信介提到吉野信次,还是会念及二人最早在农商务省的交集而习惯性地称呼对方前辈。[64]更叫人心酸的是,运输省原官僚、后来的全日空会长大庭哲夫(Ōba Tetsuo)曾在针对洛克希德公

---

① 同一年次或者说同届官僚习惯上称为"同期"。——译者注

司行贿案（1976 年）的调查中作为证人被召至国会做证，据新闻报道，他在接受质询时因强忍怒火而浑身发抖。记者们做出的解释是，盘问他的国会议员是他曾在运输省的后辈，他受不了一个后辈粗鲁放肆地质问前辈。[65]

一些日本分析家更愿意用"东大阀"（Tōdaibatsu，东京大学同学圈）来替代"学阀"一词，因为东大毕业生在日本官厅及银行和工业界的上层占数量优势。甚至东大阀中还存在"阀中之阀"——东大法学院校友。要理解他们的势力，就必须明白一点：自同期官僚入省起，他们便被永久划入两种不同的职业道路——"行政官员"或"事务官"（jimukan）之路与"技术官员"或技官（gikan）之路。这种差别不同于职业官僚（通过甲种考试）与非职业官僚（通过乙种考试）之间的差别，但其影响之大却不遑多让。而决定一个官僚职业道路的基础，则是他大学期间的学术专业定位。

只有一个省允许技术官员晋升至最高职位——次官，那就是建设省。战后，以旧内务省土木局为核心，加上从内务省正规军中大量抽调的事务官，在此基础上设立了建设省。技术官员在建设省内谋求平等待遇的斗争出了名的惨烈。占领期间，片山哲领导的社会党政府任命了建设省首位次官。当时，旧内务省干部提名的候选人是作为事务官的原警察官僚大桥武夫（Ōhashi Takeo），而技术人员推举的候选人则是技官岩泽忠恭（Iwasawa Tadayasu)①。旧内务省各部局隶属工会对片山哲政府密集施压，

---

① 原文拼写成"Iwasawa Tadayoshi"应系笔误。——译者注

要求其支持两个候选人中的一个。内阁官房长官同时也是老社会党员的西尾末广（Nishio Suehiro）选择了岩泽。他解释说，他本人在军国主义时代，准确说来即是大桥担任冈山县警察部长期间，遭受过冈山当地警方的迫害。由于西尾的选择，建设省形成了一条不成文的规则，那就是次官须由事务官和技官轮流担任，该省至今仍然沿袭这一惯例。[66]

通产省内仅矿山保安局局长一职对技官开放——实际上仅允许东大工学部采矿学科的毕业生担任，该局甚至形成了事务官与技官轮流出任局长的模式。通产省其他重要职位则尽数由事务官包揽，余下各省——除去建设省及省属研究所和专门机构，也被他们全面占据。就出身而言，事务官中又以东大法学院毕业生居多。

据日本人事院统计，截至1965年7月1日，483名"部长"级及以上官员，均拥有法学、经济学或文学学位，其中近355人（或73%）为东大法学院毕业生。[67]但是，并非所有的东大法学院毕业生都能入职政府——必须得是他们中的佼佼者。其他人则在日本最重要的企业中担任高层，彼此间千丝万缕的联系堪谓街知巷闻的传奇。表2-3系东大法学院1975届和1976届毕业生初次就业的详细情况：每届毕业生约690人，未就业者150—250人，因为他们选择继续攻读研究生，或者在高等文官考试失利后打算来年再战；每届进入政府部门的毕业生约130人，按照他们的考试成绩和各省基于其名望的大致排名——大藏、通产和外务三省居首而厚生、文部和劳动三省垫底，选择自己供职的部门。据《每日新闻》报道，"毕业前，东京大学的咨询师会指导学生合理就业——能进大藏省进大藏省，不能进的话去厚生省也很合适，而没有这种意愿的学生则很可能选择某家大企业"。[68]

表2-3 1975届和1976届东京大学法学院毕业生就业安置情况

毕业生去向	1975年	1976年
1.中央官厅		
大藏省	17	15
通产省	13	14
外务省	10	11
法务省	4	不详
邮政省	12	13
警察厅	7	12
自治省	13	10
农林省	11	9
运输省	9	9
建设省	8	9
文部省	4	8
厚生省	11	7
劳动省	5	4
会计检查院	2	2
最高裁判所	1	2
总理府	1	1
环境厅	1	1
防卫厅	1	1
国税厅	0	1
北海道开发厅	0	1
小计	130	130
2.地方官厅	3	18
3.公营公司	12	37
4.商业银行和国有银行	92	117
5.证券经纪公司	4	8

续表

毕业生去向	1975年	1976年
6.保险公司	26	27
7.房地产公司	4	2
8.造船公司	8	3
9.汽车制造公司	0	5
10.国际贸易公司	26	27
11.电气设备制造企业	5	4
12.钢铁业	20	22
13.化工业	3	4
14.纺织业	3	4
15.建筑业	1	1
16.仓储运输业	4	4
17.公用事业	3	9
18.大众传播业	7	10
19.其他（家族企业等）	约100	约111
总计	451	543

资料来源：《读卖周刊》（*Shūkan yomiuri*），1967年4月3日，第156—159页。

政府内外的东大同学相互间联系密切，而私营企业之所以喜欢招揽他们，也不乏想与政府攀上关系的原因。但更重要的，可能是东大关系意味着把持政府机关和企业董事会的人秉承同样的观点——既不是美国法学院意义上的法律观点，也不是美国工商管理学院意义上的企业家观点。东大法学院在教授大陆法系公共行政法方面师资一流，然则该学科更加类似英语国家的政治学而非法学。东大学生还修习经济学——一年级必修经济学原理，二年级选修经济政策，三年级必修公共财政。由此导致的公私部门之间观念趋同早在战前就已经开始。正如罗德尼·克拉克从公司管理的视角所评论的："到了20世纪20年代，受过高等教育，特别是某些知名的公立和私立大学的教育经历——其中尤以东大为最，逐渐被视为管理大公司最顺理成章的资格……侧重此类'公法'学习表明了（当然也是在推行）一种作为官僚化协作事业的管理理念：对公司进行治理，而不是让企业家通过高超的技巧、胆识和判断能力将其意愿强加给市场和劳动力[69]。"

一旦步入官场，同期入职某省的"东大帮"便会同心协力以确保帮内成员顺利晋升，目标职位的其他候选人则被排挤出局。由官场转入学界的榊原英资（Sakakibara Eisuke）教授回忆说，他1965年入大藏省时，同期官僚共18人，其中16人来自东大，2人来自京都大学。此外，这18个人中，仅5人是经济学位，剩下的都是法学学位。相较之下，1966年那一期才是更常见的情形——21人中有20人是法学毕业生。[70] 在这样的大环境下，非东大毕业的年轻官员很难在升至课长级别之后更进一步。《每日新闻》就曾提及："前段时间，当一名早稻田大学出身的人获委担当农林省下属的一个局长职务时，所有报纸都极尽夸张地报道了这一事件。"[71]

一省之中，谁成为内局长官、外局①长官或最终的次官，是不同期次官员间激烈竞争的动力所在。新一期官员的宦海生涯始于他们在各个部门不同职务间的轮岗，每年或每两年轮换一次（官僚们称之为"sotomawari"或"绕圈"）。近年来，在通产省内

---

① 与作为各省内部单位的内局相对，具有独立法人地位，相当于中文语境下的"附属机关"或"部属机关"。——译者注

第二章 经济官僚

部,同期的大多数官僚还会被派往海外领事馆、大使馆、大学或日本贸易振兴会(Japan External Trade Organization,JETRO)某个部门工作一年。一省内部各课室或职位的地位也不尽平等。总务课是每个下属部局最重要的课室,而大臣官房的三个主要课室,比如通产省著名的三课——分别负责人事、一般事务协调及预算和会计,则是一省内部最重要的课室。据说,同期官员中如果有谁在"转圈"阶段待过或负责过其中几个部门,那他就是走上了"精英道路"。

通过乙种考试的非精英官员则几乎不会出现这种频繁轮岗的情形。他们的模式是在某一课室扎根数年,成为所谓的"活字典"或"活百科"(*iki-jibiki*)——通常指那些在一个课室内从事精细工作的人,以及指点新进官员工作窍门的人。个别情况下,"活字典"也会晋升为课长,但这毕竟是少数,且在负责决策的重要课室从未发生过。①

对每个职业官僚而言,只要不犯大错,晋升到课长级别其实都是能保证的。表2—4反映了截至1975年底,五个经济部门各

---

① 以通产省为例,陆军出纳员出身的安倍新七(Abe Shinshichi,音译),虽然其入职通产省未走高等文官考试渠道,却也被提拔为重工业局车辆课课长,并在退休前最终成为四国地方局长官。不过,这两个都算不得要职。职业官僚之所以对车辆课敬而远之,就是因为它负责监管自行车及汽车赛事,据说它也是通产省内唯一一个定期订阅体育报纸的课室。在占领期间的最后几年里,犯罪分子开始操纵日本的自行车竞技赛。在遭到公众的多次抗议后,日本政府将自行车赛事交由通产省整顿并从赛道赌博中获利以服务公共设施建设和地方财政。车辆课就负责这项工作,其职能必须与同属一个部局的自动车课(汽车课,日文中称汽车为自动车)区分开来,后者可是一个重要部门。见 Policy Review Company, ed., *Tsūsan-shō, sono hito to soshiki* (MITI: its personnel and organization) (Tokyo: Seisaku Jihō Sha, 1968), pp. 205—206。

表 2-4 相对入省期次的晋升速度（截至 1975 年 12 月 1 日）

省厅	次官	外局长官	内局长官	部局（包括内、外部局）副长官	官房三课长（秘书、总务、会计）	部局总务课课长	首次担任课长	地方支分部局长官
大藏省	1944 年	1946 年	1946—1948（Ⅰ）年	1948（Ⅱ）—1950 年	1951—1952 年	1951—1952 年	1958 年	1948—1952 年
通产省	1944 年	1945—1947（Ⅱ）年	1947（Ⅰ）—1948（Ⅱ）年	1948（Ⅱ）—1951 年	1952 年	1952—1953 年	1961 年	1949—1951 年
农林省	1945 年	1945—1947（Ⅰ）年	1946—1948（Ⅱ）年	1948—1953 年	1952—1954 年	1953—1954 年	1960 年	1948—1951 年
运输省	1943 年	1946 年	1946—1948（Ⅰ）年	1948（Ⅰ）—1951 年	1953 年	1953—1955 年	1961 年	1952—1954 年
建设省	1944 年	1945 年	1945—1949 年	1949—1952 年	1951—1952 年	1952—1953 年	1958 年	无

资料来源：渡边保男，《公务员职业》（Kōmuin no kyaria），载于辻清明编《行政学讲座》第 4 卷（1976 年），第 191 页。

注：为满足经济统制条件下职能扩大的需求，负责经济事务的各省厅在 1947—1948 年春（Ⅰ），秋（Ⅱ）两季均进行了公务员招录。

・第二章 经济官僚・

期官员升迁的相对速度。它同时也显示出，虽然大藏省和通产省次官均系 1944 年入省，但从新进官员升至课长，在大藏省要比在通产省多花三年时间（1975 年，大藏省 1958 届官员刚要升任课长时，通产省 1961 届的就已经坐到这一级别的位置了）。为升职展开的竞争则始于当上课长之后。

一个省内的局长职位是有限的，同期入省的官员显然不是人人都能坐上这个位置。那些已然晋升至该职位的为当上次官继续奔忙，那些升不上去的则被迫退休——或者按照日本政府的说法，"下凡"（amakudari）到公营公司或民营企业中担任高薪职务。最终，每个人都将迫于新入省梯队上位这一不容妥协的压力而不得不"下凡"，次官本人通常也会在刚过 50 岁的年纪退休。这项惯例是由森严的官僚年资制度决定的，但就像我们下面将要解释的，它已经作为与社会交流的另一种极其重要的渠道，变成了日本优越性的体现。

区分谁将提早退休、谁将留在省内的过程叫作"拍肩膀"（kata-tataki）或"间苗"（mabiki），由次官和官房长负责，他们同时也要负责为即将退职的官员在商界各董事会中觅得待遇优渥的新岗位。当某一期入省的官员中有人被即将退职的次官选为自己的接班人，且新任次官的所有同期都必须退职以确保新任次官在该省具备绝对的高资历，即意味着人事更迭到了最后一步——次官职级换血。新任次官反过来又致力于确保这些退职的高级别官员（及其同期官员）有个"下凡"的好去处。次官退职后的去处则由各省大臣和出自该省的政界元老们（前辈们）安排。

一省内部围绕高位展开的权谋和争夺通常限于不同期次官员之间，而非个人之间。例如，同属于大藏省 1947 年 5 月期次的

25名官员自建了一个名为"皋月会"的俱乐部（五月俱乐部），并在友好和睦的氛围下将其维持了31年之久，直到1978年，该俱乐部仅剩下一名成员，即主税局长大仓真隆（Ōkura Masataka）[72]。即使没有结成俱乐部这样的正式组织，遇到省内局势紧张的情况，同期官员往往也会以共同体的面目碰头和列席会议，以便在某些政策问题上达成一致（1963年，佐桥滋首次提名通产次官未获通过时，该省不同期次官员为此分别召开了会议。这也是通产省历史上一次很大的危机，我会在第七章细说）。

不是每一期官员都能出一个次官的，如果每期都出，次官的任期可能就只有几个月，从而严重妨碍一省行政长官职能的有效行使。因此，一些期次不得不被跳过。由于这个因素，大臣官房的秘书（人事）课长为确保自己的同期在角逐中获胜，有时会耍些手段对付与之竞争的几期中被看好的人选，使得后者提早出局。许多反对佐桥滋的人就曾指责他在担任秘书课长期间，操纵次官继任。无论真相如何，夹在即将退职的次官那一期（1934届）与佐桥滋这一期（1937届）之间的1935届与1936届官员，均处于其仕途的终点站。就通产省而言，"失败者期次"包括1935、1936、1938和1942四届。

每一期都有自己的"花朵"，即次官一职强有力的候选人，一朝胜出，同期的其他人也会因自己人代表本届成为省内一把手而与有荣焉。以通产省1943届入省官员为例，"花朵"包括庄清（Shō Kiyoshi）、矢岛嗣郎（Yajima Shirō）、三宅幸夫（Miyake Yukio）和山下英明（Yamashita Eimei）。1973年，庄清、三宅幸夫和矢岛嗣郎分别以中小企业厅长官、特许厅长官和重工业局长

· 第二章 经济官僚 ·

的职位结束了他们的通产省生涯，山下英明则于1973年7月—1974年11月以次官身份端居省内权力顶端。毋庸赘言，倘若同期官员中出了两名次官——通产省发生过两次（同属1932届的石原武夫和上野幸七在1955—1960年相继出任次官，以及同属1937届的今井善卫和佐桥滋在1963—1966年先后出任次官），省内生态将面临巨大压力。

年资晋升制早在战前就已存在，但执行得并不像战后那样严格。吉野信次（1913届）1931年升任商工省次官时，年仅43岁，越过了好几位比他资深的前辈。而且，应他个人的要求，其中一位前辈，中松真卿（Nakamatsu Shinkyō，1908届），还得以继续留在该省，担任了五年的特许局长官。通产省内新次官上任，其所有同期或前辈一概退职的做法貌似始于1941年10月（商工省时期），彼时岸信介出任大臣，擢升椎名悦三郎为次官。他二人同为商工省内亲军方的"满洲帮"[①]官僚，对其施政目标有着十分明确的主张。岸信介要求所有比椎名资深且与他二人政见不合的官员辞职，那些人便照办了[73]。

战后，随着官僚机构的急剧膨胀，"尊重年资"的做法得到了相应发展。为了对官僚机构内部的人事管理施加某种明确的规制，并给薪资明显低于战前的官员提供保障，这也是大势所趋。作为官僚机构膨胀的表现之一，据渡边保男估算，1894—1943年间，有9008人通过上级（甲种）公务员考试，而1949—1973年

[①] 指日本政界与伪满洲国产生过交集的人，大多在侵华战争期间有过滞留中国东北的经历。——译者注

间,通过人数则多达18998人。[74]

并不是所有官员均乐见或赞成年资晋升和强迫提前退休制度的推行。佐桥滋就常常抨击其不合理,尽管摆弄该制度使其为己所用是他昔年的拿手好戏。及至20世纪70年代,无论官僚阶层还是公众,均对该制度表现出了不满。1974年,一名被"拍肩膀"并通知离任的官员拒绝从命,在通产省引发了震动。事件主角林信太郎(Hayashi Shintarō),1947年春季入省,经济学博士,被要求退职时任公害保安局长尚不足一年。虽然当时不乏待遇优渥的私营企业就业机会供他选择,但都被他以现有工作兹事体大、未及官员开始在其职位上发挥作用便将其撤换于管理不利为由回绝。不过,林君在省内颇受欢迎。他凭借战后将日本缝纫机产业发展成兴盛的出口行业这一功绩名声大噪,还有过好几年在日本贸易振兴会驻西德办事处工作的经历——在那里,他进行了一项研究,按照通产省的习惯说法,即"美国资本如何控制西欧经济"。[75]他拒绝退职的行为赢得了通产省部分年轻官员和新闻界的赞誉。饶是如此,他最终被调至大臣官房任闲职,薪资亦跟着缩水。又过了没多久,他便退休了,后成为在大阪和名古屋地区拥有连锁卖场的零售巨头——吉之岛①株式会社的副社长。

与佐桥滋和林信太郎所持观点形成对比的是,通产次官大滋弥嘉久对上述制度进行了辩护。他主张,恪守年资晋升和提前退休规则可以使得日本的上层官僚较之别国更趋年富力强,并仰赖其活力迸发出更多利国利民的新设想。与此同时,官僚任期届满

---

① 现更名为"永旺"。——译者注

后依然延续的前后辈关系也能确保在职官僚的行为受其经验丰富的前辈监督。[76]需要补充的一点是，提前退休转而投身大企业或政界的制度还能起到在某一省厅与其主要监管对象之间加绑一条纽带的作用。所以说，官僚"下凡"的惯例使得日本社会在原有的核心集团中又生成了一种派系——基于金融考量的各个利益共同体（非特定意义上的财阀）。

正如我们已经知道的，日本政府官员通常会提前退休，然后在大企业、公营公司或政界实现再就业。这种做法显然很容易被人钻空子，日本许多评论家也对因之钻空子的行为进行了谴责。比如，跟进通产省新闻的记者声称，胸有韬略的官僚会在任职课长期间提出新构想，并向财界施压以付诸实践，可一旦当上局长，反倒开始逢迎该省的监管对象，以便为自身的"下凡"铺路。[77]御园生等（Misonō Hitoshi）直言，提前退休加上不敷的退休金，使得公务员生涯"仅仅是退休后体面就业的学徒期"。[78]心怀忧愤并在离职后积极投身消费者运动的原农林省官僚竹内直一（Takeuchi Naokazu）也抨击道，对那些愿意在其所控制公营公司或监管对象中给大藏省退休官员提供职位的省厅，大藏省主计局（预算局）会多拨预算，这已经不是什么秘密[79]。

高级官员贪污腐败在日本有过实例，但并非普遍现象。总体上说，相比政客或商界领袖，日本公众更加信任政府官员的忠诚度。而从现实中发生的"小贪小腐"来看，如收受企业家馈赠、同意他人为己负担高尔夫俱乐部会费、接受宴请、公费旅游，非职业官僚涉案又比职业官僚更为普遍，且较之后来，这类案件在20世纪50年代物资匮乏的时期要更加频仍[80]。高级官员一旦卷入其中，媒体和公众会很快向他们发难。1979年和1980年对多个国营公司滥用公共基金的指控及逮捕犯罪嫌疑人的行动，就是典型的全国性知名讼案。[81] 媒体和反对党自然也是高度关注。比如，《每日新闻》报道称："1973年11月末，参议院议员野末陈平（Nozue Chimpei）组织了一次不寻常的调研。他率领团队对建设省和运输省的垃圾箱进行检查。经过长达七日的调查，他们发现，这两个省厅的垃圾箱里充塞着尊尼获加①和其他昂贵洋酒的空瓶，以及附有赠送者姓名的空礼盒[82]。"

不过，日本真正严重的问题并非高级官员偶尔的滥权行为，而是政府与大企业之间的合作模式，因为后者可能造成意料之外的后果。纵观日本现代史，重大的政府贪腐丑闻可以拉出一长串，其中最有名的要属1914年的西门子事件、1918年的官营八幡制铁所事件、1934年的帝人（帝国人造绢丝株式会社）事件、1948年的昭和电工事件、1954年的造船贿赂事件、1974年的田中"金权政治"事件（日本习惯称之为"田中金脉问题"）和1976年的洛克希德事件。但这些只是最具轰动性的例子，类似性质的其他案件可谓不胜枚举，其中有四起甚至使得时任政府最终倒台。[83]

没那么耸人听闻但性质可能更为严重的事件，是政府公然向享有优先准入权或提前知情权的企业大规模输送利益：1931年的"买美元丑闻"、1945年战败后第一时间向军需企业支付货款，以

---

① Johnny Walker，也译作"约翰走路"，全球驰名的苏格兰威士忌品牌。——译者注

·第二章 经济官僚·

及日银在1971年8月发生"尼克松冲击"时采取买入美元的政策（明知日元将要升值）。单是1971年8月27日那一天，日本政府就支出相当于近12亿美元的资金在该国以外的世界外汇市场购买已然贬值的美元，这可是1931年购买量的六倍。加总计算，日银在1971年共购得约60亿美元，价格则是360日元/美元，而非308日元/美元。这意味着白送给企业界一份价值10亿美元左右的大礼。相关文章中，有些作者称之为"制度化腐败"，其他作者则辩称，政府意在缓解那些产品价格优势不及此前的出口产业将要受到的冲击。[84]

政府官员退休后，以董事会成员身份转战通常认为具有经济战略意义的产业领域，同样为官商勾结创造了大量机会。典型案例便是20世纪50年代后期在两大民营铁路系统——西武（西武铁道）和东急（东京急行电铁）之间发生的所谓"箱根山战争"。此次风波牵涉到：富士山地区及其周边观光铁路的开发和公共汽车专营权、一条伊东至下田的铁路线，以及往返于热海与大岛之间的观光船。而西武和东急每有争夺，运输部无不是对东急开绿灯或签发许可。消息灵通的观察家给出了解释：东急社长五岛庆太（Gotō Keita，1882—1959年），不仅是日本铁路、旅馆和百货业的先驱之一，也是一位前国营铁路官员，还担任过东条英机内阁的运输通信大臣；东急副社长兼东急旗下东京映画配给（东映）社长大川博（Ōkawa Hiroshi），同样是日本国有铁道（国铁）的老人；东急常务董事兼东急车辆制造社长吉次利二（Yoshitsugu Toshiji）也拥有在原铁道省二十多年的工作经历。此外，东急总经理唐泽勋（Karasawa Tsutomu）、东急子公司京滨急行电铁（京急）社长川原道正①、东急子公司相模铁道副社长鸟居菊造（Torii Kikuzō）、东急子公司箱根登山铁道社长柴田吟三（Shibata Ginzō）、东急子公司江之岛镰仓电铁社长梶浦浩二郎（Kajiura Kōjirō）和东急子公司静冈铁道社长川井健太郎（Kawai Kentarō），也都是铁道省或其战后承继者——运输省官员出身。有人指出，这些"前辈"很可能对负责审查东急计划的运输省官员施加了影响。该省一些在职官员甚至可能抱有退休后进入"东急帝国"的打算。[85]

因此，私人部门会参与到官僚"下凡"中来的原因之一，便是政府执掌广泛的许可审批和颁发权（许认可权）。企业认为，其管理层中有昔日的政府官员加入，将更容易从各个省厅获得所需证照。比如，建设省对建筑业行使许可权，运输省对铁路、航空、公共汽车和出租车运输业实施许可，大藏省则负责银行业的许可管理。至于通产省，其许可权限对应的是一些关键产业——20世纪50年代，钢铁、电力和化工；60年代，汽车和家用电器；70年代，尖端电子科技；80年代，计算机、机器人和新能源。了解这些就不难明白，为什么在20世纪50、60年代很少有通产官僚进入外资公司；而到了70年代，随着通产省承担起使日本经济国际化的新职能，在松下美国子公司、国际商用机器日本子公司和德克萨斯仪器日本子公司，便开始逐渐出现原通产官僚的身影。[86]

---

① 研究二战中日本在占领马来亚期间管理和运营当地铁路情况的珍贵史料《川原资料缀》，所收录的即是他因为在驻马来亚日本陆军南方军军政总监部负责铁路事务的关系而积累和整理的官方文件，但他是否在东急与京急合并的"大东急"时代担任过京急社长尚待进一步查证。——译者注

·第二章 经济官僚·

若将这样的政企关系定性为腐败，便是误解了这种关系，它其实是私营企业在特殊政治环境下顺时应势的表现。其他国家也存在类似的应对方式。不过，在美国，企业更青睐的局内人是前议员而非前官僚（国防工业除外）。拿20世纪70年代来说，前参议员老艾伯特·戈尔（Albert Gore, Sr.）[①]是西方石油公司律师；众议院公共卫生小组委员会前主席保罗·罗杰斯（Paul Rodgers）任默克公司董事；前国会议员、交通部长布罗克·亚当斯（Brock Adams）则是环球航空公司律师。[87]但美国这种偏爱议员多过官僚的现象也仅仅意味着，相对日本的计划主导，美国的制度模式选择市场主导。

战略性产业能够享受政府给予的各种优先待遇，决非日本作为发展型国家的无心插柳之果，实际上，这恰恰是它的目标之一，亦是官僚"下凡"的真正意义所在。"下凡"制度的代价之一是偶尔会成为谋求私利的工具。然而，从日本人的角度来看，"下凡"对政策顺利制定和执行的助益却要大于这一弊端。日本人将作为前辈的退休官员与作为后辈的在职官员之间的磋商称为"事先通气"（*nemawashi*），即为政府做出一项关乎企业利益的决策打好基础。而局外人往往会把这项决策的内容看成一种"共识"。

以通产次官退休后的去向为例（见表2—5），"下凡"的顶尖归宿莫过于能够借以协调战略性产业部门发展的企业集团总部。在这一层面上，西方那种公、私部门的二分法是没有意义的。正

[①] 其子即后来搭档克林顿的美国副总统阿尔·戈尔。——译者注

如埃莉诺·哈德利评论战前财阀时所言："企业集团的实力被视为国力，它们的利润却被作为私有财产[88]。"这种关系在战后世界仍然存在，但政府的影响力已远非战前可比。三井银行前社长佐藤喜一郎（Satō Kiichirō）表示："战时乃至战后，……在我们习以为常地支持计划主导的统制经济之前，日本经济就一直被控制着[89]。"

表2－5 通产次官及其"下凡"所任职务（截至1978年）

（姓名下括号内系在通产省内任职年份）

姓名	次官任期	"下凡"职务
1.山本高行 （1929—1952年）	1949年5月 —1952年3月	富士制铁副社长，卒于1961年5月17日
2.玉置敬三 （1930—1953年）	1952年3月 —1953年11月	先后出任东芝电气社长、会长
3.平井富三郎 （1931—1955年）	1953年11月 —1955年11月	先后出任八幡制铁（新日本制铁前身）社长、顾问
4.石原武夫 （1932—1957年）	1955年11月 —1957年6月	先后出任东京电力副社长、审计师
5.上野幸七 （1932—1960年）	1957年6月 —1960年5月	先后出任关西电力副社长、顾问，关西石油社长
6.德永久次 （1933—1961年）	1960年5月 —1961年7月	先后出任新日本制铁副社长、石油公团社长
7.松尾金藏 （1934—1963年）	1961年7月 —1963年7月	日本钢管会长
8.今井善卫 （1937—1964年）	1963年7月 —1964年10月	日本石油化学社长
9.佐桥滋 （1937—1966年）	1964年10月 —1966年4月	佐桥产业经济研究所长，余暇开发中心理事长

续表

姓名	次官任期	"下凡"职务
10. 山本重信 (1939—1968 年)	1966 年 4 月 —1968 年 5 月	丰田汽车专务
11. 熊谷典文 (1940—1969 年)	1968 年 5 月 —1969 年 11 月	住友金属工业社长
12. 大滋弥嘉久 (1941 年春—1971 年)	1969 年 11 月 —1971 年 6 月	阿拉伯石油社长
13. 两角良彦 (1941 年秋—1971 年)	1971 年 6 月 —1973 年 7 月	电源开发总裁
14. 山下英明 (1943—1974 年)	1973 年 7 月 —1974 年 11 月	三井物产常务，伊朗化学开发社长
15. 小松勇五郎 (1944—1976 年)	1974 年 11 月 —1976 年 7 月	神户制钢理事

就企业界的最高领导层而言，他们主要关心的是有效利用政企关系以实现共赢。而官僚"下凡"制度之所以重要，就在于它有助于共同目标的形成，比如，东大校友的教育背景、高尔夫俱乐部会员的身份（通产前官僚天谷直弘承认，"他们在高尔夫球场做的事不止打高尔夫"）、共同的战争及战后经历，都能起到这方面的作用。[90] 以经团联（全称是"日本经济团体联合会"）为例，战后的五任会长——石川一郎（Ishikawa Ichirō，1885—1970年）、石坂泰三（Ishizaka Taizō，1886—1975 年）、植村甲午郎（Uemura Kōgorō，1894—1987 年）、土光敏夫（Dokō Toshio，1896 年生人）和稻山嘉宽（Inayama Yoshihiro，1904 年生人），其中有 3 人当过政府官员（递信省 1 人，商工省 2 人），4 人是东大毕业生（工程学专业 1 人，经济学专业 1 人，法律专业 2 人）。

091

不过，若撇开他们五人均与政府有过密切合作这一点不提，想要把他们的个人背景与他们的政策联系起来是很难的。而这五人中，又以石川（非官僚出身的工程师）、植村（前政府官僚）、稻山（前政府官僚）与政府最为合作，土光（非东大毕业的工程师）的合作程度则要差一些；石坂（东大法律专业毕业的前政府官僚）是几人中最不配合的，这一点有可能会让人觉得意外。

官僚"下凡"也使得政府、企业界和政界之间多了一条沟通渠道。中村隆英甚至认为，这一制度是企业界与官界的主要联络渠道[91]。话虽如此，由于校友、联姻、亲族、审议会、前后辈、诸省厅退职官僚俱乐部（例如，通产省的"火曜会"，意即星期二俱乐部，在1963年拥有近588名会员）等关系或势力的存在，该制度能量的发挥还是要受到牵制的。[92]人的因素对此同样有影响。有的退职官僚之所以不赞成"下凡"，纯粹是因为他们觉得从商逐利有失自己前政府官员的身份，或者是因为他们不愿回到自己原属省厅去游说后辈同僚。例如，虽然岩武照彦（Iwatake Teruhiko）从通产省退休后加入了神户制钢所，但他并不赞成"下凡"。后来，他在该公司社长一职的竞争中惜败原大藏省官员井上义海（Inoue Yoshimi），被安排去下属的一家卫星公司出任社长，他便趁机辞职不就，改去东大当了文学讲师——这也是他多年来的心愿。[93]

日本的政企关系并不总能像表面上看起来那样保持良性发展。令其掣肘的主要因素之一，便是各个省厅之间的竞争——日本人称之为"本位主义"，它经常以无法预见的方式改变权力集团内部的各种关系。有评论者甚至认为，这是日本政府最重要的特征,限制着政府潜在效能的发挥,抑或对其庞大的力量起着减震作用[94]。鉴于日本人通常用来描述这种现象的词语——群雄割据(gun'yū kakkyo),人们会觉得在日本人眼中,本位主义沿袭了武士时代的传统。而说到有据可考的本位主义诱因,1889年《明治宪法》(《大日本帝国宪法》)当然是其中之一,因为它规定"独立向天皇负责",也就意味着,各个省厅及其长官无须向总理、内阁或国会负责,只消对天皇负责。所以,对本部门负责即可。宪法起草者的本意是防止寡头执政者的对手掌权并利用政府反对寡头执政者,然而,实际结果却是军事部门利用其绝对独立地位公然挑战一切权威的例子数不胜数。许多学者都认为,太平洋战争期间,日本陆军、海军与政府其他部门之间缺乏协调,是该国最终一败涂地的一个主要原因。[95]

1947年日本宪法规定"行政权属于内阁"(第65条),"内阁行使行政权,对国会共同负责"(第66条)。尽管如此,由于内阁未设置协调机构,同战前一样,行政权仍掌握在各个省厅手中。内阁的两个主要机构,会计检查院和内阁法制局,均无权对各省进行监督和协调。一省长官是无法再单靠辞职就令政府垮台,但诸省厅之间高度独立和争权夺利的旧传统依然存在。通产前次官佐桥滋认为,就这一点来看,1885年建立的内阁制度直到现在都没有发生实质性改变。他总结说:"官僚首先是隶属各省的官员,然后才是国家公仆[96]。"

政府机构在被精简规模之前,其在战后的那一波扩张强化了上述传统。毕竟,随着官僚的安身立命变得要依赖于其所属省厅权限的维持或扩大,省厅权限缩水所威胁到的,就不仅是官僚在任时的处境，还包括他们退休后的命运，因为省厅需要其服务对象和监管机构雇用那些不属于市场热门人才的退职官僚。于是，传统和大环境共同催生了深重的"地盘意识"（nawabari ishiki），而"类似黑道行径的地盘之争"（榊原英资语）又进一步强化了这种意识。[97]

无论面临什么样的问题，官僚们拼命捍卫本部门利益的意识都会对日本政府的政策产生明显的延滞和扭曲效应。日本政府的许多决策，若非明白其中攸关官僚们的利益，为维护这些利益必须作出妥协，局外人是无法理解的。例如，1974年，因田中首相主张新设一个海外经济合作省，已有省厅之间的斗争顿时变得公开化。通产省致力于将建立一个"海外采矿和制造贸易开发公司"的提案写入1974年预算，农林省则希望开办一个"海外农林开发公司"。为在疑似日本经济援助活动的扩张中分一杯羹，二者都积极地投入了这场与对方的争夺之中。但外务省当即反对道，自己现辖的两个机构具备与拟设新省相类的职能。田中首相最后决定，将这两个隶属外务省的机构并入拟设新省，但通产和农林两省有权参与对它们的管理。外务省继续力争，直到达成共识——新部门不以省级身份设立且由一名外务省官员领导，它才最终同意设立国际协力事业团①。[98]

田中角荣担任首相期间，为争取连任，还曾允诺设立一个中小企业省。数年后，福田赳夫如法炮制，也允诺设立一个能源省

---

① 1974年8月设立，并入海外技术事业团、海外移住事业团、海外农业开发财团及海外贸易开发协会之一部，今国际协力机构前身。——译者注

·第二章　经济官僚·

和一个住宅省。增设省厅是不是一个好主意暂且不论，这些省厅最终无一面世，并非因为什么实质性的反对意见，而是因为既有省厅的抵制。通产省鼓动农林省和厚生省阻止设立中小企业省时给出的理由是，连农林、厚生两省都会丧失一定权限，更不用说通产省自身了。为叫停增设能源省和住宅省的计划，通产省和建设省甚至用上了各自的校友关系网，因为它们不想让本省退休官员失去石油业和住宅业这两个备选归宿。

日本政府内部持续最久的斗争可以追溯到战前，围绕将预算控制权从大藏省手中收归内阁或某个超然于各个省厅之上的协调机构行使展开。1955年，河野一郎思谋设立一个独立的预算局；1963年，临时行政调查会①建议设置内阁补佐官以监督预算工作；1970年，川岛正次郎（Kawashima Shōjirō）呼吁设立一个综合企划厅。但在大藏省的回击下，这些主张悉数落败。无论宪法如何规定，日本行政部门的协调权均要通过三类年度预算（一般会计、特别会计和政府投资）来行使，而负责控制这三类年度预算的则是大藏省的主计局和理财局。

《朝日新闻》评论说，由于省厅之间的竞争，日本在外交方面从未形成统一的谈判立场——这不一定是坏事。但凡遇到重要的国际谈判，争执便在所难免，且往往在外务、大藏和通产三省之间发生。三省都维系着自己的海外通讯网——外务省通过其海外常驻办事机构的电传系统，大藏省借助东京银行的电传系统，

---

① 1961年设立，一般称为"第一次临时行政调查会"，以区别于1981年设立的"第二次临时行政调查会"。——译者注

095

通产省则依赖日本贸易振兴会的电传系统。按《朝日新闻》的说法，日本其实有三个外事机构，它们奉行不同的路线和方针，且都拥有自己的驻外代表：外务省奉行国际主义最为坚定，通产省则遵循其贸易保护主义传统，大藏省虽说也倾向于国际主义，但在国防和对外援助的支出上却可谓吝啬。日本的国策就是这三种立场相互妥协的产物，随着政治形势的发展，三个省厅的权力格局不断变化，相互间自然也会作出新的妥协和让步[99]。

参与省厅间斗争的一省中枢，当然是其位于东京霞关地区的本部。但除了本部职员、形形色色的校友关系网、所服务的各种组织、审议会和公营公司，每个省还拥有以外派人员或法国人所谓"*détachés*"的身份分散在日本政府各个角落的"株"（*kabu*）①。在拉拢和控制政府中相对弱势部门的这场无休止的战争中，老牌省厅采取的手段，就是将本省官员外派到那些目标部门。其中，隶属总理府的独立机构是它们争夺的主要目标，均由一名指定的国务大臣领导，包括：防卫厅、经济企划厅、科学技术厅、环境厅、国土厅，以及其他一些机构。在这些机构任职的外派人员组成了新闻界口中的"远征军"，经常被其省厅安排去打"前哨争夺战"——日本决策过程中的重要环节。

经济企划厅（简称"经企厅"）是被研究和报道得最多的实例[100]。原因只消说一点就够了：通产省和大藏省都在经企厅的重要职位上安插了自己人——通产省的人占据了经企次官一职（自20世纪60年代以来，这一直是通产官僚生涯中一种体面的退休

---

① 这里喻骨干人才。——译者注

身份）、调整局局长一职和几个课长的职位；大藏省则有权任命该厅官房长和一些重要课室的课长。对通产省来说，它所把持的职位都是很有价值的，因为它可以通过这些便利，将己方代表安插进日银政策委员会和监督大藏省信托基金账户（用于为投资预算提供资金）的审议会。

至于经企厅自身，则渐渐落下了"殖民地厅"或"通产省分店"的名声。它并不具备管理意义的职能，仅负责撰写报告，所以它也被戏谑为"码字厅"[101]。经企厅的预测和指示性计划受到关注，不仅仅是因为它们的准确性，抑或在计量经济学方面表现出来的专业水准，更多的是因为，它们意味着一种政府即将为哪些产业提供资金或担保的官方声明。有日本经济学家认为，正是经企厅提示政府经济意图的功能，导致了过度竞争这种"典型的日本现象"：过度竞争并非在所有产业中均存在，它只会在那些政府表现出兴趣的产业中发生——因为相应地，发展那些产业的风险也会大大降低。[102] 然而，经企厅主要成果，即该厅年度《经济白皮书》的质量，却备受其"殖民地"地位的影响：1970年，由于通产省的阻挠，它隐瞒了八幡制铁和富士制铁合并（组建"新日本制铁"）会导致垄断性价格上涨的消息；1971年，又因为大藏省的干预，它只字不提日银在"尼克松冲击"后购入美元的通货膨胀效应[103]。

防卫厅展现了"前哨争夺战"的另一个侧面。日本战后武装力量的建立始于美占后期的警察预备队；1954年，警察预备队扩充，隶属新成立的防卫厅，并改名"自卫队"。同年，警察厅成立。由于警察预备队的文职领导都是旧内务省官僚出身，新成立的警察厅又承继了旧内务省的治安管理职能，警察厅须继续为新成立的防卫厅输送文职官僚就再自然不过了。首任警察预备队本部长官和首任防卫厅次长增原惠吉（Masuhara Keikichi，1952年8月—1957年6月任防卫厅前身保安厅及防卫厅次长）便是旧内务省官僚（1928年东大法学部毕业，1940年任山形县警察部长）。虽说在构成日本新武装力量的军警部门中，最高职位均由前军官出任，但在20世纪70年代以前，防卫厅的最高行政职务一直都被来自警察厅的人把持着。

不过，警察厅要牢据自己在官场的地盘也存在困难，因为过去承载该厅职能的机构在1948—1952年的关键时期没怎么招募新丁。另一方面，大藏省则在1947年和1948年分别吸收了近50名应试合格者，在1949—1953年的五年中，每年也都吸收了40—50名不等的应试合格者。到了20世纪70年代中期，这些昔日的新丁已经成长为新一拨高官，大藏省为了给他们中的一些人安排去处压力很大，而防卫厅貌似前景不错。最终，大藏省于1974年6月将原任职该省大臣官房的田代一正（Tashiro Kazumasa）成功推到了防卫次官的职位上。尽管在20世纪70年代，防卫问题变得对日本人日趋紧要，防卫厅却依然深陷于警察厅和大藏省的争夺之中。但和经企厅的情况一样，这场斗争真正的输家则是防卫厅自己培养的官僚，也就是那些直接从大学入职防卫厅的人。[104] 通产省在防卫厅把持的职位虽然不多，却是优中选优：装备局长的职位和主要防卫装备课室都被它控制着。此外，厚生省、邮政省、劳动省和外务省也在防卫厅中控制着一两个课长职位。

· 第二章　经济官僚 ·

　　1970 年著名的"公害国会"大大加强了环境保护立法，跟着在 1971 年，环境厅成立。于是，环境厅就成了老牌省厅公然在新辟权力场中争夺地盘的典型例子。环境厅最初的定员数是 500 人，从近 12 个省、厅级部门中抽调。其中，厚生省以 283 人的调派数领跑，接下来依次是农林省 61 人、通产省 26 人、经济企划厅 21 人等等。为占据该厅领导职位，这些省厅之间可谓硝烟弥漫。随着厚生省次官本人调往环境厅任次官，厚生省成了这场争夺战的赢家。它还拿下了该厅官房长和两个局长的职位。大藏省和农林省则瓜分了余下两个局的管理者职位，而通产省仅落得一个审议官的职位。另外，环境厅共有 21 名课长，厚生省任命 7 名，通产省 3 名，经济企划厅与农林省各 2 名，大藏省、建设省、自治省、劳动省、警察厅、运输省及总理府各 1 名。[105] 渡边保男表示："这一模式对所有新设机构均适用[106]。"

　　不过，虽说日本官场沉迷于争"地盘"（nawabari，字面意思是用绳子圈起来的地块），但如果是无心之举，这可能也算日本制度隐藏的优势。正如霍勒曼（Hollerman）所言："如果日本'政府'真是由一整套高度协调的机构组成，其在行使权力的时候就具有排山之势。然则，部分由于纯粹的权势野心，部分因为社会内部的利益分歧，各行政机构及其官员之间对立猜忌的现象十分严重。而在争夺权力的同时，它们也在一定程度上消解了彼此的权威[107]。"

　　另一方面，前官僚榊原英资则力挺他所谓的垂直官僚体系，理由是这种体系有利于培养官员的纪律和团结意识。官员一旦入职一个老牌省厅，就是加入了一个"家庭"，而不是某种抽象虚无的理想。由于采取半终身任用制和垂直组织架构，每个省厅都必须创设足够多的公营公司、外围团体（gaikaku dantai）和"殖民地"机构，以安置其退休和即将退休的资深官员。这些任务使得省厅成了"福利团体"，进而使其受到成员的拥戴，而不仅仅是一个毫无人情味的政府机构。[108] 日本在行政改革过程中，间或曾对过分臃肿的单位采取过人员精简或废撤的措施，但它的改革措施却从未对其官僚体系的垂直架构造成影响。

通产省的前身属于最早设立的日本省厅之一，时间上可追溯到1881年。因此，通产省是当然的"福利团体"，但它也有几个区别于其他政府经济部门的特征。从人员数量看，它是最小的经济省厅，在一般会计预算中所占份额也是最小的。这最后一个特点，其重要性在于它使得通产省无须看大藏省主计局的眼色，而其他省却不能不讨好后者。不过凭借左右下列机构和单位批准信贷或授权支出的能力——它们都是通产省控制或者通产省意见在其中起决定作用的公营公司，通产省同样可以控制资金：日本开发银行①、电源开发株式会社、日本输出入银行②、中小企业金融公库、商工组合中央金库、石油公团和生产性本部。[109] 例如，虽然通产省在1956财年的官方预算仅为82亿日元，但通产省记者俱乐部却断言，该省实际监管着近1609亿日元的支出。[110]

通产省内部的官阶顺位与其他省厅不同。虽然大多数通产次官都曾担任过该省大臣官房某课的课长，但不同于其他省厅的情

---

① 前身是复兴金融金库，后发展成今天的株式会社日本政策投资银行。——译者注
② 今株式会社国际协力银行前身。——译者注

况，通产大臣官房对通产次官而言，并不是他们升任次官前最后一站或"等候室"（日文称"待合室"）一类的存在。通产省内部等级序列如下：

1. 次官
2. 产业政策局长（产业政策局前身是设立于1942年的企业局，1973年改称）
3. 资源能源厅长官
4. 中小企业厅长官
5. 特许厅长官
6. 通商政策局长
7. 机械情报产业局长
8. 大臣官房长
9. 基础产业局长
10. 环境立地局长
11. 生活产业局长
12. 贸易局（原贸易振兴局）长[111]

产业政策局高居其他部门之上的地位，折射出了通产省内部自其1949年重组以来便不断上演的派系斗争。在这场产业派（也称为"统制派"或"国内派"）与国际派（也称为"通商派"或"自由派"）之间的斗争中，截至1966年，都是产业派及其政策主导通产省事务，产业政策局就是他们的大本营。虽说进入20世纪70年代，国际派新生代成为该省领导者并为早年的纷争画上句号，但制定和推行产业政策仍是通产省的标志性工作。因此，担任产业政策局长才是通往通产次官职位的最后一层台阶。

通产省对内部民主的支持力度，以及它对年轻官员的放权，也是它有别于其他省厅的地方。该省认为，在一个官僚的一生中，其创新思维的全盛期就是他当课长补佐（相当于副科长）的时候。因此，通产省试图通过一个叫作"法令审查委员会"的特别机构来开发和利用处于这一阶段官员的创新能力。该机构由通产省下属各局总务课或连携课的副职长官组成。该省所有重大政策均由它提出和审议，未经它的同意，不得推出新政策。倘若一个年轻的课长补佐被任命为法令审查委员会委员长，也就意味着，他已经走上了升任局长、有朝一日还可能成为次官的"精英道路"。

法令审查委员会之上是课长级和局长级的审查小组，分别称为庶务课长会议和事务联（事务联络会议）。局长级的事务联是批准课长补佐们所推政策的最高机构；须上报次官或大臣决断的则仅限于政治性事务。不过，在所有这些内部协调性组织中，最重要的仍然要属第一个（法令审查委员会）。[112]

除了这些正式组织，通产省里还设有大量非正式的智囊机构。比如，20 世纪 60 年代后期的"小松居酒屋"，就是小松勇五郎任通产大臣官房总务课长时的会议室和酒柜。晚上十点左右，年轻官员会聚在那里小酌几杯并气氛热络地讨论——往往围绕经合组织、关贸总协定、欧洲动态等小松在当驻德大使馆一等秘书时就已经开始感兴趣的话题。而小松 1944 年入通产省，1974 年方升任通产次官。除了小松居酒屋，通产省的年轻官员也可以选择光顾"吉光居酒屋"（中小企业厅长官吉光久〔Yoshimitsu Hisashi〕）和"高桥居酒屋"（官房长高桥淑郎〔Takahashi Shukurō〕）[113]。

· 第二章　经济官僚 ·

日本分析家通常将通产官僚的基本理念概括为"民族主义"。角间隆认为，他们喜欢使用诸如"攘夷"（驱逐外族）和"夷狄"（野蛮人）等源自德川幕府末期的表述。保护日本产业免受"外国压迫"被他们视作毕生使命[114]。后藤正记（Gotō Masafumi）在他担任贸易振兴局长的1969年11月—1971年6月期间，就喜欢用带有侮辱意味的词汇指称日本的竞争对手。[115]前次官佐桥滋惯用的委婉前缀语"敝"（意为"我们的"，是一种谦称）则提供了另一种观点——佐桥这种表达方式与"大番头"有关，而所谓"大番头"指的是旧商行或战前财阀系会社的最高主管。当佐桥言称"敝国"（我们国家）时，就好像一个大番头在说"敝社"（我们会社），许多日本人也觉得他是日本资本主义的"大番头"。[116]永井阳之助（Nagai Yōnosuke）更是注意到另一处历史的雷同："因为它的独断专行、强硬的本土民族主义、誓死效忠的姿态，……以及叹为观止的'工作至上'，通产省让我们想起了已废撤（日本）军队的参谋本部。"[117]无论源自何处，通产省"精神"已然家喻户晓。

对英美经济奉行的自由竞争那一套，通产省并不感冒。二战结束后，通产省曾不得不去适应占领当局在日本培育起来的市场体制，但它对美国式的价格竞争和反托拉斯法始终心存抵触。佐桥滋喜欢引用熊彼特的话，大意是，在资本主义制度下，真正重要的竞争并不能以利润率评判，而是要看新产品、新技术、新供应来源和新型组织的发展情况。[118]虽然通产省在国际上极富竞争力，但它也常常因为本国企业间混乱无序的竞争状态而烦恼。正如罗伯特·尾崎所言："（通产省）有时觉得，如果垄断者是日本

103

人，私人垄断的负面效应就不会出现。"[119] 由于新"国际主义"的影响，通产省这些旧观念，有许多都在 20 世纪 70 年代发生了转变。尽管如此，日本评论家如角间隆，对这种转变的程度却有所保留；他将通产省的新领导层称为"民族主义者中的国际派"，并指出"具有国际化视野的民族主义者的时代"即将到来。[120]

通产官僚强势又直率，日本民众对他们的故事可谓喜闻乐见。如今已有好几本关于他们的畅销小说问世，其中口碑最佳的则是城山三郎（Shiroyama）1975 年所著的《官僚们的夏天》（*Kanryō-tachi no natsu*）。虽说英国小说家有时也会选择官僚题材（如毛姆的《英国间谍阿兴登》[*Ashenden*]，又或者勒卡雷的《史迈利的人马》[*Smiley's People*]），但在美国或英国，经济官僚很少能像间谍或政治家那样令人着迷。而日本的现实却恰恰相反，由于经济官僚在该国的权势和影响力，描写这类人群生活和奋斗的小说十分吸引人。为更加深入地了解日本人缘何热衷阅读关于这类人群的报章新闻和小说，下面我们就来说说通产省官僚以及他们取得的成就。

第三章

产业政策的兴起

在回顾自己的非凡经历时,前商工官僚喜欢强调数字 14 对其命途的重要影响。明治 14 年,即 1881 年,农商务省(MAC)设立;大正 14 年,即 1925 年,商工省(MCI)设立;然后是昭和 14 年,即 1939 年,商工省为各个战略性产业分别设立垂直架构的产业局。

1924 年 12 月,即上述第二个里程碑事件的前夕,有那么三个人,他们在农商务省位于东京大手町日本商工会议所大楼的临时总部办公,因为他们原来的正式办公场所已被 1923 年的大地震夷为平地。他们执行的那项兼具高度政治性和官僚性的任务,甚至光凭他们三人负责此事这一点,对他们命途影响之重大就不亚于对他们所抱持政策或目的的影响。假他们三人之手,旧农商务省被分割成两个新省厅——农林省和商工省,他们是:农商务省当时的次官四条隆英(Shijō Takafusa, 1876—1936 年)、文书课长吉野信次(1888—1971 年),以及文书课青年官员岸信介

105

（1896年生人）。岸以法学部第一名的身份从东京大学毕业后即入职农商务省，距此时不过四载光阴。

虽说这是三个完全不同的人，但他们每个人都将对日本产生不容小觑的影响，比如，通过他们与其后辈之间的关系运作。四条是吉野最重要的政治庇护人之一；吉野则是岸最重要的政治庇护人之一；而岸，注定要登上日本高成长期首相的尊位。日本第一项真正意义上的产业政策就是吉野和岸一起制定的。这两个年轻人也不止升迁至一省最高的官僚职位①——次官，还坐上了商工省头把政治交椅——商工大臣。不过，在1924年，他们压根儿就没心思去考虑将来的事。他们所做的一切，都只是为了让他们轻松优哉的官僚生活能够与己方便——提携友人、排挤得罪自己的人，如果政治上的变化对他们自身无甚影响，同样也会被他们拿来利用。

农商务省的拆分真正付诸实施颇费了一番功夫。自1918年以来，国会中每年都会听到要求单设农林省的呼声。1918年同年发生"米骚动"事件之后，这就成了政治层面的重大议题。同样重要的是，明治时期的寡头大多陨落后，随着以政党为基础的政府崛起，真正的压力集团开始对日本政府的政策形成深刻影响。虽然农业利益集团及其政治盟友的所为，实质上是要将商界势力踢出农商务省，但省内主管商务的领导人却乐见其成，尤其是在

---

① 日文中的"官僚"固然属于公务员，但一般不包括地方公务员，也不包括大臣、副大臣、大臣政务官这类在选举中胜出的政治家。这类人属于政治任命，而"官僚"则是通过严格的公务员考试选拔程序入职中央官厅的人，二者的差异可以参考前文自民党内部"官僚派"与"党人派"的竞争。——译者注

· 第三章　产业政策的兴起 ·

他们负责处理具体的拆分事宜之后。这有点儿像原美国商务与劳工部在1913年拆分为两个独立部门的情形——实为美国劳工联合会而非商业团体的坚持。[1]

日本政府打算拆分的旧农商务省，本身就是明治时期的经济政策在1880年发生根本变化的结果。经历了长达十年对矿业、铁路、军工和工厂的政府直接投资，明治时期的领导人不得不面对令人不安的现实：新政府不能再这么干下去了。政策更张的副作用则是通货膨胀、贸易逆差、贪污腐败，以及行将爆发的破产浪潮。当时的自由主义经济学家，如为《东京经济杂志》撰稿的田口卯吉（Taguchi Ukichi）等人，力促政府卖掉国营企业，在遏制通胀的同时转到扶持私人资本主义的路线上来。

在政府内部，新任大藏大臣松方正义（Matsukata Masayoshi）算是上述主张的支持者，他于1880年11月5日出台了著名的《官营工场出售概则》。[2] 他所采取的通缩政策，与70年后约瑟夫·道奇（Joseph Dodge）、池田勇人所实施的十分类似，收到的成效也几乎一样喜人。亚瑟·蒂德曼（Arthur Tiedemann）对此评论道：

> 后来被称为松方通货紧缩的政策，用任何标准去衡量都达到了原定的目标。1881年之后，利率、工资和物价全面回落。及至1882年，与1880年相比，进口减少6%，出口增加33%，出超达830万日元。1882—1885年的贸易顺差累计达2820万日元。到了1885年，纸币数量降至11850万日元，纸币与白银储备之比为1.05∶1。次年，在日本出口贸易空前繁荣的当口，该国确立了银本位制。[3]

107

须知，松方政策的主要出发点，并非作为一种促进经济发展的新方略，不过是顺应严峻现实的必要举措，因为当时迫切需要控制进出口贸易以维持政府的偿债能力。而被政府视为保障日本独立不可或缺的军费支出，则不在政府"严格平衡收支"之列[4]。由于政府自己投资已不再可能，作为替代方案，政府开始帮助私人企业家积累资本，从而投向那些看起来符合促进日本国家安全和经济发展需求的领域。政府把自己的中试工厂出售给他们，为他们提供专营证照和其他特权，甚至他们的资本金中往往也有一部分是政府提供的。日本当时近乎别无选择（日本直到1911年7月才恢复关税自主权），所以，尽管日本政府既不了解也不相信自由资本主义，其政策却俨然在向外国人保证，日本正处于"现代化"进程中（也就是说，与他们一样）。这项新政策的受益者则是三井、三菱、住友、安田、古河、大仓、浅野等后来被称为"财阀"的大商行。

明治政府与私人投资者之间，并未形成某种正式或官方关系，而是一种民间、非官方性质的往来。这种往来通常采取某个寡头和某个能接近他的企业家直接打交道的方式。比如，井上馨（Inoue Kaoru）[①]在政府内部为三井效力就是有据可考的事实[5]。这样的关系，有不少基于宗族血缘和战略联姻而得以巩固，贿赂等勾当也存乎其中。不过，政企之间这种合作关系需要披上法律的外衣。为规范并监管政府财产的出售，也为了统一政府参与的各种经济活动，明治时期的两大寡头，伊藤博文和大隈重信

[①] 1888年7月—1889年12月任农商大臣。——译者注

(Ōkuma Shigenobu)向天皇请愿,力陈增设一个经济省厅的必要性。他们的建议被天皇采纳,于是,1881年4月7日,农商务省成立。[6]

农务当然是这个新省厅最重要的活动。正如堀江保藏(Horie Yasuzō)所言,日本拥有生产"天赐"良品——生丝的条件,如果没有生丝,日本可能永远无法控制其贸易逆差态势。[7]除了监管和促进农业发展,新省厅还负责所有与商事、工业、技术、渔业、狩猎、商船运输、发明创造、商标、计量、土地开垦、畜牧和兽医行业、林业及邮政相关法规的实施。而这些职权,自明治维新以来,一度由大藏省、民部省、工部省和内务省分别执掌。

1885年,随着松方改革的成功和政府改行内阁制,农商务省将其船运和邮政方面的职权移交给了新设的递信省。不过,由于旧工部省同时废止,农商务省便接手了矿务管理权。从1885年到19世纪末,农商务省的内部结构几经变动,终于定型(此后仅允许细微调整,直至解散):一个大臣官房,六个内部部局——农务局、商务局、工务局、山林局、水产局、矿山局,再加上一个半独立的特许局(负责专利事务),该局有自己的官房。

19世纪末,农商务省又多了一项重要职能——管理国家所有并经营的八幡制铁工厂①。1896年,在第九届帝国议会期间,内阁总理大臣伊藤博文与农商务大臣榎本武扬(Enomoto Takeaki)

---

① 时谓"制铁所",并未冠以"八幡"之名,直到1934年日本制铁株式会社成立,作为子公司的官营制铁所方更名为"八幡制铁所"。——译者注

成功推出了耗资近 400 万日元建一个钢铁工厂的法案。该工厂的产品优先满足军需，但剩下来的都可进入普通销售渠道。建在福冈县八幡村的该工厂地处北九州煤田①，同时紧挨着日本海，由此输入来自中国的铁矿石很是方便。加上日本在 1894—1895 年的第一次日清战争（中日甲午战争）中获胜，要得到品质优于日本本土的中国铁矿石自是不难。1901 年秋，八幡钢铁工厂刚一投产，即占到了全国生铁产量的 53％和钢材产量的 82％。在私营的神户制钢所与日本钢管分别于 1911 年和 1912 年成立以前，该工厂并没有强劲的本国竞争者与之抗衡。

农商务省创办并经营八幡钢铁工厂使得该省与大型钢企互为支持，这种关系一直延续至今。尽管二战结束后，盟军占领当局完成了对日本钢铁产业的非国有化，但在那之后过了很长一段时间，日本民众仍然觉得，通产省官员对新成立的"私营"会社八幡制铁心存偏私。报纸上常抨击八幡制铁的高层对政府存在不正当影响，甚至给通产省起了个"八幡制铁东京办事处"的绰号。[8] 所以，当 1970 年，八幡制铁与富士制铁合并为新日本制铁而跃升为世界上最大的钢铁制造商，令人忆起那家成立于 1934 年的老国企（日本制铁），日本人自然觉得通产省除了高兴还是高兴，而不是淡然处之或怎么样。整个 20 世纪，负责通商和产业发展监管事务的官僚都对日本钢铁产业影响卓著。1934 年之前，八幡制铁工厂的东京销售处一直设在商工省大楼内，使得这种关系格外明显。

---

① 日本主要石炭产地、著名的"筑丰炭田"之一部。——译者注

·第三章 产业政策的兴起·

在八幡创办制铁所是农商务省最重要的功绩，无出其右，但灵感却是来自政治寡头和军方。农商务省的日常工作以农务为主，这一点再自然不过，因为当时的日本，基本还是个农业国。直到1914年，农业占国民生产总值的比重尚且高达45.1%，渔业又占去了5.1%，矿业和制造业分别占比5.1%和44.5%。而且，制造业仍主要集中在纺织和食品等轻工业部门；在1933—1937年以前，重工业——金属、机械、化学品和燃料在制造业中所占比重从未过半。[9]

该省的内部组织架构是对上述比例的反映。从一战前开始，该省的新进人员就将自己的职业路径非正式地确定为农务系统或商工系统，尽管他们时常在两类部局间调动。随着20世纪第一批东大法学院毕业生进入该省，这种划分被进一步强化。农艺学家们从建省之初就在该省农务系统中占主导，法科生觉得与这些人竞争农务职位缺乏优势，于是一窝蜂涌入了商工系统。

然而，他们在商工系统中也没有太多用武之地。一战前，商务局和工务局一直矮农务局一头，而且为节约开支，它们常常两局并一局，称"商工局"。它们最终被分成两个局则是1919年5月的事。农商务省在商务方面的主要职责是监管保险公司、证券和商品交易所以及仓储行业——太平洋战争期间，对这些经济部门的监管权均从该省手中移交给了其他机构。至于工业方面的管理职责，则近乎没有。自松方改革以来，特别是在帝国议会设立和1894—1895年的中日甲午战争结束之后，日本政府的总体工业和外贸政策基本奉行传统的自由放任主义。即使在农商务省想要在工业领域做出某种创举的情况下，它与工业界领导人之间的关系也很薄弱——寡头与财阀之间的私交除外，而工业家们通常也对政府官员必要的发声置若罔闻[10]。无论如何，实力最强的行业要属大阪的棉纺企业，但它们非常独立，且对东京政府极不信任。

1913 年，三菱财阀系出身的山本达雄（Yamamoto Tatsuo）出任农商务大臣，他承诺将提升商工一支在该省的地位。然而，在山本任内，除了几个有名的例外，该省的大部分官员仍然是萨摩与长州藩在日本官厅残余势力的代表。毕竟，通过国家公务员考试入省的官员被提拔为一省次官是 1912 年才有的事。回顾山本的成就，最重要的当属对吉野信次的招揽。山本亲临东大并向其法学部表示，他想为农商务省选拔一些年轻有头脑的法科毕业生。于是，该部导师力荐吉野加入农商务省，而不是吉野自己原本想进、声望也更高的内务省或大藏省。吉野后来回忆说，他 1913 年进农商务省时，商务部门中只有三四个官员拥有法学学位[11]。

山本对吉野十分满意，培养他也是不遗余力。吉野入省十月，山本即指定他担任日本方面派往 1915 年旧金山万国博览会的常驻代表。这对年轻人来说，无疑是一个到国外进修、开阔视野的绝佳机会。吉野在旧金山待了一年半，其间不但在伯克利旁听了劳动经济学课程（他对艾拉·克罗斯［Ira Cross］教授印象尤为深刻），游历了整个美国，每月还能收到来自海外的 245 日元工资，而他在东京的月俸只有 45 日元。

然而，山本这样的行事作风和政治主张，却不会被主导该省的农学家们特别欣赏。他们从农本主义出发，骨子里推崇的是田

· 第三章 产业政策的兴起 ·

园生活，所以对工业主义的勃发和财阀与日俱增的影响力甚是不满。商务部门官员副岛千八（Soejima Sempachi）早年担任农政课长期间曾经历1918年的"米骚动"事件，后来竟指责农务局上上下下都在偏袒地主的利益。[12]这很可能是事实，但必须明白，农务官僚同样也是时所盛行自由主义思潮的追随者。对他们来说，农村贫困和租佃制是日本当时最严重的社会问题，而政府在这方面下的力气很不够，尤其不能和政府所给予财阀的特权相比。

农务官僚这种社会意识有时被称为"石黑主义"，而"石黑"即是指农政领域伟大的元老级政治家石黑忠笃（[Ishiguro Tadaatsu]，1884—1960年）。石黑1919—1925年任农商务省农务局农政课长，1931年任农林次官①，后来又出任第二届近卫文麿内阁（1940—1941年）与铃木贯太郎内阁（1945年）的农林大臣。石黑有两件事很出名，一是招揽社会活动家（例如二战后的社会主义政治家和田［Wada Hiroo］）入农林省，二是在20世纪30年代捐出自己的部分薪金以帮扶佃农。早在一战期间，他和他的追随者们就在农商务省大力宣扬，该省官僚要有保护小佃农的使命感。而在两次世界大战之间那段时期，若论起当时日本政府的各个省厅，农商务省拆分后成立的农林省则被认为是最"进步的"[13]。

农务系统在农商务省的主导地位也反映在该省的人事调配上。该省人员数量在1890年为2422人，1920年增加到7918人，及至1925年该省拆分时又进一步增加到8362人，但在这最终的

---

① 原文为1934年，实则石黑系于1934年退官。——译者注

113

数字中，有5979人进了农林省，仅2483人入商工省。[14]

一战对日本经济及其政府经济部门的影响涉及许多重要方面。战争带来的繁荣（"大战景气"）本身就很惊人。1914年，日本的进出口总额在12亿日元左右，但到了1919年，除去海运和保险费收入不算，这一数字已经增加到了45亿日元左右。1915—1918年间，贸易出超额高达13亿日元，日银利用这些年的收益，不光还清了所有外债，还购买了外国债券，增加了国家的黄金储备。到1918年底，铸币持有量达到了16亿日元，大约是1913年数字的4倍。日本一些有名气的商人甚至一夜暴富：以三井物产会社为例，其报告显示，1918年2月实收资本2000万日元，一年后则是1亿日元。[15]许多新公司涌现出来，时称"战时暴发户"（日文为"战争成金"），其中最有名者当属金子直吉（Kaneko Naokichi）领导的新财阀集团，旗下企业包括：铃木商店、神户制钢所、播磨造船所、帝国人造绢丝（"帝人"）、日本制粉、大日本胶片（Great Japan Celluloid，化工企业）和丰年制油[16]。而在战争期间，自打德国对日本的出口，尤其是纺织染料出口中断以后，日本的化工产业几乎是从零开始的。

大战景气对农业的影响同样深远，但满意度却要大打折扣。伴随工业发展而来的是物价水平全面、显著的提升（见表3—1），但最重要的则是因工业劳动力迅速城市化而引起的大米需求增长。政府在景气初期的政策是放任物价上涨，希图借机促进生产。而这也正是具有政治影响力的地主们所希望的。1910年，地主们组建了"帝国农会"，来接替1881年成立的"大日本农会"。帝国农会刚开始是地主阶级的半官方组织，旨在促进农业发展[17]，可到了战争期间，帝国农会却逐渐演变成一股压迫势力，丢掉了它作为农业振兴团体的本分。它的利益诉求是提高国产大米价格并对进口大米征收高额关税，这样能让地主及其佃农双双受惠。

另一方面，新兴工业家们希望物价降低，这样就能在缓解他们所面临涨薪压力的同时维持"产业和平"。他们的组织是"日本工业俱乐部"（Nihon Kōgyō Kurabu）。该组织1915年12月召开预备会议，1917年3月10日正式成立，从它的第一批官员就能看出，它背后的支持者是财阀：理事长，三井的团琢磨（Dan Takuma）；会长，三菱的丰川良平（Toyokawa Ryōhei）；专务董事，古河的中岛久万吉（Nakajima Kumakichi）；以及原农商务省官员、时任东京株式取引所①理事长的乡诚之助（Gō Seinosuke）。

农业与工业集团都试图通过支持政党，来直接影响政府并干预国会决策。地主们以帝国农会会长、福井藩大名后代松平康庄（Matsudaira Kōsō）及该农会副会长、贵族院议员桑田熊藏（Kuwata Kumazō）为首；他们仰赖的是政友会，还有大地主因高额纳税而有权占据席位的贵族院。工业家们在米价的议题上没有太多发言权，但他们也能通过其在各届内阁中担任农商务大臣的成员施加影响。三菱系的山本达雄算是当中最重要的人物，他在1913—1914年的山本权兵卫（Yamamoto Gonnohyoe）内阁和1918—1921年的原敬（Hara）内阁中均担任农商务大臣。

---

① 今东京证券取引所前身，"取引"即为交易之意。——译者注

表 3-1　1914 年 7 月—1920 年 3 月物价波动情况

（1914 年 7 月＝100）

月份	指数
1914 年 7 月	100
1919 年 3 月	267
1919 年 6 月	295
1919 年 12 月	381
1920 年 3 月	425

来源：藤原彰（Fujiwara Akira）等编，《近代日本史的基础知识》（*Kinddai Nihonshi no kiso chishiki*），东京，1972 年版，第 278 页。

1918 年，农作物歉收，兼遇西伯利亚远征要求增加对军队的粮食供应，一时间人心惶惶，大米投机盛行，城市居民对米价的预期与农民对大米的供应价格二者之间的分歧问题终于酝酿成了一场风暴。虽然寺内正毅政府曾于 1917 年 9 月 1 日发布著名的《暴利取缔令》，规定垄断性收购（*kaishime*）和囤积居奇（*urioshimi*）均属犯罪，但由于生产者为躲避不确定性风险的惜售行为，换来的结果却是市场的全面萧条。三井物产和铃木商店是否真的存在囤积行为，它们有没有从殖民地进口大米并逃避关税以便在国内市场高价售出，以及三井的主要目的是不是为了将铃木排挤出市场，都属于相关问题，但这里无须讨论[18]。民众的恐惧与疑虑就足以引发"米骚动"（1918 年这场风波与发生在 1973—1974 年第一次"石油冲击"期间的骚动相似，在后面那场骚动中，政府经济部门再次被迫干预，以禁绝投机煤油、卫生纸、肥皂粉等产品的行为）。米价在 1918 年疯涨，同年 7 月，富

· 第三章 产业政策的兴起 ·

山县渔民的妻子们因粮食短缺而集体暴动。这种恐慌情绪感染了其他地方的消费者,整个9月下来,有近500个地区发生了暴动。难堪之下,寺内内阁被迫辞职。

代表政友会的原敬内阁继任后,当务之急便是迅速解决此事。应原敬之命,山本达雄第二次出任农商务大臣,1920年,他设法使国会通过了《米谷法》。该法规定进口大米免税,并鼓励在中国台湾和朝鲜这两个被日本殖民统治的地方发展稻米种植。该法还规定了对米价实行统制这一至今仍在以各种形式沿袭的制度。就这样,山本的政策为日本日益壮大的工业劳动力确保了粮食供应价格的合理性,但随着一战的结束,日本经济从1920年春开始全面衰退,该政策也加剧了农业的萧条和佃农的不安,使得日本在整个20世纪20年代都要受到这两个不利因素的掣肘[19]。

以上种种事态的发展,无论从经济上还是政治上来看,对帝国农会这个地主阶级社团都意味着一种严重挫败,该组织于是愤而回击。它以前提过的要求如今又被它翻了出来——单设一个不受商工事务侵扰、专为农业利益服务的农林省。原敬政府驳回了这一要求,但1923年的大地震使得政府再次将精力集中到了东京和横滨这两座城市的赈灾上,农民因而再度有感,相比以往为自己做的,政府对城市需求的响应速度要快得多。不过到了第二年,随着一连串有利情形的出现,帝国农会的要求总算被允准。

1921年11月4日,日本第一位因其众议院多数党总裁身份而得以统率政府的内阁总理原敬遇刺身故。接替其政友会总裁和内阁总理职务的是高桥是清,日本现代经济政治史上当之无愧的杰出人物之一,而且要特别强调一点,他也是商工省的首位大臣。高桥是一位画师与其 16 岁女仆的私生子，由德川幕府末期仙台藩的一名下级武士收养。19 世纪 60 年代后期，奉该封建藩之命，他远赴美国进修英文。1873 年，19 岁的高桥在新成立的明治政府中谋得一个职位。1886 年，年仅 32 岁，他就当上了新设农商务省特许局的第一任局长，由此对这个他将在 1924 年执掌的省厅有了深入了解。在农商务省局长任上干了三年之后，他辞去官职，转而在商界风生水起。及至日俄战争期间，他已跻身日本主要富豪之列，1907 年更获赐贵族身份，授男爵位。1911 年，他就任日银总裁，其后步入政界。

1913 年，高桥出任大藏大臣，同届内阁中，担任农商务大臣的则是山本达雄。1921 年原敬遇害后，高桥曾短暂担任过内阁总理（1921—1922 年）。然而，企图重新掌权的反对党势力组织了一届又一届无党派超然内阁。作为回击，高桥采取了非常手段，他让出爵位（其时已是子爵）和他家主的法律地位，从而回归了他生来就当然拥有的身份——平民。接着，他前往岩手县选区，同时也是已故首相原敬墓冢所在地，参选众议院议员。一番苦战之后，他最终胜出。再然后就是他和他的同僚迫使清浦奎吾（Kiyoura）内阁辞职，以各政党联合为基础的新内阁成立。1924年 6 月，高桥再度成为国务大臣，主管农商务省。正是在担任这末代农商务大臣期间，高桥主持了该省的拆分工作（这段任期结束后，尽管内阁四度更迭，高桥一直担任大藏大臣，直到 1936 年 2 月 26 日他在一次未遂的军事政变中遭人暗杀）。[20]

当高桥 1924 年执掌农商务省时，他偏袒该省商业系统的名声已然在外。他很认同政府须促进国际贸易并保护日本新兴产业

·第三章 产业政策的兴起·

（如钢铁）的观点，但这种观点恰恰是地主阶级乃至他们的组织——帝国农会（帝国农会反对进口粮食，同时又希望进口肥料能免征关税）所憎恶的。不过，由于当时是多党联合执政，高桥也仍是政友会总裁，这就避免了在国会中引发以往那种阻挠农商务省拆分的政治分歧，使得按帝国农会的要求单设一个农林省成为可能。在高桥的支持下，日本政府于1925年3月31日颁布第25号敕令，分别设立农林省和商工省。

1924年末，在筹划农商务省拆分的过程中，1903年入省的原山林局长中井励作（Nakai Reisaku）升任农商务次官，1904年入省，亦是高桥在省内主要盟友的四条隆英则留任工务局长。[1] 其实，高桥应该更属意四条任次官，但他无权干涉省内官员升迁。然后，一个不寻常的机会出现了。

多党联合政府开始掌权的1924年春夏期间，吉野信次并不在日本国内，他被派往欧美考察化工产业和保护性关税政策。吉野时任工务局工政课长，四条作为他的局长，在指定他担任这一职务的同时，也为他创造了农商务省史上最年轻工政课长的纪录。吉野一回国，四条就将农商务省即将拆分的消息告诉了他。四条还叮嘱他，中井次官打算让他当农务局绢课的课长，但他必

---

[1] 四条在1920—1924年间一直任农商务省工务局长。他生在京都，是二条家（华族）的私生子，因此具有贵族血统。四条隆平收养了他，并送他去东京帝国大学法科大学就读，1904年，他从该校毕业。他的同窗中包括了吉野信次声名卓著的兄长吉野作造（1878—1933年，东大教授、《东京朝日新闻》记者、日本民主政治的倡导者）。四条入职农商务省后，即成为原萨摩藩武士、明治维新政治家大浦兼武的私人助手。大浦曾在1908—1911年任农商务大臣，正是他确保了四条仕途上的平步青云。及至20世纪20年代，四条成功引起了高桥是清的注意并令后者对他青眼有加。

须拒绝这项任命，以免两个新省厅进行人事切割时，被困在农务系统出不来。

但出人意料的是，为私下解决八幡制铁工厂的腐败丑闻，中井在1924年12月被迫辞去次官一职。①资历仅次于中井的四条就这样成了农商务省最后一任次官。吉野紧跟着便被四条调去负责省内一应人事的文书课，任课长职务。在新课室中协助吉野工作的是正年轻的官员岸信介，他也是吉野尽心培养并大力提拔的对象。据岸信介回忆录所言，四条和吉野将原农商务省官员中那些顽固不化、不知变通的平庸之辈都派给了新设的农林省，剩下那些机敏灵活的则留在了商工省——不过，岸信介认为，他们将后来成为商工次官的竹内可吉（Takeuchi Kakichi）留下来却是个错误。[21]

四条和吉野还安排了另一件事：农林省搬走，在霞关建新官舍；商工省留下，在1888年以来一直使用的旧官舍基础上重建办公之所。旧官舍位于旧木挽町（锯木场集聚区），邻近歌舞伎剧院，大概在筑地鱼市与新桥站中间的位置。每个写有回忆录的

---

① 导致中井辞任次官并"侧滑"（调任）至制铁所长官职的事件起因是1917年和1918年的腐败丑闻。司法大臣手底下的人刚开始调查八幡的经营活动，由农商务省官员担任的制铁所时任长官（押川则吉）就自杀了。为收拾残局，政府派了一位作风强硬的内务省官员（白仁武）接替他出任制铁所长官，但几年之后，这位得罪了制铁所所有职员和工人的内务省官员也被迫退了职。1924年，农商务省内部决定，由时任矿山局长的崎川才四郎补缺。然而，崎川早前曾担任过政治上敏感的福冈矿山监督署署长，其间得罪了当地的煤矿巨头。那些人不想他回到八幡，于是求助福冈县出身的政友会副总裁、国会议员野田卯太郎，野田则向政友会总裁、农商务大臣高桥是清抗议。为彻底解决这桩糟心事，高桥让中井去八幡任制铁所长官，中井也同意了。中井此后就待在八幡，直到1934年，他成为主要由八幡制铁所构成的日本制铁株式会社第一任社长。而之前干预高桥决策的野田卯太郎，则接替了高桥商工省大臣的位子（1925年4月—8月）。

农商务或商工官僚都提到附近的演员、艺伎和"茶屋",有些人甚至还把他们升迁慢归咎于附近的"游乐"(asobi)太多、触手可及。[22]商工省就这么留在木挽町原址,直到被东条英机改组为军需省时方迁至霞关。

随着农商务省一分为二,(通产省历史学家所谓)商工行政系统的"圣经旧约"时代也画上了句点。四条隆英成为商工省第一任次官,直到他于1929年4月退官,并在高桥是清的帮助下进入安田财阀系的控股公司。他还担任了安田生命保险和东京火灾保险两会社的社长(有一点需要注意,农商务省及其后身商工省时为监督保险业的政府机构)。作为二条家的子孙,四条亦获男爵位加身,因此在贵族院占得一席。1928年7月30日,彼时尚未离开商工省的四条将吉野提拔到了自己原先待过的工务局长职位上。此后又过了三年,吉野升任次官。

新设商工省未加改动地沿袭了原农商务省商工系统的内部组织架构。然而,新省厅所处的经济环境却日新月异地变化着。日本经济无论在内部结构上还是与其他经济体的关系上都存在严重失衡,"米骚动"不过是这种失衡的早发迹象罢了。更为重要的迹象是始于1920年春季的战后衰退,这场衰退持续了整个20世纪20年代,直至1930年全球陷入萧条,经济形势更趋恶化。证券交易指数(1913年=100)从1920年2月的254.1暴跌至9月的112.6,进出口总值则从1919年的45亿日元骤降至1920年的20亿日元。[23]所有经济部门都受到了重创,但受创最严重的还要属农业部门。至于工商业部门,那些知名的财阀系银行和企业比其他企业资金雄厚,它们的集团式架构也帮它们抵御了部分冲击。不过，战时兴起的财阀虽有折损，尚能通过被其资助的政治家，请求政府采取特别救济措施，而小商人和佃农，则处在水深火热之中。

对商工省和政府其他经济机构来说，难题是理念上的。是什么导致衰退持续如此之久？对此，包括政府在内的所有人是否都应该做些什么？国际收支为何长期处于逆差状态？企业利润为何如此之低？怎么办？流传的理论形形色色。日本经济由于其"双重结构"（财阀与成千上万的中小企业），与其他国家均存在差异。因为"大战景气"的缘故，日本这个时候正在经历一场"生产过剩危机"。可以说，它是银行和企业数量不受限制地增长所导致"破坏性竞争"的受害者。而且，就像德国的马克思主义者所预言，日本真的在向"垄断资本主义"的"阶段"过渡。

政府不知道这些问题的答案，也拿不出任何解决的方案。不过，为应对定期发生的每一次"恐慌"，政府确有采取临时救济措施，为挽救濒危企业，花起钱来也是毫不手软（以钢铁业为例，政府收购了为解决所谓的"钢荒"而在战时开办、如今面临需求断崖式下降的私营钢企）。[24] 政府的总体货币政策是紧缩性的，但它的许多具体政策却又助推了价格涨势，使得许多日本产品在国际市场上渐失竞争力。

这些政策中声名最臭的当属政府应对1923年9月关东大地震的举措。为避免紧随地震而来的金融崩盘，政府命令所有银行停业一个月。当这些银行重新开业时，日银又指示它们为停业期间到期的所有债务提供再融资服务，它们在此类交易中的损失则由日银进行担保。为实施这项政策，政府发行了"震灾券"，募集投放的资金高达4.38亿日元,令人咂舌,里面更是包括许多自战后衰退起就已存在的坏账。及至1927年春,这些债券中有近2.31亿日元得以偿还,剩下未偿还的2.07亿日元则收回希望渺茫,成了在稳固基础上重建公共财政的阻碍因素。然而,民众对免除这部分债务甚为不满,因为这相当于给予大企业一大笔补贴,却听任小企业和农民破产[25]。

在这种大环境下,商工省有个人开始就重振经济提出一些有意思的设想,并因此脱颖而出,他便是吉野信次。吉野在东大接受的法律教育并没有赋予他太多经济素养,真正令他拓宽思路而不是拘泥于纯官僚视角的,其实是他1915年从旧金山回国之后的一些经历。要说的第一段是他被调往内务省锻炼,其间在神户任工厂检查员。就是在那里,他接触到了中小企业的世界。而所谓中小企业,按照日本人在20世纪20、30年代的定义,指的是雇用5—30人(小企业)和30—100人(中企业)的制造企业。

吉野第二段有价值的经历,是在寺内政府(1917年2月)为研究战争对日本经济影响而特设的农商务省临时产业调查局工作。该局设立的初衷并非制定政策或采取措施,毕竟私营部门在一战中推动了日本经济的发展,但该局需要将日本与其他参战国进行比较,并就日本可能出现的社会问题提出建议备考。虽然该局的工作最后毫无建树,所幸吉野在那里认识了像河合荣治郎(Kawai Eijirō,1891—1944年)和森户辰男(Morito Tatsuo,1888年生人)这样的名人。这两位都是东大经济学家,在农商务省任顾问。这里尤其要说一下对吉野有重要影响的河合,作为一名非马克思主义的社会主义者,他对军国主义持反对态度,后来在二战期间身死狱中。他们在该局撰写了关于经济计划、突发状况应急储备、产业金融、美国关税等问题的研究报告。因为这些活动的关系，吉野等于是明确投身到了农商务省商工系统的产业管理事务中。[26]

20世纪20年代初，尚在工务局任课长的吉野，成了最早具备中小企业方面专业知识的政府官员之一。他发现，虽然从战略上看，现代财阀系企业十分重要，但中小规模的工厂却雇用了日本绝大多数的产业工人。更为重要的是，财阀系企业的生产主要服务于国内市场，而中小企业生产的重心却是为出口服务。除了诸如人造纤维、绢丝和棉织品这几个例外——因为大企业占据的出口份额也不小，日本出口的各类商品，如自行车、陶器、搪瓷制品、罐头食品、帽子、丝织品等，有50%—65%是由中小企业制造的。但与此同时，这些中小企业却在亏损[27]。

吉野和他农商务省的同事们分析认为，中小企业数量太多，廉价劳动力过剩，而销售渠道和市场信息又严重不足，结果就造成了中小企业往国外倾销产品。中小出口企业不仅挣不着多少外汇，很多时候甚至连保本都做不到。更糟的是，大财阀旗下的商贸公司利用它们对这些产品销售市场的垄断，向中小企业高价供应原材料、低价收购制成品，进一步压缩了中小企业的利润空间。

1925年，国会一致通过了新设商工省提议的两部法律：《输出组合法》和《重要输出品工业组合法》①，是为日本尝试缓解上

---

① "组合"为团体、联盟、联合之意，这两部法律可以说是日本最早的反垄断法，下文合称"1925年法"。——译者注

述状况的开端。在这两部法律中，我们可以看到日本政府沿用至今的主要政策工具的雏形，尤其是通产省时代所谓的"不景气"和"合理化"卡特尔。

《输出组合法》要求根据中小企业的具体产品线来设立出口协会（"输出组合"），授权由这些协会以代销方式收受成员的出口产品，统一控制出口产品的数量、质量和价格。《重要输出品工业组合法》则试图结束中小企业之间的恶性竞争。该法规定设立的工业协会（"工业组合"）与出口协会不同，是真正的卡特尔组织，每个成员可以生产并销售的产品数量由成员们自行达成协议。

在这两部法律出台之前，日本已经有过好几个卡特尔组织的先例。1880 年的制纸所联合会（如今的日本制纸联合会）、1882 年的纺织联合会（1888 年改称"大日本棉系纺织同业联合会"，今日本纺织协会）、1907 年的人造肥料联合会，就是一战前具有卡特尔式垄断力量的几个主要贸易协会。[28] 1900 年的《产业组合法》允许设立由县级机关监管的产业协会（"产业组合"），但它们虽然也叫"组合"，实际上却是农业合作组织，而不是产业制造商的联合。[29] 再者，农商务省为实施战时粮食和服装价格统制，在 1917 年的时候禁止这些组织达成价格或工资协议也使得它们作用有限。这些早期卡特尔组织的主要作用不过是检验产品并给产品评级。虽说日本人对卡特尔组织并不陌生，但 1925 年批准设立的那些却与以往不同，因为它们试图对整个经济的一部分做出安排，而不是仅限于具体行业。

1925 年法的实施成效并不显著。工业协会要比出口协会更受欢迎，因为商工省一开始就对工业协会进行资助，对出口商的补贴却是在全球性经济衰退之后。两类协会之间也时常有冲突。为了让国会通过自己提议的法律，商工省不得不同意，对两个协会的成员身份不做强制性要求——尽管该省也有权命令非协会成员遵守成员达成的部分卡特尔协议约定。

与内务省、外务省或大藏省比起来，商工省在1925年的时候还算不上一个位高权重的省厅，几乎并不为公众所知晓。因此，扶助中小企业只是它迈向产业政策的第一步，也是极具试验意味的一步。它在20世纪20年代中期的商业活动和工业活动，均致力于刺激对外贸易以减少日本的国际收支赤字。为鼓励民众使用国产商品，吉野在该省专门设立了一个委员会，同时努力争取预算拨款，好向海外派驻商工省的贸易代表。他还要求将商务局中的贸易课升格为局。对商工省派驻海外贸易代表的主张，外务省是不同意的，认为这侵犯了它的权限，而大藏省虽然在1927年就批准了商工省设立贸易局，但却没有为该局拨发经费，直到1930年，全球性经济衰退使得给该局拨款的重要性凸显出来。[30]一位通商产业政策方面的权威历史学家评论说："商工省刚建省那几年没给任何人留下工作辛劳的印象[31]。"1927年4月担任商工大臣而成为田中义一（Tanaka Giichi）将军内阁阁僚的中桥德五郎（Nakahashi Tokugorō），甚至在就职时表示："作为一个政府机构，商工省绝非令人振奋的工作去处[32]。"然而，中桥他注定要去促成这种状况的决定性改变。

中桥担任商工大臣时，迫使若槻礼次郎（Wakatsuki）内阁

· 第三章　产业政策的兴起 ·

第一次辞职的1927年金融恐慌①刚刚爆发。在20世纪20年代震荡日本经济的各种恐慌中，这场危机堪称高潮，是日本商工行政系统"旧约"与"新约"时代真正的分水岭。对日本而言，它也标志着全球性经济衰退的开端——从此步入一个经济停滞、急欲寻得普遍症结（仅仅三年之后就席卷了世界其他地区）解决之道的激进时期。名和太郎（Nawa Tarō）曾这样评价1927年恐慌的影响力："虽则商工省已然是一个实体性存在，但直到金融恐慌爆发才激发了它作为一个机构的活力[33]。"

在如何应对20世纪20年代经济衰退的问题上，有一个尽管极其保守却十分重要的观点是与井上准之助（Inoue Junnosuke, 1869—1932年）的名字联系在一起的。井上原为横滨正金银行官员，1919年任日银总裁，1929年任滨口雄幸内阁大藏大臣（和这一时期的其他几位藏相一样，井上也在1932年2月9日针对日本资产阶级当权派的法西斯式袭击——所谓"血盟团事件"中遇刺身亡）。他的主张是，日本应当解除自己与其他大国在一战爆发时"临时"采取的黄金禁运措施。鉴于该国不乐观的国际收支状况，日本在一战结束后仍然禁止黄金出口，而且它也是唯一一个没有回归金本位的大国。在井上看来，这些正是振兴出口的举措未能奏效的原因所在。当时的情形和1949年的时候有点儿像，彼时，日本必须稳定日元汇率以恢复通商，而这一目标反过来又要求日本遏制通货膨胀、量入为出。所以说，日本政府1949年在道奇和池田勇人领导下实施的剧烈通货紧缩政策，实为经济重

---

① 一般称"昭和金融恐慌"。——译者注

建的前提条件。

理论上，一个国家若处在日本20世纪20年代那样的境况——进口大于出口，就会对外出售黄金以弥补差额。这种在20世纪20年代受到禁止的黄金外流将导致本国货币的对外贬值①，从而降低出口商品价格。黄金外流的结果是严重的通货紧缩、诸多小企业破产，但它也会促使一个依靠通货膨胀维系的经济体做出全面调整，继而恢复国际竞争力。而这正好是井上和民政党想要做的。

不过，在黄金出口解禁之前，政府首先得处理好自身的财政问题，这就意味着剩下未偿还的那部分震灾券必须解决。于是，在第52届国会（1926年12月—1927年3月）期间，若槻政府（民政党）提出了两项法案，若能通过，未偿还的震灾券将转换成十年期的政府公债。反对党对此极为不满，声称政府想用纳税人的钱贴补资本家。而在激烈的国会辩论过程中，大藏大臣又不小心透漏了国家整个金融体系岌岌可危的实际情况。银行随即出现挤兑现象，直到3月23日国会通过上述法案后，这股风潮才暂时平息下来。

然而，论战并未止息。它揭露了铃木商店和"国有台湾银行"这两家机构均存在严重财务困难的事实。铃木商店是一战期间最大的暴发户，旗下拥有近60家公司，其中许多都从事重工业和化工业，战后衰退令它们深受其害。铃木系企业投入大量资金的对华贸易，也由于抵制日货活动和新成长起来的中国公司日

---

① 原文为升值，疑为作者笔误。——译者注

益增长的竞争力，而陷入停滞。至于肩负助力日企打入中国和东南亚市场使命的"台湾银行"，该机构不但为铃木提供了3.5亿日元的巨额贷款，本身还有1亿日元左右的震灾券在手。所以，当时有传言称，新法案的真正意图就是挽救铃木商店和"台湾银行"，而当铃木商店的竞争对手们，由三井银行打头阵，开始从"台湾银行"提取存款时，民众涌入各银行挤兑的风潮便也跟着卷土重来。

因为这次恐慌的缘故，若槻政府倒台，政友会随之上位，近37家银行破产，财阀倒是恢复了元气。最后，铃木财阀解体，三井和三菱趁机将幸存的原铃木系企业收入囊中。1934年，一家实力强劲的原铃木系企业，帝人，亦即帝国人造绢丝株式会社，再度成为日本政府的噩梦；当时突然爆出丑闻，说是大藏大臣将其所持作为"台湾银行"债务担保的帝人股份私下卖给了政府高级官员。中小企业获取贷款难上加难，反观财阀大企业，融资却变得更加容易。不过，尽管1927年恐慌有其灾难性的一面，但它也促成了日本产业结构最早的一次"改革"：相互竞争的银行和企业被大量淘汰，国家则将有限的资金集中投入到具有战略意义的部门。然而，这次改革所采取的方式和期间的财阀暴富，终致整个社会激进化，要求必须有人为全民族的福祉发声。[34]

迫于这一舆论环境，新任商工大臣在其文书课长吉野信次的协助和提议下，采取了一项被视为日本现代产业政策发端的举措。1927年5月23日，中桥大臣在商工省内设立商工审议会。作为一个官方和民间共同参与的论坛，该审议会以广泛调查困扰日本经济的问题并研究政府的应对之策为宗旨，20世纪50年代的产业合理化审议会及其后身产业构造审议会——通产省与工商界沟通最重要的正式渠道，就是由它直接过渡而来。在1927年的商工审议会中，民间委员囊括了当时工商界的所有领军人物。而在实际审议过程中，意见最具影响力的还要属大河内正敏（Ōkōchi Masatoshi）和中岛久万吉，前者不仅是东大工学教授，也是一位杰出的民间企业家，后者则是古河财阀出身，后来成了在历史上留下浓墨重彩一笔的商工大臣。

该审议会取得了前所未有的成果。是它说服了商工省进一步加强工业统计的编纂工作（这是中桥大臣最钟爱的项目，也是他对商工审议会的主要贡献），批准了面向中小企业的近3000万日元贷款（比以往的贷款金额至少要高出十倍），也是它第一次提出了八幡制铁所与私营钢企合并的设想（1934年通过），它还强调改善贸易情报工作并对出口工业实施补贴的必要性。不过，审议会的讨论也有滑稽的一面。岸信介和小金义照都还记得，冈部长景（Okabe Nagakabe）反对将引进公制作为日本工业品标准化的手段。冈部指出，公制与"法国大革命"相关，因此与日本的民族精神无法相容，而这也代表了贵族院的意见。审议会的委员们遂提出将此事放一放，待冈部死后再议。但冈部1970年才过世，彼时距他担任战时东条内阁文部大臣任期届满已长达25年之久，这么干就意味着漫长的等待[35]。实际情况是，20世纪30年代后期，小金仰仗军方的支持，成功将公制引进了日本。

至于审议会最重要的成就，那显然是将"产业合理化"的概念引进了日本。自1927年以来，政府经济部门几乎每天都在使用这一概念。虽然刚开始无人知晓它的确切含义，但它似乎完美地概括了商工官僚心目中日本所需要的东西。吉野曾写道："我们利用'合理化'所做的一切不过是挂出一个招牌，来作为我们活动的名称，然后我们就得搞清楚它的意思了[36]。"日本政府首次提到这个词，似乎是在岸信介1926年的一份报告里。岸曾被派往费城，以日本代表的身份参加美国建国150周年庆典，而后在回国途中，他又辗转到了欧洲。所以，他在报告中不仅提到了美国分别倡导"科学管理"和"流水化生产"的泰勒和福特运动①，也介绍了德国为改善工业效率而推行托拉斯和卡特尔的情况。岸信介最初的这份报告并未受到太多关注，但随着萧条的到来，为了将国家拉出衰退的泥潭，"产业合理化"逐渐成了日本大众口中的流行语。在商工省内，这一用语更是要求统一产业政策的战斗口号。

1929年7月2日，民政党重新掌权，首相滨口雄幸指定由井上准之助出任大藏大臣。虽然井上仍继续贯彻黄金出口解禁的计划，但此时的他和政府其他官员已经将该举措与产业合理化运动联系到了一起。他们解释说，金本位会将日本市场价格与世界市场价格联系起来，产业合理化则会提升日本的国际竞争力。甚至滨口首相本人也在1929年向商工审议会发话："产业合理化绝非单纯的权宜之计，势必要成为一项全民运动[37]。"

1930年1月11日，井上取消了黄金出口禁令。这一政策理论上有多少闪光点暂且不论，它推出的时机委实糟糕。那是当代世界迄今所知最严重的一次萧条，在最初的几个月里推行一项极

---

① 一般称为"泰勒制"和"福特制"。——译者注

度通缩的政策，只会让形势更趋恶化。1931年12月13日，黄金出口禁令再度回归，日本改行本土版的凯恩斯经济政策，试图通过增加军备开支的赤字财政手段，让自己走出萧条。怎奈1930年和1931年是日本萧条最严重的时候，适逢其会的产业合理化，滨口内阁经济政策的另外半章，开始显现出新的意义。

商工审议会从1927年一直存续到1930年7月5日。1929年11月19日，它在商工省内增设产业合理化审议会，作为其附属委员会。一个月后，产业合理化审议会便就亟需的合理化措施整理了一份报告。同时，为了应对遍及全球的经济大萧条，1930年1月20日，内阁也设立了自己的临时产业审议会，首相亲自担任委员长，商工大臣任副委员长。尽管这个最高机构只存续了几个月，但它注意到了商工省内的产业合理化工作，还下令在该省内部增设临时产业合理局（TIRB），负责制定并执行具体的合理化措施。1930年6月2日，临时产业合理局成立，它隶属商工省，但却是一个半独立机构①，由商工大臣亲自担任局长。该局后来存续到1937年，要说设立这样一个机构的创意来源，则要归功于吉野信次；该局成立后颇有作为，吉野在那里干了一年便荣升次官，主要靠的就是该局亮眼的政绩。

为免省内斗争祸及临时产业合理局的活动，吉野信次特意将该局设计成一个由商工大臣领导的独立机构。人员配置方面，他将通产省各个内局的局长及课长都安排进了该局；在该局的内部架构上，他则打破常规——不设课室，只有两个大部，其中一部

---

① 日文称"外局"，以区别非独立的"内局"。——译者注

由木户幸一领导，他同时还兼任官房文书课长；吉野本人领导二部，兼任工务局长。

两部拟订的计划涉及：企业控制、科学管理原则落实、工业融资改善、产品标准化、生产工艺简化、本国制品生产和消费的扶持补贴等等。秉承商工审议会创设的先例，吉野也有招揽民间工业领袖在临时产业合理局任职，甚至还在商工省内为他们准备了办公室。原任职商工审议会的大河内正敏和中岛久万吉，在新设的临时产业合理局里仍是最重要的顾问，但与此同时，所有财阀界、学界的代表和新闻工作者也都在积极参与该局的活动。事实证明，他们在帮助商工省争取企业界对其主张的支持，还有声援其法律提案（特别是具有里程碑意义的1931年《重要产业统制法》）以促使国会通过方面，均发挥了极其有益的作用。

日文"合理化"（音 *gōrika*）一词——字面即"使合理"之意，在吉野为他新设的外局命名时，还不是那么通俗易懂。因为担心语义理解问题，他特意将新局命名为"产业合理局"，而不是采用"产业合理化局"这一准确的叫法。他解释说，"化"（音 *ka*）这个字眼令他很不踏实，毕竟"化局"的发音也可以理解为"歌曲"①，他唯恐批评和反对者利用双关语来做文章[38]。批评之声当然有。就在该局拟成立日期的前一天，一名工人在新局办公标牌的"合理"两字前潦草地添上了"不"字，局名于是成了"产业不合理局"。[39]

---

① 在日文中，"化局"两个字和"歌曲"一词的发音都是"*kakyoku*"。——译者注

133

左翼人士和反财阀群体对合理化运动很是怀疑。他们有时称之为"日本式的合理化",说它意味着降低工资、裁减雇员,以及延长工时[40]。国际上也不乏批评意见,直指合理化是"社会倾销"(专门用来指责彼时日本的贬义词)的遮羞布。20世纪30年代初,国际劳工组织对它口中的"商业倾销"(一种不公平的商业行为)和"社会倾销"(一种涉嫌剥削工人的方式)进行了区分。商业倾销是指"以低于生产成本与合理利润之和的价格出口商品,而在本国市场上却以高于生产成本与合理利润之和的价格出售商品的行为";社会倾销则是指"通过在企业中恶化劳动条件或者维持现有低水准劳动条件的方式,降低本国商品的生产成本,从而促进本国商品出口的行为"。[41]对于"社会倾销"的指控,日本人一直很不服气,因为他们觉得,自己其实也在为杜绝这种现象而积极采取必要的措施。

20世纪20、30年代,产业合理化思想在许多国家都得到了广泛传播。而它在日本的独特内涵,最初只是将许多严重缺乏了解的东西杂糅在了一起,包括:美国当时流行和热衷的研究方向("效率专家"和"时间与动作研究");日本的具体问题(尤其是众多本土企业间的激烈竞争,以及由此导致的产品倾销);苏联"第一个五年计划"(1928—1933年)等的影响;匈牙利经济学家、苏联顾问尤金·瓦尔加(Eugene Varga)的著作。提到苏联的影响,人们应该还记得,在20世纪20年代,非社会主义,甚至反社会主义集团和国家,都受到了社会主义学说的影响,其中尤以非英语母语的工业国为甚。在后面的章节里,我将从理论基础出发,集中讨论苏联与日本20世纪30、40年代计划体制之间

· 第三章　产业政策的兴起 ·

的特殊关系。但至少就 1930 年而言，当时对日本合理化理论影响最大的国家是德国。自明治维新以来，德国一直是近代日本积极仿效的对象，但在 1930 年，由于日本政府内部发生了一些不可预料的事件，德国的先例则是被临时产业合理局直接照搬。所以，日本官场生态与日本政府所制定政策之间这种互动始终是本书研究的主题。

1930 年，当政的民政党政府想使商工省政治化，就像约莫 30 年后，自民党想对通产省所做的那样。产业合理化运动让商工省成了举足轻重的政策中心，民政党想将与己亲善的官僚安排到该省的领导职位上是明摆着的事。尽管这一企图以失败告终，却促成了吉野信次 1931 年升任次官、岸信介被派往德国以向临时产业合理局汇报当地产业合理化运动的结果。因此，1930 年实际发生的政治事件本身无关痛痒，其结果却影响久远，其中就包括持续到 1936 年的所谓 "吉野—岸路线" 的形成。官僚和政治家一样崇尚权力，从韦伯那代人到现如今，无论组织理论学家提倡何种模式，权力斗争都是官场生活不可分割的一部分。

1929—1931 年间，为了本党的利益，两名民政党政客先后担任商工大臣——滨口①内阁时期是俵孙一（Tawara Magoichi，1929 年 7 月—1931 年在任），一位软弱的政客；若槻内阁时期则是樱内幸雄（Sakurauchi Yukio，1931 年 4—12 月在任），作风比

---

① 1930 年 11 月 14 日，首相滨口雄幸被一名右翼分子袭击，身受重伤，但他并未就此放弃首相之职，而且还继续担任民政党总裁，直到次年 4 月与内阁一起辞职。1931 年 8 月 26 日，滨口因伤势恶化病逝。滨口内阁总辞职之后，曾在 1927 年金融恐慌时任首相的若槻，以民政党总裁的身份，再度上台组阁。

较强硬。而在背后操纵这两位商工大臣的，也是同一个人，即身为民政党领导人并在两届内阁中连任大藏大臣的井上准之助。1930年，井上开始忌惮整个商工省，尤其是吉野信次日益上升的影响力，因为二者的活动侵犯了传统上由他本人所在省厅（大藏省）掌管的权限。不过，井上并未直接对抗商工省。他是商工审议会的委员，与他通过恢复国际流行的金本位制以实现通缩的政策形成反差的是，他同样也支持产业合理化运动。但他希望能做出一些改变。

1930年7月2日，即临时产业合理局设立一个月后，三井米松（Mitsui Yonematsu）从商工次官任上退休，转而出任合同渔业株式会社与桦太（库页岛）矿业株式会社社长。虽说在农商务省时期与商工省初期，三井干了多年的渔政与矿务管理工作，但他原本并未打算在1930年退休。当时，他以不适应吉野的临时产业合理局及其政策为由，申请调任特许局局长，井上和樱内便趁机迫使他退了休。接着，井上又指示商工大臣俵孙一，任命1906年入省的田岛胜太郎（Tajima Katsutarō）接替三井的位子，俵孙一照办——尽管很丢他本人的面子。

田岛的任命属于个例。他之前从未有过在该省内局工作的经历，在其官僚生涯后期，他先是担任农商务省水产局局长，接着被借调至东京市政府工作，出任次官前的最后一个职务则是福冈矿山监督局局长。而他得以出任次官的关键也正是这最后一个职务。福冈矿山监督局毕竟监管着为八幡制铁所供应燃料的日本各大煤田，职责重大。也因为这一点，该局局长势必要与财雄势大的煤矿巨头密切合作。田岛显然在福冈形成了一定的群众基础，

第三章 产业政策的兴起

他雄心勃勃地想要以民政党党员身份进入政界这件事也是出了名的。事实上，1931年12月从次官任上退下来之后，他的确加入了民政党，并以福冈代表的身份，连续三次当选国会议员。在官场和政界看来，田岛1930年的破格晋升，是民政党企图控制商工省的表现。坊间甚至传言，田岛次官缺乏帝国官僚应有的政治独立性，后来的政友会政府罢免他的职务并任命吉野信次接替他的位子，就有破除这一传言的考虑。传言还说，吉野被推选为次官，与高桥是清有直接关系，毕竟吉野当时只有43岁，不光要战胜他的三名同期，且须越过九名资历比他老的前辈。

1930年，田岛仍是商工省次官时，吉野申请出国考察产业合理化运动在其他国家的发展情况。这一要求未获批准，原因是，藏相井上准之助认为，临时产业合理局的实际负责人出国很不合适，故而拒绝拨付旅费。吉野见状，便建议由自己的门生岸信介代替他出国——出于官场上的其他原因，这次很快就得到了批准。1929年10月15日，作为民政党通缩计划的一部分，滨口内阁下令将文武官员的薪俸一律削减10%。虽然这一做法很得民心，但也引发了政府官员有组织的抗议。在商工省内部，时任文书课课长补佐的岸信介更是带头起来抗议。

岸信介从一些高级官员和几个非职业官员处拿到了近50封附有签名的辞呈。他威胁说，如果减薪令不取消，他就把这些辞呈交给大臣。就动机而言，岸似乎并没有把金钱放在第一位，他同样也很关心非职业官员的福利，以及政府的紧缩措施在军队的落实情况。为把这场风波压下来，吉野与商工大臣最终妥协。吉野利用最初为自己争取的机会安排岸信介出国，好让他冷静冷静情绪。之后，岸在柏林待了7个月（1930年5—11月），其间不断将当地的产业合理化运动情况汇报给国内。就是他的这些报告，直接影响了日本产业合理化运动的走向。尤其是呈送给木户幸一（临时产业合理局两位部长之一）的1930年7月13日报告，因为于日本产业政策史十分紧要，居然在1979年9月被《中央公论》再次刊登，而彼时距离该报告诞生之日已长达近五十年之久[42]。

岸信介言到，和其他国家一样，德国的产业合理化运动，也着力于各行各业的技术革新、最先进机器设备的安装，以及效率的普遍提高。特殊之处在于，德国强调要将政府出资扶植托拉斯和卡特尔作为实施改革的主要手段。这一点被日本人理解为合理化意味着减少经济竞争。在他们看来，以中小企业部门中竞争之惨烈，加上对外倾销商品现象的存在，这样做还是颇为可取的。

于是，日本的合理化越来越强调要用"协调"来取代企业间的竞争，企业活动的目的是降低成本，而不是赚取利润。吉野本人就曾写道：

现代工业能有今时今日的发展，主要依靠的确是自由竞争。然而，（资本主义制度的）种种弊病也在逐渐显露出来。继续坚持绝对自由无法挽救工业界于当前的乱局。综合发展规划和统制措施才是工业所需。至于"统制"的概念，从逻辑原理出发，可以有许多颇为复杂的解释，但对想要理解它的人而言，真正需要的不过是常识罢了。[43]

第三章 产业政策的兴起

吉野所言是日本商工官僚在 1930 年对经济竞争的典型看法。从那以后，这种观念在他们之中至少延续到了 20 世纪 60 年代，事实上可能还要更久一些。起码在佐桥滋担任次官时期，佐桥本人对"过度竞争"弊端的抨击往往有过之而无不及。一位产业政策学者得出结论：就在 1931 年左右，"产业合理化"一词在日本成了以统制精神取代竞争精神的同义词，许多人认为正是竞争精神造成了 20 世纪 20 年代与 30 年代的灾难。[44]于是，在组建临时产业合理局时，"由谁统制"就成了决策者面临的主要问题。

现代日本应对这一问题的第一项举措，是出台《重要产业统制法》（第 40 号法律，1931 年 2 月 25 日在国会提出，1931 年 4 月 1 日通过，1931 年 8 月 16 日生效，以下简称"1931 年法"）。1931 年法是临时产业合理局最重要的成果，在 1938 年《国家总动员法》和 1941 年《重要产业团体令》（根据《国家总动员法》制定）出台前，也没有哪部产业立法的重要性能与该法相提并论。按照该法规定，统制应该由同行业的各企业在所属行业内自行实施——也就是说，该法允许以企业间卡特尔协定的类条约形式，通过所谓的"自主统制"①来确定生产规模和价格，限制新企业进入本行业，从而对具体行业的产品销售实现统一控制。1931 年法将 1925 年法规定的中小企业组合视作范例，但它加强了政府对这些组合的审批权，并将它们进一步扩大适用于大企业。[45]诚如埃莉诺·哈德利所言，其结果是在大规模的先进部门中

---

① 日本国内有时也称"自主管理"，英文原作者本人似乎也不确定差异为何或者为何有不同的叫法，本书倾向于在战前和战时统一译作"自主统制"。——译者注

形成了"友好寡头垄断"（cordial oligopoly）——与二战后的"残酷寡头垄断"（cutthroat oligopoly）对比鲜明。[46]

1931年法是在临时产业合理局的统制委员会里起草的，民间代表及财阀代表在其中的影响力很大，甚至委员会本身就是政府支持私营企业自力更生（这种支持在20世纪50、60年代频频发生）的早期案例。在统制委员会里，"统制"一词引发了大量讨论。回顾起来，人们会意识到，将这个词用在1931年法的名称中可能有些欠妥。吉野常说，他和他的同僚们用"统制"这个词，意思是尝试建立"产业秩序"，并不是要由政府对工业实施监管。虽然商工官僚也知道军队在许多不同场合用过这个词，但他们明确否认其法律具有任何军事意味，或曾受到军方的任何影响。吉野还表示，尽管该法允许卡特尔的存在，但其存在是为"秩序"而非产业利润服务，因此，该法是符合大众利益的，并不单单是让财阀日子更好过的一种手段。[47]然而，无论他真正的意图是什么，财阀终究成了"统制"和"产业秩序"的最大赢家。

《重要产业统制法》是一部仅包含十条规定的短法。根据该法条文，当特定行业中有三分之二以上的企业同意加入卡特尔协定时，商工省将审查协定内容，一旦批准，此卡特尔的合法性即获认可；政府也可以修改卡特尔协定的内容或将其作废。如果非卡特尔协定成员不愿遵守协定，政府还可以强制他们遵守。凭借该省对1931年法的修正案（1932年9月在国会提出，1933年通过），商工省获得了卡特尔成员为扩充生产设施追加投资及其减产决定的审批权。不消说，同行业的所有成员还得时常向政府报备其投资计划和活动。也正是在1931年法中，我们发现了政府许可与审批权（日文称"许认可权"）和"行政指导"实践的由来，此二者合在一起，即为战后产业政策的核心。为平息国会中的质疑之声，五年期限被写入该法，1936年8月15日又延长了五年，但第二个五年期尚未届满，《国家总动员法》便取代了该法。

以该法为依据，大约有26个指定"重要产业"建立了本行业的卡特尔组织，其中包括绢丝、人造丝、造纸、水泥、小麦粉、钢铁、煤炭等诸行业。在棉纺、造船、电机等产能过剩的行业中，结成卡特尔组织是有助于减少竞争、恢复盈利的。但吉野却认为，该法实际上未能起到他所预期的作用。这里有部分原因是，该法生效后仅过了一个月，军方就占领了整个"满洲"（中国东北），经济整体转而开始为备战服务。然而，即便没有这一意外状况发生，卡特尔在形成"秩序"上起到的作用，也及不上它对强化并扩大财阀经营范围（日本人称之为经济的"系列化"，或者将经济整合成大型企业集团）的助益大。以石油、新闻纸和水泥这三个行业为例，商工省力推的卡特尔组织更多是在促进炼油商、造纸托拉斯和水泥制品业的利益，而非出租车公司、报业和木材工业的利益。总之，那些受惠的行业无一不是日益扩张的财阀势力覆盖的领域[48]。

财阀代表曾在临时产业合理局下属统制委员会中明确表示，相比以中小企业产业组合为模板的卡特尔组织，他们更感兴趣的是通过合并缓和竞争、减少竞争者数量。所以，1931年法一出台，紧跟着便发生了多起合并事件：1933年5月，三家会社合并成王子制纸①；同年12月，三行（三十四银行、山口银行、鸿池银行）合并而来的三和银行横空出世；1934年1月，八幡制铁与五家私营公司合并，新组日本制铁；同年6月，三菱重工业诞生；次年，住友金属设立。这些实例无一不是在推动经济力量的集中，而且是那种近似垄断而非卡特尔的集中。财阀方面还认为，卡特尔没有为变化和调整留下空间，时间长了会难以执行。不过，如果是就各个产业单独制定产业振兴法（例如，1934年的《石油业法》和1936年的《自动车制造事业法》），财阀们应该会比较满意，因为这类法律让他们在国内竞争者之外，也能免受国际竞争对手的冲击。结果，这类法律的重要性在20世纪30年代日渐凸显，最终超过了早先的统制法，但个中原因，却是财阀们始料未及的：军国主义者需要争取财阀的支持，尽管他们并不喜欢与财阀合作，但他们别无选择。

在审议并通过统制法的过程中，吉野明确表示支持各产业自主统制，对于民间达成的限制性协定，政府也会予以协助。然而，1931年最终以自主统制的声名狼藉收场，尤其当中还牵涉到财阀，于是产生了与自主统制相反的强烈需求，即对国家统制的需求。这一局面的源头要追溯到"买美元"丑闻。1931年9月21日，英国宣布，鉴于经济衰退，将放弃金本位。这一消息意味着井上政策的失败：如果连自己的主要贸易对手都要放弃金本位，日本也没理由继续维持金本位。但此后又过了三个月，日本才恢复实行黄金禁运，而财阀系银行则在这三个月里，用他们明知即

---

① 王子制纸吸收富士制纸、桦太工业。——译者注

将贬值的日元疯狂换购美元。据说,单单三井一家财阀就通过国际货币交易赚了5000万美元。到了12月,随着政友会重新上台执政(1945年之前最后一届由政党主导的政权),井上的政策也被高桥是清取消,这股投机风潮总算偃旗息鼓。

财阀在日本经济最为困难的时候换购美元,自然引发了公愤。许多团体都认为,财阀已经贪婪到了无可救药的地步,为了牟利,它们甚至不惜令本国货币贬值。三井理事长团琢磨被右翼分子暗杀后,曾在哈佛大学受教、后于1938年成为商工大臣的池田成彬(Ikeda Seihin)接替了他的位子。为自家会社利益计,池田接手三井后,即进行了一次公开的"转向"(将发展基调定为爱国主义)。池田这么做有一个重要原因,那就是军方和部分经济官僚开始考虑不再与财阀在卡特尔的框架内合作,改为通过国家权力来支配它们——甚至可能会将其国有化。

政友会从民政党手中接掌权力后,作为其人员换血计划的一环,1931年12月21日,吉野信次被任命为商工次官,吉野在次官任上一直干到1936年10月7日。尽管临时产业合理局与民政党有关联,政友会却选择保留它,一来是因为该局的理念极富吸引力,二来也有吉野彼时主管商工省的缘故,虽然吉野公开表明过自己的中立立场,但他却被视为政友会的拥护者。

在政府商工圈内部,1931—1936年被称为"吉野(信次)—岸(信介)路线"时代。这意味着政府力促重化学工业化,强调产业合理化是商工省政策的主要目标。吉野在他任次官期间,先是让岸升了工政课长(1932年1月,即吉野升任次官后的次月),接着又给岸转为文书课长(1933年12月),最后是将岸提拔成工务局长（1935年4月）。至此，岸显然走上了"精英道路"，在其恩师卸去次官一职后，人们都猜，要不了多久，岸也会坐上次官的位子。岸最后确实当上了次官，但在这之前有长达三年的时间，商工省的活动要受到"满洲"形势的影响。再者，尽管省内指导方针是所谓的"吉野—岸路线"，这两人之间也还是有差别的。如果说吉野身上一直贴着产业"自主统制"的标签，那么岸自始至终倡导的就是"国家统制"产业。

现代日本产业政策的第一阶段，看似与战后经济奇迹不怎么相干，实际上却因为种种缘故，与后者的发生有着直接关系。日本在20世纪20年代面临的经济问题，无论性质还是严重程度均与50年代初不相上下：亟需恢复国际贸易竞争力；亟需进行产业重组，从而实现规模经济，将新技术成果投入生产；亟需提高劳动生产率。从商工省设立到1931年《重要产业统制法》的通过，在这段时间里，日本酝酿并尝试了其至今仍在使用的三种典型产业政策实现手段中的第一种，即用行业内已有企业的自主统制来取代竞争。这种手段的制度形式——国家许可卡特尔，直到今天仍然是大企业青睐的产业政策形式。但这种形式有一个很大的弊端，而且早在1931年就已经充分暴露出来，那就是卡特尔化容易造成财阀在行业内占支配和垄断地位。这一弊端反过来也催生了对另一种统制的需求，即在20世纪30年代占主导、与自主统制形成对立的国家统制。

日本早期的产业政策还有一大主题，就是为管理和企业绩效设定除短期收益率以外的衡量标准。通过始于20世纪20年代末、直到50年代方进入全盛期的产业合理化运动，日本人开始自觉

第三章 产业政策的兴起

思考如何为企业乃至整个行业建立激励机制，以促进劳资和谐、职业安全、资本积累、生产率提高和新产品开发。尽管最初的合理化尝试大多因财阀势力及其利益集团的关系而受挫，但对合理化的重视——表现为通过优化组织、促进劳资和谐、削减成本来获得竞争优势的种种努力，却是日本产业政策在整个昭和时期最具持续性和稳定性的特征。而商工省成立初期最大的成就，则是它开始郑重其事地建立一种新型政企关系，这种关系旨在促进协作与发展，并将整个日本经济与其国际竞争者的实力对比作为评判其优劣的首要标准。

早期这些理念和制度革新也不单单是一种代代相传的"遗产"。后来在20世纪50、60年代主导产业政策的那代人，早在20年代末、30年代初就已走到了台前。日本产业政策史上最为惊人的事实之一便是，领导战后日本创造经济"奇迹"的人，与那些在20世纪20年代首倡产业政策，并在30、40年代将其付诸实施的先驱们，实为同一拨人。与第二次世界大战中的其他战败国，或被"二战"后的革命弄得疲惫不堪的国家不同，日本公务员系统和经济领域的精英阶层并未遭逢剧变或断代。像吉野信次、岸信介、椎名悦三郎、植村甲午郎和稻山嘉宽这些人，在战前、战时和战后均积极参与了产业政策的制定和实施。还有一点也同样重要，通产省20世纪50年代的所有次官都是在1929—1934年间步入官场。因此，在研究产业政策最初的发端时，我们也会研究那些在20世纪50年代通过实施产业政策取得令人叹为观止成效的官员们，看看他们是如何成长起来的。而最初在临时产业合理局里讨论的制度和政策，与后来经济高速增长时期的制度和政策十分相似，也没什么好奇怪的。

历史连贯性的问题也让我们注意到一个事实：产业政策根源于日本政治的合理性和有意识的制度革新，而不是主要或仅仅根源于日本的文化、封建传统、岛国本性、勤俭风尚、集体利益高于个人利益观念，或其他日本社会独有的特征。

经济危机催生了产业政策。正如二战后要求经济复兴的呼声因1949年的极度通缩达到顶峰，结果导致通产省设立、产业政策重启，一战后长期衰退的经济也因1927年的金融恐慌跌入谷底，从而促成了商工省的设立和产业政策的初步尝试。发展型国家的所有政治和官僚问题，包括官僚与中央政治权力之间、官僚机构内部各组成单位之间的冲突在内，在产业政策早期就已露头，这和它们会在20世纪60、70年代再度出现是一个道理。日本人战后处理（或压制）此类问题要比20世纪30年代时有效得多，与其说这意味着他们面临的形势发生了根本变化，倒不如说这是他们从经验教训中获益能力的证明。

20世纪20年代后期，日本开始建立国家干预经济新机制，这些机制在许多重要方面都与统制经济或监管型国家的那些很不一样。然而，最初的这些努力很快就被反复出现的危机雨打风吹去——而且它们本身也造成了一些未曾预见的后果，令其策划者十分气馁。于是，产业政策主导者被迫尝试另一种手段，由国家直接统制经济，结果让他们陷入了灾难。"吉野—岸路线"时代的悲惨经历，大可拿来警告那些在战后管理国营和私营企业的人：如果他们不通过真正的公私协作来克服自主统制和国家统制的局限性，劫难可能会再度降临。饶是如此，认为早期的这些痛苦经历全无好处也是没有必要的。产业政策的雏形未有建树，改良后的版本也惨遭失败，但到了20世纪50年代，适当修正后的版本却以其成效惊艳了整个世界。从这个角度来看，产业政策刚开始的那几年，是日本真正意义上的制度创新——发展型国家的产业政策，在其发展和完善过程中不可或缺的孕育期。

第四章

经 济 参 谋 本 部

在吉野及其同僚探索合理化并小心翼翼地逐步确立产业政策期间，另外一群日本官员也在试图解决同样的问题。他们是在军事或内阁层级机关任职的军官和文官，心中思虑的主要是日本的备战问题，而这背后有一个特别重要的原因，就是日本尚不具备1914—1918年那种深深影响了欧洲各国总参谋部的总动员经验。此外，他们也关心：上一次大战（1904—1905年的日俄战争）中令日本受制的经济因素、潜在敌人（尤其是苏联）的经济动员及其日益见长的工业实力，以及自己在制订国家安全计划过程中出现的主要资源（尤为重要的是石油，但也包括其他现代军队必需物资）问题。

这些人渐渐认为，日本需要一种产业政策来确保其军事生存，而不仅仅是为了走出萧条。最低限度，他们希望设一个经济参谋本部，该机构将立足日本的军事需求及工业、资源薄弱的国情，为经济工作提供指导。20世纪30年代，这股产业政策思潮流入商工省，并与该省文官的理念融合，在此过程中，二者都发生了改变。

日本军方动员一切民间经济力量为战争服务的想法，最早出现在一战期间。1918年4月17日，根据其所掌握的德国动员情况和美国参战后的行动，以内阁总理寺内正毅将军为首的日本政府出台了《军需工业动员法》。这也是日本第一部关于战时产业统制的基本法。该法对"军需物资"作了宽泛定义，并赋予政府在宣战后监管、使用或征用军需物资生产行业的权力。虽然该法的大部分规定在一战期间从未执行过，但直到1938年，该法才被《国家总动员法》取代，所以1937年的时候，该法仍有效，并在"中国事变"（即中国的抗日战争）初期阶段得以付诸实施（国会要求在"战争状态"和"事变状态"之间做出区分)[1]。

1918年《军需工业动员法》其实是日本参加了一战后才想到的补救之策。但考虑到实施该法的不时之需，1918年5月31日，日本政府特地在内阁下面设立了半独立机构军需局，负责制订经济动员计划和收集军需工业统计数据。军需局首任局长原正一郎（Hara Shōichirō）出身于海军，他为完成这些任务非常努力，但他发现，想要得到老牌省厅的配合与协助几乎是痴人说梦。为免该局风头过盛，政府于1920年5月15日将其与内阁统计局合并，组成新机构国势院。然而，这样做的结果并不比之前好多少——军官和统计官为抢地盘而争论不休。1922年11月30日，一方面因为军方在西伯利亚远征的事情上失了颜面，另一方面，政府也有削减开支的打算，国势院废止。其制订的动员计划和积累下来的统计数据，统统都被政府移交给了农商务省，后来又从那里转

149

到了商工省手中，从而大大丰富了该省官房统计课的资料储备。事有凑巧，国势院废止时，后来的商工次官村濑直养（Murase Naokai，1936—1939年任商工次官，在本章后面的讨论中，将是一位十分重要的人物）刚好也在内阁当差。他说，他当时就认识到了这些动员材料对自己省将来实施产业政策的价值，还暗示，这些材料会被移交给该省也有他的功劳。[2]

20世纪20年代中期，即所谓的"大正民主"时期，军方曾被迫放弃经济总动员计划，但到1927年时，他们对此又恢复了兴趣。许多军官都曾有机会去学习研究并吸取一战的经验教训，而苏俄经济实力在政权得到十月革命巩固之后的不断增长，也令他们分外关注。"满洲国"经济的主要策划者石原莞尔将军（Ishiwara Kanji，时为少佐）就曾在1927年写道："如果国家总动员的说法意味着，日本本土需要动用的人力、军需物资数量之庞大，就好比法国在1914—1918年间投入的规模，那么，无论结果如何，这一举措势必会拖垮日本经济。"[3]而1927年4月的金融恐慌，以及陆军将官田中义一领导的政友会政府上台，则为重新设立一个军事本位的经济计划部门提供了机会。

1927年5月26日，日本政府在内阁中增设了一个半独立机构——资源局。鉴于之前军需局内军事人员过多引发了与其他省厅的冲突，政府这回特意弱化军事色彩，改从其他省厅招募官僚，并设立了一个官方与民间人士共同参与的审议会来讨论资源问题。虽说资源局人手不多——仅5人，但商工省却为该局输送了一位很重要的年轻官员，即1918年入省的植村甲午。由此看来，植村会在1968年5月坐上经团联会长这一最能影响日本企业

·第四章　经济参谋本部·

界政策走向的高位，冥冥中早有安排。植村作为职业官僚，后来一直在经济参谋本部工作，并在1940年升任内阁企划院次长。在商工省与军事计划部门于1943年正式合并成军需省之前，他在资源局的职务可以说是二者间最早的纽带之一。[4]

1927年设立的资源局采取了日本第一批真正意义上的经济计划措施。中日战争爆发后支配日本经济发展的"物资动员计划"（本章后面会讨论），即为该局首创。不过，该局在20世纪20年代后期的主要成就，则是提交了要求私营企业向政府报告其产能及财务状况的《资源调查法》立法案（1929年4月12日颁布的第53号法律）。由于资源局并不具备实际执行权（以免与老牌省厅的权限有冲突），为落实该法规定，商工省被授权检查工厂和矿山，以确定其资源潜能。这堪称和平时期的一次重大进步。有趣的是，就因为该法第二条提到了企业"统制运用计划"的必要性，这样一项军事经济法案中出现"统制"字眼的实例，便被当成了1931年《重要产业统制法》在其法律名称中使用"统制"一词的依据，尽管吉野否认他主持制定的法律具有军事意图。[5]

如果说1927年的金融恐慌令商工省作为一个组织焕发了生机，那么，1931年9月入侵中国东北和1932年5月15日暗杀犬养毅（Inukai）首相这两起事件，则让作为军事动员要素的产业政策迎来了春天。之后的几年里，在日本和中国东北陆续又生事变，于是，设立一个既能统一军事需求与民间经济潜能，又能对二者加以调整的协调机构——即所谓经济参谋本部的必要性也被进一步凸显出来。犬养被军国主义分子杀害后，上台执政的是海军上将斋藤实（Saitō Makoto，1858—1936年，在1936年2月26

日的军事政变中遇刺身亡）领导的无党派国民联合政府。高桥是清继续担任大藏大臣，商工大臣则由古河财阀（包括古河电气、横滨橡胶、富士电机等）出身的中岛久万吉（1873—1960年）接任，而他曾是吉野在临时产业合理局中最亲密的平民同事。由于这是一个无党派内阁，中岛和吉野又是好朋友，次官在新一届大臣上任时递交辞呈的旧惯例也就不作数了。

上一章曾经提到，高桥是清在1931年12月恢复了黄金禁运，该措施使得政府对私营经济的干预程度，在《重要产业统制法》所允许的卡特尔组织之外又跃进了一大步。为了确保禁运措施发挥效用，政府还通过了《资本逃避防止法》（1932年7月1日第17号法律）；并且，当该法被发现语义含糊而存在规避可能时，政府又通过了《外国为替管制法》①（1933年3月29日第28号法律），规定所有海外交易均须经大藏大臣批准和许可。当时的人绝对想象不到，政府对日元兑换的管制最终竟一直延续至1964年4月1日，对资本转移的管制则要持续至20世纪60年代末、70年代初实行资本自由化政策时方解除。

为摆脱萧条的困局，高桥还在1932年推出了他著名的赤字财政政策（也因此为自己赢得了"日本凯恩斯"的绰号，如今一提起这个绰号，人们就会联想到高桥的名字）。结果，军事开支在一般会计预算中的比重从1930年的28%上升到了1935年的43%，而1932—1936年的财政赤字合计起来则高达19亿日元之巨[6]。加之高桥放弃日元金本位，日元在外汇市场上的价格遂呈

---

① "为替"在日文中是交换、互换之意，该法即外汇管制法。——译者注

断崖式下跌。由于日元对美元的汇率从1931年的100日元兑49美元跌到了1932年的100日元兑19美元,连带着,日本商品在海外的售价也开始下降,使得日本出口,尤其是对南亚和东南亚的出口贸易量激增,国际上因此痛斥日本"倾销"。大藏省弥补赤字,一是通过发行债券并将其出售给日银,一是通过运作信托基金(小额储户通过邮政储蓄系统存入国库的资金)。出现一定程度的通货膨胀是意料中的,但高桥的理论是,商业恢复繁荣就会带来政府税收的"自然"增长,足以还清债务。在当时看来,这些方法都很离经叛道(1932年预算是日本现代史上第一个不平衡的预算),甚至连高桥领导的大藏省一应人等对它们也是将信将疑。[7] 但上述政策似乎还是发挥了效用;没等其国际竞争对手采取类似政策,日本就已经从萧条中全身而退了(见表4—1)。

表4—1 1930—1935年世界经济危机指数

(1929年＝100)

国家	1930年	1931年	1932年	1933年	1934年	1935年
批发价格指数							
日本	82.3	69.6	77.2	88.5	90.2	92.5
美国	90.7	76.6	68.0	69.2	78.6	83.9
英国	87.5	76.8	74.9	75.0	77.1	77.9
德国	90.8	80.8	70.3	68.0	71.7	74.2
法国	88.4	80.0	68.2	63.6	60.0	54.0

续表

国家	1930年	1931年	1932年	1933年	1934年	1935年
矿业和制造业生产指数							
日本	94.8	91.6	97.8	113.2	128.7	141.8
美国	80.7	68.1	53.8	63.9	66.4	75.6
英国	92.3	83.8	83.5	88.2	98.8	105.6
德国	85.9	67.6	53.3	60.7	79.8	94.0
法国	99.1	86.2	71.6	80.7	75.2	72.5

资料来源：《昭和经济史》，有泽广巳编，日本经济新闻社，东京，1976年，第52页。

1935年秋，商品需求开始超过供给，物价随之上涨。为抑制通货膨胀、实现收支平衡，高桥严格约束军事开支。但部分军人却认定他的做法是文官插手军队现代化而拒不服从，后来更在1936年2月26日将他暗杀。高桥有句话一度被引用，大意是，"消除经济征服的后果远比消除武力征服的困难"，但太平洋战争过后，更多日本人必须先从这句话中吸取到教训，才能真正将其放在心上。高桥似乎在用这句话悼念他那个时代的逝去——亦即预言通产省时代的到来。[8]

高桥的继任者对军队的开支不再设限——主要涉及必要资源的进口，于是在中日战争爆发前的一年里，日本一直面临着收支失衡加通货膨胀的全面危机。东京的批发价格指数（1934—1936年＝100）从1935年1月的99.5跃升至1937年1月的123.2，然后又在4月飙到了131.0。由于军方否决了大藏省的紧缩财政方针，剩下的对策只能是经济统制和配给制。而配给制的实行又提出了新的要求,即授权一个经济参谋本部来规划整个经济。加上"中国事变"的刺激,这个经济参谋本部最终以内阁企划院的形式,于1937年10月23日正式成立。

自1927年资源局成立以来,尤其是在1931年《重要产业统制法》通过之后,军方经济学家的主要工作一直是就具体的战略性产业,与商工省共同制定专门适用于该产业的法律。首个明显带有军事意味的产业法提案,是1934年3月28日的《石油业法》;作为1962年《石油业法》的前身和模板,该法至今仍受到关注。1934年《石油业法》授权政府对进口和提炼石油实施许可,并且要求进口商任何时候都要在日本国内维持至少能供应六个月的石油库存;同时,该法还赋予政府设置配额、确定价格、强制收购石油制品的权力。

按照一项敕令的规定,该法由商工省负责实施,作为次官的吉野信次于是开始与日本的外国供应商谈判(主要是美孚真空[Standard Vacuum]和旭日「Rising Sun」两家石油公司)。美孚真空的一位驻日代表回忆说,在1934年后期,吉野本人并不难打交道,也不排外,但双方都认为,最好将他们的谈判推迟到当年的国会闭会以后,省得被军方指责商工省向外国压迫低头。[9]1934年谈判的结果是,外国供应商基本遵守了《石油业法》的规定,以维持与日本的业务往来。

《石油业法》对商工省最直接的影响是,它授权该省在矿山局中增设燃料课。三年后的1937年6月9日,燃料课升格为燃料局。作为商工省的外局,它负责制定燃料政策、开发新油源、促进合成石油产业发展,以及《石油业法》的具体实施。它是商工省就特定产业设立的第一个局级部门——商工省后来在1939年全面采用的一种组织形式，也是商工省同意现役军官加入的第一个局级部门。[10]

与此同时，助推经济参谋本部以最成熟的形式设立的两起政治事件，也于1934年在日本政治舞台上爆发了第一起，那就是导致斋藤内阁下台的"帝人事件"；第二起则是1936年2月的兵变（一般称"二二六事件"），使得军方对整个日本社会的影响力剧增。1934年1月，实业家兼政论家武藤山治（Mutō Sanji）在他担任主笔的《时事新报》上发表了一系列文章，谴责政府的一帮大臣和高级官员为自身利益营私舞弊，操纵帝人株式会社的股票。他还曝出，由于"台湾银行"在1927年为帝人提供了救助资金，大藏大臣持有的后者股票已被秘密卖给了前者。武藤是否真的相信他自己所写，他的那些谴责又是否是军国主义者阴谋的一部分，意欲让政党及其富人支持者信誉扫地，时至今日仍不得而知。然而，他那些谴责所造成的影响并不存在争议：它们令人对文人政治家腐败到无可救药这一点深信不疑。[11]

1934年3月9日，武藤在北镰仓车站被一个失业工人枪杀身亡。商工大臣中岛久万吉、文部大臣鸠山一郎、大藏省的一位前次官及数名财界首脑因此被逮捕和公开审判。这场审判从1935年6月一直持续到1937年10月，在当时十分轰动。但那些被告人最后均无罪开释。被逮捕的三位知名企业家，甚至还得以在战后的内阁中继续担任国务大臣（分别是：河合良成，第一届吉田茂内阁；永野护，第二届岸信介内阁；三土忠造，币原喜重郎内阁）。

· 第四章 经济参谋本部 ·

这里有必要提一下吉野信次在帝人事件中扮演的角色。颇耐人寻味的是，许多被告都是与吉野私交甚笃且专业过硬的同事，比如，中岛是他所在省的最高长官（大臣）和以前临时产业合理局的同事，三土是旧农商务省前顾问，河合曾经是农商务省官僚（在"米骚动"事件中辞职），还有永野，在东京米谷取引所任理事。但尽管如此，吉野却始终对该案保持沉默。而且，尽管"台湾银行"用作担保的股份应由大藏省的银行监察员负责处分，可对证券交易的监管权仍归商工省所有。吉野无须径自了解帝人股份的处分情况，但在东京和大阪证券取引所操纵价格这样的事，商工省势必要关心。

中岛1934年2月9日辞任商工大臣后，这一职务便由松本烝治（Matsumoto Jōji）接任，直到斋藤内阁下台。松本是一位著名的法律学者，后来曾在1946年担任修宪顾问，但因为盟军最高司令部更倾向自己的草案，他起草的宪法文本最终被弃用。对帝人事件中的一干被告，松本在1934年力主严办，使得吉野在这件事上的立场十分艰难。然而，吉野对帝人事件相关话题从来都是缄口不言。他和当时的很多人可能都觉得，帝人事件是军国主义和右派势力故意构陷，企图借此打压政界的"进步"力量。如果是这样，他的沉默应该能从一个事实中得到解释：在20世纪30年代中期，在任何问题上秉持与国家主义者相悖的立场，都是极其危险的行为。回顾起来，帝人事件对政党政治的影响就好比美浓部事件之于学界，且在后一个事件中，美浓部达吉因被控"不敬罪"，更是惨遭东京大学开除。

帝人事件过后，由海军上将冈田启介（Okada Keisuke）领导

157

的内阁（1934年7月—1936年3月）设立了内阁审议会（报界称其为"影子内阁"）作为经济政策咨询机关，试图以此打消民众（和军方）对经济管理机构的疑虑。然而，当首相宣称他新设的审议会意在"避免技术经济事务干政"时，政友会旋即对这个实为官僚主义和军国主义工具的审议会展开了火力猛烈的抵制。部分由于政友会的抵制，尽管政党政治家大多避免进入冈田的"无党派"政府，民政党总裁町田忠治（Machida Chūji，1863—1946年），作为日本最擅政治权谋的政客之一，却入阁拜相，成了新一任商工大臣。町田出于自身的政治考量，保留了吉野的次官职务，但吉野后来回忆时则认为，自己当时是应该辞职的。冈田的审议会由15名委员组成，其中包括"重臣"（明治时期元老的继承人）、贵族、政党领袖和大企业代表。

为了给这个智囊团服务，冈田政府还设立了内阁调查局（根据1935年5月11日第119号敕令设立）。这不是之前在1927年为军事需要设立的那个同样附属于内阁的资源局，而是由各个重要省厅短期抽调去该精英机构任职的官僚组成的新部门。两年后，在内阁调查局和资源局合并的基础上，内阁企划院成立，时称"经济参谋本部"。

内阁调查局在1935年成了一类官僚的根据地，他们具有多种称谓，如"新官僚""革新官僚"——抑或用中村隆英的话来说，"受纳粹思想吸引的文官"。[12]井手嘉宪和石田雄则毫不客气地将所谓革新官僚定性为"反对自由主义和政党政治，鼓吹国家主义，亲近军方，同情法西斯，最重要的是，主张加强政府统制"。[13]这种官僚在各个省厅都存在。犬养毅被暗杀后，为填补政党政治时代留下的空缺,官僚内部展开了异常激烈的竞争,革新官僚就是趁这次机会坐大了势力。总之,通过与军方合作——且不管这样做是出于意识形态原因,还是仅仅因为当时风气使然,一些官员平步青云,走上了仕途快车道。

在大藏省和外务省这种历史悠久的省厅中,崇尚官僚领导的主流派竭力抵制日渐抬头的军方势力,但在之后的十年中,这些省厅不断走下坡,它们失去的地盘则落入那些与军方合作的省厅如商工省手中。而在商工省内部,吉野直斥革新官僚"拍军方马屁",尽管他的得意门生岸信介就是标准的革新官僚,且他本人也因为其专家政治立场备受军方赏识。[14]吉野也承认,同意现役军官入职商工省——他已批准燃料局及其他几个新部门这么干,影响了该省的人事安排。军国主义者常常利用其政治势力阻扰他们认为不够"革新"的年轻官员升迁。与在商工省内做商业分支工作的官员不同,大多数工业分支官员在某种程度上都算是革新官僚,这就使得商工省在吉野的继任者和岸信介领导下出现了一个派系联盟,从而在接下来的数十年间一直影响着该省的发展。

"革新幕僚"或者说"革新参谋"——相当于军方版的革新官僚,则将革新官僚视为取代原政党领导人的一种选择。在他们看来,过去政党政治下的领导人均是腐败之徒,是将日本建设成"国防国家"的最大障碍。陆军省曾在1934年10月出版过一本极具煽动性的小册子,鼓吹实行国家总动员,消灭"不劳而获的食利阶级",以及在国家统制下扩大生产和贸易。为落实该计划,陆军方面更号召其干部与"新官僚"结盟,"新官僚"一词就这样流行开来。[15]

革新官僚的一个重要来源，是那些在1932年3月"满洲国"宣告成立之后，被借调到中国东北工作的官员。由于"满洲国"的实际统治者是日本陆军，那些受邀去当地工作的人自然必须得认同军方的日本改造主张。代表商工省在"满洲国"工作的官员对日本战后的产业政策格外重要，因为正如椎名悦三郎在1976年所写，"满洲国"是日本产业政策的"试金石"。[16]下面我们就来聊聊这些人，看看他们当时都做了什么。

在商工省和与之密切相关的政府经济机构工作的重要革新官僚包括：岸信介、椎名悦三郎、植村甲午郎、小金义照（1941年任燃料局长，战后曾是国会议员）、桥井真（Hashi Makoto，战后供职于经济安定本部，后成为东京计器制作所社长）、美浓部洋次（Minobe Yōji，美浓部达吉之侄，军需省机械局长，战后任日本水素工业副社长）、和田博雄（Wada Hiroo，农林省出身，战后在第一届吉田茂内阁任农林大臣）、迫水久常（Sakomizu Hisatsune，大藏省出身，战后历任经济企划厅长官、池田勇人内阁邮政大臣）、青木一男（Aoki Kazuo，大藏省出身，内阁企划院总裁，战后系国会参议院议员），以及星野直树（Hoshino Naoki，大藏省出身，内阁企划院总裁，战后任东急连锁酒店和钻石出版社会长）。并不奇怪的是，一些革新官僚被证明不是右翼，而是左翼社会主义者和秘密共产党员。就像我们将在本章后面部分看到的，他们在"经济参谋本部"任职导致了1941年的惊天丑闻。

在近卫文麿1940年第二次上台组阁前，大多数省厅的主流派都曾设法暗中遏制革新官僚的上升势头，在他们看来，这些人太过有野心。因此，亲军方的官员往往会想办法调到"满洲国"

或内阁系统的经济参谋本部部局任职，而那些都是军方势力强大的地方。1935年5月，内阁调查局设立之时，商工大臣町田忠治曾提名吉野信次担任该局首位局长，但当吉野拒绝时，他也没有坚持这一提议。[17]作为替代，首相选择了吉田茂（1885—1954年）。说到这位吉田茂，他是内务省官僚，也是超国家主义团体"国维会"成员，曾在1944年上台的小矶国昭内阁任军需大臣，我们必须注意把他与战后担任首相的那位同名同姓的外务省官僚区分开。

以吉田为首的调查局在成立之时，就汇集了从陆军、海军、内务、大藏、商工、农林、递信诸省抽调的官员，外加两名同时在资源局兼职的内阁官员。[18]商工省派去的官员共两名：桥井真和藤田国之助（Fujita Kuninosuke，1934年1月—1935年5月任临时产业合理局一部部长，战后先是在美国人发起的证券取引委员会任委员，后为中央大学教授）。吉田本来也邀请了岸信介加入，但后者在商工省和"满洲国"有更重要的事要做，便回绝了邀请。农林省同样派了两人去调查局，其中一人为和田博雄，战后政坛上著名的左派社会党领导人。

冈田内阁审议会和调查局明显的"新官僚"色彩，招来了某政党和企业领袖的强烈谴责。审议会不久便形同虚设，及至政权更迭，更是被悄无声息地裁撤了去。但调查局却得以存续下来，还卷入了统制经济早期的一场历史性争论之中。当时，内阁调查局计划就发电配电业的重组和国家统制，制定一部像1934年《石油业法》那样的法律。但此事遭到了该行业企业主的强烈反对，财界头面人物也谴责调查局是在鼓吹"官僚法西斯主义"和"国家社会主义"。[19]

经过国会内外长达两年的激烈论战，调查局官僚最终通过1938年的《电力管理法》实现了对电力行业的统制。他们本来的打算是将电力行业国有化，但为确保法案顺利通过，他们只能满足于官方与民间分占经营权和所有权的局面。而且，该法其实有好几处需要修改，但一俟它在1941年9月全面实施，便有33家发电会社、70家配电会社遭到强制合并，转变为受递信省电气局监管的9家公有事业单位。这是战前最令人印象深刻的"产业结构"改革之一。而《电力管理法》在通产省历史上也具有重大意义，原因是1943年军需省的设立，致使电气局从递信省分离，自此转入通产省谱系。另外，根据1938年《电力管理法》组建的9家会社，今天都还存在，只不过现在成了民企（东京电力是世界上最大的民营公用事业组织），而且它们也仍然要受到通产省的监督和指导。

如果说1934年的帝人事件标志着革新官员的冒头，那么，1936年流产的军事政变则颠覆了日本的政治体制，令革新官僚名声大噪。这场政变还挑起了主张国家统制经济的官僚与主张自主统制的民间企业家之间的斗争，且一斗就斗到了太平洋战争结束。而在商工省内部，许多原本踌躇满志的官僚也因为这场军事暴动变得惊惶不安。吉野曾坦承，他就是在此次事件后失去了对该省的控制，他甚至担心，不用等到1937年，他和岸信介便会被解职。军方势力在内阁中志得意满，但各省内部对军国主义者及其盟友的消极抵抗同样愈演愈烈。另外，财界领袖也开始小心翼翼地抵制吉野—岸路线，但他们害怕被暗杀，所以无法公开表态。不过，军方也意识到，要想争取实业界的合作，必须在商工大臣的提名

·第四章 经济参谋本部·

上作出妥协，容忍由财界出身或认可的人出任商工大臣。

符合这一折中要求的商工大臣人选之一，是1917年以来便一直担任众议院议员的原京都大学经济学教授小川乡太郎（Ogawa Gōtarō，1876—1945年）[①]。小川明确表明，他有意"清除商工省内的统制派"，而且，他会产生这种想法，是有多重原因支撑的。首先，他来自关西，反映过大阪财界对统制经济的不满。其次，他很担心要和一个当了五年次官且极有可能会去抢他风头的人共事。再者，身为民政党领导人，他自然不喜欢吉野对政友会的依赖，也看不惯岸信介与长州的政界和财界人士（如松冈洋右，时任南满铁道总裁，轴心国结盟时任外务大臣，也是佐藤宽子的舅父，而佐藤宽子乃岸信介胞弟佐藤荣作之妻）结交。最后，小川显然对吉野和岸都不信任，特别是几年前参加过减薪抗议活动的岸。[20]

小川提议由吉野担任新成立的东北兴业株式会社总裁，该会社相当于日本的田纳西流域管理局，旨在开发落后地区。然后，小川又跟岸信介说，关东军强烈要求他到"满洲国"政府任职

[①] 川崎卓吉仅当了几周商工大臣（1936年3月9日—1936年3月27日）便在任上去世，其后即由小川乡太郎接任广田弘毅内阁的商工大臣。川崎原本是内务大臣人选，但陆军方面因他是町田忠治的副手否决了这一安排，川崎遂改任商工大臣。
令人玩味的是，1945年4月1日，小川因其乘坐的"阿波丸"号在台湾海峡被一艘美国潜艇的鱼雷击中而丧生。"阿波丸"号运送的应当是非战斗人员和供给盟军战俘的救济物资，但一些美国人认为，日本人在利用"阿波丸"号的航程将黄金和重要人员运回日本本土。结果，2045名乘客在这次袭击中丧生。1949年4月，吉田茂政府念及美国为日本战后重建提供的援助，放弃了向美国索赔，"阿波丸"事件遂演变为政治问题。事实上，小川当年是因为卸任缅甸政府最高顾问一职后准备返回日本，才踏上了"阿波丸"号。

（这倒是事实）。吉野本想以自己是帝国官员不得被解任为由拒绝辞职，但他最终改变了主意。他想到自己担任次官的时间太长，也意识到省内的年轻官员会商政治形势时已经开始将他排除在外。[21]于是，在吉野生日当天，即 1936 年 9 月 17 日，他和岸一起递交了辞呈。吉野去了他的出生地东北，岸则成了"满洲国"政府实业部的总务司长。

不过，小川也严格遵守了惯例，将提名吉野继任者的权力交由他本人行使。吉野于是推荐了 1915 年入省、时任特许局局长的竹内可吉。而竹内此前一直不为岸信介所喜，1925 年农商务省刚完成两省分立的时候，岸显然有"竹内就应该被划归到农林省"的想法。尽管如此，竹内还是在商工省和政府其他机构陆续担任了许多通常由革新官僚把持的要职：1930—1935 年，在临时产业合理局下设的一个部门任长官；1940 年 1—7 月，任内阁企划院总裁；1944 年 7 月—1945 年 4 月，任军需次官。1936 年，小川任命竹内为商工次官，但小川也言明，他并不信任追随吉野—岸路线的竹内。在这种情况下，竹内刚上任两月便辞了职。在"满洲国"短暂逗留之后，他又重回半独立的燃料局任局长，因为他觉得那里自在得多。小川这边则选择了更对他胃口的村濑直养来接替竹内当次官，也正是在村濑的领导下，商工省渡过了对华战争的第一年，并在 1939 年完成了本省的全面重组。

村濑直养（1890—1968 年）1914 年即从东大法学部毕业并进入农商务省。但他在农商务省及后来的商工省并没有太多经验，因为从 1919 年到 1933 年，他一直被借调在内阁法制局工作。对战前官僚来说，内阁法制局是声望最为卓著的机构，其局长职

第四章 经济参谋本部

位堪称帝国官僚生涯的巅峰。而村濑在1933年时已是该局参事官，在他上面就只剩下局长一职。但念及他太年轻，尽管他作为法律专家是公认的出色，该局最终决定让吉野将他调回商工省任局长。吉野欣然从命，并于1933年9月授村濑商务局长职。然后，村濑就一直担任商务局长，直到吉野辞职。[22]

因此，村濑没有半点与产业行政或临时产业合理局工作相关的经验。他更倾向于商工省内为中小企业、保险业、证券交易和贸易服务的商务派，而从这些人身上就能看出财界对统制经济的谨慎态度。村濑在商务局长任上最大的成就，是在1936年令授权设立"商工中金"（全名即商工组合中央金库）的《商工组合中央金库法》获得通过，而商工中金过去是，至今仍然是专门扶持中小企业的主要国有金融机构。创设商工中金为村濑赢得了小企业主庇护者的声名。太平洋战争结束后，他曾在1953年2月以理事长的身份入职这家由他本人亲自于1936年创设的银行，直至1955年2月方卸任。①

村濑还在适应木挽町的生活时，岸信介正在中国东北的"新

---

① 当村濑因"满洲派回归"被迫于1939年10月卸任商工次官一职时，曾在1938年下半年任商工大臣的三井财阀掌门人池田成彬为他安排了内阁法制局局长的职位。此后，他便在这个位置上一直待到东条英机内阁上台，亦即他从政府退官之时。1945年4月7日，时任首相铃木贯太郎（海军大将）邀他再度出任内阁法制局局长，助其终结太平洋战争。村濑遂复职，直至日本投降。1946年8月28日，美占领当局将村濑"追放"（驱逐、清洗），及至1950年10月13日，方对他解除追放。1953年3月1日，村濑入职通产省，担任该省顾问。在入主由通商省管控的公营法人团体（日文称"公团"）——商工中金之后，他又在1961—1967年间担任了日本电子计算机株式会社的社长，而成立该会社也是通产省促进本国计算机产业发展的主要措施之一。

京"（今长春）迎接他的老朋友和旧同事。这些人中的大多数之所以会被派到那儿，全靠岸本人一手安排。在岸担任商工省工务局工政课长和官房文书课长期间（1932—1935年），关东军曾多次要求他派商工省官员到其新成立的"满洲国"政府就职。这个新政府由若干相当于日本政府中省的部组成，每个部设置部长、次长各一名，分别由"满洲"人和日本人担任。而负责监督这个傀儡政权组织整体运行的则是总务厅，其长官、次长均为日本人。对这些"指导"职位，关东军特别要求东京政府各省抽调革新官僚来暂时充任，岸自然乐得从命。虽然总务厅第一任长官是关东军特务部的驹井德三（Komai Tokuzō），但在他之后，也出现过一位来自大藏省的总务厅长官——星野直树。岸信介后来就在总务厅担任星野的副手（次长）。

商工省派去"满洲国"的第一位官员，是该省原文书课长高桥康顺（Takahashi Kōjun），他于1933年6月赴任，职务是实业部（1937年更名为产业部）次长。同年秋，为给"满洲国"招募更多官员，高桥返回商工省，其间，岸信介极力劝说他招揽临时产业合理局的年轻官员椎名悦三郎（岸是比椎名早三年入省的前辈）。这件事也让岸和椎名之间建立起了一种像吉野和岸之间同样持久的关系。如果说20世纪30年代上半叶是吉野—岸路线在商工省内占上风，那么，20世纪40、50乃至60年代就是岸—椎名路线在该省居主导地位。从1933年到1939年，椎名一直在"满洲国"实业部（及后来的产业部）任职。除他之外，岸也派了冈部邦生（Okabe Kunio，1951年任通产省贸易振兴局局长，退官后，历任日本贸易振兴会常务理事、通产省所设电源开发株式会社理事）去"满洲国"。吉野曾在他的回忆录中提及，椎名和冈部都是"岸派"成员，并不是他这头的人。[23]

1933—1936年间，被岸调派或被小川排挤到"满洲荒原"的其他官员还包括美浓部洋次（1926—1945年在商工省任职）、神田暹（Kōda Noboru，1925—1943年在任），以及始关伊平（Shiseki Ihei，1930—1952年在任，1953年5月起一直担任众议院议员，同时也是通产省在国会中最有力的支持者之一）。不过，岸信介本人才是关东军一直想要的商工官僚。在他之前担任实业部次长的高桥康顺，被证明并不能胜任该职位，所以在1936年，关东军坚要让岸信介去帮助当时止步不前的产业化运动走上正轨。再加上小川的推波助澜，就这样，岸去了"满洲国"，取代高桥担任实业部次长。

岸抵达"满洲国"时，适逢那里的形势发生重大变化。事情是这样的，从1933年到1936年，关东军和南满铁道一直试图实施一项由国家统制的、反财阀的激进开发计划，但由于资金不足，加之对重化学工业的经营又是门外汉，他们的努力失败了。南满铁道的名声也因此一落千丈。1935年的时候，关东军开始重新考虑他们之前的反资本主义路线，还致力于制订一项更合理、更务实的《日本与"满洲国"产业开发五年计划》。1936年夏，关东军参谋人员完成了该计划的制订，但他们将该计划呈报日本内阁则是在1937年5月29日。[24]

关于岸信介在该计划的形成中所起的作用，一度存在很多争议。二战结束后，远东国际军事法庭检察处曾传唤椎名到其市谷办公室近八次，就为质问他岸信介在该计划制订过程中所扮演的角色。椎名的回答是，岸信介抵达"满洲国"时，该计划已经制订好，而且邀请岸信介来"新京"的目的主要是监督该计划的实施。椎名当然应该被传唤，毕竟他从1933年开始便一直在"满洲国"开展工业调查，而且照岸信介所说，椎名还是起草1936年"五年计划"的核心人物。不过，岸信介也曾在另一个场合表示，在东京任顾问期间，他为制订该计划投入了大量心力。[25]无论真相如何，当岸信介抵达"满洲国"时，他确曾态度坚决地要求关东军参谋长板垣征四郎（Itagaki Seishirō）许他自主实施该计划。板垣同意了他的要求，从那以后，军方插手"满洲国"工业事务的情形明显变少。

　　该计划极具雄心。它确定的目标包括：500万吨生铁、350万吨钢锭、200万吨成品钢、3800万吨煤、260万千瓦电、40万吨木浆，等等[26]。为确保该计划能够落实，岸信介甚至把日产财阀掌门人鲇川义介（Ayukawa Gisuke）也请到了"满洲"，让他专门抓这项工作。而关东军所以能容下鲇川，一来是因为他代表一种"新财阀"——得益于20世纪30年代的军事扩张而兴起的各种企业集团之一，由专注于高技术产业的企业组成；二来也是看中他与岸和吉野之间深厚的私交（事实是，吉野1938年被免除商工大臣职务后，最终加入了鲇川在"满洲国"的公司）。而且，鲇川的日产汽车还是能够享受1936年《自动车制造事业法》（后面会讨论）特别优待的两家会社之一。正是出于这些计划和考量，1937年秋，日本产业株式会社（日产）更其名称，在"满洲国"另组满洲重工业开发株式会社（简称"满业"），新会社社长一职则由鲇川义介担任。

第四章 经济参谋本部

资金方面，鲇川原打算从美国那边找门路，拟融资规模在 2.5 亿美元左右。他以为，这笔钱加上他的自有资本，足够"五年计划"启动了。结果，他前脚刚到"满洲"，后脚就爆发了对华战争，而且由于世界范围内对日本战争行径的普遍谴责，国际融资渠道也走不通了。尽管如此，鲇川还是花了五年时间来实施原定计划。他成立了大量子会社（"一业一社"是他和岸信介的产业开发模式），并为他日本官僚出身的职员们提供了产业规划和经营的宝贵经验。

岸信介后来有写，他是在"满洲"的时候"接受了产业指导的理念"，而椎名也认为，若论对之后"物资动员计划"及战后类似计划的价值，自己在"满洲"积累的经济规划经验，与内阁资源局的工作同等重要。"满洲国"时期最大的工程，要属在松花江和鸭绿江上建坝的水力发电项目和土地综合开发项目。就当时来说，满业（Mangyō）在"满洲"铺设的输电线路规模之大是日本国内前所未有的，而制铝业用电消耗太大，所以日本制铝业的起步实则是在"满洲"。

位于"新京"的"满洲国"权力结构中枢，按掌权人首字母，可简单概括为"两 ki 三 suke"。"两 ki"指政治层面的星野直树（Hoshino Naoki，总务厅长官）和东条英机（Tōjō Hideki，关东军宪兵队司令官，1937 年后任关东军参谋长），而"三 suke"，就是负责财经事务的岸信介（Kishi Nobusuke，实业部次长，后成为总务厅次长）、鲇川义介（Ayukawa Gisuke，满业社长）、松冈洋右（Matsuoka Yōsuke，南满铁道社长）。他们几人都错过了日本国内在"中国事变"前几年的政治动乱，但他们中有

169

四人在1939年和1940年陆续返回了日本政府，成为朝中显贵。其中两人，东条英机和岸信介，后来更是登上了内阁总理大臣的尊位。

这一时期，日本国内的产业统制活动主要采取制定特定产业振兴法的形式。其中（继1934年《石油业法》）的第二部就是《自动车制造事业法》（1936年5月29日通过，同年7月11日生效）。该法规定，在日本制造轿车和卡车须经政府许可——"许可会社"这一名称从此只能由该行业硕果仅存的几家企业使用。政府为被许可的企业出资50%，并对后者免征五年的捐税和进口税。当时获得许可的汽车制造商只有两家，丰田和日产，到了1939年，日本已经利用该法将所有外国汽车制造商（福特汽车和通用汽车）赶出国门，而这也正是出台该法的目的所在。1936年，岸信介在他动身去"满洲"之前，最后以工务局长身份完成的工作之一就是起草该法。角间隆曾言简意赅地指出，虽然该法本身在美占时期即已废除，但直到20世纪60年代后期，其规定仍然保持有效[27]。

石油业和汽车业法，是就单个产业规定专门适用于该产业的政府融资、税收优惠及其他保护性措施的第一批法律，同时也是因国防需要而得以正当化的第一批法律，其重要性怎么说都不为过。它们的成功经验甚至在20世纪50、60年代还被复制，以服务其他产业和非军事目的（但仍服从国防需求）。所以说，它们是战前遗产中与战后产业政策最直接相关的一部分。除它们之外，20世纪30年代通过的其他产业立法还有《人造石油业法》（1937年8月10日）、《制铁事业法》（1937年8月12日）、《工作机械制造事业法》（1938年3月30日）、《航空机制造事业法》（1938年3月30日）、《造船事业法》（1939年4月5日）、《轻金属制造事业法》（1939年5月1日），以及《重要机械制造事业法》（1941年5月3日）。[28]这些法律有力推动了相关特定产业的发展，但在政治层面，它们也意味着国家统制派与自主统制派之间的妥协。当时企业界的态度仍很强硬，不但顶住了政府和公众的压力，还坚持保有私人所有权和相当程度的私人经营权，相比国家统制派在20世纪30年代出台的一些其他措施，他们这种主张要更接近战后所采取的模式。

在军方试图统制的各个经济领域中，军方先是引起大乱子，后又支持具有超前意识的解决措施的，是对外贸易领域。在这里，军方的竞争者不再是私营业主，而是其他官僚。1936年2月，时任藏相遇刺身亡，从那以后，大藏省官员基本放弃了挣扎，不再抵制军方增加预算的要求。有学者指出，从近卫内阁1937年上台到太平洋战争爆发，在此期间就没有一位大藏官僚参与过重大决策的制定。[29]这种将大藏官僚排除在外的做法，最终导致财政预算从1936年的23亿日元陡增到1937年的30亿日元，至于增加的部分，则全部用于军需品补给。但与此同时，那些为军方供货的公司出于投机目的，却在大量进口各种物资，造成了严重的国际收支赤字。军方遂要求对外贸易实行战时体制以解决赤字问题。他们希望发展能挣外汇的产业，同时限制他们认为没必要的所有进口。为实现这些目的，军方主张整合分散在大藏、外务、商工诸省的贸易职能，新设一个贸易省。

这项计划遭到了外务省的反对，但商工省却乐见其成。自商工省贸易局1930年5月成立以来即担任该局领导职务的寺尾进（Terao Susumu）回忆说，早在1937年的时候，他们就试图设立类似商工省这样的机构——日本第一个集工商行政与外贸监管职能于一身的政府机构。[30]但外务省是不会感兴趣的，所以这个想法只能放弃。不过，1937年7月14日（在与同年7月7日爆发对华战争没有任何关系的情况下），商工省贸易局从该省内局升格成为半独立的外局，有了自己的总干事和官房，军方还派了他们的官员加入该局决策层。这个外局后来直接成了美占时期权力很大的贸易厅的前身，而1949年成立的通产省实质上就是商工省与贸易厅合并的产物。

1939年，陆军方面和商工省为设立贸易省再次发力。这回，外务省通商局的官僚全体提交了辞呈，外务大臣野村吉三郎（Nomura Kichisaburō）还威胁说，这个想法如果不收回，他本人也会辞职，然后就等着内阁垮台吧。不管怎么说，阿部信行内阁最终确实是因为这件事而解散。再说回商工省，该省1939年为创设贸易省奔走的官员主要是上野幸七（1957—1960年任通产省次官），他后来回忆这整件事的经过时，总是满怀沮丧。[31]而直到今天，外务省和通产官僚也仍在为外贸应该由谁来管的问题相持不下。

虽然战前未能设立贸易省，但在"中国事变"爆发之后，商工省却开始了对贸易领域的纵深渗透。然而，随着中日战争进一步升级并引发太平洋战争，贸易问题的处理权限几乎全都集中到了新成立的"大东亚省"，作为商工省外局的贸易局也被并入该省。"大东亚省"的设置同样遭到了外务省的强烈反对。事实上，该省与其说是一个通商机构，不如说是一个为管理新占领地区而设立的殖民机构。这么一来，从 1942 年直到通产省设立，商工省几乎和贸易领域毫不相干（尽管该省在被军需省取代之前，仍在 1942 年和 1943 年保留了为数不多的贸易官员）。对比商工省与后来的通产省，毋庸置疑，正因为通产省将贸易和工业两个领域的管理权集中到了一个部门之中，并在为其中任何一个领域制订计划时兼顾与另一个领域的协调，它才成了比商工省更有建树的产业政策机构。

1936 年陆军兵变后的几届内阁几乎不被任何人待见，原因或是军方对它们的影响过大，或是它们不得不对私人企业集团妥协。这先是导致国内出现了组建"举国一致内阁"①的呼求，接着又促成了近卫文麿公爵所率内阁在 1937 年 6 月 4 日的形成。鉴于国际收支失衡，以及军方至少能够进口一部分所需物资的必要性，新内阁的藏相人选极为重要。最后，近卫首相任命了不属于革新官僚的贺屋兴宣（Kaya Okinori），一位财政观念保守的大藏官僚。贺屋接下来又推荐了吉野出任商工大臣，理由是，如果他要控制住陆军的开支需求，就必须得到该省的支持。结果，近卫内阁刚成立一个月就爆发了对华战争，这些计划于是全被打乱。尽管如此，吉野终究是从他故乡东北的职位之上，回归了他以次官身份暌违仅数月之久的商工省，并加官至商工大臣。他也是商工省出身官僚跻身商工大臣之列的首例。有意思的是，吉野与岸

---

① 也称"协力内阁""大联立内阁"，即所有政党均参与的联合政府。——译者注

信介的（商工省）经历极为相似：二人都是先以次官身份遭解职，然后又在不到一年的时间里以大臣身份回归。

1937年6月4日，即新内阁宣誓就职当天，大藏大臣贺屋兴宣与商工大臣吉野信次发表了他们关于经济政策"基本三原则"的著名联合声明：生产必须扩大，国家必须在国际收支平衡所限定的范围内运行，政府必须对经济活动实施统制以协调前两项原则。[32]第一项原则旨在满足军方的需求，第二项是为了回应财界领袖的要求，第三项则是提醒全国上下，为了在满足军方需求的同时不致经济崩盘，改革势在必行。

上述声明背后的意图（使军方开支得到控制），虽然在日本国内是明摆着的事，但在国外却被误读成了侵略宣言。美国报纸就断言，贺屋—吉野声明意味着日本预备对华开战，远东国际军事法庭还在1945年调查了吉野关于三原则的广播讲话，作为他涉嫌参与战争图谋的证据。[33]吉野和贺屋是倾向于扩大产能，但与他们的上一任截然不同的是，他们同时也支持财政健全和公私合营原则。

对华战争爆发后，日本内阁最初的观点是，应当尽可能将冲突最小化。这种态度大致维持到徐州战役打响时，而徐州这座中国城市，则在1938年5月18日沦陷于日本人之手。不过，部分战时管制措施，却几乎是战事一起就开始出现了。除了重启并强化1918年的《物价统制令》，近卫政府还在1937年9月10日迎来了三部新法的通过。其中，第一部法律令1918年《军需工业动员法》的施行得以合法化，尽管当时尚未宣战。第二部法律是《临时资金调整法》，授权大藏省在其认为投资资金的正常流动过于缓慢或无法满足需求时，引导公私资本注入军需企业。该法通过之时，其含义并未得到充分说明，但它却为大藏省对私人银行持续至今的行政指导开了先河。

第三部法律是三法中最受人关注的。它是吉野心血的结晶，可能也是他作为商工大臣最伟大的成就。该法有一个令人印象深刻的名称——《与输出入品等相关的临时措置相关法律》(*Yushutsunyū-hin-tō ni kan suru Rinji Sochi ni kan suru Hōritsu*，第 29 号法律)，对此，吉野和他的同僚们曾得意地大谈他们是如何敲定这最终的律名（尤其是两次使用"相关"这样的法律术语，而最重要的则是他们在名称中加入词缀"等"），就为了迷惑国会中那帮议员，以及吉野在国会中如何佯装不知、模棱两可地回答关于该法适用范围的质询。[34]根据这部仅八款条文的法律，政府有权限制或禁止任何商品的进出口，并有权管控所有进口原材料的加工、流通、转移和消费。正如中村隆英所强调的，这意味着商工省被赋予了管控一切它所确定之物的自由裁量权[35]。该法也是 1949 年《外国为替及外国贸易管理法》①最没有争议的前身，而后者则是通产省在经济高成长期落实其产业政策最有力的工具，直到今天仍然如此（日本政府直到 1980 年才开始对 1949 年制定的外汇与外贸管理法进行大幅修改）。

吉野和他执掌的商工省，显然没有考虑清楚该法的全部意义，在他们看来，它主要是一种战时应急措施。然而，与此同

---

① 即外汇与外贸管理法，在日本一般简称为"外为法""外国为替法"。——译者注

时，政府其他部门却在推行一种有计划的国家统制经济体制。正如通产省半官方的《商工政策史》所说："就战时经济统制而言，对华战争爆发后，政府最重要的变化发生在商工省之外，那就是1937年10月23日内阁企划院的设立。[36]"

1937年5月14日，作为计划型国家统制经济的准备性步骤，林铣十郎（Hayashi）内阁对1935年设立的内阁调查局进行了改组和强化，并将其更名为内阁企划厅。次月，近卫内阁一上台即做出决定：将1927年设立的军事研究单位（资源局）与企划厅合并成一个职权不容小觑的新机构，理论上说，该机构将有权指挥和协调各个省厅的活动。这就是内阁企划院的由来。该机构会集了军方官员、受派的革新官僚、从"满洲"回来的计划制订者，以及当时非常重要的一些马克思主义经济学者（该机构当时并不知情），人称"经济参谋本部"。可以说，企划院与通产省的历史是直接相关的，原因有多个：首先，许多商工省官员都在企划院工作过（或者说，许多原内阁企划院官员战后加入了商工省）；其次，企划院1943年与商工省合并，在此基础上成立了军需省；再者，企划院是战后新设经济安定本部和经济企划厅的前身，而后两者都曾深受通产省影响或被其支配。最重要的是，企划院制订计划的方式要求商工省按照具体产业重组其内部部局，这些部局在通产省时期仍然存续，直到1973年。

成立之初，企划院被分为六部：总务部、内务部、财务部、产业部（植村甲午郎为该部第一任部长）、交通部及调查部。1939年，在其制订经济计划的首次努力以惨败收场后，企划院被改组为如下结构：官房、第一部（增强国家实力的总方针）、第二部（总动员）、第三部（劳动力与国民动员）、第四部（"物资动员计划"与"扩大生产计划"）、第五部（贸易和金融）、第六部（运输与通信），以及第七部（科学与技术）。后面的几年里，企划院还经历过几次调整，但改动都没那么大（如第四部与第二部合并）。该机构的第一任总裁，近卫首相指定由其京都大学法学部的老教授泷正雄（Taki Masao）担当，但之后的总裁、次长就是清一色的革新官僚或军方官员了（见表4—2）。至于企划院的人员编制，最开始是116人，其中包括职业官僚、技术人员，还有临时聘用的专家。

表4—2 内阁企划院历届领导人

(1937年10月23日—1943年10月31日)

内阁	企划院总裁、次长	备注
第一次近卫（文麿）	泷正雄	战后国会众议院议员
1937年10月—1939年1月	青木一男	大藏官僚，阿部内阁大藏大臣；1940年，驻南京大使；东条内阁"大东亚省"大臣；战后国会众议院议员
平沼（骐一郎）	青木一男	见上
1939年1—8月	武部六藏	内务官僚；1940—1945年，"满洲国"总务厅长官；1945—1956年，苏联服刑
阿部（信行）	青木一男	兼任大藏大臣
1939年8月—1940年1月	武部六藏	见上
米内（光政）	竹内可吉	商工官僚

续表

内阁	企划院总裁、次长	备注
1940年1—7月	植村甲午郎	战后富士电视台、日本航空会长；1968年，经团联会长
第二次近卫（文麿）	星野直树	大藏官僚，东条内阁官房长官
1940年7月—1941年4月	小畑忠良	住友财阀
第二次近卫（文麿）	铃木贞一	陆军中将，甲级战犯，1956年被释放
1941年4—7月	宫本武之辅	内务官僚，工程师
第三次近卫（文麿）	铃木贞一	见上
1941年7—10月	安倍源基	内务官僚，原特高警察部部长；1956年竞选自民党参议员落选
东条（英机）	铃木贞一	见上
1941年10月—1943年10月	安倍源基	见上

注：1940年12月6日，企划院总裁在第二届近卫内阁中被授予与国务大臣同等的阁僚职级。

企划院最著名的成果当属《国家总动员法》（1938年2月24日提交国会，1938年4月1日通过，1938年5月5日施行）。只是该法已经超出了经济法的范畴，尽管制定它的本意是取代1918年的《军需工业动员法》，但它实际上是在为遵循极权主义路线全面改造日本社会提供法律依据。照村濑直养所说，该法的起草者系植村甲午郎[37]。虽则该法有其适用范围，然而，在它的50款条文中，具体规则或规定却极为少见。由于所有实施细则都留待政府无须提交国会便可自主决定颁布的敕令来补充，该法其实就相当于授予行政机关的"全权委任状"——但凡行政机关及其各类行政人员一致同意的即为可行，而该法所体现的政策也不仅仅涉及工业和经济，还覆盖了教育、劳动、金融、出版，甚至与战争没什么关系的各种社会活动实际上也都要受其规制。[38]

该法当时在国会中引发了激烈辩论。尽管新财阀代表并不认同经济统制，他们却对该法伸出了橄榄枝，因为该法一旦通过，就预示着他们的生意也将水涨船高。旧财阀和独立的财界代表则提出了很多反对意见，并要求对具体规定（他们已接受的）该法实施细则的敕令拥有发言权，但后来，他们或是因为得到"中国事变"即将平息的保证而在1938年缄默不语，或是被国会议事厅里军方发言人的激越之语盖过了风头。一些经济学界的代表貌似给过暗示，为延续与美、英两国之间的友好贸易关系，表面上还是应该维持民间自主经营的经济体制，这一点军方也很赞同。所以，民营企业的股息直到太平洋战争真正结束才停止支付，而那个时候，财阀也不再反对将其废墟中的工厂国有化了。事实上，这些财阀的所有权也是整个战争期间唯一被尊重的公民权利。

如果想要理解日本战后的产业政策，比起《国家总动员法》，内阁企划院第四部的工作才更为重要，而该部所负责的就是物资动员计划（简称"物动"）的制订。[39]尽管这些计划均属绝密（直到20世纪60年代，其完整内容才被公开出来），它们对战后经济管理的影响却是怎么强调都不为过。分析人士无不赞同，制订战时物资动员计划的经验和方法在1946年10月的《临时物资需给调整法》和1950—1964年间的"外国为替预算制度"中均得到了运用，而此二者，一是商工省在美占时期的基本调控法，一是通产省在经济高成长时期的主要调控手段。那些物资动员计划也反映了斯大林经济学（特别是关于直接为工业提供商品而不是试图通过价格和其他市场机制协调供求关系的经济分析）和苏联作为快速工业化手段（却无视其在消费和人民福祉方面的后果）的五年计划在20世纪30年代对日本的巨大影响。[40]

最早的物资动员计划——当时还不这么叫，系以一份1937年11月9日报告的形式出现，且是由企划院总裁呈递给首相，其中估算出，1937年第四季度共有4.7亿日元的外汇储备可用于紧急军事进口。该报告还就这笔金额的开支安排编制了预算。随着"中国事变"愈演愈烈，植村的产业部增设物动总务班，并指示他负责1938年度（日历年）类似预算的编制，由此产生了第一部真正意义上的物资动员计划。这部历时两月方问世的计划，先是以目标年份进口能力将高达30亿日元为基本假定，然后计算出军需物资和民用必需品在这笔金额中各占多少比重，并具体说明该计划允许进口的近96种商品的精确数量。该计划还计算出了每种商品通过国内生产、"满洲"及中国其他地区、库存三种渠道分别能获取的供应量。1938年1月16日经内阁批准后，该计划便交由商工省实施，吉野1937年9月推出的《外国贸易法》就是以该计划为法律依据。而企划院自身，并没有任何执行权限或能力。

1938年年中，计划制订者们发现，他们高估了外汇收入，且幅度在6亿日元左右。于是，他们在1938年6月23日出台了一个修正计划。1938年先后出台的两个计划均要求商工省内进行结构调整，并规定了必要时将部分产业转为军需品生产这一方案的初步措施。该方案主要对纺织业和中小企业有影响（将在第五章讨论），此外还催生了所谓的"进出口连锁制"（出于同样的目的，日本在20世纪50年代中期再度实施了这种制度），这种制度意味着，只有那些为出口而生产且外汇收入大于外汇支出的民用产业，才有权进口原材料。由于实行进出口连锁制，商工省贸易局也被改组成了按不同市场和商品划分部门的垂直架构。

在当时看来，1939年计划要比1938年计划制订得更为详尽。该计划以财政年的季度而非一整个日历年为单位进行计算，按照十大品类（钢铁、有色金属、化学制品等）覆盖近400种商品，并就原材料分配建立了八个等级的优先次序表（见表4—3）[41]：

表4—3 优先次序表

A	陆军军需
B	海军军需
C_1	后备军需（C_{1A}陆军和C_{1B}海军）
C_2	用于扩大产能物资
C_3	政府非军事必需品
C_{4i}	用于"满洲"和中国其他地区物资
C_{4ra}	用于出口品生产物资
C_5	普通民用物资

尽管1939年计划比1938计划考虑得周详，但撞在一起的诸多因素，却使得它重蹈了上一年的覆辙。其间出现最为频繁的问题也许是A类物资和B类物资调度官员之间的冲突。会议开着开着就因为他们互指对方背后搞小动作而中断可谓家常便饭，这最

终导致宪兵以贪腐罪名逮捕了企划院的一些军方官员。至于其他争端，往往也会闹到非提请内阁解决不可的地步。另外，欧洲战争于1939年9月1日爆发后，英国便禁止印度、加拿大和澳大利亚对日本出口，日本之前的进口预期因此全部落空。祸不单行的是，1939年日本西部大旱，加之台湾地区和中国大陆洪涝肆虐，又迫使政府从总进口能力中匀出10%左右用于粮食进口。而在这之前，计划制订者们一直以为日本至少可以维持粮食自给。旱灾还使得水力发电量骤减，连带国内军需品和出口品的产量也跟着降低[42]。

参与这些计划的官员——如贺屋兴宣（1938年初任大藏大臣）、稻叶秀三（Inaba Hidezō，曾在1941年的企划院事件中遭宪兵逮捕——这一事件会在后面论及，日本战后重建的主要规划者之一）和田中申一（继稻叶之后成为总务班最高级别的文官），都曾就最初几年的物资动员计划制订情况留下文字。他们表示，他们当时观念陈旧，方法也落后，作为基础的统计数据居然是由他们试图统制的各个行业自己提供；而陆海军之间对物资配额的争夺，又使得他们的工作几乎寸步难行。[43]田中申一还将计划制订工作分成了两个阶段：1938—1940年，这一阶段，计划中的决定性因素是外汇储备数量；1941—1944年，其间，计划中的决定性因素是海上运输能力。在第一阶段，总务班一把手是一名陆军官员，第二阶段则换成了一名海军官员。

尽管在这些计划中也有许多专业的概念化和程序问题值得关注，但相比其他，它们之所以能对日本后来的产业政策产生深远持久的影响，仍要归功于商工省在设法实施它们的过程中所积累的经验。1938年5月7日,为履行其新增的物资配给职能,商工省(依据第324号敕令)设立了一个权力很大的外局——临时物资调整局。为彰显该局重要性,其长官由商工大臣兼任,但其次长才是该局的实际负责人。吉野当时仍是大臣,所以他也是该局首任长官,尽管该局成立后不到三周,他就被踢出了内阁。该局首任次长和实际领导人则是村濑直养,他当时也还兼着商工次官一职。

虽然燃料局是商工省内首个专务一种商品的部局,但临时物资调整局却是第一个实践按物资类别垂直架构其内部组织原则的部局。临时物资调整局从第一部第一课(负责钢铁和锰),到第四部第九课(负责化纤、纸张和纸浆),再到第六部第十四课(负责进口计划和进口所需资金),分为六部,共十四课。物资动员计划涉及的所有商品均会被指派给某一课负责,而后各课须决定如何实现既定目标,并与其他部局和相关产业就交易条件、交货日期等进行协商。由于临时物资调整局中充斥着大量军方官员,所以,在那里工作的商工省文职官员都异常熟悉物资动员计划,以及内阁企划院中那些起草它的人。[44]

然而,临时物资调整局的工作并不顺利。在商工省遇到的诸多难题中,既有自身内部——尤其是临时物资调整局、贸易局与燃料局之间的权限冲突,也有它与大藏省之间围绕进口许可和外汇使用产生的外部冲突。与大藏省的冲突甚至导致商工省在1941年12月放弃了该省长久以来对保险业及证券和商品交易所的监管权,以换取对进出口许可的统制权——这一变化使得商工省更趋向一个专门的产业政策机构,从而在产业政策与贸易之间建立

183

起了一种日后将再现于通产省的联系。此外，商工省官员与军方之间、与企划院之间同样有矛盾。作为一个线性组织，商工省曾多番努力，试图说服企划院官员，计划的起草和实施是截然不同的两件事：财阀企业集团相互竞争，熟练劳动力供不应求，资本可得性成问题，黑市渐渐抬头，军方还常常径自交易。

1938年下半年，日本国民的生活质量急速滑坡，这也给临时物资调整局的工作添了不少麻烦。修改后的物资动员计划将原定民用进口额削减了一半，使得无数中小企业破产倒闭。据估计，仅1938年8月期间，就发生了近39万起破产事件。[45]内务省当月即部署了民众口中的"经济警察"。在这次行动中，各个警察署均被派驻了十二三名检察官和调查员，他们专门负责处理"经济犯罪"，并设法遏制黑市、维持官价。临时物资调整局因此变得明显不受民众欢迎。

也许，该局工作不顺遂的主要原因，还得归结于村濑领导的商工省与革新官僚之间一直存在的政治立场差异。椎名直言，村濑与临时物资调整局短暂存续期间唯一的次长竹内可吉，不仅没有与军方搞好关系，还醉心于发展他们自己的派系与革新官僚对抗。同样重要的是，国会中的财阀和党人政治家都很不满自己在《国家总动员法》辩论期间受到的对待，以及事态的总体发展趋势。在内阁中担任重要经济职位——大藏大臣和商工大臣的两位前官僚，更是他们迁怒的主要对象。而他们应对这些问题的方式则是无视贺屋和吉野，以不易察觉的方式阻挠统制经济的推行。所以，统制体制很大程度只是停留在纸面上；事实上，政府不得不就每一份合同进行谈判，以争取到相关产业的合作。

・第四章　经济参谋本部・

　　1938年5月，为安抚财界，近卫首相决定将贺屋与吉野从内阁中除名，并用同一个人来接替他们两个人的位置，这个人就是原三井掌门、财界的"老人"池田成彬。军事政变后，池田就退出了财界，而在1938年，他的身份是日银总裁。财界会认可他，是念在他的成长背景，而军方接受他，则是因为只要财界在经济统制中占主导地位，池田还是可以容忍这种制度存在的。近卫及其军事顾问也希望，由同一个人兼任大藏、商工两省的大臣可以平息两省之间日益严重的行政管辖权之争。

　　任命池田一事激怒了吉野。他明白池田为何比一位前官僚更具政治优势，但他同时也认为，池田并不会忠实执行产业政策，再者，由一位财阀出身的大臣领导，对商工省无异于一种侮辱。至于他自己的前途，吉野特地向他的前辈——从农商务省时代就已结交的多年好友伊藤文吉（Itō Bunkichi）征求了意见。伊藤文吉是元老伊藤博文的私生子，也是前首相桂太郎（Katsura Tarō）的女婿。早在20世纪20年代初，他便离开农商务省，转而入职鲇川义介领导的日产财阀。所以，他当时就给吉野出主意，让吉野去"满洲"投奔其老同事岸信介，还邀请吉野到鲇川集团任主管。近卫内阁则推荐吉野出任新设在中国华北的株式会社的社长（吉野还是商工大臣时，曾起草授权设立该会社的法案，尽管该会社是陆军方面先在国会提议设立的），但遭到了陆军方面的否决，理由是他缺乏国家主义精神，而该会社经理的是陆军用鲜血夺得的一方土地，他要领导这样一个组织还不够格。[46]吉野没能得到这份工作也许是幸运的，真要是得到了，只怕他会在战后以战犯的身份落个锒铛入狱的下场——当然，前提是他能活到战后。

185

被迫自谋出路的吉野于是去了"新京",在那里与之前形成对比的是,鲇川任命他为满业的两位副社长之一(另一位是"满洲"人)。然而,由于过分受制于陆军,鲇川又缺乏发展大项目的资金,吉野在"满洲"也备感受挫。后来,仍在当地工作的吉野收到一封任命其为贵族院议员的敕书,遂于1940年11月10日返回东京就任。虽然他还兼着满业顾问的身份,但他的副社长一职则被时任满业旗下满洲航空会社社长的高碕达之助(Takasaki Tatsunosuke)取代。高碕后来曾担任第二届岸信介内阁(1958—1959年)的通产大臣,还在20世纪60年代作为日方发起者,促成了著名的"廖(承志)—高碕(达之助)协议"以推动中日民间贸易。

太平洋战争期间,吉野被内务省任命为爱知县知事(1943—1945年);任上适逢名古屋发生空袭,加之中国头号傀儡汪精卫在中国境内遇刺后被送去他治下的城市(名古屋)就医,结果死在当地。为了给这两件事善后,吉野在1944年辛苦奔忙了一整年。到了美占时期,吉野亦不免被"追放"的命运,但他并未受到审判。

1953年4月24日,吉野以其家乡宫城县代表的身份,当选参议院议员,而他竞选期间的口号则是"经济独立"(不依靠美国援助)与"再建日本经济"。此后,吉野历任国会参议院商工委员会委员长(他任委员长期间给通产省制造的麻烦超出了该省预期)、第三届鸠山一郎内阁运输大臣(1955—1956年)。

吉野对利用他在当官期间积攒的人脉这种事,似乎从来都是心安理得。早在1934年6月,他还是商工省次官时,就曾帮助膳桂之助（Zen Keinosuke，1887—1951年）、藤原银次郎（Fujihara Ginjirō，1869—1960年）及其他财界领袖成立日本团体生命保险会社。该会社得益于日本经营者团体联盟（简称"日经联"）战前前身的推动和支持，旨在为产业工人提供费率合理的人寿保险。膳不但是吉野同窗，1914—1926年间还与吉野在农商务省共过事，后退官，转任日本工业俱乐部书记兼理事；战后，膳成为经济安定本部第一任总务长官。藤原则是三井关联会社王子制纸的创始人，1940年上半年任商工大臣。

1951年11月，膳桂之助去世。次年1月，吉野开始接替他担当日本团体生命保险会社会长，且一当就是十三年。1959年5月，吉野辞去国会议员职务，此后便专心当他的武藏大学校长。这份工作他从1956年一直干到1965年，其间他也从事过其他一些工作。1971年5月9日，吉野去世，享年84岁。岸信介出席了他的葬礼并致了悼词。

现在说回1938年的东京，新任商工大臣池田与次官村濑合作甚欢。他们彼此欣赏，（商业）世界观也基本一致。他们都认为，经济统制应当是民间工业领袖自主实施的统制。在政府内部抵制国家统制观点的斗争中，池田扮演了领导者的角色——城山三郎称他是"现状维持派"领导人，与此同时，他也开创了财界人士在内阁任职以牵制军方的先例，藤原银次郎和小林一三（Kobayashi Ichizō）成为他的继任者则是对这一先例的遵循[47]。

1938年末，池田与内务大臣（海军大将）末次信正（Suetsugu Nobumasa）围绕如何实施《国家总动员法》第6条（劳动统制）和第11条（派息限制和强制贷款）争论得异常激烈。末次的观点是，政府如果要统制国民，那就得把资本家也统制起来。池田试图驳斥这一论调，却不是那么成功，但诚如蒂德曼所言："对资本的统制，以后会进一步强化，但池田业已建立了一种模式，确保战时经济体制下对财界实施的统制是最轻微的。"[48]这场论战的结果之一是池田被迫离开内阁，近卫内阁亦于1939年1月总辞职，取而代之的是保守却未必支持国家统制的平沼内阁。

1939年初，为消除临时物资调整局系统的缺陷，也为了使商工省的整体运行更加符合经济参谋本部向它下达的任务要求，村濑全面改组了商工省。尽管村濑并不认同统制经济，但讽刺的是，就强化经济统制的目标而言，他的改革居然是商工省最重要的一次结构调整，直到通产省成立。前田靖幸（Maeda Yasuyuki）表示，村濑按照不同产业垂直设置部局的举措是战争年代最有价值的遗产。通产前次官熊谷典文（Kumagai Yoshifumi，1968—1969年在任）也认为，产业政策本身就得依存于各个产业局；没有这些部局，商工省就无法与产业界建立起能够真正指导或统制后者的紧密关系，所能做的也将局限于普通的经济政策。[49]通产省所编《商工政策史》有言，经过1939年初的改革，商工省俨然已成为军需省，尽管四年之后，它才会正式获得这个名字。[50]

村濑废撤了临时物资调整局、商务局、统制局（1937年5月1日起取代临时产业合理局）和多个其他部门，然后将它们的职能全部并入一个强大的协调和决策机构——总务局，这就是如今通产省大臣官房的雏形了。另外，村濑还将几个专业性很强的课室从工务、矿山两局独立出来，分别升格为新的部局（见附录二）。至此并不能算是完成了通产省的内部架构——尚缺企业局（设于1942年）、内阁企划院职能和完整的外贸统制权，但相比1925—1939年间的商工省，1939年之后的商工省与那个高成长时期的产业政策机构（通产省）在组织形式和职能定位上的差异可要小得多。

然而，村濑的政界领导对他这些努力的回报却是将他解职。1939年秋，随着一连串问题集中爆发，商工省被迫进行了一次重大人事调整。首先，越来越明显的一点是，单靠物资动员计划根本无法攻克在对华战争中日益突出的日本工业弱点。新内阁也正是看到了这一点，才会在1939年1月17日通过《生产力扩充计划纲要》。该文件系由企划院依据"满洲国"规划者1936年首次提出的设想起草，通过之后即产生了一项在日本、"满洲"和中国其他地区发展近十五个产业且为时四年的详细提案。提案所规划的目标产业囊括了钢铁、煤炭、轻金属、有色金属、石油和石油代用品、苏打和工业用盐、硫酸铵、纸浆、黄金开采（以赚取外汇）、机床、铁道车辆、轮船、汽车、羊毛及电力。但问题在于提案中的具体计划要如何实施：各产业自主统制、公私合营，还是国家统制？这些问题在1939年整整争论了一年，最终导致日本在1940年推行"经济新体制"——也是希特勒"新秩序"日本版的一部分。

其次，欧战爆发使日本的进口安排变得极为复杂。为了从尚未征服的东亚地区强行进口，日本开始推行"大东亚共荣圈"计划；例如，他们曾为了实现其目的，直接与荷兰东印度公司的荷兰人协商石油运输事宜。由于日本对中国出口已无法再赚取外汇，所谓"日元贸易圈"的发展，也给该国与其他国家的贸易往来带来了压力。日本政府要求扩大对硬通货地区的出口，于是随着短缺的加剧，物价开始暴涨。1939年10月18日，日本政府根据总动员法第19条颁布了著名的《物价统制令》，将所有物价、工资、租金及类似的经济指标都固定在一个月前的水平上——该法令也因此被戏称为"九一八停止令"。然而，实施该法令的结果却是将价格结构中能够反映真实情况的最后一丝印迹也尽皆抹去，从而强化了以计划的商品和易货交易方式为基础编制预算的倾向。此外，该法令还导致日本在整个太平洋战争期间黑市价格盛行，始终无法禁绝黑市。

第三，日本外交情报搜集能力的薄弱，使得其在知晓《莫洛托夫—里宾特洛普条约》（即1939年8月23日秘密签订的《苏德互不侵犯条约》）的存在时又惊又气。因为日本民众原以为自己国家与德国结成了抗苏联盟，面对这种莫名其妙的逆转，当时的内阁只能引咎辞职。就在欧战爆发前两天，新内阁成立，由工学博士、前海军造兵中将、前不久刚当上"满洲国"境内昭和制钢所社长的伍堂卓雄（Godō Takuo，1877—1956年）兼任农林大臣和商工大臣。伍堂通过嫁女联姻与浅野财阀有一层亲属关系，而作为东京商工会议所在职理事，他同时也是中小企业的支持者。伍堂一开始和村濑说的是，想让村濑留任次官，但才过了一个月不到，他就不得不愧疚地表示，陆军方面要求村濑辞职，好把岸信介从"满洲"调回来。对华战争深陷泥沼的问题、工业扩张的需求，以及世界舞台瞬息万变的形势种种因素交织在一起，使得商工省内外都喧腾着要求外派"满洲"人员（"满洲派"）回归的呼声。此时,东条英机已经当上了陆军省次官,而星野直树和松冈洋右回国则是第二年的事。不过,岸信介很快就响应了号令,并于1939年10月19日成为新一任商工次官。

岸必须谨慎行事。他是最有名的革新官僚之一,而财界势力也还没有放弃控制商工省的执念。这些人的方法是,除非任命财界人士担当商工大臣,内阁休想得到他们的支持。1940年1月,内阁再度更迭后,财界终于用藤原银次郎这个地地道道的企业家,取代了技术官僚色彩浓重的海军中将伍堂卓雄。而且,七个月后,当"满洲派"真正开始接手第二届近卫内阁时(东条任陆军大臣,星野任内阁企划院总裁,松冈任外务大臣),小林一三(1873—1957年)又应财界主导者要求,出任了商工大臣一职。

小林是阪神急行电铁(大阪至神户的快车)、宝塚歌剧团、东京宝塚剧院和日本剧场、东宝映画及其他许多企业的创始人,战后曾在币原喜重郎内阁负责经济重建计划的制订。他担任商工大臣期间与其次官岸信介之间的矛盾可以说是该省历史上最大的一次内讧,直到1963年,政治家们放弃通产官僚们属意的佐桥滋,任命今井善卫(Imai Zen'ei)担当通产次官才算打破这一记录。小林作为财界候选人,并非池田成彬或海军中将伍堂那种折中人选(即双方面都接受的人选),他乃知名企业家,从不讳言对国家统制、革新官僚或岸信介的反感。池田推荐他出任商工大臣,为的是维持与财界之间的和睦,但有一点从一开始就很明显:商工省还没有大到可以同时容纳小林和岸的地步。他们之中必须有一人离开[51]。

小林来之前,岸推翻了村濑的许多人事任命,尽管他保留了村濑搭建的商工省组织体系。1939年12月，岸做出了他最重要的一项人事变动：任命他的"满洲"同事和"后辈"椎名悦三郎担当总务局局长这一要职。

接着，椎名又进一步将他能够在商工省内找到的最聪明、最具野心和抱负且倾向经济统制的官僚网罗进他的部局。这些人后来在经济高成长时期都成了产业政策主导者，而且大多都得以继续升迁，担任通产省次官。具体说来，在椎名手底下担任过总务局课长或其他职务的人包括：山本高行（生产扩充课长，后成为通产省首任次官）、平井富三郎（物资调整课长，1953—1955年任通产次官）、上野幸七（椎名1941年升任次官后，任总务局课长，1957—1960年任通产次官）、玉置敬三（同样在1941年任总务局课长，1952—1953年任通产次官）、吉田悌二郎（Yoshida Teijirō，椎名任局长时，任总务局课长，战后任石炭厅次长）、石原武夫（1940年任副课长，1955—1957年任通产次官），以及德永久次（椎名任局长时的总务局官员，1960—1961年任通产次官）。

这就是岸—椎名路线的发端。战后，在岸被监禁、椎名遭追放的情况下，该路线甚至仍被丰田雅孝（Toyoda Masataka，1942年成为企业局首任局长，1945年接替椎名任次官）和松田太郎（Matsuda Tarō，1940年在垂直部局任课长，1949年成为商工省最后一任次官）继续遵循。而且，松田还是负责组建通产省的官员。

1940年7月，日本突然成了麻烦集中地。一方面，对华战争似乎要没完没了地打下去，同盟国又开始联合抵制日货，另一方面，德国和意大利则邀请日本与之结盟（德、意、日三国《轴心国条约》于1940年9月27日签订）。为应对这一形势，天皇再次求助近卫公爵，而之前，当其他人在兵变发生后稳定不了局面时，他也是这么做的。近卫在产业政策方面最为重要的举措是倡导"经济新体制"，一项旨在实现工业国有化、官僚经营工厂和生产快速扩大的宏伟计划。这项典型的革新官僚式计划系由近卫公爵幕僚、昭和研究会成员笠信太郎（Ryū Shintarō，1900—1967年）最初提出的框架发展而来。至于笠信太郎其人，他的著作《日本经济的重组》（Nihon Keizai no saihensei）1939年经中央公论社出版后，曾风靡一时，读者甚众。该书具有难以掩盖的反资本主义甚或马克思主义倾向，笠全靠他与高层的关系才免于被警方恐吓的遭遇。[52]

笠的朋友和读者中不乏一些企划院官员，正是他们将笠的设想具体化，从而形成了题名为《关于确立经济新体制的综合计划》的企划院1940年9月13日报告。该报告执笔者系企划院革新官僚中的"明星"——秋永月三（Akinaga Tsukizō）大佐、美浓部洋次（不久前刚从"满洲"回国，但没有进商工省，而是入了企划院）和迫水久常。他们呼吁将私营企业公共化，创设贯彻时所盛行纳粹"领袖原则"的产业统制机构，"改革《商法》以实现企业股权与经营权的分离并明确产业经营的公共性"，同时严格限制利润。[53]报告通篇充溢着对资本家们在一场战争尚未止息、另一场更大规模战争来势汹汹的危境中仍热衷牟利的愤慨难当。

财界自然不甘受此挫败，转而回以财界领袖们的反击。一方

193

面，企业家们指控笠信太郎是共产主义者——当时习惯用"赤"这个字眼来定性，甚至近卫的智囊团与企划院也都被"赤"所渗透——言下之意，军方正在推行的就是布尔什维克政策。财界发言人还声称，将经营权与所有权分离、削减利息和利润将只会令已然严峻的资金短缺之势雪上加霜。此外，以工业俱乐部为首，大约有七家民间经济组织，向内阁提交了书面抗议声明。为扩大生产、增加对战争的投入，财界可以容忍自主限制的方案，但他们对"新秩序"中与经济有关的任何安排皆难从命。在这个问题上，政府和财界陷入了僵局。

1940年9月12日至10月22日，商工大臣小林一三率领包括三井物产会长向井忠晴（Mukai Tadaharu）等财界领袖在内的代表团走出国门，赴荷属东印度的巴达维亚（今印度尼西亚首都雅加达）商谈对日输送石油事宜。日本此次出访是应当地石油巨头的邀请，而这些油企的目的则是平息日本的怨气，化解荷属东印度当时似乎迫在眉睫的入侵危机，所以它们此次邀请日本，其政府也是完全知情的。[54]小林出国期间，近卫首相令各省就"经济新体制"的实施起草方案。商工省负责此事的是岸信介，在与他"满洲国"时期的老同事、时任企划院总裁的星野直树商量后，岸形成了一份忠实贯彻企划院9月13日综合计划精神的草案。

然而，等到小林回国，他看到岸的提案，第一反应却是在工业俱乐部的演讲中否定岸及其提案。他称岸的方案是"赤色思想"的反映，在当时盛行的政治风向下，这种指控是致命的。其他人则联想到岸十年前抗议减薪时的行为，称他一直"有点儿赤"[55]。由于岸当时正在力推日本式的国家社会主义，对这些指责百口莫辩，他不得不于1941年1月4日辞职。

岸是上述财界反击中最大的牺牲品。从1941年1月17日开始，直至4月结束，警方拘押了约17名企划院文官，并控以违反《治安维持法》的罪名。这些官员均被监禁了三年之久才得以保释。他们的案件最终在1944年和1945年诉诸法院审理，结果，除一人之外，其他人均被判无罪。这个所谓的"企划院事件"从未解释清楚过。有人认为，这是财界蓄意陷害，警方对那些被捕案犯，除了人所共知的他们都读过列宁、考茨基的著作且唱过社会主义歌曲外，并没有掌握其他证据。[56] 其中最重要的被捕者之一，稻叶秀三（当时在物资动员计划班工作），给出了两种推测：第一种，军方自己想要剪除企划院中那些也许悲观，却在如实向内阁汇报日本不具备打败英美所需物质条件的官员；第二种，这就是一次"思想警察"对马克思主义温和派官僚微不足道的清洗事件。[57]

不过，最普遍的观点则是，小林是对的——企划院里确有赤色分子。这种观点依据的是那些被捕者的名单及其战后的职业。名单中包括：和田博雄，战后左翼社会主义者，1946年吉田茂任命他为农林大臣时曾引发骚动；佐多忠隆（Sata Tadataka），左翼社会主义者，1947年成为片山内阁领导下的经济安定本部长官；胜间田清一（Katsumata Seiichi），社会党国会议员，杰出的左派社会主义理论家；以及正木千冬（Masaki Chifuyu），战后出任过镰仓市长的社会主义者。这些人中有很多都曾通过在农政系统工作过的背景，或者至少像稻叶那样，以协调会（"米骚动"事件后，由工业俱乐部于1919年创设的组织，旨在促进劳资合作与友好）前成员的身份供职于内阁调查局（又从那里进入企划院）[58]。稻叶声称，他们中的大多数人都不是共产主义者，不过是对社会主义特性不那么明显的方案感兴趣的"人道主义者"罢了。即便如此，他们也肯定是大多数革新官僚中的左派。

小林本人同样是内阁企划院事件的受害人。1941年初，企划院那一派官员拿他的个人财产发难，指控他逃征所得税，试图以此报复他的所为。为息事宁人，时任首相近卫和内务大臣平沼（对国家社会主义不感兴趣的保守派代表）进行了一次平衡各方势力的清洗。1941年4月4日，商工大臣小林和企划院总裁星野双双被迫辞职。考虑到自己面临的困境，近卫和平沼觉得最好还是找军方官员来填补空缺。于是，陆军中将铃木贞一被任命为企划院总裁，并占据这个位子直到该机构解散。而在商工大臣的选任上，近卫也想如法炮制，所以他一开始选的是海军大将丰田贞次郎（Toyoda Teijirō）；丰田此前曾担任海军省次官，还是三菱财阀一位董事的乘龙快婿。然而，丰田不久就离开了，先是出任外务大臣，而后又成为日本制铁社长（战争即将结束之际，他再度出仕，任铃木贯太郎内阁军需大臣）。近卫于是另选了曾担任海军次官和北库页岛石油会社（三井财阀系）社长的海军中将左近司政三（Sakonji Seizō），从那以后，到东条内阁上台，商工省便一直由此人领导。

但政府和财界因政策分歧僵持不下的问题仍未得解决。为此，商工省提出了一个既保留诸多企划院构想又十分注意吸收财界反对意见的折中方案。同时，它也没像企划院希望的那样将新法草案提交国会审批，而是提议先修改《国家总动员法》，再通过颁布敕令的方式来实施产业统制，以免引发新一轮的公开讨论。结果就有了《重要产业团体令》（1941年8月30日第831号敕令）。该法令虽为每种产业都创设了统制机构，但同时也将官僚们原先力争的经营权划给了民间的产业领袖。同一产业的所有企业均为统制会成员，而统制会则是一种特殊法人，它们有权为各成员企业分配原料、规定生产指标和经销产品，相当于政府授权的卡特尔组织。这种方法与吉野在1931年《重要产业统制法》中采取的非常相似。不过，财界也拿下了极为重要的一城：每个统制会的会长都必须由本行业内冠军企业的社长担当，结果导致各统制会完全落入财阀手中。[59]

1941年10月，由于日美关系恶化，天皇开始倚重陆军大将东条英机，遂命其上台组阁。结果，东条选了其"满洲国"时期的同事和朋友岸信介任商工大臣，岸紧跟着就将那些在他和小林的斗争中暴露出来的异己分子赶出了他的老省厅，并任命椎名为次官。商工省内部的紧张态势从下面这桩不寻常的事件中可见一斑：1939年成为首任总务局长并于东条内阁组建时转任燃料局长的东荣二（Higashi Eiji），为表抗议竟辞去了官职。照城山三郎的说法，东试图抗议的是备战活动的轻率；作为负责石油供应的官员，东深知这场战争将不可避免地以日本的失败告终[60]。

尽管"统制派官僚"最终掌握了实权，但他们也未能对日本的产业政策作出大的改变。他们总是为他们继承下来的产业控制结构所累。T. A. 比森（T. A. Bisson）就曾透过1945年的情势总结道，日本在太平洋战争期间运行的实为一种政府干预少得出奇的私营经济体制[61]。到头来的一个结果诚如马克·皮蒂（Mark

Peattie）所言："作为日本先后发动对华战争和太平洋战争背景的种种统制措施，不仅未能实现全方位的协调一致，反而将继续这些战争的任务分摊到了五花八门又彼此竞争的机构头上。与此同时，迫于财界和军方上层意见相左的压力，自主统制和政府统制模式，在日本的经济体制中均得到了一定程度的保留。这样的制度很难称其为极权主义，但无论如何，它最终只能促成日本对外征战的惨败。"[62]

照这样看来，有两件事就太讽刺了。其一，尽管东条和岸在他们的任期内尽了最大努力去实现政府对经济的统制，但日本真正做到国家统制经济却是在盟军占领时期，因为当时，统制会的权力其实是被盟军最高司令部移交给了政府；其二，虽说战前和战时的分别统制模式对日本的军事扩张来说是灾难性的，但当同样的管理模式在日本被占领后重新启用，却证明了它是日本和平时期振兴工业的最佳选择。所以说，20世纪30年代和战争期间的经验给所有参与战后产业政策规划的人都上了一课，让他们意识到，单纯的国家统制或自主统制都不足以实现合作与协调。二者结合起来才能真正满足需求。

如前文所述，资本主义发展型国家最醒目的结构特征，是其内部监管职能与统治职能的政治分工（参见第一章）——政治家负责统治（政治统治），官僚负责监管（社会管理）。不过，这不应被视为对现代政府的质疑抑或对民主真相的寒心。政治家和官僚都有必须履行的重要职责。一方面，政治家通过拦阻那些可能使国家偏离其主要发展目标的特殊利益主张者，为官僚行使监管职能提供空间，同时，官僚的决策亦须经由政治家认可和批准。

另一方面，官僚则负责发展政策的制定、落实那些政策所需法律的起草和执行，以及出现问题时的事中调整。然而，这种发展型民主国家的一般模式（我们将在第九章深入讨论）直到1955年自民党创建后，才得以在日本真正出现。但是，20世纪30年代这种模式在日本的形成又极为重要：其一，它促成了经济官僚机构或曰"经济参谋本部"的崛起，使其真正发挥作用；其二，它也表明，经济官僚尽管有能力也确实履行了监管职责，却承担不起统治的重任。

20世纪30年代，沿袭自明治时代的政体乱象丛生，为经济官僚机构的崛起提供了机遇，而且，当时面临的政治困境也要求其发挥作用。由于军方和极端民族主义者简单直接的恐怖行动，戎装加身的人掌握了政权。他们挑战帝国制度的正统性，大幅消解了其执行者（官僚）的影响力，同时还打击当选国会议员的政治家们，使其几乎名誉扫地。但他们摧毁不了政治家们所代表的利益集团——主要是财阀；财阀们出于自卫，干脆也加入政府，不再通过政治家，而是亲自为己发声。此外，军方对其野心勃勃的帝国扩张设想所需的"产业化第二阶段"计划（即资本密集型产业化，以区别于明治时期的劳动密集型产业化），既没有能力去制订和执行，也没有能力在制订和执行过程中居主导地位。

正是在这一背景下，商工省从一个主要负责在政府中为资本家代言的低微商务机构，蜕变成了一个负责重化产业化目标规划、分配和管理的机构。其官员先后在"满洲"和日本本土学习如何引进新的先进技术产业，同时也渐渐意识到，光靠他们自己很难成事，除非与财阀合作。整个20世纪30年代，商工省都在为寻找政治盟友而头疼。一方面，它通过与军方和革新官僚合作，力压大藏省、外务省这些根基更深的对手，为自己攫取了更多权力；另一方面，它也在努力抵制军方对其发展计划的轻慢与干涉，并保持着与财阀的联系和往来，因为财阀毕竟是产业化第二阶段所需资金和管理人才的唯一来源。但这些存在于政治事务中的政企关系问题，经济官僚从未能够解决，直到日本战后成为真正的资本主义发展型国家才出现转机。

20世纪30年代对战后经济"奇迹"的主要贡献，当属在政府中创设了一个经济参谋本部，并给出了令相关各方皆大欢喜的证明：除非明确谁来统治的政治问题得到解决，这样的官僚机构并不能有效发挥作用。自设立以来，经济参谋本部从未放弃新赋予它的权力或面对它的使命畏缩不前，日本也断不会再走回20世纪头30年自由放任政策的老路。但同样不容忽视的是，在1945年战败彻底瓦解军方控制并果断打破原有格局，使得权力天平从财阀一端倾向官僚侧之前，经济参谋本部一直未能真正释放日本社会的发展潜力。正如一战迫使欧洲国家向政府提出了经济动员和发展的新任务——同时将这些任务从国会的议事日程上移除，20世纪30年代的危机和战争也让日本经历了同样的故事。但为了在政治上给后来的发展型国家铺路，日本却付出了太平洋战争惨败这样的巨大代价。及至20世纪50年代，高桥是清所谓"消除经济征服的后果远比消除武力征服的困难"，已经不再是什么稀罕的真知灼见，不过是简单的常识罢了。

第五章

从军需省到通产省

随着日本打响太平洋战争，商工省也是时候回顾过去十年间在有计划的产业扩张方面所取得的丰硕成果了。1930—1940年，日本的采掘业和制造业产量都翻了一番还不止，同样重要的是，制造业的主要成分也彻底从轻工业（主要是纺织业）变成了重工业（金属、机械和化工）。1930年，重工业在整个制造业中所占比重约为35%；但到了1940年，这一比重已经上升至63%。将产业结构的这种转变具象化还有一种方式，那就是看一看1929—1940年间历年资产数量排名前十的会社都有哪些（见表5—1）。20世纪20年代末，日本十大企业中纺织会社有三家，而十年后就只有一家。颇有意思的是，若论相似度，说1940年的十强榜单接近1972年的，可要比说它接近1929年的贴切多了（日本制铁、三菱重工、日立和东芝在1940年和1972年的榜单中均是分列第一、第二、第四和第八，而在1929年的十强榜单中仅有三菱在列）。

表 5-1　1929—1972 年日本十大采掘类和制造类公司

公司名	资本总额	备注
Ⅰ.1929 年（单位：千日元）		
1.川崎造船（14）	239848	1896 年设立，今川崎重工业
2.富士制纸（一）	159642	1887 年设立，1933 年与王子制纸合并
3.王子制纸	154228	1873 年设立，今十条（63）、王子（69）、本州（88）三家制纸会社前身
4.钟渊纺织（47）	145989	1887 年设立，今钟纺
5.桦太产业（一）	117353	1913 年设立，1933 年与王子制纸合并
6.大日本纺织（55）	116398	1889 年设立，今尤尼吉可（Unitika）
7.三菱造船（2）	112341	1917 年设立，今三菱重工业
8.三井矿山（74）	111827	1911 年设立，今三井矿山和三井金属工业前身
9.东洋纺织（48）	111490	1914 年设立，今东洋纺
10.台湾精糖（一）	109539	1900 年设立
Ⅱ.1940 年（单位：千日元）		
1.日本制铁（1）	1242321	1934 年设立，今新日本制铁
2.三菱重工业（2）	969491	
3.王子制纸	562088	
4.日立制作所（4）	552515	1920 年设立，今日立
5.日本矿业（30）	547892	1912 年设立
6.日本窒素肥料（一）	540344	1906 年设立，战后 Chisso 公司前身

续表

公司名	资本总额	备注
7.钟渊纺织	434716	
8.东京芝浦电气（8）	414761	1904年设立
9.三菱矿业（53）	407555	1918年设立
10.住友金属（7）	380200	1915年设立
Ⅲ.1972年（单位：百万日元）		
1.新日本制铁	2113335	
2.三菱重工业	1648235	
3.日本钢管	1162308	1912年设立
4.日立制作所	1036178	
5.石川岛播磨	982021	1889年设立
6.日产自动车	949029	1933年设立
7.住友金属	930197	
8.东芝	852999	
9.川崎制铁	843838	1950年设立
10.神户制钢	683629	1911年设立

资料来源：《我国大企业形成和发展过程》（*waga kuni daikigyō no keisei hatten katei*），产业政策研究所编，东京，1976年，第26、38、56页。

注：括号内数字是那些1972年尚存续公司当年的排名。

太平洋战争期间，日本工业总产量并没有太大增长，但工业重心从纺织品和食品向采矿、有色金属和机器设备的转移仍在继续且呈加速之势。这场战争不仅引起了一场意义几乎同日本最初的工业化一样深远的产业结构调整，还令日本的中小企业及原本占优势的纺织业元气大伤。触发这种转变的直接原因是"企业整备运动"① ——政府推行的一整套政策，极其不得民心，乃至于战后这一词语居然被从通产官僚的字典里剔除出去，当然，他们也创造了新的委婉语来表达同样的意思。所以，战时的产业结构调整显然不是市场力量作用的产物，而是商工省人为设计和布局的结果。该省为实施企业重组还特地于1942年成立了企业局，也就是今天的产业政策局——通产省和日本产业界的领导控制中心。

杰尔姆·B. 科恩（Jerome B. Cohen）曾在二战结束之际著文总结道："所有证据皆表明……（日本）战时开发经济潜能的主要手段，正如战争刚爆发时所设想的，是资源进一步从非军事用途转向军事用途，而非总体产出水平的提升。"[1] 无独有偶，通产省权威之作《商工行政史》的编者也评论说，企划院制订、内阁于1942年5月8日通过的《第二次生产力扩充计划》只有一个方针，那就是最大限度地利用已有设施，并不是投建新设施。[2]

尽管科恩和日本分析人士对该政策持批判态度，不过，在军方理解与美国长期交战对日本工业发展的影响之前，日本就已经开战进而威胁到了该国最不容有失的进口，鉴于这一现实，很难想象商工省还能有什么其他选择。重提日本直到中途岛海战及美军登陆瓜达尔卡纳尔岛（1942年8月）后才开始为二战进行全面动员的旧事，固然与战后产业政策关系不大，但正是在采取动员措施的过程中，日本政府的政策为经济官僚提供了前所未有的绝佳机会，去深度介入民营企业事务，这关系可就大了。战时的企

---

① 这里的"整备"近似中文的改造、重整、重组。——译者注

业整备运动当然是笨拙和不成熟的，但它却为日本 20 世纪 50 年代设立"产业合理化审议会"及 60、70 年代设立"产业构造审议会"迈出了第一步。

1975 年成为产业构造审议会领导人之一的有泽广巳教授，早在 1937 年就对当时中小企业于日本出口能力不可或缺的主流观点提出了异议。他援引经济学家和企划院官员美浓口时次郎（Minoguchi Tokijirō）的著作并主张，与商工省的政策意图恰恰相反，扶植和保护中小企业是一个错误。因为从日本长期出口的前景来看，这些企业仅能起到次要作用，尽管有泽也承认它们为日本相当一部分劳动力提供了就业机会。[3] 他更愿意看到所有这些小企业组合成大的生产单位，或者至少成为大企业的分包者——这种观点很对财阀胃口。而企业整备运动的一项重要历史成果，就是为今天资金雄厚的大型成品装备企业与无数资金薄弱的小型加工厂之间广泛的外发分包关系确立了模式。[4]

1938 年年中，小企业转型和关停的问题浮出水面，成了第一次物资动员计划失败的具体表现。企划院不得已将原定计划部分取消，因为它发现，其国家进口的物资中有很大一部分并非用于大企业的军需品和出口品生产，而是提供给了为国内消费生产的中小企业。企划院的修正版计划直接砍掉了这些中小企业的进口指标，结果不仅导致众多中小企业破产，也给政府提出了如何安置被动失业工人的问题。1938 年 9 月，商工省设立转业对策部，即标志着该省开始着手解决这一问题。

创设转业对策部背后的意图，是通过给予补贴和政府施压，处境维艰的中小企业可以转产军需品、出口品或进口替代品。该部官员还将他们在合理化运动中习得的技巧,也运用到了推动众多企业联营和合并的过程中,比如,动员那些不易再就业的工人移居至"满洲"和中国其他地区并向其发放移民所需费用。与此同时,新设厚生省的失业对策部也在为这项移民政策造势,毕竟此举有助于防止失业人群在社会上滋事。

1939年6月16日,商工省改组,原转业对策部更名为"振兴部"而继续保留。用"振兴"一词是谁的主意抑或意味着什么,不得而知,但振兴部却作为1948年8月2日设立的中小企业厅存续到了通产省时代。在通产省史官看来,1939年改组是该省职能的一次根本变革。在那之前,商工政策的实施并不考虑企业规模的大小,但在那之后的政策则明显服务于大企业的培育。[5]这一职能似乎解释了"振兴"的含义——即助推小企业扩张成大企业。

1938年末,作为"中国事变"扩大化的应激反应,对小企业转行战时体制的运动也慢慢拉开了序幕。不过,政府内部迟迟未就振兴部的基本政策达成一致,这种状况直到1941年1月12日商工省宣布其《中小企业转业及关停的总体计划》时才发生改变。而两年之后,这项政策的适用对象已不再局限于中小企业,政府不得不将其扩大到所有企业。

1942年上半年是日本产业计划制订者极度振奋的一段时间。不光1942年的物资动员计划是历年同类计划中最乐观的,甚至连企划院都放松了对石油消费的管制,因为荷兰东印度公司的石油供应已经攥在了日本人手里。新加坡陷落后不久,军方便为企划院和商工省送去大量用马来西亚橡胶制成的纪念皮球分发给

"小国民"（儿童），以感谢经济官僚们付出的努力。[6]日本现代史上最年轻的大臣、时年46岁的岸信介成为备受民众爱戴的人物，报章上铺天盖地都是对他本人及商工省的溢美之词。

但是，岸也有他的烦恼。各个产业的统制会并未起到多大作用。作为国家统制派官僚迫于财界抵制的折中产物，这些统制会背后的逻辑是统合公私两个部门（"官民一体"）。[7]然而，现实却是1931年《重要产业统制法》规定且由财阀主导的私人控制卡特尔仍然存在。因此，哈德利将统制会定性为"政府有所介入的卡特尔"[8]。政府对它们的权力基本局限于发放许可证照。统制会本身则忙着创收，以照顾财阀的方式划分市场，甚至无视商工省或企划院的政策要求，与军方私相授受。而且，由于军方内部陆海军之间的矛盾，以及军方对文官和民间力量主导的卡特尔组织的不信任，军方常常会阻止关键物资进入流通领域，而将其划归己方军火库，使得官僚们的努力大打折扣。

分析人士多将统制会的"懦弱"归咎于财阀，但政府的各个省厅与此也脱不了干系。所有承担经济职能的省厅，为争夺指定某一产业"重要"并影响其相关统制会的权力，无一例外地加入了这场没完没了的战争。第一个统制会，作为后续其他统制会的样板，归商工省管辖，这就是设立于1941年4月26日的铁钢统制会，由日本制铁社长平生釟三郎（Hirao Hachisaburō）任会长——革新官僚喜欢叫他"总统"。不过，铁钢统制会，与其说是商工省发明了它，倒不如说是商工省发现了它，因为它是在美国禁止对日本出售废铁后，由日本国内的钢铁生产商自发组织的，几乎就相当于换了名字的"日本铁钢联合会"——钢铁产业的贸易组织。1941年4月—1942年1月，商工省为设立机械产业与化肥产业统制会，分别与递信省和农林省爆发冲突，结果，这两起争端均不得不提请内阁决断。最后，直到1942年8月，职责覆盖15个产业生产和销售环节的近21家统制会才全部进入运转状态。

不过，各省还试图就授予统制会实权的问题最后一搏。最终是岸信介提出，作为政府放权的交换条件，统制会只任命全职会长，且会长一职并不当然地仅向行业内最大企业的社长开放，才平息了政府方面的反对之声。这件事也导致了《行政权限委让法》（1942年2月18日第15号法律）和1943年1月21日《行政官厅职权委让令》的出台，统制会会长因此被赋予准政府官员的地位，其指令具有法律效力。平山釟三郎辞去日本制铁社长和铁钢统制会会长职务后，这两个职务均由海军大将丰田贞次郎（1941年4月至7月任商工大臣）继任。但在其他统制会中，会长一职则大多听由财阀安排其属意的人担任，所以财阀才是这些统制会的实际控制人。

从法律上说，统制会是仿效日本制铁或南满铁道这类国策会社抑或日产和丰田那种许可企业设立的公私合营法人。由于自主统制派和国家统制派之间的争端致使公私混合经营企业成了双方都能接受的折中方案，一度灰心丧气的商工官僚突然想到，如果他们设立资本均由政府认购、理事会成员也均由某一省厅选任的纯公营企业，就可以在避开统制会的同时又不触怒财界。"营团"（"经营财团"的简称）的诞生正是基于这一构想。营团的定位并不必然是为备战服务，它们中有一个甚至存续到了今天——即设

第五章　从军需省到通产省

立于1941年，作为东京地铁系统国有成分的"帝都高速度交通营团"。而它们被设立的初衷，则都是作为政府的工具，将某个经济部门置于官方控制之下，同时避免重蹈统制会软弱无力且被财阀操纵的覆辙。

就本书研究而言，我们最感兴趣的营团当属1941年11月25日依法成立并由前商工大臣、王子制纸创始人藤原银次郎任总裁的产业设备营团。该营团有权收购或租赁闲置工厂——尤其是那些因执行商工省振兴部指令而遭闲置的工厂，并将其转向军需生产。实现这些目标所需资金则靠发行企业债券来筹措，营团最多可发行五倍于其总资本的债券，并由政府担保债券赎回及利息支付。事实上，产业设备营团就等于振兴部积极开展企业整备运动的操作杆。[9]

该营团花了好几个月的时间才真正开始运营：债券要卖，人员要招，还得等商工省就其运营制定明确的政策。与此同时，战争的前景愈加晦暗。中途岛海战刚于1942年6月爆发，同年8月美军就开始登陆瓜达尔卡纳尔岛。通产省正史言简意赅地表示："日本真正的战时经济直到瓜达尔卡纳尔岛事件后才开始。"[10]为防患于未然，也为了在日后应对突发事件时避开统制会这块绊脚石，岸授意出台了两项敕令，尽管其中任何一项他能完整实施的时间都不会超过一年。不过，虽然这两项敕令未能对日本的征战起到多大作用，但在今时今日的日本仍然可以察觉出它们对该国战后产业结构的影响。其中第一项是《企业许可令》（1941年12月11日第1084号法令），规定凡未经政府许可开办新企业均属违法；第二项也更为重要的是《企业整备令》（1942年5月13日第

209

503号法令），规定政府有权命令任何一家企业转产军需品。

紧接着，岸信介和椎名悦三郎又得出结论，他们需要在商工省内增设一个经济统制机构，来执行《企业整备令》并监督产业设备营团工作，遂于1942年6月17日组建了在商工省内地位直追总务局的企业局，并明确该局为一切产业整备和增产活动的政策指导中心。企业局将已有的振兴部和原属总务局的资金课纳入麾下，从而面向所有日本企业，担负起了与企业融资、内部组织、管理实践和效能相关的业务。其具体职责包括监督产业设备营团、处理有关中小企业的所有问题，以及核查并把控企业财会事务。该局下设四课——设备课、商政课、工政课和资金课，同时，为确保其计划得以执行，该局还被赋予了凌驾于其他部局之上的职权。首任局长丰田雅孝，战后接替椎名登上了次官之位，并曾于1953—1968年任国会议员。

1942年下半年至1943年，企业局运用多种政策工具——两项敕令、产业设备营团和实际上无限制的财权，将一个又一个产业部门接连变成了为战争效力的生产单位。丰田后来回忆说，他去日本各地解释新政策时，才惊讶地发现自己极不招人待见。[11]纺织业受到的冲击尤甚于其他产业。为执行企业局的指令，纤维局和机械局强行将日本纺锤数从1937年的1216.5万减少到了1946年2月的仅215万，减幅高达82%。[12]虽然这当中有一部分是战争破坏所致，但纺织工坊转产飞机和飞机零部件才是造成纺锤数减少的最大元凶。1937年，日本约有271家纺织工坊，到1946年2月仅剩44家。另外，棉纺会社在战前有23家处于运营状态，但强制合并使得这一数字在战争结束时减少到了10家。

第五章 从军需省到通产省

产业整备运动在 1943 年迎来了高潮。这一年的 6 月 1 日，内阁通过了《战力增强企业整备纲要》（*Senryoku Zōkyō Kigyō Seibi Kihon Yōkō*）。[13]这项政令将所有企业分为三大类——所谓的"平时产业"（纺织、金属、化工）、军需产业（飞机、钢铁、煤炭、轻金属和造船）和日用品产业，命令第一类企业向第二类企业转换，第三类企业关停。该政策还将所有与战争相关的中小企业划归两种类别，其一为"协力工场"——大多成了子会社，即大企业的固定分包商，其二为"设备共同利用工场"，试图以此加强军需品生产。结果，这反而成了财阀掌握更多产业支配权的极大助力（该政策最常被注意到的一点），不过，该政策也推动了产业结构向重化工业倾斜的重大转变。

日本民众为产业结构的这一转变付出了惨痛代价。杰尔姆·B. 科恩就表示："根据现有资料，日本消费者受到的战争创伤之深是其他任何一个主要参战国的公民都比不上的。"[14]企划院负责起草物资动员计划的田中申一也承认，1943 年间，消费品实际上已从经济中消失；前田靖幸则悲叹，日本的"平时产业"在美军投下第一颗炸弹之前就已经被本国政府摧毁了。[15]尽管如此，日本努力得还是不够。战争爆发后，日本曾花了 18 个月之久来建立交战所必要的经济制度。但及至战时生产体制就位，战势却开始朝着对日本极为不利的方向发展。正是在这一背景下，1943 年末，岸信介和东条英机走出了国家全面统制经济的最后一步——将商工省改组为军需省。

作为二战期间盟军方面研究日本经济的分析员，T. A. 比森曾写道，他觉得日本存在"一场暗中萦绕 1943 年始终的慢性政治危机",[16]他说得很对。这场危机至少有三重表现：第一，东条和岸试图推行中央集权化的战时生产体制，财界却在抵制他们的举措，商工省同时受到这两股对立势力的牵制；第二，内阁企划院和商工省几乎每天都在为轻重缓急和物资调配问题互相呵斥，部分原因是，企划院系为包括占领区（处于军方控制下）在内的整个帝国起草计划，而商工省的权限仅涉及日本本土；第三，陆海军之间的竞争使得扩大生产的全部努力都成了无用功，尤为恶劣的是妨碍了对日本领水作战至关重要的战斗机生产。

1943年3月，作为对东条内阁强化经济统制权主张和企业整备运动的反击，财界及其国会中的支持者就战时生产政策要求在政府高层中拥有更多话语权，并最终如愿。这就是1943年3月17日出台《内阁顾问临时设置制》①的缘由，而出任顾问的企业家们最想做的则是监督相对年轻的商工大臣岸信介。这些企业家们并非不爱国或反战，但东条和岸的独裁倾向和出了名的抵触财阀情结，让前者无法放下心中的疑虑。同时，在岸看来，建立内阁顾问制乃是对他个人的侮辱，因为这让他不由自主地想起20世纪30年代革新官僚与池田成彬、藤原银次郎（1943年任命的首届内阁顾问之一，最终接替岸出任军需大臣）、小林一三等商工大臣之间的冲突。另外，内阁顾问制在1943年的建立也表明，无论国家统制派还是自主统制派，其观点都不曾因为早年那些斗

---

① 1943年第134号敕令，英文原文直译是"当日创设内阁顾问委员会"，实则并不存在这样一个机构，仅有作为亲任官的内阁顾问取代之前的内阁参议职位，而且首届顾问的任命还要等到同年10月18日，所以3月17日只是创设了内阁顾问制而已。——译者注

争占据绝对优势。

首届内阁顾问包括：铁钢统制会会长、海军大将丰田贞次郎，吉野信次在旧产业合理局的民间同事、产业机械统制会会长大河内正敏，产业设备营团总裁、三井财阀系的藤原银次郎，日银总裁、安田财阀系的结城丰太郎（Yūki Toyotarō），三菱重工业前社长乡古洁（Gōko Kiyoshi），山下汽船前社长山下龟三郎（Yamashita Kamesaburō），以及昭和电工社长、轻金属工业统制会会长铃木忠治（Suzuki Chūji）[17]。

虽然这些人加入内阁的目的主要是为了保护财阀利益，不过，在岸信介的引导下，他们很快就意识到了统制会存在的问题。至于岸的立场，从东京1943年6月23日的一则无线广播中应可窥斑见豹：

> 在产业整备运动大规模开展之时，仍有企业家靠不劳而获维生。在这个问题上，商工大臣岸信介……特别强调对各产业实行严格统制的必要性，令产业界领袖触动良深……商工大臣一直忙着制订确保统制会社①发挥"国策会社"作用的具体计划。……各个会社的理事们，尽管被视为责任机关，却和此前没什么两样。[18]

在所有内阁顾问中，最是令岸信介既怕且恨的当属藤原银次郎——毕竟他与商工省渊源已久，对该省有着内部人的了解。事

---

① 即统制会。——译者注

213

实上，军需省刚于1943年11月1日创设，藤原即在当月17日被秘密任命为无任所的国务大臣（官阶与岸相同，只是不管辖具体省厅），并被安插到该省监视岸的行动。尽管如此，证据显示，在日本的对外战争逐渐进入最危险的阶段之际，藤原对统制会无所作为的担忧丝毫不亚于岸。几次三番外出视察后，藤原在顾问会议上报告说，煤炭并没有真的短缺，只有煤矿经营者的低效率和疏忽懈怠，飞机生产受阻也不是因为铝缺乏——仅55％的铝产品被用于飞机制造，而是拜陆海军对原材料激烈争夺和囤积所赐。[19]

岸信介为解决上述诸多问题设计了两个方案：颁布新法以加强政府对统制会的监督和全面改组政府经济机构。1943年10月31日，《军需会社法》（第108号法律）经国会特别会议通过，旨在将近卫内阁1940年经济新体制运动所贯彻的原则——即经营权和所有权分离的原则最终确立下来。该法规定，政府有权向每一家工厂派驻被称为"军需生产监督官"的官员，由这些官员而不是按具体产业设立的统制会负责确保既定指标的完成和制度的执行。

后来的结果表明，这部法律还是出来得太晚，于战争并无多大影响。它仅仅是在统制会的塔尖之上加盖了一个官僚层，统制会仍然在具体产业范围内承担着原料和产品分配的任务。《军需会社法》算得上是国家统制派在盟军占领日本前最后的奋力一搏，但说到底，它仍然是冷眼旁观的内阁顾问们与日益对东条内阁领导能力不信任的国会妥协的产物，岸信介终究无法超越资本主义制度的基本局限。为贯彻该法，日本政府坚持给企业股东发放股息并保证其生产不致亏本，直到1945年6月方停止，而那个

第五章　从军需省到通产省

时候，财阀们对政府收购其毁于战火的军工厂并将之国有化已是求之不得。[20]

《军需会社法》并未成为日本战后产业政策的重要渊源（尽管 1948 年授权政府管理煤炭产业的法律与它十分相似）。不过，经济省厅的改组却是影响深远。政府主要废撤了企划院和商工、农林、递信、铁道这四个老省厅，并代以军需、农商、运输通信三个新省厅。此番改组负责具体计划起草的人员，商工省方面派了山本高行（1949 年成为通产省首任次官），企划院方面则是田中申一（1949 年后任通产省企业局次长）和森崎久寿（Morisaki Hisatoshi，1964 年任通产省重工业局局长）。

新组建的军需省好比夜空中最闪亮的那颗星。企划院与商工省总务局合并，成为该省的一个部局——总动员局，兼具计划和执行权，由椎名悦三郎任局长。原归商工省管辖的铁钢、机械、轻金属、非铁金属、化学、燃料各局，再加上已废止递信省的电力局，尽成军需省所属。原属商工省的纤维局、生活物资局和物价局则划归农商省。原商工省企业局更名为企业整备本部在军需省时期仍然存续，尽管这一阶段它也没剩多少企业要转向军需生产了。剩下商工省在对外贸易领域不多的几项职能，则是被移交给了"大东亚省"。此外，军需省还设立了九个地区性的军需监理部，亦即今之通产省地方局（通产局）最早的形式。最后，原分属陆军和海军航空本部的工场监督员，全部编入军需省新设立的航空兵器总局，由陆军中将远藤三郎（Endō Saburō）任局长。

作为盟军情报部门的一员，比森在 1945 年认为，军需省这种组织架构，再加上《军需会社法》，"很大程度上扭转了" 1942

年和1943年间日本战时经济总体上的混乱局面。然而，令他震惊的是，负责创设该机构的居然是商工省"这个历来代表企业利益的部门"，而不是美国政府原以为的军方。[21]不过，调入军需省的商工省原官员，其中包括后来通产省产业派的所有成员，当时对他们获得成功的前景可远没有那么乐观。甚至像椎名这种有"满洲"资历加身的人，后来也因为不得不与蛮横傲慢的军方官员合作而抱怨不已。许多能力出众的官员，如上野幸七（1957—1960年任通产次官），则发现他们的工作成效由于和军方官员的冲突打了折扣。[22]战争结束后，原商工省官员首先要做的事之一，就是一边保留军需省业已扩大的权限，一边将军方官员踢出局。

军需省对后来的产业政策最重要的意义在于，它的所有职能，包括电力、飞机制造和产业规划，这些首次被它统合进同一个省厅之中的相关职能在内，均在通产省得到了保留。就连身为工场监督员的工作经验，对后来的通产省骨干来说，也自有其价值。对某些人而言，军需省更是于自己的人生有着重大意义的存在：通产省的两位次官，佐桥滋（1964—1966年在任）和两角良彦（1971—1973年在任）均是因为该省的关系，才得以与在该省女子挺身队工作的女子相识并喜结连理。还有件事可能也得提一下，东条首相将赫赫有名的会计检查院迁出霞关办公地，转而让他新成立的军需省从歌舞伎座附近的商工省总部原址搬了过去。由于战争，负责产业政策的官僚最终将霞关变成了东京的"白厅"①，至今仍是如此。

---

① 伦敦的一条街道，英国政府所在地。——译者注

·第五章　从军需省到通产省·

然而，政府最高决策层对军需省做出的一些安排，很快就引发了严重的政治后果。从1943年11月1日起，东条英机一人兼任首相、陆军大臣、大本营（太平洋战争时期日本陆海军最高指挥机关）参谋总长和军需大臣。他执掌军需省不仅仅是为了提高该省声望而摆出的姿态，尽管他从未亲自对该省业务进行过行政指导。正如大河内繁男（Ōkōchi Shigeo）所强调的，这样做是为克服《明治宪法》造成的日本政府组织结构上的不统一而进行的最后一次尝试。东条企图通过一人独裁的方式来实现政府内部的基本协调，尽管事实上，他永远都控制不了海军。[23]为确保岸能顺利开展工作，虽然自己是名正言顺的军需大臣，东条却被迫采取了最终使自己的政治处境变得更糟的权宜之计。他任命岸担当军需次官兼阁僚职级的国务大臣，导致后者成了军需省实际上的最高长官。

和外界的许多观察人士一样，岸本人对这种奇怪的安排也颇有微词。他说，他告诉过东条，若以次官身份，他必须服从作为大臣和上级的东条；但换成国务大臣的身份，由于二人职级相当，他又可以选择不服从对方。东条当然明白这一点，但他还是让岸兼了国务大臣一职，因为他要给岸足够的权限去指挥那些即将调入军需省工作的陆海军将领。东条告诉岸，军人所受的训练是靠对方佩戴的星数来决定服从命令与否，次官只有两颗星，而国务大臣有三颗。[24]然而，岸同时担当次官和大臣，却让他上任不到一年就与东条发生了冲突。这次冲突在历史上的意义比岸之前的那些（围绕降薪问题的，以及与两位大臣小川乡太郎和小林一三之间的）都要大得多，他因此还落了个"刺儿头"（kenka）的

217

绰号，但他讲原则的名声也跟着传播开来。[25]

东条和岸几乎是刚开始携手就产生了矛盾。军需省设立不过三周，东条便秘密指示藤原银次郎监视岸，岸见状直接递交了辞呈。岸当时主张的理由是，有两位大臣已经给商工省的工作带来了诸多不便，有三位势必要乱套。但东条拒绝接受他的辞呈，直斥其不负责任，并声称起用藤原是让财阀收声的不得已之举。不过，六个月之后，也就是 1944 年 7 月，东条却主动要求岸信介辞职，然后这一次则轮到岸拒绝递交辞呈。理由是，作为帝国的大臣，他只对天皇陛下负责。双方僵持不下，东条内阁最终垮台。

东条内阁总辞职的表面原因是美军占领塞班岛。岸曾在发表意见时直言，塞班岛既已陷落，日本再无获胜机会，当设法讲和。这话惹怒了东条。"败北"一词在 1944 年的日本基本相当于禁忌，东条遂指责岸妄图染指军方独有的最高统帅权。这对岸是一个极其危险的指控。东条手中握有宪兵队——他是关东军宪兵队原司令官，曾借宪兵队之手杀害了好几位与他意见相左的政治人物（如中野正刚，1886—1943 年，1920 年以来任国会议员）。

但岸仍坚持自己的立场。背后的真相是国会里的权势人物和皇室中人支持岸的主张，而且想除掉东条。包括木户幸一（天皇近臣）①、船田中（Funada Naka，国会议员）、景野硕哉（Ino Hiroya，岸信介农商务省时期的同僚，岸信介一度希望他 1925 年的时候去了商工省而不是农林省；1941—1943 年任东条内阁农林大臣）和藤山爱一郎（Fujiyama Aiichiro，杰出企业家、海军顾

---

① 有趣的是，当初东条任首相还要多谢木户的举荐。——译者注

第五章 从军需省到通产省

问，日本痛失塞班岛后曾与海军将领密谋扳倒东条）在内，都站在岸一边。东条之所以不敢对岸下手，似乎就是因为忌惮岸那些为数众多却深藏不露的支持者。顺便提一下，岸1957年当选首相后，先是在他的第一届内阁中任命藤山担当外务大臣，接着又在他的第二届内阁中指定由景野出任法务大臣。

东条下台后，陆军大将小矶国昭上台组阁，但这只是一个过渡性质的政府。监视岸的"眼线"藤原升任军需大臣，而次官一职，他选了岸在官场的老对手竹内可吉（村濑直养的同事之一）担当。藤原仅当了六个月的大臣便于1944年底以"病体违和"为由辞职（时年75，但活到了1960年），但他退官的真正原因，则是三菱和住友担心让三井系的人担任军需大臣有可能威胁到自身利益，于是联手逼他引退。最后，首相选了一位立场中立的人——原内务官僚并曾于1935年担当内阁调查局首任局长的吉田茂来接替藤原①。

1945年春，硫磺岛陷落、美军登陆冲绳，以及3月10日的东京大空袭，这一连串事件的发生导致小矶内阁狼狈下台。以海军大将铃木贯太郎为首的新政府临危受命，最终也确实完成了止战休兵的使命。铃木选了他的同袍、家喻户晓的海军上将丰田贞次郎（时为铁钢统制会会长）担当军需大臣，丰田接下来又任命椎名悦三郎接手次官一职。在商工省改组为军需省之前，椎名就曾担任过商工次官，实际上，也正是他主持了军需省的各项终战工作，如今回溯历史，理当为椎名在大动荡时局下的快速处置行

---

① 再次提请注意，此吉田茂并非战后出任首相的彼吉田茂。

219

为给予肯定和褒扬。

1945年8月15日，日本全体国民都听到了"玉音放送"——天皇宣布投降的广播讲话。两天后，铃木内阁总辞职，由东久迩宫稔彦王[①]临时组阁执政。著名飞机工业家中岛知久平（Nakajima Chikuhei）应邀出任军需大臣，讽刺的是，同年6月，他的飞机制造厂刚被征收和国有化，这下又恢复了他对这些工厂的管理权，尽管是名义上的，实际领导该省的仍然是椎名。就在战争结束十天后，为迎接麦克阿瑟将军做准备的首批盟军抵达厚木空军基地一天前，椎名告诉手底下的几位年轻同僚，自己有一项重要任务交给他们，他们务必在一夜之内完成，那便是在盟军正式占领前重建商工省。

1949年成为通产省第一任次官的山本高行说起过，之所以下令在一夜之间重建商工省，是因为军需省的所有文职官僚都担心盟军会开除或逮捕任何与军需扯上关系的人。椎名则表示，他这么做也有让军需省内原商工省官僚与军方官员保持一定距离的私心在，而他同样承认在美国人动手前自行解散军需省是必要的。按照各种记载，参与这次重建的官员有山本高行、上野幸七、德永久次和平井富三郎，他们在20世纪50年代都当上了通产次官。[26]就这样，根据1945年8月26日的第486号敕令，军需省和农商省废止，取代它们的则是恢复建置的原商工省和农林省。

盟军最高司令官总司令部（以下简称"总司令部"）成立不久，盟军调查员就发现了日本政府诸省厅在终战工作上耍的手

[①] 皇族，脱离皇籍后以"东久迩稔彦"之名行世。——译者注

· 第五章　从军需省到通产省 ·

段，但他们并不打算对此做什么，因为说到底，那些改变与盟军规划的日本未来走向是一致的。关于这一点，美国研究对日占领时期的一位无名史官只简单提及："官僚们意识到，他们在投降前与军国主义者和财阀利益集团合作的经历，会使他们一直以来的领导地位受到威胁。所以，在占领正式开始前的几周里，人事档案被销毁了，高级官员集体调职，为抹掉政府身上一些最明显的帝国主义侵略特征，还初步采取了一定措施。"[27]

由于盟军最高司令部决定对日本实行间接占领——日本政府虽须听从盟军最高司令部指示但仍保留自身完整性，盟军要求的政府改革并不涉及所有省厅，仅限于废除那些之前跟军方或警察牵涉甚深的省厅（内务省便是其中之一）。至于被占领当局认为对战争负有责任的官僚，则会根据个人情况具体处理——通过追放具体个人而不是机构改革。但正如我们在第二章看到的，据日本方面近期的估计，实际遭到追放的商工官僚仅为 42 人，再对照盟军最高司令部自己的数字，当时调查了 69 名商工省官员，结果只解职 10 人。[28] 因此，椎名最后关头的计策很是奏效。尽管遭遇了战败危机，原商工行政系统的官僚终得以存续下来。

在 1945 年年中至 1949 年年中的四年时间里，关于经济产业政策方面的记载——无论来自盟军最高司令部官员还是日本这边，往往差异极大，就好像双方讲的不是同一个国家。盟军最高司令部占领伊始即宣称，日本的经济困难皆是自作自受，盟军没有义务为日本维持任何特定的生活水平。然而，美国人很快发现，如果他们坚持这一立场，由于日本的对外贸易已然崩坏，他们唯一能确保的将是日本迎来一场社会变革[29]。美国人于是开始

221

对贸易采取国家管理模式，并要求日本政府实行经济统制。结果，战前和战时财阀在与国家统制派官僚的对抗中赢得的胜利，反而成了导致战后财阀解体的催命符。盟军最高司令部不但宣布财阀对战时经济状况负有责任，禁止继续发展任何形式的私人卡特尔，还下令由政府官员行使之前为统制会所保留的权力。奉行"岸—椎名路线"的商工省官员对此正求之不得，他们之前奋斗了十五年之久，这一刻好像突然抵达了官僚生涯的乐土。

类似的是，在经济紧急恢复措施或积极的经济改革方面，日本人和美国人似乎也会常常刻意地去曲解对方。官僚出身的伟大首相吉田茂，亦即那位领导日本从战败瓦砾中崛起的吉田茂（1876—1967年）就曾评论道："占领当局，虽然其执政背后有巨大的权力和权威支撑，却因为对它所要统治的日本国民缺乏了解而遭遇阻力，而更大的阻力，也许是因为其总体上并不清楚其对一些必须事项有多无知。"[①]

所以，盟军最高司令部有时会批准他们认为可以暂时应急的商工省提案，尽管这些措施在20世纪60年代均被废除（如外汇

---

① 参见《吉田茂回忆录》(The Yoshida Memoirs) 第128页。然而，吉田茂本人也不乏试图愚弄盟军最高司令部官员之举。"交给我们的总司令部计划原案，"吉田写道，"要求追放 'standing directors' 和其他占据要职的人。我们这边将此措辞翻译成了日文 '常务取缔役'（日文中的"取缔役"即相当于理事、董事）。但严格说来，一个 'standing director' 可以理解成在一家企业担任日常工作的人，这样就会把大部分普通理事都包括进去。我们坚持我们的理解，'standing directors' 其实是指常务取缔役，从而使得本来可能被归入此类的众多普通理事免遭追放。这件事表明，错误的翻译偶尔也能派上用场。"同上，第155—156页。这里的争议就是"专务取缔役"（执行理事）"常务取缔役"（常务理事）"取缔役"（理事）几个疑难词语的翻译。[30]

预算方案）。至于占领当局的解散财阀政策，商工省原企业局——这一时期改称"整理部"的官员们也是积极执行。但当经济全面去集中化（解散财阀不过是完成该任务的一种手段而非终点）阶段到来时，产业行政系统的官僚们不但迅速察觉了盟军最高司令部的内部分歧，更是没有放过利用它们的机会。盟军最高司令部反托拉斯官员埃莉诺·哈德利解释说：

因为在美国不允许商业银行设立工业类和贸易类子公司或分支机构，所以在美国人的语言和思维中，商业银行是与工业和贸易绝缘的存在……（盟军最高司令官）总司令部经济科学局……成立时下设反托拉斯和卡特尔课与金融课，是犯了一个错误……实际运作的结果是，反托拉斯和卡特尔课主张其对涉及银行的反托拉斯事务具有管辖权，金融课官员则坚称银行完全是他们的地盘（而且他们的职责不包括任何反托拉斯任务！）。[31]

盟军占领下的旧财阀重建，系以其银行而非原先的家族控股会社为基础。这固然是一个合理有效得多的方案，却肯定不是盟军最高司令部真正想要看到的。事实上，1975年的时候，日本政府曾授予刚从纽约制造商汉诺威信托公司（Manufacturers Hanover Trust Company of New York）高级副总裁任上退休的特里斯坦·E. 贝普拉特（Tristan E. Beplat）勋二等瑞宝章，且不夹带任何明显的讽刺之意。《日本时报》（*Japan Times*）解释说，贝普拉特是"政府口中对日本战后经济复兴居功至伟的美国银行家……1945—1948年间，他在占领当局负责对日银行政策相关事务……许多金融界领袖，包括（当时的）副首相福田赳夫在内，都认为是他在战后日本的财阀解体浪潮中成功避免了日本各银行和保险会社的覆灭"[32]。但即便是无意贬损贝普拉特所获殊荣的人，也可能会认为，从日本人尤其是商工省的角度看，战后最开始那几年，日本政府在配合占领当局工作的过程中确有"面从腹背"的成分在。

有些时候，日本官员其实是没明白盟军最高司令部想要他们做什么。以《独占禁止法》（1947年4月14日第54号法律）为例，25年后成为通产次官的两角良彦还记得，美占期间，他逐条翻译麦克阿瑟将军的总司令部下发给商工省实施的《独占禁止法》文本所付出的艰辛。"现在看来很可笑，"他写道，"但我们当时真的不知道他们在说什么。"[33]当两角将其译本拿给时任内阁法制局长官的前辈村濑直养过目时，村濑便问他翻译的一些字句到底是什么意思，而他只能极度尴尬地回答不知道。村濑最后还是看了英文原稿才大致了解该法内容。毋庸赘言，日本方面并不能避免或阻止《独占禁止法》的出台和施行。正如我们将在后面两章看到的，通产省接下来花了30年的气力来规避这部由两角翻译的法律，其与公正取引委员会（据该法创设）之间的紧张态势，无疑为日本经济实现高成长营造了有利氛围。而这种盟军最高司令部和通产省均始料未及的紧张态势，没准儿也是占领时期对日本经济"奇迹"最大的贡献之一。

关于这一点，尽管未见盟军最高司令部实际记载，日本方面却通过引述围绕日本经济重建的两次大讨论和一个惊人事实——政府日益成为经济发展中的核心角色，概括出了占领时期前四年的特征。第一次大讨论的议题是，经济重建应该优先扩大生产（生产复兴说，即通过生产实现经济重建的理论）还是优先稳定物价和抑制通货膨胀（通货改革说，即货币改革理论）[34]。第二次大讨论则聚焦，日本重建应该发展何种经济——着眼轻工业和日本存在大量廉价劳动力的比较优势的经济，抑或着眼附加值提升潜力更大（即生产出来的产品扣除原料成本、税收和折旧后的价值更大）的重化工业的经济。

强调生产而非稳定、侧重重工业而非轻工业的主张通常占上风，但支持相反主张的人未必就没有道理。他们在日本执行"道奇路线"期间（1949—1950年）和朝鲜战争期间（1950—1953年）均做出了贡献，与此同时，那些倡导生产和重工业优先的人，则不得不设法解决遏制通胀和日本过分依赖对外贸易的问题。就是在这个时候，通产省应运而生，占领时期大讨论的对立双方也终于合流，从而确立了日本的高成长体制。

政府权力的提升及其在经济重建中的作用始终是各种论争的核心议题。历史学家秦郁彦（Hata Ikuhiko）直言，"日本官僚从未拥有过比占领时期更大的权力"；通产省记者俱乐部也称占领时期是商工省的"黄金时代"——由该省对日本经济实施全面统制的时期[35]。政府承担了原先与私人部门共享的全部职能，并以新的名称但强化许多的形式恢复了"经济参谋本部"和物资动员计划，还颁布了令《国家总动员法》相形失色的新法，这一切均促成了官僚机构的极速膨胀。1948年和1949年间，商工省逐渐成为在一般会计预算中占据第三大份额的政府部门（仅次于总理府和大藏省）；及至1949年通产省成立时，其职员总数高达

21199 人，相比之下，在面向远为庞大和复杂的经济体的 1974 年，这一数字仅为 13891 人。

公共部门的扩张加剧了政府各省厅之间的权限争夺，毕竟这是各省赖以保全自身甚至维持存续的基础。大藏省和日银围绕银行的统制权争得不可开交，终是大藏省获得了胜利。日银总裁一万田尚登（Ichimada Naoto）既是通货改革说的拥趸，又是侧重发展轻工业的支持者。倘若 1949 年是他而不是池田勇人接受了吉田首相的大藏大臣任命，战后日本的经济史肯定会和今天看到的截然不同[36]。但与本书研究关系最为密切的，还是外务省和商工省之间的斗争。随着日本驻外使馆的悉数关闭，占领期间出现了大量需要在政府中为其安排职位的外交人员。而且，这些人也是所有政府官员中最精通英文的，所以他们在与盟军最高司令部打交道方面具有极大优势。

在这场斗争中，最重要的因素是战后日本政坛的关键人物，首相吉田茂，也是外务省官员出身。吉田从不避讳他对经济知之甚少、几乎可以算是不感兴趣这一点，但他对自己颇为熟稔的其他一些事物则有着十分坚决的态度。这当中就有两个问题涉及日本战时的统制经济和与军方合作过的经济官僚。他对二者均深恶痛绝。有许多史料记载，吉田"视商工省官员如害虫"，决意将可靠的外务省官员地位置于其认为皆是些危险的国家社会主义者的商工省官员之上。[37]商工省为了生存只能机变行事，因为它最大的威胁不是来自盟军最高司令部，恰恰来自本国政治领导人及其身为政府官员的一些同僚。正如我们将会看到的，通产省直到 1956 年才彻底摆脱外务省的阴影。

·第五章　从军需省到通产省·

在这些重要的官场斗争中，盟军总部与其说是日本这个棋盘上的"最高主宰"，倒不如说是其中一颗不容小觑的棋子，有时是个"后"，但更多的时候，不过是个"兵"（参考国际象棋）。吉田动辄操持"追放"这一武器除掉僭越他的政客，商工省官员则充分利用盟军最高司令部一些倾向于"计划经济"的"新政拥护者"，令吉田大为光火。1947年，日本绝无仅有的一届社会主义政府上台，不仅令盟军最高司令部兴奋无比，对商工省也无异于天赐良机——倒不是因为商工省拥护社会主义，而是因为社会主义给该省的产业政策披上了貌似正当的外衣，且这个社会主义政府还让吉田下野了18个月。[38]这些我们在后面也会提到。日本刚被占领的四年是十分复杂的一段时期，社会变化极为迅猛，对日本民众来说，则是为生存抗争的艰难时世——一个他们当时称之为"饥饿囚牢"的时代。但正是在这段时期，战前、战时和占领时期的各种产业政策得到了总结，为日本政府在下一个十年领导该国走向繁荣奠定了基础。

通货膨胀是战后面临的第一个问题，其他所有问题的发生都要以之为前提。如果我们将1945年8月的物价水平定为100，那么同年9月就上升到了346.8，12月是584.9，次年3月则继续狂飙至1184.5。[39]这次通货膨胀是多重因素合力导致的结果，当中有日军官兵复员需要支付退役费的因素，但最重要的因素还是政府持续甚至加快偿付战时合同、战时生产性贷款、军需会社保证金和赔偿金，以及政府根据战时法律法规背负的各种其他债务。其中一项就是对产业设备营团没收并转产军需品的工厂的付款。1946年年中，当政府终于开始执行盟军最高司令部停止偿付战时

227

债务的命令时，产业设备营团仍拖欠其所接管的棉纺工厂近120亿日元。在盟军最高司令部下令停止支付前，政府其实就已经让整个经济货币成灾了。据《每日新闻》估算，在投降后仅三个月出头的时间里，日本政府支出了近266亿日元，这一实实在在的天文数字几乎相当于日本1937年9月—1945年8月全部军事开支的三分之一。[40]

这些偿付在1946年引发了盟军最高司令部与日本方面的冲突，而且也是双方最早因为经济政策问题产生的较大冲突之一。第一届吉田内阁的大藏大臣石桥湛山（Ishibashi Tanzan，1946年5月—1947年5月在任）是扩大生产主张的坚定拥护者，他毫不掩饰地扬言："当前的经济危机并非通货膨胀，而是过剩的闲置劳动力和生产设备。唯一的解决之道就是扩大生产。"[41]为实现这一目标，石桥准备通过支付战争赔偿金和价格支持补贴为工业注入资金，而对于由此导致的通货膨胀问题，他仅打算在必要时以发行"新币"的方式来解决。盟军最高司令部对石桥的方案极不赞同，在前者看来，稳定物价必须先于恢复生产的努力。石桥的立场反映了许多产业官员在战争期间形成的理论，他们认为，起关键作用的是原材料、劳动力和产出，不是价格和货币，盟军最高司令部的观点则较为接近日银总裁一万田的主张，而他也是盟军最高司令部高层如考特尼·惠特尼（Courtney Whitney）将军等人的密友。[42]

1945年11月，盟军最高司令部直接指示日本政府停止支付战争赔偿金。石桥则尽可能拖延执行，唯恐政府的停付行为会造成众多银行破产、工业周转资金链断裂，从而导致依赖它们的工

第五章 从军需省到通产省

业生产陷入停顿。石桥的担心几乎就是1946年秋季的真实写照：政府停止补贴，通货膨胀非但没被控制住，反而还进一步加剧，生产更是一落千丈。正是在这种背景下，日本政府开始了自身复苏经济的主动尝试。

1946年6月25日，内阁最终停止了战时赔偿支付，但仅一个月后，它便采取了以新名义恢复这项支付的初步措施。政府还设立了由石桥任委员长的复兴金融委员会，为1947年1月24日创设的复兴金融金库（简称"复金"）铺路。这是战争结束后，日本为走出战后初期的经济败局、恢复至战前生产水平而不顾严重通胀的后果，执意创设的一整套机构之一。[43] 盟军最高司令部嘲讽这些机构妄图延续过去那种政企友好关系，而且，美国大使约瑟夫·道奇1949年制订的明确方案，即后来著名的"道奇路线"，就是终止复金的所有后续贷款，并指示日本政府平衡预算。尽管如此，日本地位显要的领导人仍主张，1947年所谓的生产优先体制确有成效，因为该体制使得煤炭、钢铁等商品的产量恢复到了与战前相差无几的水平。而生产优先体制的意义不仅在于，该体制及该体制下设立的机构显然是以战前和战时的先例为基础，还在于，撇开1949年和1950年为遏制通胀而实施的财政革新，该体制算是通产省和其他省厅即将在20世纪50年代确立的高成长体制的原型。

除了复金，与生产优先体制相关的特别机构和制度还包括石炭厅、经济安定本部、十五个公团（负责配给原料和产品的公营法人团体，参照完全由政府支配的营团而非财阀主导的统制会设立），以及授权这些机构统制一切商品的《临时物资需给调整法》

229

(1946年9月30日第32号法律，简称"需给调整法"）。

战争结束时，日本的煤炭生产几乎萎缩殆尽，该国顿时深陷能源危机。煤炭月产量从战时的400多万吨陡降至1945年11月的55.4万吨。这背后的原因是，占领当局即时遣返了近9000名中国矿工和14.5万名朝鲜矿工，其中许多人还是岸信介任商工大臣时，为充作事实上的"奴工"引进日本的。1945年12月6日，遵照内阁指示，复建的商工省将过去的燃料局改组成了规模更大的半独立机构石炭厅。尽管石炭厅注定要成为该政府经济部门中最大的单位之一，它的开局却是步履蹒跚。占领当局接连追放了石炭厅的前两任长官——一位是南满铁道前总裁，一位是安川财阀代表，本来还打算将次长冈松成太郎（Okamatsu Seitarō）也一并追放，得亏其上级以冈松是日本经济重建不可或缺的人才为由替他说情，冈松才逃过一劫（他继续在商工省任职，后来在1947年和1948年坐上了次官之位）。石炭厅迫在眉睫的任务是将日本矿工从金属矿向煤矿转移，并通过农林省和占领当局的安排，为他们提供标准高于战时给中朝两国矿工或战后给大部分日本民众的食物配给量。就这样，"食物换煤炭"成了日本战后的第一项产业政策。[44]

新体制运行得并不顺利。政府补贴中断后，矿主发工资就成了问题。生产出来的煤炭再也无法兼顾工业和民用需求，生产成本更是高歌猛涨——新兴的矿业工人运动尤其加剧了这股涨势。整个1946年，商工省官房的企划室都在研究克服这些状况的政策性对策。当时的企划室室长是德永久次（后成为通产省次官），协助他的则是高岛节男（20世纪60年代任重工业局局长）、两角

·第五章　从军需省到通产省·

良彦等人。他们起草了1946年9月的《需给调整法》，并建议重启物资动员计划——更名为物资需给计划，以确保煤炭被输送到工业和交通部门而不是供民间消费之用。[45]然而，他们真正需要的其实是一个类似于原内阁企划院或军需省总动员局的机构，一个不仅有权制订后续计划，还将负责新统制法实施的机关。

早在1946年2月15日，内阁就曾要求设立一个"紧急经济对策阁僚会议"，负责处理煤炭和粮食短缺、通货膨胀、旧币换新币、信贷资金冻结和税赋调整等问题。占领当局也承认设立类似机构的必要性，但它坚持，这个新机构的地位必须高于已有省厅，以便终结政府内部频繁的权限之争，否则此事便作罢。占领当局还要求，该机构领导人须从民间而不是官僚中选拔。占领当局提的条件自然得满足，但这也注定了新机构一开始的步履维艰，由于威胁到了老省厅的管辖权，老省厅都在反对和抵制它。

这个名为"经济安定本部"的新机构于1946年8月12日成立。它上承原内阁企划院，下启如今的经济企划厅，所以，与这两个分别作为其前后身的机构一样，它也是一个计划和协调机关，而非执行单位，负责执行其计划的是商工省。该机构部分人员过去曾是内阁企划院的骨干，且尤以那些在1941年企划院事件中被当作"赤色分子"逮捕的人居多，毕竟这会儿他们属于民间人士，符合招募条件。根据其章程，经济安定本部总裁由内阁总理大臣担任，但其真正的首脑（正式名称为"总务长官"）实际上是一位阁僚职级的民间人士。

吉田政府为挑选经济安定本部的第一任总务长官（一般直接称"长官"）颇费了一番周折。吉田一开始属意1938年因反对军

231

国主义而被东大开除的原东大经济学教授有泽广巳，但被有泽拒绝，不过，他同意担任吉田个人的经济政策顾问。接下来，吉田又接触了一位学界的经济学家高桥正雄（Takahashi Masao），高桥当时在盟军最高司令部经济科学局任顾问，他同样拒绝了吉田的邀请。吉田于是对找教授这事儿彻底死心，转而将这一职位授予了日银副总裁（后来的日本航空社长）柳田诚二郎（Yanagida Seijirō），但柳田未及上任便被占领当局给追放了。最后，吉田选了膳桂之助。膳是原农商务省和商工省官僚、国会贵族院议员，20世纪30年代初，吉野还曾帮助他创办日本团体生命保险会社。问题是当时没人知道经济安定本部应该做什么，在弄清楚这件事之前，各省厅及其行政相对人始终将经济安定本部视为纯粹由占领当局搞出来的新鲜玩意儿。[46]

1946年秋，随着补贴的最终停止，日本经济实际上也陷入了崩溃。商工省的山本高行、德永久次和经济安定本部的稻叶秀三，共同发表了他们著名的"三月危机说"——他们预言，待到1947年3月，日本经济将由于库存耗尽、进口不足和燃煤缺口严重而停止一切生产活动。为防患于未然，1946年11月5日，吉田首相组建了他个人的智囊团，即石炭委员会来为他出谋划策。该委员会由有泽广巳任委员长，其他成员包括：稻叶秀三（原企划院官员）、大来佐武郎（Ōkita Saburō，1979—1980年任大平正芳内阁外务大臣）、都留重人（Tsuru Shigeto，受教于哈佛大学的经济学家，1947年日本首部《经济白皮书》撰写者，《日本经济奇迹的终结》作者）、佐藤尚邦（Satō Naokuni，商工省官员）、大岛宽一（Ōshima Kan'ichi，大藏省官员），以及小岛庆三

（Kojima Keizō，前企划院官员，当时在商工省石炭厅任职）等几位辅助人员。他们聚在一起，设计出了"倾斜生产方式"① 这一政策。1947年1月31日，内阁改组，石桥湛山受命兼任大藏大臣与经济安定本部总务长官，他给经济安定本部定的核心目标就是"倾斜生产"（经济安定本部领导人名单，见表5-2）。

表5-2 经济安定本部历任长官
（1946年8月—1952年8月）

长官及其任期	备注
膳桂之助，1946年8月—1947年1月	农商务、商工原官僚
石桥湛三，1947年1—3月	兼任大藏大臣
高濑庄太郎，1947年3—5月	东京商科大学校长；1950年任通产大臣
和田博雄，1947年6月—1948年3月	农林原官僚；1941年因企划院事件被捕
栗栖赳夫，1948年3—10月	1948年10月因昭和电工事件被捕
泉山三六，1948年10—12月	三井银行原要员
周东英雄，1948年12月—1949年2月	农林原官僚；曾任内阁企划院第四部部长（1942年）
青木孝义，1949年2月—1950年6月	日本大学原经济学教授
周东英雄，1950年6月—1952年8月	同上

---

① priority production，可以理解为优先生产，即对指定产业倾斜、照顾。——译者注

倾斜生产方式是一种将全部经济资源都集中到几个战略部门，而不考虑这会给民生消费或通货膨胀带来何种影响的体制。就这一点来说，它很像1939年修正版的物资动员计划。有泽广巳领导的石炭委员会当时认为，首要目标是增加煤炭产量。于是，他们根据1946年2280万吨的产量估算，给1947年定下了3000万吨的煤炭生产目标。为实现这一目标，他们建议复金将对煤炭产业的贷款和补贴作为第一优先。同样重要的是煤炭分配问题。战前，60%的煤产量均用于工业，仅剩40%供交通、发电和其他所谓的民生领域使用；但在1946年，这个比例对调了。非工业用煤需求如此之大，如果不增加煤产量，恢复工业根本就无从谈起。因此，石炭委员会从3000万吨的产煤指标中划出了1600万吨用于工业；同时，为确保分配到位，《需给调整法》的实施权被交到了经济安定本部手里。由于煤炭产业是钢铁消费大户，而钢铁生产本身也离不开煤炭，该委员会又把钢铁列为第二优先的产业。最后，为了扩大粮食生产，该委员会把同样需要用煤的化肥产业也加进了优先名录。

1947年春，倾斜生产方式开始推行。仰赖石桥的领导，依托占领当局的指令（这些指令将所有省厅的规划职能均移交给了经济安定本部），经济安定本部的工作渐渐有了生气。及至同年5月，它已经从一个仅有5个部局、316名职员的单位，发展为实际上包括1个官房、10个部局、48个课室和2000多名职员的新单位，且新入职的人员多出自商工省。与此同时，国会接连就设立各类"公团"（国营公司）立法，这些公团将遵照经济安定本部指令，高价从生产商处收购全部主要产品，再低价出售给消费者，差价则以价格补助金的形式从一般会计预算中拨付。表5－3总结了日本政府在20世纪40年代的补助金和补偿费支出情况。从表中可以看出，1946—1949年间，一般会计预算总支出中有20％—30％左右是用在了弥补工业亏损和实施倾斜生产方式上。

表5－3　1940—1952年政府价格补助金和补偿费支出

（单位：百万日元）

年份	一般会计预算总支出		价格补助金		损失补偿费	
1940	5856	(100%)	17	(0.3%)	60	(1.6%)
1941	7929	(100%)	95	(1.2%)	55	(0.7%)
1942	8271	(100%)	305	(3.7%)	240	(2.9%)
1943	12491	(100%)	510	(4.1%)	265	(2.1%)
1944	19872	(100%)	1266	(6.4%)	567	(2.8%)
1946	115207	(100%)	3731	(3.2%)	22661	(20.0%)
1947	205841	(100%)	28178	(13.7%)	8566	(4.2%)
1948	461974	(100%)	93118	(20.2%)	16632	(3.6%)
1949	699448	(100%)	179284	(25.6%)	31833	(4.6%)
1950	633259	(100%)	60162	(9.5%)	7830	(1.2%)
1951	749836	(100%)	26975	(3.6%)	9560	(1.3%)
1952	873942	(100%)	40308	(4.6%)	8183	(0.9%)

资料来源：中村隆英，《战后的产业政策》（Sengo no sangyō seisaku），新饭田宏、小野旭编，《日本的产业组织》（Nihon no sangyō soshiki），东京，1969年，第309页。

占领当局对新成立的经济官僚机构颇为满意，尤其经济安定本部最终树立了权威（美国人认为，创设经济安定本部的灵感其实源于他们为监管本国战时经济而在1943年设立的一个类似部门），但经济安定本部长官石桥对通货膨胀的漠视却让他们欢喜不起来。[47]石桥因此遭到追放。当时亲历此事的几人认为，是吉田建议惠特尼追放石桥，从而除掉了自己的政治对手石桥，尽管以石桥战前和战时在东洋经济新报社任社长的履历，远不如吉田本人的活动与战争的关系来得密切。无论真相如何，总之，吉田与石桥确实成了政敌。石桥直到1954年12月才以鸠山一郎内阁通产大臣的身份重返政界，继而着手破除吉田内阁时期从外务省调入的官员对通产省施加的各种限制。[48]

石桥被追放后不久，第一届吉田内阁倒台，取而代之的是以片山哲为首的社会主义内阁。片山内阁继续并加快了倾斜生产方式的实施，尽管这一名称因占领当局不喜欢已不再使用。1947年年中至1948年年中的这一年是实施倾斜生产方式的高潮，其间，经济安定本部、商工省、石炭厅、公团及复金支配了全体日本国民的生活。但政府对经济的牢固控制也导致了腐败案件迭出的"黑雾"（kuroi kiri），这场黑雾最终以1948年的昭和电工事件、经济安定本部长官栗栖赳夫被捕事件等一系列丑闻画上句号。占领当局将一切经济大权移交给政府（而不是像战时那样为民间保留一部分权力）反而加剧了公众对政府的不信任，真是讽刺！

片山内阁在经济事务上的作为尤以两项举措，也是两次失败而闻名。不过，一年后，它们却通过其负面影响将对经济政策的讨论推向了新高度。其中，第一项举措试图通过工资和物价统制来遏制通货膨胀。倾斜生产方式对普通民众来说是非常苛刻的，因为它在补贴生产者的同时，也用通货膨胀、物价统制和物资匮乏摧毁了无数家庭。

第五章 从军需省到通产省

为解决上述问题并保障民生，片山内阁新任命的经济安定本部长官和田博雄宣布使用新价格体系。和田认为，工人的劳动生产率已降至战前水平的一半或三分之一，以此为基准计算，他将物价和工资分别定为 1934—1936 年水平的 65 倍和 27.8 倍。他还根据大米官价设定了最低保障工资，照他的预期，到 1947 年 11 月，单个家庭仅靠这笔工资就能维生，再无举债或求诸黑市的必要。结果，通货膨胀依旧肆虐，和田本人也于 1947 年 10 月 11 日随着一则轰动性新闻被报界爆出而声誉扫地。事情是这样的，东京地方裁判所的判事（法官）山口良忠，坚持靠政府配给粮度日，最终活活饿死。山口判事在遗留下来的日记中写道："恶法亦法，我誓死捍卫。"所以，他坚决不买黑市米。[49] 然而，和田遏制通货膨胀的尝试虽然失败了，却影响深远——经济计划制定者们达成高度共识：倾斜生产方式必须设法与遏制通胀源头结合在一起。

片山内阁第二项重要却失败的举措，是将煤炭产业国有化的一项提案，借鉴自英国工党 1946 年 9 月的政策。商工省的平井富三郎满怀热情地为政府起草了国家统制煤炭产业的法案，但该法案虽经麦克阿瑟认可，却在国会遭到了强烈反对。为宣传这项举措，作为该社会主义内阁的商工大臣，水谷长三郎（Mizutani Chōzaburō）特地下到煤井，让人给他拍了一张仅有缠腰带蔽体并挥舞着鹤嘴锄的照片，从那以后，他便一直以"裈大臣"（*fundoshi daijin*）著称。而国会，在历经无数次的打断甚至拳头相向后，终于通过了大幅修改后的《临时石炭矿业管理法》（1947 年 12 月 20 日第 209 号法律，1948 年 4 月 1 日施行）。该法

237

为期三年，面向原属财阀旗下的近 56 座煤矿。它的实际后果只有一个，就是导致了石炭厅的改组和大幅扩张：及至 1950 年，该单位职员数已在 12000 人左右。然而，这部法律并没有带来超出倾斜生产方式既往表现的煤炭产量增长，遂于 1950 年 5 月 2 日提前废止。该法作为商工省乃至通产省分离经营权和所有权并将经营权移交国家的最后一次正式努力，这样的结果并不令人感到遗憾。[50]

但是，倾斜生产方式的实施无疑取得了成果。煤炭产量在 1947 年为 2930 万吨，完成了 3000 万吨指标的 97.7%，这一数字在 1948 年上升至 3479 万吨，达到了历史最高水平的 60% 左右。原材料和能源供应的增加，又对其他指定产业产生了连锁效应。经济安定本部在其首部《经济白皮书》（1947 年 7 月 22 日）中为倾斜生产方式辩护时，其立论逻辑就是"煤炭产量翻一番，制造业总体翻两番"。复金副理事长工藤昭四郎（Kudō Shōshirō）也曾写道："复金放贷规模颇显鲁莽，但及至道奇路线出台时，日本工业设施已恢复了 80%。"此外，按照池田勇人的说法，复金的贷款只有 2.9% 未能收回，但承继它的日本开发银行表示，复金的工厂及设备贷款收回率只有 25%，经营补贴贷款收回率也不过 78%。无论事实如何，池田的结论是："否定复金在日本战后经济恢复中发挥的重要作用是不合适的⋯⋯贷款相当大程度上是有效的。公平地说，复金完成了它的使命。"[51] 尽管没有哪个日本官员会质疑，复金放贷引发的通货膨胀陷国民于水深火热之中，关停的结局势不能免，然而，倾斜生产方式作为先例，却对后来官僚们的行事态度影响重大，使他们更趋向于大胆果敢而不是谨

238

小慎微、以财政安全为念的行动方针。再者，它还强化了通产省官员的民族主义意识，因为正是顶住了占领当局反对的压力，这项政策才最终得以实施。[52]

同样毋庸置疑的是，负责落实倾斜生产方式的机构和制度——复金、经济安定本部、石炭厅及《需给调整法》，不过是日本战时经济统制措施的再现。复金的融资规则直接沿用了大藏省和日银的战时政策。如果说《需给调整法》相比战时法令确有过人之处，那就是它授权政府统制所有商品，而不是仅限于贸易领域。经济安定本部照搬了企划院的职能和手段，且其职员很多都是企划院的原班人马。石炭厅更是经旧燃料局改组而来，只是不再调用军方人员。经济安定本部的创设和《需给调整法》的颁行还迫使商工省于1946年11月9日改组，按具体产业建立垂直部局，而1939年企划院设立及其物资动员计划制订，采取的就是这个方式。正如杰尔姆·科恩在其战时经济研究论著中的结语："战时统制体制及其受卡特尔支配的残余是被废除了，但作为替代的配给制度却与之酷似。"[53]

倾斜生产方式的明显缺陷是它引起的通胀后果，但同等严重的问题是，它是在封闭经济的温室环境中实施的。1949年和1950年的经济活动指数表明（见表5—4），就恢复到战前水平而言，日本已取得了相当大的进展——除了一个领域，对外贸易。日本工业所需的原料，尤其是纺织业的原棉，加上石油和粮食，在此期间一直是由美国供应。约瑟夫·道奇就曾断言，美国援助是支撑日本统制经济的两大"柱石"之一，另一个是复金的融资。占领当局则表示："（日本）要在1953年实现自给自足，出口额须比 1948 年高出 700%，且进口增长额不得超过 120%。"[54] 而在 1949 年，日本每年的出口额在 5 亿美元左右，进口额却高达 9 亿美元，差额均由美国财政部拨付。

表 5-4　1949 年和 1950 年日本经济活动指数

（1934—1936 年 = 100）

项目	1949 年	1950 年
实际国民收入	82	97
矿业和制造业	72	94
农林渔业	97	100
出口（包括占领当局采购）	15	35
进口	30	39
私人工厂和设备投资	70	82
人均实际国民收入	69	80

资料来源：日本开发银行，《日本开发银行十年史》，东京，1963 年，第 18 页。

根据日本投降时接受的《波茨坦公告》，盟军最高司令部对日本所有商品和劳务的进出口，以及外汇和金融交易，行使完全控制权。但盟军最高司令部最初仅允许日本开展政府间的小额对外贸易，直到 1947 年 9 月才首次允许国外民间人士参与对日本政府的贸易活动，而对日本民间人士开放国际贸易更是在 1949 年 12 月之后。

1945 年 10 月 9 日，占领当局指示日本政府单独设立一个政府机构，由该机构对占领当局自身输入日本的商品进行列支和分发，并在接收日本本土产品的同时将其交付占领当局，供出口之用。这项指令的结果就是商工省增设了一个新的外局——贸易厅（根据1945年12月13日第703号敕令设立）[55]。

贸易厅是一个很特殊的机构。它之所以会若即若离地隶属商工省，而不是像占领当局期望的那样隶属外务省——毕竟美国的传统是国务院掌握该国对外贸易的最高控制权，全靠椎名悦三郎及接替他任商工次官的丰田雅孝（1945年10月12日上任）动作快。1945年8月商工省恢复设置时，椎名就深谋远虑地在商务局内设立了交易课，尽管该课室无所事事。该课课长是1934年入省的松尾泰一郎（Matsuo Taiichirō），商工省为数不多的外贸专家之一。松尾曾在太平洋战争期间任"大东亚省"输入课课长，通产省最终摆脱外务省调入官员的支配后，他亦于1956年9月成为第一位由名副其实的通产官僚担任的通商局局长。1960年退官后，松尾转投丸红旗下，任该会社纽约支店店长，随后的70年代更成为该会社社长。在贸易厅的归属上，丰田当时声称商工省已经具备占领当局所期望组织的核心构成，才勉强驳回了外务省的权力主张。多年后，丰田再回想此事，也表示，商工省这次胜利发生在占领初期，而那时，盟军最高司令部还没怎么摸清情况。[56]

尽管贸易厅隶属商工省，该省对它却是影响甚微。在贸易厅职员中，商工省出身官员的人数，要远超会讲英语的（一项基本要求，毕竟贸易厅的主要业务是与占领当局打交道），以及因这一时期日本无其他外交往来而需要安置的外务省出身官员。在1947年4月之前，贸易厅一直通过近78个"半官方的"进出口贸易协会来开展其国内业务。而这些协会其实就是将战前的统制会直接搬到了战后，只不过换了个名头，当占领当局意识到怎么回事时，便立刻封死了继续依靠卡特尔这条路。之后，这些协会被四家纯官方的贸易公团取代，分管工矿产品、纺织品、原材料及粮食四大品类（参见《贸易公团法》，1947年4月14日第58号法律）。此外，贸易厅还控制着"贸易资金"——将所有美国援助和出口外汇都汇总到一个账户（"贸易资金特别会计"），用于战略物资的进口。

在全面推行倾斜生产方式的1947年和1948年，经济安定本部确立了基本贸易政策，编制了外汇预算；贸易厅则负责管理贸易资金账户，并监督固定资本由政府提供、流动资本从贸易资金贷款获取的贸易公团。然后，贸易公团从本国生产商处实际购买供出口的商品，出售给贸易厅，再接手贸易厅保管的占领当局引进物资，最终转售给消费者。而为了补贴这些交易，在1949年4月之前，占领当局和贸易厅一直将日元兑美元汇率维持在进口130日元/美元和出口330日元（或500日元，视具体商品而定）/美元的水平。[57]进口商品也是根据经济安定本部的需给计划，按固定价格出售给日本。

1948年秋，占领当局和日本方面均意识到，必须从根本上改革倾斜生产方式，以及贸易厅实施的外贸统制。1948年10月15日，芦田均内阁总辞职——首相本人在昭和电工事件中因涉嫌滥用复金资金被捕，吉田茂重新掌权。而此时的占领当局，出于两个特殊原因，终于下定决心结束这场所谓的"复金通胀"。其一，为增加日本进口以刺激经济复苏，自1948年7月起，占领当局便开始动用两个新的美援资金账户——所谓"政府对占领区救济拨

第五章　从军需省到通产省

款"账户和"占领区经济复兴"账户，此时他们不能眼看着这些政治敏感资金被通胀的火焰吞噬掉。其二，美国政府于1948年12月明确指示占领当局，要以日本经济尽快自立为首要目标。为达成这一目标，贸易必须扩大，如此一来，就必须针对贸易建立固定的日元汇率，可通胀不灭，这事儿便没戏。再者，国际社会也在重新洗牌：冷战已经开幕，共产党领导的中国革命也临近尾声。此时在美国眼中，日本俨然是一个对自身安全至关重要的战略基地，而不仅仅是一个鉴于二战中意识形态冲突的教训，需要将其列入政治改革政策范畴的对象。

再来说日本方面，以稻叶秀三为首的一群经济安定本部计划人员，起草了一份日本经济重建五年计划。该计划要求将投资重化产业作为增加出口产业价值、停止价格补贴的最佳途径，但最终被吉田否决。吉田并非不同意该计划的具体内容（与通产省在20世纪50年代实际执行的计划很相似），只是他认为，计划这种方式是社会主义的同义词。[58]受他本人背景及几位亲密同僚的影响，吉田觉得，拯救日本经济最好的药方乃是打开国门，参与世界经济整体运行，遵循国际竞争规则。

这一时期，吉田身边最重要的参谋当属白洲次郎（Shirasu Jirō，1902年生人）。白洲本人毕业于英国剑桥大学，其岳父桦山爱辅伯爵（Kabayama Aisuke）则受过美国教育，与吉田的岳父牧野伸显（Makino Nobuaki）同为萨摩一族；而牧野系明治寡头大久保利通（Ōkubo Toshimichi）次子，且和桦山一样，都毕业于美国一所大学。吉田与白洲结交于20世纪30年代的伦敦。当时，吉田是日本驻英大使，白洲是帝国渔业会社英国分部经理。

由于在家庭背景、所受教育和海外经历方面的诸多因缘，二人战后的关系依然密切。吉田先是让白洲担任与盟军最高司令部联络的事务局（即终战联络中央事务局）次长，接着又安排他在自己的第一届内阁中任经济安定本部长官。此外，白洲也参与了很多重大谈判，其中就包括与惠特尼将军商讨新宪法相关事宜，还以顾问身份参与了日本代表团的旧金山和谈。1948年12月1日，白洲被吉田任命为贸易厅长官。

12月19日，也就是白洲接掌贸易厅三周后，麦克阿瑟将军将他的《经济安定九原则》交到了日本政府手中。该计划要求平衡预算、加强征税、限制复金贷款、改善外贸和美援管理、扩大生产，此外，还提出了其他几项旨在使日本的对外贸易恢复正常的措施。但在出口上轨道前，该计划的实施也会给日本民众带来沉重负担。该计划的直接目标是建立日元固定汇率。麦克阿瑟明确表示，落实这九条原则的具体政策由日本政府负责；但他又补充道，美国政府正在派一位顾问前来协助日本政府工作并监督其进展。而这位顾问，就是底特律银行家、德国陆军上将卢修·D. 克莱（Lucius D. Clay）的前财政顾问约瑟夫·莫雷尔·道奇（Joseph Morrell Dodge，1890—1964年）。

1949年2月，道奇刚来到日本，便与吉田内阁新藏相池田勇人合作，迫使该政府制订了一项超均衡预算。同年4月25日，他又把官方汇率固定在360日元/美元，从此一直维持到1971年。他还授权设立了日本输出入银行[①]和日本开发银行，后来影响日

---

① 1952年改称，一开始叫"日本输出银行"，简称"输银"。——译者注

第五章　从军需省到通产省

本经济多年的大量关键决策的产生，也都有他从旁指导。但他最重要的成就，还是通过严格抑制需求——前田靖幸称之为"裁员式合理化"（kubikiri gōrika），以迅雷不及掩耳之势控制住通货膨胀。与此同时，他也通过在扩大生产与控制通胀之间选择后者，一劳永逸地终结了二者何为先的争论。他的政策，完全可以与19世纪80年代松方正义的通缩政策，以及1930年井上准之助取消黄金禁运的通缩政策相提并论。而且，就和井上的通缩政策被"满洲事变"的战争财消解掉不利后果一样，道奇的通缩政策也被始于1950年的朝鲜战争"景气"弥合了缺陷。

当这些重大事件发生时，道奇和其他占领当局官员几乎都没有察觉，日本方面倒是为《经济安定九原则》贡献了一次他们自己的改革，其对日本和世界经济产生的影响之大，可能不亚于道奇的任何一项举措。他们废撤了商工省和贸易厅，然后将原属二者的职能整合进一个新省厅，于是就有了通商产业省。而白洲次郎则是这一创举背后的主要推动者。[59]回过头来看，商工省与贸易厅合并，或者更准确地说，贸易厅转变为商工省的内局并在该省行政序列中居首，显然是一着妙棋。然而，正是想出这个主意的白洲，以及同他一起监督该主意付诸实践的吉田，给奉行"岸一椎名路线"的人制造了一段官僚生涯中最忧心的时光。

吉田和白洲执行占领当局的计划诚然是想恢复日本的对外贸易，但推行改革能为自身带来的政、官两界利益同样令他们心动。前面提到过，吉田对商工省及其与战时统制经济、与军方之间密不可分的关系深恶痛绝。白洲本就与吉田有同感，接任贸易厅长官后，他更立志肃清他在该厅发现的弊端，即他所谓的腐败陋习。[60]吉田则计划提升大藏省及其"娘家"外务省的地位，以使二者的影响力高过商工省一头。他和白洲都认为，可靠的外务官僚比产业政策官僚更适合承担促进出口的重任。因此，为改革并控制商工省，白洲最初的想法更多的是在商工省内安插一个人员大换血的贸易厅，而不是将二者合并。

商工省官员也察觉了吉田和白洲的上述意图，为免事情走到最坏的田地，他们可谓拼尽了全力。1949年2月2日，他们抱着监视白洲动向的目的，派了比较年轻的商工省官员永山时雄（Nagayama Tokio，1935年入省）去贸易厅任总务局贸易课课长。不幸的是，这成了商工省高层最失败的计策之一。白洲成功"策反"了永山，并让他做了自己的副手。永山后来以通产省首任官房长的身份（1949—1953年在任）回归通产省，作为掌握该省人事大权的官员，他在省内落下了"永山天皇"的绰号（"永山天皇"的事例，第六章会进一步介绍）。

商工省官员做的另一件事就是制定了《通产省设置法》（1949年4月22日提交国会审议，同年5月24日通过，同年5月25日施行的第102号法律）。商工省起草该法时，为迎合新指示，在每一个负责决策和特定产业的部局名称前都加上了前缀"通商"，结果就出现了一大堆听起来稀奇古怪的名称，比方说"通商企业局"，诸如此类。他们还将所有负责能源事务的部局降格编入一个单独的外局——"资源厅"。占领结束后，通产省于1952年全面改组，资源厅亦被废止，但在能源政策再度变得紧要的1973年，通产省又以"资源能源厅"之名恢复了该机构的设置。通产省内部这些安排和调整，无一不是为了让自己从商工省

· 第五章　从军需省到通产省 ·

侧重的国内产业统制和倾斜生产，转换到振兴国际贸易、促进出口的轨道上去；此外，他们还有一个次要目的，就是绕过白洲和吉田的视线，将旧商工省的传统暗中植入新建的通产省（通产省最初的内部组织详见附录二）。

1949 年初，有传闻说，白洲打算亲自担当通产省首任次官。对旧商工省来说，这是关乎未来命运的头等大事。于是，商工省最后一任次官松田太郎亲自找白洲协商，试图阻止这件事发生。双方讨价还价后，松田幸不辱命，条件是：松田辞职，尽管该省还有比永山资深者，官房长一职必须由永山出任，新设通商局（原贸易厅在通产省的延续）的局长则须从外务省出身官员中选任。作为回报，商工省可以指定自己人担任通产次官（松田指定了奉行"岸—椎名路线"的山本高行）。事实证明，贸易局前四位局长确实都是非常出色的外交官：武内龙次（Takeuchi Ryūji），1945 年 5—12 月在任，后成为驻西德①大使；黄田多喜夫（Ōda Takio），1949 年 12 月—1951 年 6 月在任，后成为驻印度尼西亚大使；牛场信彦（Ushiba Nobuhiko），1951 年 6 月—1954 年 7 月在任，后成为驻美大使（1970—1973 年），并于 1977 年任对外经济担当大臣，处理日美贸易危机；板垣修（Itagaki Osamu），1954 年 7 月—1956 年 9 月在任，后成为日本驻台湾地区外交代表。通产省就是在这种外务省色彩极其浓厚的背景下诞生的，而山本高行也是在这种背景下，开始了他从该省内部复兴"岸—椎

---

① 本书中的"西德"和"东德"是西方人的习惯称谓，在我国，严格意义上称为"联邦德国"和"民主德国"。但由于本书作者用英文写作，故按原文译为"西德"和"东德"。此点，敬请读者理解和注意。——编者注

名路线"的努力。尽管如此，从1949年2月吉田第三次上台组阁到1954年12月第五届吉田内阁下台，首相一共任命过八个人担当通产大臣，其中仅两人具有一定政治影响力（短暂充任的池田勇人和最后任命的爱知揆一）。当然，这也反映了吉田仍然认为通产省在政治上无足轻重的态度。

至于白洲，在他心心念念的驻美大使职位告吹后，他便从政界引退，1951年5月当上了东北电力社社长，算是和吉田走上了不同道路。1974年，白洲的名字在睽违多年之后，第一次重新出现在报纸上。同年8月19日的《日本时报》报道说，白洲作为轻井泽高尔夫俱乐部这一高奢会所的理事及其高尔夫球委员会主席，拒绝了前美国驻日大使罗伯特·英格索尔（Robert Ingersoll）周末到该俱乐部打球的请求，尽管后者出示了田中角荣首相的介绍信。因为该俱乐部章程禁止非会员周末过来打球，白洲不肯破例，而成为该俱乐部会员又必须满足在轻井泽有别墅的前提条件。

商工省最后一任大臣，亦即通产省第一任大臣，稻垣平太郎（Inagaki Heitarō，原古河财阀出身的实业家，横滨橡胶社社长，参议院议员），在通产省成立大会上发表了演讲。他承诺新省厅将致力于促进国际贸易和出口——即实行他所谓的"通商第一主义"。[61]但他又接着补充道，生产增加、企业合理化及工业技术水准提升都是扩大贸易的先决条件。然后他将这些重要任务全部交给了他在演讲中唯一提到名字的内局——企业局。原商工省的干部们对此非常满意。将近十年的时间他们都没怎么重视过贸易，更不用说促进出口了。但这个新成立的省厅似乎是他们一展所长的良机，而以促进贸易的名义进行产业指导，相比战时生产或战后的定量配给，似乎也可以为他们存在的价值提供更理想、更安全的依据。他们顿时对未来更有信心了。

1949年，占领当局预计和平条约即将达成，遂开始采取将部分控制和监督权交还日本政府的政策。1949年2月2日，占领当局将对国际贸易所得外汇的管理权全部移交日本政府，并指示设立"外国为替管理委员会"（以下简称"外汇管委会"）来监督这些资金投向恢复经济不可或缺的产业。为顺利实现权力交接，在占领当局的鼓励下，日本政府通过了前面提过的《外国为替法》（即外汇和对外贸易法，1949年12月第228号法律）[62]。除其他事项外，该法规定，凡贸易所得外汇，国民皆须汇入政府账户，由外汇管委会负责管理这些外汇的使用。而在占领结束前，经济安定本部还一直定期编制外汇预算，来具体安排这些集中起来的外汇如何使用，但之后，经济安定本部和外汇管委会却在1952年8月1日双双遭到废止。它们编制外汇预算并监督其执行的权力，则由通产省通商局新设的预算课继承。与此同时，监督所有技术进口和合资企业这一原属经济安定本部外资委员会的权力，亦被移交通产省企业局产业资金课行使。[63]伴随着上述变化，通产省终于掌握了绝不输给那些战前和战时前辈想象的强大武器，去管理和统制产业。

占领当局认为，1949年12月的《外国为替法》只是暂时性的。在其官方史料中就记有这么一段话：

这部广泛授权的法案，允许日本政府将对外汇和外贸的管制，统一维持在一种仅限于保障国际收支平衡所必要的程度，它实际上还将占领以来一直由盟军最高司令部行使的部分权力也移交给了日本政府。该法中的种种约束条件，都将随着其必要性的降低而以内阁政令和部门规章的形式逐步放宽。[64]

结果，该法非但没有"逐步放宽"，反而继续施行了三十年，直到 1980 年仍然有效；它是通产省进行产业指导和统制最为重要的工具。利昂·霍勒曼（Leon Hollerman）从 1979 年的视角出发，评论道："在'归还'行政权给日本政府以结束占领状态的过程中，盟军最高司令部十分天真，不仅主持了自身权力的移交，还主持了一个自由大国所设计过的最严苛外贸和外汇统制方式的制度化。"[65]通产省官员有了包括这些在内的新权力之后都干了些什么，我们将在下一章讨论。

事实上，日本人都认为，自 1868 年明治维新以来，1945 年战败堪称日本现代史上最重要的分水岭。然而，从产业政策历史的角度看，我却觉得，20 世纪 40 年代是一个不曾有过间断的时期：国家统制的高潮期。从东条内阁的政策开始，之后被占领当局变本加厉，日本政府对经济决策的全面主导其实是逐步实现的——先从财阀系企业入手，最后才渗入一个个家庭居民户。东条及其同僚对这一结果有预期，却没能完全实现它；占领当局的改革者没有预期却无形中推了它一把，一开始是因为他们致力于让日本政府更尽责，接下来是因为他们试图恢复并发展日本经济，使其成为全球抵制极权主义的新力量。而这些变化主要的政

第五章 从军需省到通产省

治受益者就是经济官僚，最终的经济受益者则是日本民众。

然而，实现国家统制的长远意义在于暴露其缺陷。政府指导下的高成长体制需要解决的根本政治问题，是政府机构与私人企业间的关系问题。这种关系一旦出现偏袒任何一方的失衡，便会导致竞争利益丧失或政府重点安排被喧宾夺主的结果。国家统制是经营权与所有权分离、经营权处于国家监督之下的一种尝试。大企业通常喜欢自主统制，经济官僚则青睐国家统制。在实行国家统制的20世纪40年代，这种制度的缺陷——官僚机构膨胀、管理失责、腐败和效率低下也被充分暴露出来。结果，就像根据1931年《重要产业统制法》实施的自主统制，其缺陷导致国家统制的呼声日益高涨，由军需省和战后商工省领导的国家统制，其缺陷也造就了高成长时期的政企关系，即真正的公私合作关系。

真正的国家统制在1949年之后并没有持续太久。它对其后高成长体制的主要贡献，就是永久确立了经济参谋本部作为整个日本经济决策和管理中枢的地位。占领结束后的几年里，政府经济部门开始逐渐将其权力下放给一些大企业，在一切重大问题上均与之协商，还实行产业合理化激励措施，通过巧妙安排退休官员进入重点产业领域的企业理事会，来淡化公私部门间的差别。

这种朝着真正意义上公私合作关系发展的趋势，是战争破坏的后果与占领时期改革共同作用的结果。旧财阀因其有形资产大量消耗和折损，加之占领当局的经济去集中化目标，在与国家统制派官僚的对抗中渐遭削弱。与此同时，新宪法和培养劳动力运动之类的其他改革措施，又使国家统制丧失了政治上的可能性，仅能作为短期的权宜之计。经济官僚也许可以凭借他们本身的才干进行管理，但囿于日本战后的民主体制，他们永远不可能公开统治。因而，政府和产业界都认为有必要建立一种政治分工——它既能推进积极的经济发展计划，又能预防新获得选举权的社会阶层扰乱这类计划的实施。

由此使然，日本在20世纪50、60年代的政治体制与"社团主义"之间具有某种相似性。至于社团主义，查尔斯·梅尔（Charles Maier）的说法是它兴起于两次世界大战之间的欧洲大陆。梅尔写道：

举国齐心或仅仅社会太平的关键，要么是暴力压迫，要么是不断协调。任何一个有组织的大利益集团都可能成为扰乱现代经济或危及社会秩序的破坏力量，因此，必须通过胁迫手段加以压制或满足其最低要求。而协调的需求则将决策的支点从原来的立法机关变成了各个行政机关或新的官僚机构。战争期间，政府军需部门演变成了经济计划机构……它们将私营企业拉进这项任务中来，分出一部分公权力以扩大管辖范围。尽管战时统制措施未被保留下来，20世纪20年代也没有简单回归1914年之前盛行的自由经济体制……界定社团主义制度的一个特征……是对政治权力与经济权力之间差异的模糊。市场影响力——尤其是令某个产业经济瘫痪的潜能，促成了政治影响力。结果，经济交易变得至关重要，以至无法听任私人市场去自行发展，然后政府机构就以积极调停者的身份介入了进来。[66]

第五章　从军需省到通产省

二战后的日本式"社团主义"也是基于类似原因产生，但它关注的重点有所不同，政府所起的作用也超出了调停。日本人完全明白，当新的社会阶层挑战并改变占领当局确立的民主体制时，可能造成的破坏和内乱。令人震惊的是，羡慕日本社会在20世纪70年代那种安稳的外国人，怎么就能轻易忘记了该国在1946—1961年间经历的罢工、骚乱、示威和破坏活动？然而，在利益集团的各种要求中，比调停需求更重要的需求，则是摆脱因20世纪40年代种种事件所导致的经济困境和对外国援助的依赖，而这也是全体日本人都认同的需求。资本严重不足，需要的新技术只能从国外觅得，成本太过高昂，进口大于出口，国际竞争力更是痴人说梦。在这种处境下，政府的作用绝不会被质疑。所以，经济参谋本部是在与20世纪30、40年代都截然不同的处境下，掌握着大于自主统制时期、小于国家统制时期的权力，最终获得了使日本走向富强的机会。

第六章

高 成 长 职 能 机 构

由于道奇政策引发了1949—1950年间的"安定恐慌",当时据此考察日本经济的人应该都不会想到该国将在1955—1961年迎来高速增长期乃至其后"黄金的六十年代"。日本在道奇路线和朝鲜战争时期给人的典型印象,是持续的混乱,高度期待与极度绝望轮番上演,权力中心多次更迭的政党和官僚之争,以及危机接踵而至时,政府的权宜应对。日本必须马不停蹄地去适应:道奇反通胀措施过分严苛导致经济疲软的现实,朝鲜战争带来的形势向好,美国外交政策发生的根本变化,朝鲜战争结束后的大萧条,以及与国际收支挂钩的本国经济周期的发现。此外,日本还得忍受占领时期遗留下来的制度,以及本国官僚和工业家们对这些制度的态度。

1949—1954年间,日本先后建立了促成高速增长体制(高成长体制)的各职能机构。随着吉田政府的下台及政治局势的其他变化,通产省终于在1954年将该体制变成了现实。而要真正理

第六章 高成长职能机构

解日本20世纪50年代后期的经济成就,就得先明白一点,当朝鲜战争时期设立的各职能机构集中起来,统一由一个经济参谋本部指挥时,它们便构成了一种体制——尽管它们任何一个的设立都不具有为这种体制服务的目的性。中村隆英曾主张,1955—1961年间之所以会有那些机构去强迫一个民生潦倒、资本匮乏的社会挤出钱来投资,是因为两种复杂情况的共同作用:一是战时及占领期间的统制措施在战后持续了太长时间;二是竞争变得异常激烈,不过这是政府在"安定恐慌"期间采取产业融资紧急措施所导致的意外结果[1]。

通产省得以形成高成长体制的部分要素源于:政府选择需要"育成"(培育)的产业,然后完善措施使这些产业的产品商业化,最后又设法对前两种政策引发的过度竞争加以规范和制约。经济官僚手中的工具则包括:对所有外汇和技术进口实施管制,从而为自己赢得了指定拟重点发展产业的权力;采取优惠融资、税收减免和保护本国产业不受外来竞争侵扰的措施,令自己有权降低所指定产业的生产成本;以及,下令建立卡特尔组织和以银行为基础的产业集团(经过改良的新型财阀,当时由政府全额出资设立),让自己掌握了监管竞争的权力。这种高成长体制当时可以说是日本政府制定过的最合理、最见效的产业政策之一,但直到它开始在日本和其他工业化国家取得成果之后,其内在合理性方被察觉。

该体制的形成始于道奇路线时期。道奇的政策固然结束了通胀,代价却是通过倾斜生产方式好不容易燃起的经济复苏苗头几乎被掐灭殆尽。由于政府停止了复兴金融金库对各产业的价格补贴和贷款，该体制失去了主要资金来源，而且也根本没有其他渠道的资金来填补缺口，无论企业内部积累还是占领当局正在培育的资本市场，统统指望不上。同样重要的是，当政府对指定倾斜的生产部门停止援助、占领当局开始提振出口产业时，仅有的那点私人资本也全部被重新分配。用于煤炭和电力发展的资金大幅减少，用于恢复纺织产业的资金则急剧增加。[2] 占领当局对这一变化颇为满意，因为纺织品能赚取外汇，但日本官僚却看出了能源危机逼近的端倪。更糟糕的是，因 1949 年 9 月 18 日英镑贬值，促进出口的政策也被严重削弱。英镑相对美元贬值了 30.5%，也就是说，其汇率从 4.03 美元/英镑跌到了 2.80 美元/英镑，此举导致近 30 个其他国家也跟风贬值本国货币。刚刚将本币汇率固定在 360 日元/美元的日本，顿时意识到本国产品在主要出口市场中存在定价过高的问题。1949 年和 1950 年相交的冬季，日本人民遭遇了二战结束以来最严酷的经济困境，革命的威胁近在咫尺[3]。

1950 年 6 月 25 日，朝鲜半岛突起战火，美国随即出面干涉。这一事件，即便不够彻底，至少在表面上平息了"安定恐慌"。美国自实施"安定"方针以来，便一直向日本提供援助以支持该国经济，除此之外，现在又开始把弹药、卡车、制服、通信设备等军需品的大宗采购订单交给日本企业生产。而且，作为其对外援助的一部分，美国还开始为南亚、东南亚的非社会主义国家采购化肥和消费品。例如，1950 年 7 月—1951 年 2 月，美国军方和美国经济合作总署（U. S. Economic Cooperation Administration）向日本企业订购了 7979 辆卡车，价值高达 1500 万美元左右，可以说是日本汽车产业复苏的关键订单。[4] 通产省企业局则负责监督这些"特需"订单的生产,以确保所得外汇收入均被用于基础产业的投资。这种所谓的"特需景气"一度造成一种繁荣的错觉,让人误以为苦日子已经一去不复返。特需订单费用加上美军及其家属的开支,在1952—1953年占到了日本全部外汇收入的37%,在1959—1960年仍占到37%。[5]

然而,这笔横财却给日本国内造成了严重的财务困难。日本企业无法及时获得更新设备所需资金来完成美国人的订单,它们的营运资金也不足以让它们维持生产,尽管它们有一些合同允许延迟六个月甚或更长时间付款。围绕采取何种紧急措施来解决这一困境的问题,在日本官僚内部展开了一场论战,其结果对日本后来的经济发展及政府经济政策都具有深远影响。就是它催生了政府为其超额放贷担保的"都市银行"与作为"最后贷款者"的新设国家银行的双重结构。后一种银行,特别是日本开发银行(简称"开银"),由于它们有权决定是否提供"政策贷款",渐渐开始、甚至今天仍然具有对整个日本经济强大的导向作用。

上述产业金融论战的两大对立方分别是前大藏次官、第三次吉田内阁大藏大臣(1949年2月—1952年10月在任)池田勇人(1899—1965年)[①],以及1946年6月—1954年12月任日银总裁

---

① 为捋清池田的经历,如下日期须谨记。在担当第三届吉田内阁藏相期间,池田也曾在1950年2月至4月兼任通产大臣。吉田后来又任命池田担当其第四届内阁的通产大臣,但池田仅干了一个月(1952年10月—11月)便因为在国会的"口祸"(下面会提到)而被迫辞职。1952—1956年间,池田在自由党内担任了多个职务,如干事长。1956年12月—1957年7月,他以藏相身份重返内阁。他后来还做过一段时间的通产大臣(1959年6月—1960年7月),而这也是他成为首相前,在内阁中担任的最后一个职位。至于池田"自己的"省,当然是指他在1925—1948年间以官僚身份供职的大藏省。

的一万田尚登（1893 年生人）。而他们的冲突，既是出于政策方面的实质分歧，也不乏政、官两界立场不同的因素。最终结果是池田胜出，其执掌的大藏省跟着宣示该省对日银的支配权（特别是在 1956 年 11 月，大藏省 29 年来第一次任命本省官员担当日银总裁之后，参见表 6-1）。但一万田尚登也对日本经济的未来做出了重大贡献，尽管他因为反对重工业化，被通产省官员在报章上口诛笔伐。在道奇路线和朝鲜战争时期，池田和一万田分别创设了日本双重产业融资体系中的一重，但这一体系后来却成了通产省运用自如的利器。

表 6-1　1945—1975 年日本银行历任总裁

总裁及其任期	经历
涩泽敬三，1944 年 3 月—1945 年 10 月	横滨正金银行；第一银行
新木荣吉，1945 年 10 月—1946 年 6 月	日本银行；追放；1950 年追放解除
一万田尚登，1946 年 6 月—1954 年 12 月	日本银行；后成为鸠山内阁与岸内阁藏相
新木荣吉，1954 年 12 月—1956 年 11 月	见上
山际正道，1956 年 11 月—1964 年 12 月	前大藏次官；日本输出入银行
宇佐美洵，1964 年 12 月—1969 年 12 月	三菱银行
佐佐木直，1969 年 12 月—1974 年 12 月	日本银行
森永贞一郎，1974 年 12 月—1979 年 12 月	前大藏次官；日本输出入银行

严格说来，池田并非石桥湛山那种类型的通货膨胀支持者，但他在大藏省内，也算不上典型的财政保守派。20 世纪 50 年代

· 第六章　高成长职能机构 ·

后期，他为了让他的"积极财政主张"被接受，就和自己省发生了冲突，其艰难程度并不逊于先前和日银那些通货紧缩支持者之间的对抗。[6] 池田认为，政府是产业资本唯一的提供者，所以他一直支持战前和战时如日本劝业银行、占领期间如复金等政府金融机构的活动。作为在 1960 年"安保骚动"① 结束之后接替岸信介的首相，池田将政府工作重心从政治转向了经济，故而他的名字总是同所谓的"低姿态"政治联系在一起；但尽管如此，他在内部争论中却表现得异常直率。[7] 池田曾于 1952 年 11 月 27 日，在一起著名事件中被迫辞去通产大臣之位，并接受他政治生涯中的一次暂时挫折，就是因为他在国会中毫不避讳地扬言，作为重工业化的结果，"即使有五或十个中小企业主被逼自杀，我也不会改变心意"[8]。池田必须被视为日本经济奇迹最重要的设计师，无出其右。

一万田的财政观点则几乎与池田完全相反。他战前在德国工作过，对德国曾经的通胀经历有亲身体验，所以他强烈赞同占领当局对石桥 1947 年通胀政策的否定意见。由于属财阀的大部分原高级管理人员均遭追放，商业银行其实是整个占领期间唯一未受影响的机构，而它们能从日银借得多少资金则全凭一万田做主，因此，相对这些银行及其借款人，一万田手中的权力极大。道奇实施通缩政策并导致"安定恐慌"后，一万田（如今在报界有"法皇"之称，"法皇"意谓教皇）更是操持起了企业的生杀

---

① 又称"安保斗争"，指反对《日美安保条约》的日本国民运动，始于 1959 年。——译者注

大权。部分由于他在德国的经历,部分因为大多数通胀支持者都集中在大藏省,一万田渐渐成了主张通缩型均衡财政政策与温和型货币扩张政策的代表人物。在资金匮乏时期,他加快政府对都市银行(十二家被日银赋予贷款特权的全国性银行)的贷款速度,再由这些银行将到手的资金提供给抱怨没钱扩充设备的工业家们。虽然他的步伐在池田和通产省看来不够快,但却是他开启了中央银行"超额放贷"的时代,从而在都市银行与产业界之间建立起了持续至今的纽带。通过超额放贷,他实际上使得占领当局为给产业融资而提议建立的资本市场(即股票交易所)至少推迟了20年才兴旺起来。

日银的货币扩张政策刚实行没几年,日本工业体系一个最突出的特点就体现出来了——一种层层依赖的模式:一帮企业自一家银行贷款,其额度远超各个企业的偿还能力,或者常常超过它们的净资产,这家银行紧跟着又从日银过度举债。由于中央银行是整个融资体系的最终担保者,那些依赖它的"民间"银行所实行的政策及其放贷决定,就都必须接受它全面而又细致的管控。这种所谓"间接金融方式"的间接其实仅停留在表面上。伊东光晴的解释是:"不同于依靠自有资本建立的战前企业,战后企业的资本中有近70%—80%要依靠商业银行的贷款。归根结底,这些贷款都是通过从日银,也就是日本的中央银行借款来提供的。"[9] 当然,这枚硬币的反面就是较少依赖股份发行。"在1935年,"布罗德布里奇(Broadbridge)也写道,"除去公积金和折旧,股票销售所得在筹集的产业资金中所占比例高达68%;这一数字在1963年下降到了10%。"[10] 至少就融资和股权结构而言,20世纪 30、40 年代的日本要比 20 世纪 50、60 年代的日本更像一个资本主义国家。

一万田本人显然不愿看到超额贷款制度扩张到如此地步。他常宣称，中央银行的承受能力已达极限，资本危机迫在眉睫。[11] 同时，为了保护自己和自己的银行，他也变得越来越依赖通产省企业局关于各类产业在具体时期所需资本额的指南，尤其是关于政府其他部门当前所保护和促进产业的指南。[12] 一旦日银或城市银行严重违背通产省指南，支持某个非指定产业，所带来的风险别说是某一家银行，甚至整个金融体系都承担不起。

虽然银行超额贷款制度的起因是伴随道奇路线而来的资本短缺（并不像一些人所写的那样，是日本文化本身自带[13]），但它对池田及其通产省同僚同样不乏吸引力。由于这一制度展示了对其极为有限的资源进行控制和协调的可能性，池田他们也为该制度的维系和规范化采取了措施。就像池田在 1952 年强调的，股息从企业税后利润中支付，而银行贷款利息则可以从应税所得中扣除。这样一来，企业从银行借款就会比发行新股筹资来得便宜——前提是企业能够从银行获得所需资金。[14] 由于承袭自占领时期的税制属于大藏省的管辖范围，确保这些税收优势延续下去并进一步扩大就不是什么难题（同时还采取了许多其他措施，将在下面讨论）。加上官界的重工业化支持者也看到了一万田所创制度的价值，该制度在预计将面临的危机解除之后，还继续维持了好长时间。尽管资本市场在日本慢慢发展起来了，并开始在产业金融领域扮演日益重要的角色，但作为一种资金来源，在 20 世纪 70 年代之前，它对银行借贷的挑战甚至都不曾开始过。

261

超额贷款制度的优点之一，是经营者不会受到来自股东的压力。这就意味着，他们不用再担心短期利润率被拿来衡量他们的业绩，转而可以将精力集中在打入国外市场、质量控制和长期产品开发等事务上。当日本经营者开始跻身与美国企业激烈竞争时，这成了他们一个相当大的优势，因为短期利润率和股息支付是美国企业获得资金的关键（何况还是经营者保住饭碗的关键）。这项制度的另外一个优点，则是政府根据国际收支的限制条件，仅靠金融统制就能简便、准确地加快或放缓经济活动的步调。但对借款的这种依赖也有不如人意之处，那就是它导致日本企业实缴资本少得可怜，很容易成为外国资本收购的目标。不过，这一状况只是让民间要求保护日本经济的呼声变得更高而已，而保护日本经济，则是日本官员基于民族主义立场无论如何都想要去做的事。由此结成的利益共同体使得官、民双方都得到了更多支持。

在一万田制度带来的所有结果中，最重要的当然是培养出了"银行系列"（以银行为基础的大企业集团）来接替旧财阀留下的空缺，因为少了它们，日本经济可能会无法容忍高度竞争普遍存在于该国受政府支配的大企业部门中。下一章将提到，到了20世纪60年代，许多通产省官员开始怀疑这一特质的价值——但必须强调的是，通产省官员在20世纪60年代之前，谁都没有经历过开放型经济体制，他们一直低估了竞争在自己所创建体制中的作用。

"安定恐慌"导致了企业对银行这一融资渠道的依赖，从那时起，每个企业都试图同某家银行建立密切的业务关系，企业未必能从它的主办银行得到所需的全部资金或优惠条件，但它确实得到了它不能缺少的东西——首先是获取资金的渠道，因为它已经取得了银行客户的身份。反过来，银行也离不开对它们欠下巨额债务的那些政策倾斜企业，其生存有赖后者稳健的财务状况，所以在这一点上对后者负有监督之责。由此产生的协作关系很像过去的德国银行集团，典型的就是德意志银行或德累斯顿银行，它们与其关联企业之间交叉持股（这在美国是违法的）[1]。不同之处在于，日本政府对后来所谓"金融系列"的管制权要比德国政府对其银行集团和财团大得多。20世纪50年代出现的日本六大集团（芙蓉、三和、一劝、三井、三菱、住友）分别靠富士、三和、第一、三井、三菱和住友这六家银行起家。以富士银行（芙蓉集团）为例，它与过去的安田财阀、浅野财阀，以及鲇川义介原来的日产系会社1955年以后又与本集团旗下商社——由丸红、高岛屋饭田合并而成的丸红饭田株式会社——都建立了资金关系。

一个典型的日本集团包括一家大银行、几家工业企业和一家综合商社（贸易会社）。在业务扩张期，银行为成员会社提供资金，因而这一阶段是它在集团内起关键作用；但到了业务收缩期，商社一边利用信贷进口原材料，一边将国内滞销的产品卖力

---

[1] 拉尔夫·达伦多夫（Ralf Dahrendorf）的评论一针见血："德国与盎格鲁－撒克逊国家在工业化上的一个关键性差异就是银行的作用，德国的银行早早就自行合并为庞大的金融帝国，通过它们的信贷和投资在德国的工业化过程中扮演了相当吃重的角色，与此同时也为大型工业组织的快速发展提供了便利条件。" *Society and Democracy in Germany*（Garden City, N.Y.: Doubleday, 1967), p. 37.

销往国外，于是集团内的核心角色就变成了那家综合商社。虽然占领当局解散了过去的财阀系商社，但占领一结束，通产省就忙着把它们重新建起来。三井物产与三菱商事1947年11月30日即告解散，1950年8月31日方完成清算。三井系中以第一物产、三信贸易、极东贸易这几家会社规模最大且最为成功，三菱系中拔尖的则有东西贸易、不二贸易和东洋商事。截至1952年底，原属三菱系的各会社已完成合体，而三井系直到1955年底才重新集结到一起。[15]

通产省通过出台海外分支机构开办费用、贸易合同坏账准备金允许冲抵税款的相关法律，推动了商社的重组；早在1953年，该省强势的产业合理化审议会（将在下文讨论）就呼吁商社与制造会社"系列化"（集团化）。这其实意味着，如果一家商社还没有自己的关联企业，通产省就会为它指定一个。凭借其许可证照审批权及提供优惠贷款的能力，通产省最终从占领结束后存续下来的约2800家商社中，筛选出近20家规模较大的，每一家均对应一个银行系列或由中小生产商组成的卡特尔，旨在为后者服务。[16]银行系列是旧财阀的接替者，它们出现的原因与明治时代财阀崛起的原因相同，都是为了将稀缺的资金集中到关键项目的发展上去；但它们与后者又有不同之处，那就是相比过去以家族为中心的财界帝国，它们在内部组织上会有更多的效率考量，彼此之间的竞争也要激烈得多。

这种竞争归根结底是由银行资产的性质导致的。诚如阿贝格伦（Abegglen）和拉普（Rapp）所言："由于中央银行事实上是日本大企业债务的内在担保人，伴随高负债产生的财务风险在日本大为降低。"[17]这一风险不复存在，才是导致竞争成为必然的最大因素。再加上大藏省对所有利息率、股息率乃至银行业务范围、开设分支机构审批事宜的严格管控——意味着银行家真正要做的只有专心在市场上争夺更多贷款份额和储户这一件事，更加降低了银行经理人的风险。在这种情况下，都市银行可谓铆足了劲去打探并扶持成长性产业和企业。更重要的是，一个银行系列对通产省扶植的每一个新产业都要第一时间介入，否则等待它们的就是被隔绝在那些实际上没有任何风险的产业部门之外。

这些压力和激励措施促成的结果就是日本高成长时期著名的"全布局主义"（one set-ism），这个词语的意思是，每一个银行系列都必须通过兼并或新设的方式，拥有覆盖所有政府指定成长性产业的一整套企业，但这样做是否具有商业价值则在所不问。这种竞争在20世纪60年代成了通产省头疼的根源。举例来说，通产省当时扶植了四家石化会社，不久却发现，除了选中的这几家行业标杆，还有另外五家在以同样的速度和规模建立它们自己的产业集团。生产过剩在所难免，但站在任何一个集团自身的立场来看，这种风险并不及没能涉足一个政府扶持的重要产业来得严重（因为通产省势必会组织一个卡特尔来分配市场份额）。

当时的日本确属统制经济无疑，但在艰难的1950年，一万田增加资金供应量的温和措施，却在大企业间引发了比在那些开放的寡头垄断经济体中还要激烈的竞争，尽管竞争于后者是普遍状态。甚至政府在1955年及之后的纯引导性"计划"（将在下文讨论），也因为披露了政府拟在下一周期商业化的具体产业（即那些除非日本经济整体崩溃，否则接近零风险的产业），成了竞争之火的助燃剂。因此，经济企划厅计划为指定倾斜产业设定的所有指标，无一例外地得到了相当程度的超额完成，这一点毫不奇怪，更不能反映出政府计划工作者制订计划的真实水平（有些学者似乎觉得可以）。[18]

产业金融体系的第二重，即池田创设的政府银行，出现在日银不得不对都市银行设置最高贷款限额之际，旨在对都市银行的职能起补充作用。朝鲜战争爆发后不久，一万田即宣布，超额贷款实际上已届极限[19]，仅靠都市银行提供重建日本所需的全部资金，无论如何都是行不通的。这在资本短缺的战后初期，在煤炭、钢铁、电力等非出口却至关重要的基础产业部门的恢复上，表现得尤为突出。这些产业以往都是由复金提供贷款，而池田显然意识到了建立复金替代机构的必要性。池田的难题是，盟军最高司令部民政局与道奇都嘲讽复金是恶性通胀的始作俑者，占领当局的一些正统主义者更是对带有战前和战时"国策会社"味道的一切事物心生敌意。至于复金，其主要缺陷就在于，它有相当一部分资金直接来自一般会计预算，而道奇坚决要求日本保持财政平衡甚至超平衡，相当于堵死了这一来源。那么，新银行还能从其他哪些渠道获得资金呢？

其他资金来源主要有两个。首先是美国的"回头资金"（*mikaeri shikin*），即在日本出售美援物资的日元收益。道奇抵日后，这些收益一直被仔细地单放在一个专门账户保存，而不是像占领前半期那样，和其他国外收入一股脑儿地混在一起。另一个来源是国营邮政储蓄系统的资金（"邮便贮金"），存放在大藏省的信托账户中。吸收小额存款的邮储系统从明治时代就已存在，

· 第六章　高成长职能机构 ·

并因为卷入丑闻和涉嫌被政府滥用于各种政治投机而起起落落；比如 1917 年和 1918 年，寺内正毅政府就曾拿民众储蓄去为臭名昭著的西原龟山对华借款（史称"西原借款"）买单。占领期间，盟军最高司令部将政府对邮储资金的使用基本限定于担保地方债券。但随着通胀结束，储户们纷纷奔向邮局而不是他们难以完全信赖的私人银行，这就使得邮储账户的资金规模开始变得异常庞大。池田的计划是用邮储的存款支持工业复兴，同时确保回头资金用于银行力有不及的重要项目。于是，他开始就这些方案同道奇协商。

池田第一条建议是成立一家出口银行，相比他成立一家新复金的第二条建议，美国人很容易就接受了这个主意。市场上严重缺乏能为生产资料出口提供长期贷款的金融机构，这一现实正在阻碍日本对外贸易的发展，因此，占领当局很快同意了日本输出银行的设立（1950 年 12 月 5 日第 268 号法律）。该银行 1950 年 12 月 28 日成立，1951 年 2 月 1 日开业，初始资金 150 亿日元来自美援回头资金和一般会计预算拨款。首相为其任命了总裁，大藏省则负责其业务的监管。1952 年 4 月占领结束后，日本政府将该行更名为"日本输出入银行"，从此该行又多了一项任务，就是当日本进口商进口商品获通产省许可时，为其预付货款提供必要的资金。及至 1958 年，输出入银行的资本账户金额已扩大到 388 亿日元，待偿贷款总额更是高达 603 亿日元。

20 世纪 50 年代，输出入银行的贷款以出口贷款居多，但并非所有的出口商品都真的出了国。有一种优惠贷款面向通产省所谓的成套设备（puranto，对应英文"plant"）出口，但在日文语

267

境中，这个词若被政府机构使用是有特殊意味的。通产省机械局的岛村武久（Shimamura Takehisa，1938—1965 年供职于通产省，退休后成为古河电气工业高管）作了一个界定，但凡价值超过 1000 万日元且付款延迟期长达六个月以上的出口合同，都可称之为成套设备出口。毕竟刚开始的时候，真正的成套设备出口少之又少。在 20 世纪 50 年代中期，大多数成套设备出口其实就是船舶出口，而且很多船舶只出口一天，回头便转售给日本国内的运输企业，但输出入银行却要对整个交易进行补贴。我们在本章后面部分会看到，在萧条的 1954 年，通产省甚至想出了更大胆的计划来为船舶"出口"买单——将船舶的制造、销售与极为赚钱的砂糖和香蕉进口业务挂钩。[20]那真是一个敢想敢干、灵活权变的年代。

就产业政策而言，在 1949—1953 年间成立的六家政府银行（再加上从战前安然存续下来的两家银行）中，最重要的当属根据 1951 年 3 月 31 日第 108 号法律设立的日本开发银行[①]（简称"开银"）。池田曾请求道奇允许开银从邮储账户中借款，但被道奇拒绝。不过，道奇在 1951 年批准了大藏省资金运用部为特定政府工程提供资金，可由于占领当局对开银的抵触，资金运用部资金并不能为开银这种类似复金的经营体服务。最后，开银共计

[①] 截至 1953 年底，日本共有八家政府银行，分别是：农林中央金库（1923 年）、商工组合中央金库（1936 年）、国民金融公库（1949 年）、住宅金融公库（1950 年）、日本输出入银行（1950 年）、日本开发银行（1951 年）、农林渔业金融公库（1953 年），以及中小企业金融公库（1953 年）。参见 Chalmers Johnson, *Japan's Public Policy Companies* (Washington D. C.: American Enterprise Institute, 1978).

1000万日元的创办资本均系占领当局从回头资金中支取，但占领当局允许该行设立是有前提的，那就是该行不得发行证券、对外举债或贷款给企业以弥补其生产费用。保守的占领当局领导人仍十分警惕高通胀卷土重来。盟军最高司令部的历史工作者表示，开银"旨在为私人企业提供商业银行无法承当相应风险的长期贷款"[21]。

在创设后的一年里，开银渐渐成了通产省实施产业政策最重要的工具。开银本身属于大藏省的行政管辖范围，但在决策方面则受通产省支配，因为该省有责任监督全部贷款申请，并对所需资本与可用资本之间的差额进行年度评估，最后将报告提交开银理事会。以1952财年为例，通产省企业局计算出，钢铁产业所需投资额420亿日元，钢企能够自筹或从本集团银行借到的部分为315亿日元；煤矿产业所需投资额400亿日元，其中270亿日元能够从民间筹得。剩下的缺口须靠开银贷款补足。[22]除了这些，通产省还将本省德高望重的一些退休"前辈"安排到开银董事会中，而开此先例的就是商工省末代次官松田太郎，他在1952年8月—1957年6月期间任开银理事（接替他的是1934—1957年供职于通产省的吉冈千代三，吉冈之后又被1937—1962年在通产省任职的今井博接替）[23]。

几乎是占领一结束，日本政府就修改了《日本开发银行法》（1952年7月1日第224号法律），允许该行以自己名义发行债券，并在原占领当局规定基础上提高了它的贷款最高限额。与此同时，大藏省也通过修改所有涉及邮储账户的法令，将这些账户都整合进一个名为《财政投融资计划》（简称"财投"）的庞大投资基金。大藏省及通产省企业局产业资金课的官员每年都要制订这个所谓的"第二"预算或"投资"预算。从1953年起，财投一直是日本经济发展过程中最为重要的金融工具。

为确保财投的合理性，且公众也能继续将积蓄存入邮局，大藏省规定，对个人存款中最初的300万日元（折合15000美元）免征利息税，并允准邮储执行竞争力的高利率。这项制度取得了十分令人振奋的成就，据估计，邮储总额在1980年高达55万亿日元（四倍于全球最大商业银行——美国银行的资产）；相比之下，所有都市银行的个人存款加起来不过31万亿日元，地区银行的也只有300万亿日元。20世纪70年代，邮储系统渐渐演变成日本的主要避税手段，因为全国有多少家邮局，一个人就能开多少个300万日元的储蓄账户。邮政省则声称，监控相关账户的数量是不可能的。更糟的是，对那些账户即将超过300万日元的储户，邮政局长会例行建议他们再去找一家邮局开新户。[24]财投一经设立，开银便被允许自前者借款，然后开银再将借到的资金转贷给通产省批准的企业客户。

1953—1961年，政府对工业的直接融资（区别于超额贷款形式的间接融资），比重在最高38%、最低19%之间浮动（见表6—2）。开银则在1953年贡献了22%，1961年仅贡献5%，但尽管相对于都市银行所提供资金的增长，它的贷款规模变小了，开银仍然通过它决定是否支持某个新产业具有的指示效果，保留了"引导"资金流向的权力。一笔开银的贷款，无论其金额多寡，都意味着通产省对某一家企业的正式认可，而拿到过开银贷款的企业也能轻而易举地从民间筹得自己需要的资金。[25]

表 6-2　1953—1961 年产业资本来源（单位：亿日元）

	1953 年	1954 年	1955 年	1956 年	1957 年	1958 年	1959 年	1960 年	1961 年
民营金融机构：									
仅银行	1945 (49%)	1592 (42%)	1767 (40%)	3387 (49%)	3559 (44%)	4125 (44%)	4808 (42%)	6427 (42%)	7053 (49%)
其他	511 (13%)	969 (25%)	1289 (29%)	1913 (28%)	2351 (29%)	3029 (32%)	4132 (36%)	5849 (39%)	7286 (40%)
小计	2456 (62%)	2531 (66%)	3056 (69%)	5300 (77%)	5910 (74%)	7154 (76%)	8940 (77%)	12276 (81%)	14339 (80%)
官方金融机构：									
日本开发银行	871 (22%)	575 (15%)	464 (11%)	448 (7%)	632 (8%)	589 (6%)	681 (6%)	650 (4%)	862 (5%)
其他政府银行	415 (11%)	455 (12%)	559 (13%)	716 (10%)	930 (12%)	1009 (11%)	1338 (12%)	1555 (10%)	1850 (10%)
特别账户	195 (5%)	274 (7%)	341 (8%)	431 (6%)	569 (7%)	716 (8%)	587 (5%)	651 (4%)	986 (6%)
小计	1481 (38%)	1303 (34%)	1364 (31%)	1595 (23%)	2131 (27%)	2314 (24%)	2606 (23%)	2856 (19%)	3697 (20%)
合计	3937 (100%)	3835 (100%)	4420 (100%)	6896 (100%)	8040 (100%)	9468 (100%)	11547 (100%)	15132 (100%)	18036 (100%)

资料来源：远藤湘吉，《财政投融资》，东京，1966 年，第 149 页。

从 1953 年到 1955 年，比起反映开银对整个工业体系融资情况的各种数值，该行对通产省指定战略产业——电力、造船、煤炭和钢铁的贡献值才更为重要。此阶段，开银近 83% 的融资均投向了上述四个产业，在这些产业投资总额中所占比例分别为：电力 23.1%；造船 33.6%；煤炭 29.8%；新建钢铁厂 10.6%。[26]

政府投资在产业投资中的巨大占比，也启发了日本学术界用"国家垄断资本主义"这一最常见的表述来概括本国经济特征。远藤湘吉（Endō Shōkichi）教授解释说，他口中的"国家垄断资本主义"指的是，政府为实现自身设定的具体政策目标，按照私人部门无法满足的条件，向产业提供资本或其他资金的行为。在他看来，财投就是国家垄断资本主义下最典型的政策工具，这种机制，他认为发端于日本大萧条时期，然后便一直延续至今。[27]

虽然通产省企业局的官员们不可能使用意识形态色彩如此浓厚的概念，但他们不得不承认，远藤对财投作用的描述分毫不差。自1953年起，财投资金规模在一般会计预算中所占比重高达1/3到1/2，占国民生产总值的比重则在最低3.3%（1956年）、最高6.3%（1972年）之间浮动。而在1973年之前，它甚至可以不经国会审查或批准，完全由经济官僚说了算。诚如博尔索所言，它是"规避战后确立的严格财政平衡原则最重要的手段"。[28]

在一万田和池田建立这种双重金融体系期间，通产省正忙着整理自家门户，准备在振兴本国经济的运营层面发挥主导作用。通产省1949年5月成立之时，不但要面对剩下的三年占领期，首相吉田的敌视也还要再忍上五年。在刚开始这几年，该省最重要的部门是通商局，也就是原商工省贸易厅的后继者。但在日本恢复外交之前，该局长官及其大部分高级官员都是韬光养晦、等待时机复出的外交官，这一事实不可避免地导致该局落下了"外务省分店"（*Gaimu-shō no demise*）的名头，且令经历过岸—椎名时代的省内老人深为憾恨。这段时期也是通产省的"黑暗时期"，官房长一职由永山时雄占据，而安排此事的则是吉田私人顾问白洲次郎。[29]

新任次官山本高行的第一要务就是恢复产业政策官僚的士

气，解决永山在位时的派系问题。当时有两件事对他的努力起到了助推作用：一是道奇的平衡预算政策要求大幅裁减政府官员；二是朝鲜战争爆发后，占领当局将追放对象转为共产党，其实就是以工会领导人为主要目标。通产省拥有一个十分活跃的工会——"全商工"（全体商业和工业劳动者联盟），隶属于激进的"官公劳"（官厅和公共部门劳动者联盟），而后者常常会采取一些措施，结果恰好给占领当局的追放提供了完美的借口。例如，1950年4月，全商工先是堵了高濑庄太郎（1949年5月更名为"一桥大学"的东京商科大学前校长和杰出校友）乘坐的汽车，后又封锁了其办公室，而高濑是刚刚上任的通产大臣，同时兼任文部大臣。[30]

1949—1951年，趁诸如此类的事件之机，山本在内阁精简机构的直接命令基础上，累计解雇了近10000名官员。拿通产省内局来说，职员数从1949年的13822人一下子减到了1952年的3257人。[31]这无疑是道奇通缩政策最有益的成果之一，而通产省则成了一个比战后商工省精干得多也团结得多的机构。

至于省内派系问题，山本任命如下：石原武夫，企业局局长；德永久次，矿山局局长；平井富三郎，通商振兴局局长；玉置敬三，通商机械局局长。这些人都是经历过岸—椎名时代的资深骨干，并在20世纪50年代先后成为通产次官。山本1952年3月退官时，将次官之位传给了玉置敬三。与此同时，永山也为剩下的大部分部局和课室任命了长官，而他最知名的杰作之一，则是把一位处于上升期的年轻"统制官僚"、后来的通产次官佐桥滋，从至关重要的纤维局棉业课长岗位上（1948年12月—1951

年8月在任）调离，改任仙台通产局总务部长这个芝麻绿豆的边缘职位（1951年8月—1952年8月在任）。

在工会组织快速发展的占领初期，佐桥即当选全商工第一任委员长。尽管他并非共产主义者，这件事却在"赤色追放"开始时，将他推到了风口浪尖。在遵循道奇路线精简机构的过程中，有一天，全商工成员居然强行将官房长永山时雄押送至一个私设的法庭之上。虽然佐桥已不再是全商工领导人，但时任通产省课长的他还是被叫过去从中调停。结果，佐桥以其一贯的直率态度（下一章还会有几个这样的例子）大声训诫那些工人，说他们为保住饭碗而给永山这样的傻瓜施压根本无济于事，然后就结束了争端。但此后不久，佐桥便发现自己登上了开往东北（即仙台）的列车。[32]

永山招致非议，不仅因为他是吉田和白洲一派的人，还因为他升任官房长跳过了好几个资历比他高的官员。在当时那个饱受贫困和失业威胁的年代，年功序列已经被所有日本组织根深蒂固地奉为职业稳定不可或缺的要素。而永山系通过政治关系越级上位，自然被视为所有人的潜在威胁。不过，永山并没有那么容易出局。对这一难题的解决，时任次官的玉置敬三功不可没，背后支持他的则是通产大臣池田。当池田因在国会闯下自称不在乎是否有中小企业主被逼自杀的口祸而不得不辞职时，玉置又向接替他的小笠原三九郎进言，表示永山必须走。与此同时，永山的导师白洲因公开批评首相吉田而迅速失势，永山的地位亦随之削弱。

1953年1月，小笠原和玉置终于将永山成功赶下官房长职位，并将他打发至东京通产局任局长（官房长一职由两年后成为次官的石原武夫接任）。永山在他的新岗位上待到次年7月，又以纤维局长的身份重新回到了通产省本部。他最终于1955年退官，随后便试图利用他在东京通商局长和省内通商局长职位上（赢得政治支持的最佳位置）发展起来的关系竞选参议院议员。但他在投票环节失利，接着就走上了通常的"下凡"之路，先后出任过昭和石油（隶属壳牌石油）社长和三菱油化理事。[33]自退休以来，永山已逐渐成为受人尊敬的炼油业界"前辈"，但"永山天皇"时代，至今仍是通产官僚记忆中该省内部分歧最严重的三个时期之一（另外两个是1941年岸信介获任大臣和1963年佐桥滋次官任命遭否）。

除了上述人事、派系纷争，通产省在刚开始的几年也采取了促成高成长政策的初步举措。通商局是该省最忙碌的地方，但它大部分时间都在处理进出口申请事宜，以及与占领当局沟通，而不是考虑日本经济何去何从。结果，只不过几年时间，它的地位就被作为计划和决策中心的企业局完全超越。1949年期间，企业局闷声做事——它的名字很少在占领当局档案中出现，却富有成效。然后在1949年9月13日，内阁终于通过了企业局提出的《产业合理化政策》（Sangyō Gōrika ni kan suru Ken）。尽管很少得到承认，这份文件理当被视为道奇路线和日本战后产业政策最重要的里程碑之一[34]。

该文件为日本开发银行、1950年《外资法》、反垄断法批判、改革税制助力工业发展，以及1949年12月创设产业合理化审议会，孕育了种子。而内阁采纳这项政策最具体的结果之一，则是两年后通过了《企业合理化促进法》（1952年3月14日第5号法律），也是1952—1956年间在通产省倡议下制定的至少58部单独产业政策法规中的头一部。[35]在20世纪50年代，企业局及其合理化审议会工作对日本经济的重要性，并不亚于二十年前由吉野信次领导的临时产业合理局及商工审议会。而1949年那些构想的发端，显然也要回溯到商工省在大萧条初期的主张。

占领末期，企业局领导人包括局长石原武夫、两位次长田中申一（曾在原内阁企划院负责物资动员计划）和岩武照彦（退休后任神户制钢所理事），以及两位课长——今井博（之后任开银理事）与樋诘诚明（Hizume Nobuaki，后成为大丸百货店副社长）。他们的主要决策机构是产业合理化审议会，最初由45个委员会和81个小组委员会组成，覆盖了日本每一个产业，并会集了分别以经团联石川一郎和东大有泽广巳为中心的数百名企业高管和学术专家，是政府与财界之间的主要纽带。其下设委员会负责审查和修改政府的各种提案，议题从钢铁产业合理化，再到出口日本电影以赚取外汇的可能性，十分广泛。[36]

产业合理化审议会最鲜为人知、后来却最令人拍案叫绝的活动，也许是在企业经营方式改革、终身雇佣制度化、日本产业工人劳动生产率提高方面。三菱前高管、审议会下属管理部会议长野田信夫（Noda Nobuo）常说，管理部会有关质量控制和生产率测算法的理念是从美国取的经——尽管如此，讽刺的是，到了20世纪70年代，还是同样的理念，其中一些居然又开始从日本人那里返售给了美国。[37]

管理部会特地从盟军最高司令部和美国空军处借调了企业管

理专家，其中不少人还被派往日本各地向经营者和新闻记者发表演讲。管理部会尤其钦佩美国教授 W. E. 戴明（W. E. Deming）关于统计工业管理的观点，甚至以他的名字命名了一个奖项，即表彰质量管理领域突出贡献的"戴明奖"（亦是日本质量管理最高奖）。戴明奖系日本科学技术联盟和日本经济新闻社共同设立，1951 年首次颁奖并由昭和电工、八幡制铁和田边制药摘得。至于戴明本人，则因为与石川一郎私交甚笃，成了广受欢迎的演讲家，而石川时任经团联会长、产业合理化审议会会长及昭和电工会长，同时也是工业标准和通过独立检测制度实行产品认证的倡导者[38]。

受美国"科学管理"理论鼓舞，产业合理化审议会出版了大量相关读物，并资助了研究相关领域的宣讲人员，于是在 20 世纪 50 年代中期造成了所谓的"经营热"（keiei būmu），也使得诸如彼得·F. 德鲁克（Peter F. Drucker）《管理实践》（The Practice of Management，1954 年出版，1956 年译成日文）之类的论著一时间洛阳纸贵。同样有意义的是（特别是对那些认为日本现代雇佣制度源于传统习俗的人而言），仅在 1951 年一年的时间里，产业合理化审议会劳动力小委员会就为制定各种标准开了近 22 次会。这些标准涵盖工资和晋升制度、工作场所构建和预防罢工措施，以及雇员培训方案，完成后即被推荐给日本所有企业使用。虽然产业合理化审议会没有任何法律上的权力将其建议强加给某个特定企业，但是别忘了，作为审议会发起人的通产省，对其认为占用外汇是在白白浪费资源的企业，是有能力切断也确实切断过它们的外汇来源的。因此，审议会的培训项目参加者甚众，其建议也能被广泛采纳，就毫不奇怪了[39]。

继设立产业合理化审议会之后，企业局下一个大动作就是制定了《外资法》（1950年5月10日第163号法律）。1949年《外汇与外贸管理法》已经赋予政府集中管理所有外汇的权力（该法规定出口外汇须在取得后十天内出售给经营外汇业务的银行），从而使政府通过外汇预算来实施进口管制有了可行性。但通产省一方面在不遗余力地压抑制成品进口，尤其是那些与国内产品存在竞争的制成品进口，一方面又急欲引进现代技术和机器设备。难题在于压低价钱和"解包"——外国技术引进时通常有层层包裹，必须将技术部分与其外国股权、专利权、技术协定、合资企业提案、资本参与、投票权及外国经理人加入董事会等约束条件切割开来。

《外资法》的出现解决了这一难题。该法规定设立外资审议会，外国投资者实施技术许可、取得股份、共享专利或订立任何向他们提供日本境内资产的合同，均须事先征得外资审议会许可（占领结束时，该审议会权力被移交给了企业局）。为确保许可收费能获取外汇收入，占领当局对该法开了绿灯，但日本人更在意的是，引进外国技术应仅限于为振兴日本工业所必需的情形。占领当局就此事写道："该法的限制性规定，应随其必要性的消减情况放宽和删除。"[40]但那些限制真正开始放宽得等到1968年，彼时制约日本国际收支的种种因素早已不复存在。[41]

企业局在这之后的一大成就是1952年的《企业合理化促进法》，其制订过程中花了近两年时间进行计划、意见征集和政治准备。该法由石原武夫和樋诘诚明实际执笔，被通产省称为"绝对的划时代立法"[42]。其中的复杂条款可简要概括为三个基本点：第一，对新机器、新设备的实验性安装和试运行提供直接政府补贴，加速折旧，并对所有研发投资免征地方税；第二，允许特定产业（由内阁指定）在安装现代化设备的第一年按50%的比例折旧此举所耗费用；第三，中央及地方政府以公费建设港口、公路、电网、煤气总管道和产业园，供获批产业使用。[43]

最后一点可能是其中最重要的，因为它大大降低了生产成本。在接下来的二十年里，通产省和建设省也通过各种各样的努力贯彻了这一法律规定，而且它们在进行工业基础设施建设的同时，还尽可能全面地兼顾了将之合理化的考量。这一规定背后的逻辑其实是一种认识：日本产业既要通过进口获取所需的大部分原材料，又要通过出口销售其产品，那么，工厂和港口设施的建设就应该完全一体化。日本钢铁产业战前就摸索出了一条经验法则：进口六吨原材料才能生产一吨钢[44]。而通产省改变这一状况的计划则是疏浚海港，把工厂建在码头边，以及紧挨着成品制造车间给负责中间环节的加工厂选址。该政策最著名的成果之一，就是京叶工业地带和千叶县境内的石油化学联合企业，且为建后者所占用的土地全是通过在东京湾填海造陆得来。仅川崎制铁一家就从千叶县无偿获得近300万平方米的土地。1953年，该会社点燃了其新置一体化设备（生铁到钢材，当时算是世界最先进设备）中的第一座鼓风炉。但在当时，一万田、银行，以及川崎制铁最大的竞争对手（如八幡、富士和日本钢管）都曾嘲笑该企业的布局罔顾日本实际能力和需求——鉴于此举取得了史无前例的成功，通产省从未让这些嘲笑者忘记它。[45]

尽管通产省在其早期通过开银、《外资法》、产业合理化审议会及《企业合理化促进法》收获了成功，但日本距离真正的高成长体制还有一段路要走。在1950—1954年整整五年的时间里，经济波动一直深深困扰着这个国家。而引起波动的原因，首先是朝鲜停战谈判及停战协定；其次是国际收支问题，个中缘由则是民众经济状况改善，哪怕只有一点点，便会导致进口超过出口（参看表6-3）。1951年和1954年的经济衰退更是造成不少企业破产（其中规模最大的是尼崎制铁，后被神户制钢所吸收合并），越来越多的制造商开始向政府寻求指引。但政府的意见也不统一。如果说吉田还算有一个经济战略的话，那就是尽可能密切地与美国保持盟友关系。通产省官员也未必就反对这种态度，但他们的民族主义情结又促使他们在依赖美国的同时亦试图与之竞争。并且，他们中有些人还想恢复日本与中国大陆之间的传统贸易，而这是吉田和美国人坚决反对的。最重要的是，通产省主张产业结构重心从轻工业向重工业转移，但一万田和大多数消费者都认为这样做并无经济意义可言。

表6-3 日本经济周期（1950—1974年）

通称	经过时段	持续时间
动乱景气（朝鲜战争繁荣）	1950年6月—1951年5月	13个月
休战反动（停战衰退）	1951年7—10月	4个月
消费景气	1951年11月—1954年1月	27个月
29年不况（1954年衰退）	1954年2—11月	10个月
神武景气（神武天皇即位后史无前例的繁荣）	1954年12月—1957年6月	31个月

续表

通称	经过时段	持续时间
锅底不况（锅底衰退）	1957年7月—1958年6月	12个月
岩户景气（自天照大神时代以来前所未有的繁荣）	1958年7月—1961年12月	42个月
37年不况（1962年衰退）	1962年1—10月	10个月
无好况感的繁荣	1962年11月—1964年10月	24个月
40年不况（1965年衰退，也称"构造不况"，即结构性衰退）	1964年11月—1965年10月	12个月
伊奘诺景气（自男神伊奘诺与女神伊奘冉合创日本列岛以来史无前例的繁荣）	1965年11月—1970年6月	56个月
45—46年不况（1970—1971年不况）	1970年7月—1971年12月	18个月
异常通胀期	1972年1月—1974年1月	25个月
石油危机以后	1974年—	

资料来源：梅井义雄，《战后日本的企业经营》（"Sengo Nihon no kigyō keiei"），收录于小林正彬编《日本经营史研究》（*Nihon Keieishi o Manabu*），东京，1976年，丛书第2卷（全3卷）。

1952年4月28日，恢复日本独立的《旧金山和约》正式生效。1952年5月29日，日本在美国的支持下加入国际货币基金组织（简称"基金组织"）与国际复兴开发银行（即"世界银行"），后来又于1955年8月12日加入《关税与贸易总协定》（简称"关贸总协定"）。然而，日本当时的基金组织和关贸总协定成员资格均属于为穷国保留的特殊类别。另外，日本还在1953年9月15日与美国签订了一份基本商务条约。这当中有一些条约在日本国内并不是很受欢迎——尤其是吉田通过世界银行贷款"引进外国资本"的计划，该计划激怒了不少民族主义者，乃至"国辱"的谴责声在国会中回荡。[46]但吉田还是设法推动了贷款协议的订立。1953年秋，世界银行将4020万美元的首笔贷款派给了关西、中部和九州电力，供其建设热力发电厂之用。之后的几年里，钢铁企业也开始向世界银行借款。这些贷款固然是通产省喜闻乐见的，但该省也从它们所引发的政治争议中，为继续自身的经济高速增长方略找到了有力依据。

占领一结束，吉田政府即下令全面整理继受自占领时代的行政机关和所有法令。此外，吉田本人尤其想废撤象征着统制经济的经济安定本部，但通产省十分看重它，毕竟经济安定本部中以通产省派去的官员居多。为保住该部门，通产省的平井富三郎越过吉田，直接与自由党达成协议，决定将经济安定本部改组成一个专事经济分析和预测的小机构（仅有399名官员）。[47]就这样，显赫一时的经济安定本部（"光它的名字就能让小儿止住啼哭"）在1952年8月1日变成了没有任何实操权的"智库"——经济审议厅。吉田隐退后，它又于1955年7月20日更名为"经济企划厅"。

无论叫"经济审议厅"抑或"经济企划厅"，在通产省看来，它仍是自家"分店"——其次官、调整局长及其他诸多要职，皆系通产省任命。而且，原经济安定本部的实质性权限也都在1952年移交给了通产省行使：通商局接手了外汇预算的编制和执行工作，企业局开始审查所有对外投资提案。因着这些变化，此时的通商局已非昔日的通产局，该局位于老通产省行政大楼三楼的办

第六章 高成长职能机构

公室，由于每天都有好几百个进口商聚在那儿申请许可证，人称"虎之门银座"。通产省新闻观察员也认为这是该省最腐败的时期。通商局官员收到过很多礼物和麻将牌局（他们在那里好像永远不会输钱）的邀请，有些贸易会社还特地雇用有魅力的女谈判代表与通商局打交道。[48]据说，甚至有通商局官员高价出卖"机密"的外汇预算副本，只因它们可以作为推算每种商品官方定价的依据，对进口商价值极大。[49]虽然这些状况是严格统制贸易的自然产物，但对通商局的声望却百无一利。

通产省利用吉田在占领结束后整顿的机会，对自身组织架构来了个彻底改造。1952年7月31日，该省官房新修改的《通产省设置法》通过（第275号法律）。这部法律删去各产业局名称前的"通商"前缀，统合通商局和贸易振兴局为一个大部门，并撤销了原由占领当局设立并隶属总理府的公益事业委员会，取而代之的则是通产省内设的公益事业局——直接前身系军需省1943年建立时并入的电力局。企业局课室也进行了扩充，以承担原经济安定本部的计划和统制职能。通产省就这样形成了其在高成长时期始终保持的组织架构，直到1973年才予以改革（见附录二）。

在关键的1952—1953年，通产省还采取了其他一些举措，致使它与占领当局创设、鼎鼎大名的公正取引委员会（直译为公平交易委员会，简称"公取"）发生了冲突。公取是所谓经济宪法——《独占禁止法》（即反垄断法）的捍卫者和执行者，而正式名称为《禁止私人垄断和保障公平交易法》（*Shiteki Dokusen no Kinshi oyobi Kōsei Torihiki no Kakuho ni kan suru Hōritsu*，

283

1947年4月14日第54号法律，此处据英文直译）的独占禁止法其实在占领尚未结束时也堪称命运多舛。占领当局力挺它的理由是，"除去主要针对仿冒他人商品等制假售假行为的1934年《不公正竞争法》，日本立法总体上并不包括任何整治不公正交易行为的规范，而且也不认同任何符合公共利益的自由竞争企业理念"，但占领当局也承认，"分散在政府各个部门的许多官员，都显得十分不赞成或支持反托拉斯政策"。[50]

按照最初的文本，《独占禁止法》禁止企业在下列方面存在合谋行为：定价、限制生产数量或销售数量、彼此间分割市场或客户、限制生产设施营建或扩充、拒不分享新生产技术和方法。该法第9条（在该法中与禁止使用武力的宪法第9条一样著名）禁止设立持株会社（相当于控股公司）的规定，至今仍然有效，且只字未改。实际上，日本战后并不存在持株会社这种经济组织，财阀重建所依靠的完全是另一种基础——即上面提到的银行系列。该法也就公正取引委员会的设立作了规定：成员7人，经众议院同意后由首相任命，任期5年。

该法几乎是刚通过就开始了修改。占领当局发现，企业只要根据《民法》设立"事业者团体"（意即同业公会）作为非营利的社团法人或财团法人，就能不受该法约束。有鉴于此，占领当局指示日本政府颁布了《事业者团体法》（1948年7月29日第191号法律），其中规定，两个或两个以上企业家组成的团体，须在设立后30天内到公取登记。这部法律后来在1953年被通产省废除。

另一个问题是，自1925年吉野信次主持制定的《重要输出品工业组合法》出台以来，中小企业就一直依靠它们自己的卡特尔组织维持生存，而不再诉诸倾销手段。占领当局也同意它们需要特别扶持，但并没有将它们的卡特尔组织作为《独占禁止法》的例外情形，而是在1948年8月1日设立了中小企业厅，作为商工省及其后身通产省的外局。该机构的职责是收集、分析并免费发布原料采购、市场商机、营业手段等相关信息——其实就相当于中小企业的卡特尔总部。中小企业厅首任长官蜷川虎三（Ninagawa Torazō，京都大学经济学系原系主任）为了给本单位争取更多权力和足够的预算，与占领当局和吉田政府都进行了激烈斗争，他还特别希望政府能为中小企业融资。

占领当局迫使政府满足蜷川的要求（最终以1950年4月24日第108号法律的形式修正了《通产省设置法》）后，蜷川即辞职并当选中小企业众多的京都府知事（相当于市长）。得益于社会党和共产党的支持，他在京都府知事任上从1950年一直待到1978年，也因此成了当地政府保守派眼中难以拔除的芒刺。虽说通产省对中小企业厅从来都是兴味寡淡，但碍于中小企业拥有的政治能量，它除了支持该机构，别无选择。而且，还有一些通产官僚发觉，中小企业厅长官是为他们退官后的政治生涯奠定基础的绝佳职位。因此，这么多年，通产省对中小企业厅的态度始终摇摆不定，该机构即使算不得主流，却依然能够作为通产省不可分割的一部分存续至今。

然而，《独占禁止法》原始文本最严重的问题，还是它禁止订立技术或诀窍独占使用协议。占领当局史官事后十分牵强地辩称："这一要求体现了先进的反托拉斯理念。"[51]事实上，这项规定有点儿过于超前了，甚至都没被美国采纳。而在美国，技术和商业秘密是可以得到各州法律的正当保护的，专利权就更不用说了，那是有宪法保障的（参见《美国宪法》第一条第八款第八项）。《独占禁止法》原案似乎并不允许订立专利独占许可协议，无异于堵死了日本引进国外技术的所有通路。

占领当局看来并没意识到，日本企业和外国企业围绕工业产权问题争执了多久。这个问题至少要追溯到 1933 年的火石橡胶（Firestone，美国企业）诉桥石橡胶（Bridgestone，创建于 1931 年的日本企业）案，此案起因则是二者名称相似（最终桥石胜诉，其创始人石桥正二郎解释说，"bridgestone" 是由其姓氏直译而来）。1949 年这类纠纷仍然十分突出，因为日本政府对战前授予外国人的专利有效期都进行了延长（日本专利有效期通常为 15 年，美国专利有效期则是 17 年），且杜邦公司（du Pont Company）当时正在起诉东丽纤维（Toray Textiles）侵犯其尼龙 6 专利权（此案最后在庭外和解，杜邦和东丽也成了商业伙伴）。[52]

许多外国企业根据《独占禁止法》推断，它们在日本非但无法保护自己的技术和商业秘密，可能就连专利许可协议也得不到承认。所以，在立法对相关问题做出明确规定之前，它们大多拒绝出售专利。有鉴于此，为促进经济恢复，占领当局批准了对《独占禁止法》的第一次正式修改（1949 年 6 月 18 日第 214 号法律，从而放宽了对专利和独家代理合同的限制，同时允许外国公司取得日本企业股份。此次修改自然也促使通产省加快了《外资法》的制定，以便日本政府能够掌握谁获得了专利授权、系何种专利授权，它们又支付了多少专利使用费。

《独占禁止法》面临的种种挑战及其自身的修改，都可谓通产省在1952年采取动作的前提。正如上一章提到的，从1946年起，商工省、经济安定本部，以及附属于它们的各个公团，一直在按照《临时物资需给调整法》的规定，对本国生产的所有商品行使完全统制权。这部经占领当局批准并作为《国家总动员法》紧急替代措施的法律，本应于1948年4月1日到期，但由于物资短缺持续存在，并使得配给制的实行成为必要，占领当局又将它延长了两年。1950年，当日本政府希望再度延期时，占领当局驳斥道："在盟军最高司令部看来，这一提议无异于贵国政府要求将统制体制以制度化的方式保持下去，而不是终止它。"[53] 不过，占领当局最终同意再延长一年，因为日本方面担心废弃物资需给计划会导致经济失序。1951年4月，随着朝鲜谈判的启动，"休战反动"（停战衰退）的影响逐渐显现，占领当局于是将该法再度顺延一年。但占领当局和吉田政府都决心在1952年4月1日将该法废除。

通产省往往主张，自己听任《临时物资需给调整法》到期废止就能证明，相比至今仍存在统制性法令（针对银行和稻米生产）的大藏省和农林省，自己是更倾向自由、非统制经济的省厅[54]。另一方面，前田教授则认为，《需给调整法》的废止，仅仅意味着"第二统制时代"的到来，而这一阶段恰恰是以通产省利用外汇预算落实自身政策为基础，且一直持续到1964年方告终[55]。

无论人们怎么看待这个问题，《需给调整法》将于1952年春废止一事，确实在好几个产业部门引发了轩然大波，尤其是那些企业众多、竞争激烈且因美国特需采购骤减而受损的部门。在这种情况下，通产省作为一个新省厅，第一次单枪匹马地采取了行动。1952年2月25日，它非正式地建议十家棉纺大企业减产40%，然后又给每一个企业定生产指标。对拒绝这种"行政指导"的企业，通产省则提示（仍是口头、非正式），它们下个月进口原棉所需的外汇配额可能无法到位了。这是战后第一起诞生了日本著名制度——通产省"劝告操短"（建议限产）并在其后不可避免地导致政府组建卡特尔的事例。同年3月和5月，橡胶和钢铁产业也得到了类似的"劝告操短"指示。公取直言通产省此举违法，但通产省回以政府的非正式建议不在《独占禁止法》禁止之列，依然我故。

所谓的"第二统制时代"就这么来了。同年4月占领一结束，通产省即向国会提交了两项法律案——《特定中小企业安定临时措置法》（1952年8月1日第294号法律）和《输出取引法》（即出口贸易法，1952年8月5日第299号法律）——二者均授权通产省在中小企业中建立卡特尔作为《独占禁止法》的除外情形。这两部法律为后来出台的诸多类似法律开了先河，同时也为1953年《独占禁止法》自身的修改——第一次由日本政府独立完成修改打了前阵。

整个1953年，铁钢联盟和经团联都在向国会请愿（有人说他们还贿赂了国会议员），要求允许处于衰退期或想要实施合理化计划的产业组织卡特尔。从其年度报告来看，通产省的立场是，它尊重《独占禁止法》的立法初衷，但却发现，该法在实践中导致产业过度分散，从而妨碍了增强国际竞争力所必要的资本积累。在其《独占禁止法》修改建议中，通产省要求授予自己批准"共同行为"（卡特尔新的委婉说法）的权力，以限制低迷产业的生产和销售，帮助实施合理化的产业削减成本、增加出口。而该省所谓"共同行为"，则包括技术共享、生产线限制、原料和成品仓库共用，以及投资计划共商。1953年9月1日，国会通过《独占禁止法》修正案（第259号法律），允许成立所谓的"不况（depression）卡特尔"和"合理化卡特尔"，同时废除占领当局制定的《事业者团体法》。《纽约时报》东京通讯员对此评论道："陆军上将道格拉斯·麦克阿瑟为首的占领当局强加给日本的反垄断措施，如今已消失殆尽。"[56]

之后的几年里，通产省继续就公取和《独占禁止法》的问题施压，但二者从未彻底消失。1955年，为强制所有小出口商均加入卡特尔，并提升综合贸易会社整体实力，通产省修改了《输出取引法》（现称《输出入取引法》，8月2日第121号法律）。同年，它还废除了占领时代制定的《过度经济力集中排除法》。1956年期间，该省开始推动一系列"产业立法"出台，如《纤维工业设备临时措置法》（1956年6月5日第130号法律）、《机械工业振兴临时措置法》（1956年6年15日第154号法律），以及《电子工业振兴临时措置法》（1957年6月11日第171号法律），企图通过它们对不适用《独占禁止法》的例外情形作出规定。然后在1958年6月，通产省又迫使公取同意了它为钢铁产业设计的公开销售制度（kōkai hambai seido）——一种巧妙的价格操纵制度，创意来自原商工省骨干、时为八幡制铁理事的稻山嘉宽与时任重工业局次长的佐桥滋[57]。因为这件事，当时甚至有人认为，公取会同意除强取豪夺以外的所有提案，只要通产省声称它们是

289

日本经济快速发展所不可或缺的。

实际上，在通产省看来，彻底摆脱《独占禁止法》的时机已经成熟。1957年10月—1958年2月，企业局发起了一个阁僚级的审议会，由中山伊知郎（Nakayama Ichirō）教授主持，专门讨论《独占禁止法》未来的地位问题。该审议会在最终报告中表示，"《独占禁止法》的规定不一定符合我国经济正常运行的要求"，"通过立法维持一种自由竞争秩序并非促进公共利益的最佳途径"。该审议会还建议制定一部新法，一方面将投资调整（即对投资加以协调）合法化，一方面鼓励合并，以免银行系列间出现"过度竞争"。

1958年10月，上述新法提案被引进国会，但由于岸信介政府企图修正《警察官职务执行法》引起了骚动，它"被遗忘"了。而第二年，用一心想要废除《独占禁止法》的通产省的话来说，又"在'岩户景气'的祥瑞笼罩下酣梦难醒"[58]。之后，形势开始发生微妙变化。虽然公取未能恢复以往的权力，好歹剩下的权力它也没有再失去。大约在1958年之前，全日本都认为通产省的措施对本国经济重获独立是必要的。此后，对这一问题的看法就出现了分歧。通产省后来的革新大多以行政指导为基础，例如在佐桥的《特定产业振兴临时措置法》（将在下一章讨论）失败后实行的投资调整。公取则继续运转，最终在1974年2月，第一次针对一项贸易限制措施发出了正式抗议（将在第八章讨论）。

反垄断立法是一个很有争议的话题。西方理论认为，它是维持竞争不可缺少的产业政策工具。而通产前次官佐桥滋则主张，日本的产业政策尽管与反垄断立法格格不入，却能创造出比那些

·第六章 高成长职能机构·

批判日本的西方学者本国更高的竞争和增长水平。[59]从通产省自身的历史来看，1953年改革《独占禁止法》最主要的意义就在于，它几乎集齐了通产省的整套产业政策工具。之后，由该省主管的业务囊括了外汇、外资、卡特尔、银行系列、工业立地（即工业选址、布局）、政府的直接融资，以及产业合理化审议会的所有活动。它几乎做好了将高成长体制付诸实践的全部准备，所欠缺的就是配套的税制改革，以及对其独特观点的政治支持。随着朝鲜战争结束，日本经济在1954年严重滑坡，通产省终于迎来了完成这最后两步的机会。正如角间隆所说，"特需景气"之后的衰退对日本经济发展的重要性，丝毫不亚于朝鲜战争本身，只是它的影响被忽视了太久。[60]

1950年6月朝鲜战争爆发后的四年间，美国通过特需采购为日本经济注入了近23.7亿美元的资金。这一因素，加上合理化运动促使民众重回工作岗位，再得益于占领结束后集体狂欢的氛围，共同导致了1952年全年旺盛的消费和投资需求，并使其延续到了1953年。日用品和产业机械进口急速攀升。及至1953年底，日本的国际收支赤字高达2.6亿美元，就当时来看，1954年的情况可能只会更糟。积压的存货已经非常之多，但由于日本商品的价格相对高昂，加上朝鲜战争之后国际贸易总体增速放缓，日本的出口成交量迟迟上不来。大藏省和日银无计可施，只能收紧信贷，并削减包括财政投融资和开银贷款在内的政府开支。它们对信贷和进口的限制最终导致了经济衰退。

与此同时，通产省大臣冈野清豪（Okano Kiyohida，1953年5月—1954年1月在任）也命令下属通商局削减用于进口粮食、化学品、药品和纺织品的外汇配额，使其从 1952 年 4—9 月间的逾 800 万美元骤减至 1953 年 4—9 月间的 400 万美元。到了 1953 年 10 月，冈野索性一并取消了进口上述物资的外汇配额，随即导致东京地区数百家日用品商店关门歇业，黑市也卷土重来。鉴于这种情况，许多政府机构开始考虑如何克服日本对美国特需采购的依赖，甚至连首相吉田茂也不得不承认，他各个击破式的经济发展方略并未奏效。

第一个重要计划来自通产大臣冈野（三和银行前总裁）兼任长官、其省内官员平井富三郎任次长（1951 年 5 月—1953 年 11 月在任）的经济审议厅。该计划以"冈野构想"及其正式标题"促进我国经济独立"（Waga kuni Keizai no jiritsu ni tsuite）之名为民间熟知，而它提供给世人的，则是旨在扩大出口的一系列新举措。但为了将它落实，冈野和平井不仅要求开展更多的合理化运动，还呼吁恢复与东南亚的经济往来，推动税制合理化，并大力促进进口替代产业的发展。

冈野构想也反映了通产省内部的观点，即打破日本不可避免的国际收支困局只能走"重化工业化"一条路，这就意味着要建立一个工业结构，其出口产品的需求收入弹性比日本传统的轻工业产品高得多。而所谓"需求收入弹性"，则是指产品需求数量变化百分比，与购买人群收入变化百分比之间的比率。例如，随着人们收入的提高，他们对食品和纺织品的需求几乎没有变化（弹性小），但对家用电器和汽车之类产品的需求却会相应提升（弹性大），冈野和平井算是认识到这一点的第一批人。他们的结论是，如果日本希望打破目前的依赖状态，就必须生产家用电器、汽车之类弹性大的产品,尽管这一论断意味着放弃日本所谓的比较优势(主要是存在大量廉价劳动力)。[61]

首相吉田几乎是不假思索地拒绝了冈野构想,不过并非因为它的内容,而是因为它是一个"计划",在吉田的认知中,计划这种方式只对社会主义国家适用。冈野于是离开了政府,平井也以次官身份回到了通产省(1953年11月—1955年11月在任)。但到了1954年,随着衰退的持续和加剧,冈野构想中的主张又开始以多种形式,在许多不同场合反复出现。同时,吉田也在逐渐失去对自由党的控制,而他选择接替冈野的爱知揆一(Aichi Kiichi)不仅是池田在大藏省的老同事(他在财阀解散期间任银行局长),还是一个比冈野更有影响力的政治家。

1954年9月6日,爱知揆一等政府官员促使内阁通过了《经济扩大综合政策要纲》,这反过来又授权通产省于当月月末发布了名为《新通商产业政策大纲》的本省基本战声明。[62]事实上,二者均属于冈野构想的升级版。同年12月,吉田政府终于倒台,吉田的政敌鸠山一郎成为新一任首相。鸠山紧接着便邀请石桥湛山重回内阁,担任通产大臣。这也标志着通产省坐政治冷板凳的日子彻底终结,从此,通产大臣必在政府中最有权势的人之列,更是登上首相之位前不可欠缺的三块踏脚石之一(另外两个是大藏大臣和外务大臣)。

平井证实,是石桥完成了最终的理论构筑,填补了这块一直为其他计划人员所忽略的空白。石桥指出,出口的关键当然是降低成本,而降低成本的关键则是扩大生产以实现规模经济。但要扩大生产,就得为日本制造商提供更多的消费者。那么,消费者从哪里来？答案是日本自身这个潜力巨大的市场。日本国民忍耐了至少 20 年勒紧裤腰带的生活，他们愿意购买任何自己出得起价钱的东西。石桥主张，通产省应该做到出口、进口双推动：当国际收支出现赤字时，政府可以抑制国内需求，增加出口；当进口原料购买问题缓解时，重心就应该转移到扩大国内销售上。这样的话，无论处于经济周期的哪个阶段，日本的工厂就都能维持运转了。用平井的话说，石桥"将促进出口与高度成长结合起来，形成了一个内在一致的理论体系"[63]。

这些主张很对池田勇人的胃口。囿于吉田门生的身份，池田未能在鸠山组阁过程中谋得席位——鸠山内阁是吉田旧政与自民党新政之间的过渡，自民党成立的时间则是 1955 年 11 月 15 日。但在此后的石桥内阁和岸内阁中，池田终于当上了大藏大臣，并继续大力推行石桥的主张。1956 年 12 月，池田通过削减 1000 亿日元所得税这项令他名声大噪的举措，将过去从消费者和工业家手中拿走的钱又完好如初地还了回去，算是为积极刺激规模足有美国市场一半的国内市场开了个头。正如当今一位日本分析人士所言："我们发现，出口增长能导致产量增加（而不是相反）的产业只有半导体、收音机、照相机可能也算。即使是这些产业，我们也并不认为它们基础牢靠，因为对它们，尤其是半导体的需求，很快就会饱和。而我们其他所有产品的出口增长，主要依靠的都是国内市场的扩大。"[64]因此，由国内"消费革命"和振兴出口新举措共同促成的高成长体制，最终能够运行起来，石桥和池田功不可没。

随着通产省 1954 年 9 月的一则政策声明，诞生了多个致力于出口振兴的新机构。其一是由总理大臣、通产大臣、大藏大臣、农林大臣、日银总裁、输银总裁和几个企业领导人组成的最高输出会议。它广为人知的职能是确定来年的出口目标，并利用一切手段向政府高层游说振兴出口的必要性。当然，那些目标肯定不是这一阁僚级的会议自己算出来的，而是交由新成立的经济企划厅（即改名并重组后的原经济审议会，简称"经企厅"）负责。除此之外，经企厅的主要任务是制订各种计划，从而将国家应在特定期间内奋力完成的目标同时传达给政府和企业。不言而喻的是，新成立的经企厅同它的前身一样，也要受通产省约束，尽管在20世纪60年代，它一度企图从这个权势滔天的庇护者那里争取一定的独立权（惜未成功）。表6-4归纳了经企厅为日本整体经济制订的前三个长期计划[65]。

表6-4　1955—1960年经济企划厅制订的计划

项目	一 经济独立五年计划	二 新长期经济计划	三 国民收入倍增计划
订立时间	1955年12月	1957年12月	1960年12月
时任首相	鸠山一郎	岸信介	池田勇人
计划期间	1956—1960年	1958—1962年	1961—1970年
目标增长率	5.0%	6.5%	7.2%
实现增长率	9.1%	10.1%	10.4%[d]

[d] 系1961—1967年增长率

另一个新机构是日本贸易振兴会（以下简称"贸振会"），一个为解决平井所谓"盲目贸易"问题而设立的国际贸易情报机关。平井和其他人之所以会说"盲目贸易"，是因为在20世纪50年代中期，日本制造商只顾着生产，却并不清楚他们应该为国外各个市场提供什么样的产品。而且，他们也没有国外代理商帮他们密切留意关税税率和产品规格的变化情况，并对日本新产品的宣传和推广从旁协助。设立贸振会的意义就在于此。截至 1975 年，该机构已经在 55 个国家建立了近 24 个贸易中心、54 个联络事务所，来从事这些活动。

事实上，贸振会在 20 世纪 50 年代经历了三个阶段。第一个阶段，始于大阪府知事赤间文三（Akama Bunzō，曾在 1925—1947 年任职商工省）和大阪商工会议所会头衫道助（Sugi Michisuke）在大阪发起设立它的 1951 年。这一初创阶段所需的资金由关西实业家和各县提供，通产省只是批准了它的活动。第二个阶段始于 1954 年，通产省接管了它，为它提供了更多国家经费，也大大拓宽了它的业务范围。最后一个阶段则始于 1958 年，通产省意识到，国家对贸振会投入的资金已远超各县，想将它更安全地掌握在自己手中。就这样，日本贸易振兴会变成了由中央政府全额出资的公法人（《日本贸易振兴会法》，1958 年 4 月 26 日第 95 号法律）。再有，早自 1951 年起，通产省便开始为贸振会任命重要领导职务，尤其是常务理事（1951—1954 年是刚从通产省贸易振兴局长任上退下来的冈部邦生；1954—1965 年是以经济审议厅次长身份从通产省退官的长村贞一）。事实上，贸振会派驻海外的所有工作人员都是从通产省调过去的。[66]

除去作为大阪财界领袖智慧结晶的初创阶段，贸振会一直是通产省施政的得力工具。但从 1958 年起，由于贸振会的法律地位是公法人而非政府机构，它有时会在美国陷入麻烦。20 世纪 50 年代后期，贸振会在华盛顿设立了一个工作人员全部来自美国、名曰美日贸易理事会（United States-Japan Trade Council）的机构，但该机构没有按照美国1938年制定的《外国代理人注册法》（Foreign Agents Registration Act）登记。就因为这个疏忽，1976年，美国司法部以民事欺诈为由起诉了该贸易理事会，并指控其90%的资金，实际上均系日本通产省通过贸振会纽约事务所提供。此案最终以庭外和解的方式了结，同时，该贸易理事会还答应作为外国代理机构登记，并注明其出版物系由日本政府组织编写。此案争议点，并不在于贸振会代表日本利益进行了游说，很可能只是因为美国人根本搞不清楚贸振会究竟代表谁。[67]

贸振会早期较具创新性的表现之一，是它的经费来源。拿1954年衰退期间来说，通产省全靠香蕉进口为它筹资。在当时的外汇配额制下，香蕉和砂糖进口许可证算是日本国内最有价值的进口许可证。这两种商品十分稀缺，但凡能上市，甭管有多少，都能卖出天价。以香蕉为例，政府先对进口商的利润课税，再将税入划拨给贸振会。该机构经费能从1954年的300万日元不到增至1955年的1亿多日元，都是托了香蕉的福。与这一机制异曲同工的是和砂糖挂钩的船舶出口补贴制度。1953—1955年间，古巴产砂糖在日本的售价高达其进口价格的2—10倍，但出售这种砂糖的贸易会社只有与一家造船厂结对，并提交它们已拿出其5%的利润来补贴船舶出口的证明书，才能从政府那里获得砂糖进口许可。短短两年的时间里，该砂糖挂钩制度实际上为造船业输送了将近100亿日元的庞大资金。但由于太多其他产业也想从砂糖和香蕉的利润中获得补贴，加之基金组织对这种做法颇有微词，这种做法最终被叫停。[68]

大藏省和通产省企业局官员在这一时期想出了很多比较受关注的税收新举措，以扶持战略产业、促进特定产品商业化，砂糖和香蕉定向挂钩制度不过是其中两个。但中村隆英则表示，用税收减免替代直接补贴，早在1951年就已经是政府推行其产业政策的主要手段了。[69] 还有一点当然也是事实，那就是，自从道奇停止了通过价差和复金贷款形成的补贴，通产省企业局便果断将寻找替代措施的目光转向了税收领域。

这项工作遇到的主要障碍，是盟军最高司令部税制特别代表团经久不衰的影响。该代表团以哥伦比亚大学的卡尔·S. 舒普（Carl S. Shoup）教授为首，其中不乏纽约市立大学教授杰尔姆·B. 科恩这样的专家。1949年春，舒普代表团随道奇来到日本，9月即提交报告[①]。大藏省对该代表团评价很高，乃至在1950—1955年间，该代表团关于日本建立国税、地税合理分配体系的主张，仍具有相当大的影响。就其实质而言，舒普劝告要求简化税制，即合并计算纳税人（包括自然人和法人）的各种收入，并尽可能取消《租税特别措置法》[②]（1946年第15号法律）及其诸多修正案中规定的特别税收优惠。

舒普代表团的一些建议，比如，增值税归地方专享，在当时过于前卫。企业家们一想到自己即使亏损也可能得缴税，就忿忿不平，这些建议遂被悄悄踢出考虑之列。但舒普的原意并不一定就反对利用税制来刺激经济。例如，他提倡根据日本的通胀情

[①] 日本俗称"舒普劝告"，事实上，舒普劝告包括两份报告，分别提交于1949年8月27日与1950年9月21日。——译者注
[②] 日文"租税"即税收之意。——译者注

况，重新评估企业资产以增加资本总额，这项措施就收到了非常不错的反响，还促成了《资产再评价法》（1950年4月第110号法律）的通过。该法通过从课税角度（向低）重新评估企业资产（意味着加速折旧，推迟纳税），在账面上生成了之前并不存在的资本，这样的过程在1950—1955年间差不多进行了三次。

但舒普税制最大的问题还是它对战略产业优惠待遇的抵触。池田认为日本必须对战略产业予以特殊照顾——尽管这肯定意味着整个社会日益增多的税负分担不公，他的许多大藏省同事也赞同这种观点，因为他们基于现实考量，更倾向税收减免而非补贴。吉国二郎（Yoshikuni Jirō，前国税厅长官、大藏次官）就声称，虽然二者在理论上是一码事，但税收措施还是要优于补贴，因为税收优惠只有在企业遵照政府指示行动后才能实现，而补贴的发放则先于行动，有时尚且不能产生改善企业业绩的效果。[70]选择减税而非补贴的另一个原因是，减税在政治上更显低调——由于昭和电工事件及占领初期其他丑闻的前车之鉴，这一特征在20世纪50年代颇为日本官僚所看重[①]。

1951年，大藏省在与通产省企业局、产业合理化审议会协商

[①] 兰德尔·巴特利特（Randal Bartlett）的评论十分中肯："给予特定企业和产业的特别税收优惠，实际上与政府对这些主体实施补贴所起的作用差不多。不同于直接从社会其他部门抽调资金后再通过预算分配给这些企业，税收减让措施不过是为它们提供了更多金融资源（并降低了成本）。而为补贴提供资金的资源，本质上就是其他主体交纳的高税收。因为税收措施无须政府向生产者实际支付，亦无须每年检讨这类做法是否明智，所以从生产者的角度看，它比直接补贴更令人满意。而且，由于这种方式更具隐蔽性，对消费者理解公共事业造成的不利影响要小于相对明显的直接补贴，在政府那里也会比较容易通过。"参见 *Economic Foundations of Political Power* [M]（New York：Free Press，1973），p. 109.

的前提下，开始了它对原《租税特别措置法》异常缓慢的逐年修改，最终导致舒普税制于20世纪50年代末彻底作废。该省税改措施包括：对企业外汇收入的50%免征所得税（1955年修改税法时将这一比例提高到了80%），对促进产业合理化的特定投资加速折旧，对具有战略价值的机器设备免征进口税，对引进外国技术支付的使用费予以纳税扣除，等等。而负责指导并批准历年这些税改措施的则是一个由大藏省控制的"审议会"（即税制审议会）。1959年，税制审议会又更名为"税制调查会"，成了隶属总理府的一个永久性机构。每年就是这个机构，而不是内阁或国会（通常只是例行公事地批准该机构的提案），在根据经济形势的变化适时作出必要的税制调整。该机构成员由大藏大臣选任，议事活动并不公开。所以，自民党诞生后，它也成了大藏省阻止这个新政党将税制政治化的主要工具。[71]

20世纪50年代出台的各种特别税收措施中，较具创新性的是建立扶持产业发展的后备金。这些后备金分两种：一种是大多数国家都会在其法人税法中规定，也是最广为接受的引当金；一种是准备金，大藏省直白地将之描述为"那些可能不会被公认的会计准则视为合理的后备金"[72]。两种后备金都可以从应税利润中扣除。最为人熟知的引当金，就是用于雇员退职时一次性支付的引当金。退职金引当金于1952年获批，其背景是美国军方在横须贺海军基地开办的一家汽车修理厂关闭，所有雇员被遣散，却没有得到任何退职补助金，结果酿成了一起群体性事件。为避免此类风波再度发生，日本政府批准，不只美军经营的企业，所有企业均须建立退职金引当金。[73]

相形之下，准备金则是更能体现创造力的举措。它们允许延期纳税，而不是减免税收，但灵活运用它们，却可以让一家会社在特定年份获得实际上的免税待遇（例如，尼龙生产大企东丽株式会社就曾在20世纪50年代初从中获益）[74]。准备金种类繁多，包括：物价变动准备金（1952年）、渴水准备金（即缺水准备金，1952年）、违约损失补偿准备金（1952年）、异常危险准备金（1953年），等等。到了20世纪70年代，许可的准备金种类又进一步扩大到不良债权、退货损失、奖金、特殊维修、瑕疵担保、海外市场开拓、海外投资损失、冲绳自贸区贸易损失、污染防治、特定铁路建设项目、原子能发电站建设、重新造林、股票交易损失、电子计算机回购（专为计算机制造和销售会社设立），以及计算机程序质量保证（专为软件生产商设立）等。[75]这些准备金大多附有时限，不过，1957年的税法修正案取消了出口损失准备金的时限[76]。

其他类似营业税优惠还包括各种应税利润的特别扣除：对外出售专利、技术诀窍（55％）；除电影放映税以外的对外出售版权（20％）；以及，提供海外建筑工程规划和咨询服务报酬（20％）。通产省企业局在税政方面的创造性一直表现得十分突出。以1964年为例，当时日本因在关贸总协定地位改变，被迫停止出口所得税减免，企业局紧跟着就想出了一个奖励出口商的办法。该办法在取代出口所得税减免制度的同时，也改变了企业基于以往出口效益计算折旧的方式。按照这项新制度，企业可以在某个会计期间内，将其正常折旧费，乘以前期出口交易额，再除以前期总收入，最后乘以0.8，从而提高其折旧费。[77]据鹤田俊正（Tsuruta Toshimasa）估计，1950—1970年间，国库因各种企业税优惠措施造成的税入净损失接近3.1万亿日元，相当于法人税率削减20%（1955—1959年间的削减幅度更是高达30.2%）。[78]

　　税政的另一项创新是对指定产品免征消费税，鼓励消费者购买（亦是帮生产商促销）。在大藏省看来，是自己扶持索尼公司渡过了整个初创阶段，因为该省对上市不足两年的半导体收音机免征商品税，对电视机的商品税同样是等到上市两年后才开始征收，而那时，大批量生产已经拉低了这类商品的价格（按每英寸显像管的单价计算，电视机售价跌了，税涨了）[79]。政府这些政策也使得日本出现了某一时期，所有家庭都购买相同商品的现象——比如，20世纪60年代初的"三种神器"（黑白电视机、洗衣机、电冰箱），60年代末的"三C"（汽车、冷气机、彩电：car, cooler, color TV）。每年按经济增速适度降低个人所得税率，加上有选择地免征消费税，最终发酵出了一场霞关（日本政府机关集中地）制造的"消费革命"。

　　作为一个完整周密的体系，通产省20世纪50年代后期的新兴产业（如石油化工）"育成"制度包括：首先，该省内部就发展拟育成产业的必要性和前景进行调研，并起草基本政策说明——1955年7月11日在通产省省务会议上通过的《石油化学工业育成对策》就是一个例子。其次，通产省批准外汇配额，开银向该产业提供资金。第三，为引进外国技术发放许可（石油化工产业所需的每一项技术，均系获得许可后从国外引起）。第四，将该新兴产业划为"战略性"，使得面向该产业的投资有权享受加速折旧的特惠待遇。第五，无偿或以极低的价格为新兴产业提供改良土地，作为工厂设施营建之用（1955年8月，通产大臣石桥湛山批准将四日市、岩国市、德山市境内原属军方的燃料设施卖给四家新成立的石化会社，尽管当时有两位老军官——辻政信和保科善四郎大闹国会，反对政府把将士们用鲜血筑就的设施卖给财阀）。第六，该产业享受重要税收减免——具体到石油化工业，即进口催化剂和特殊机械免征关税，对用作该产业原料的精炼石油制品实行进口退税，并制定特别法对某类用户免征汽油税。第七，通产省设立"行政指导卡特尔"，在从事该产业的各个企业间进行竞争规制和投资协调——这方面的典型例子是通产省1964年12月19日成立的"石油化学恳谈会"[80]。

  当然，这种模式也会有变化。一些新产业，如电子产业，是根据新出台的"临时措置法"设立的；如果某个产业对私营企业来说风险过大或成本太高，就可以设立公私合营企业，比如根据1957年6月1日第150号法律设立的日本合成橡胶株式会社。大约在20世纪50年代上半叶，通产省集中力量发展钢铁、电力、造船和化肥产业。之后，该省又将合成纤维（1953年4月通过的通产省基本政策）、塑料（1955年6月）、石油化工（1955年7月）、汽车（1956年6月立法）、电子（1957年6月立法）等产业注入了日本经济，因为它认为这些产业商业化的时机已然成熟。

  成果是令人惊叹的。经济企划厅《经济白皮书》（*Economic White Paper*）1956年版中赫然出现"别了，战后重建岁月"的名句，1961年版中又声称，"投资引来更多投资"。[81]在截取的这两句话一前一后出现的间隔期，日本经济迎来了年均工业投资率逾25%的盛况，有三年甚至超过了35%（参见表6—5）。1961年1

月底，企业局预计，向其汇报的1500家"重要"企业提上计划的厂房和设备投资总价值应该有17950亿日元，比1960财年的13770亿日元增长了30.3%；而1960财年本身更是比1959财年的8634亿日元多出了59.5%。企业局遂计划给这种投资降降温，将1961年相对1960年的增长率调整至仅20.4%（16580亿日元）。[82]这期间的大事件之一是1961年在东京晴海栈桥举行的"机械产业年产值达30000亿日元纪念大会"，天皇当时也莅临了现场。据此次大会发起人、重工业局长佐桥所说，及至大会开幕时，该产业产值已经突破40000亿日元大关。[83]

表6—5 1955—1965年增长率

（相比上年百分变化率，单位：%）

年份（年）	实际国民总产值	民间厂房和设备投资
1955	8.8	−3.2
1956	7.3	39.0
1957	7.4	25.1
1958	5.6	−4.7
1959	8.9	16.9
1960	13.4	40.9
1961	14.4	36.8
1962	7.0	3.4
1963	10.4	5.3
1964	13.2	20.0
1965	5.1	−6.4

资料来源：有泽广巳，《昭和经济史》，东京，1976年，第371页。

·第六章 高成长职能机构·

但事事如意是不可能的。华盛顿和西欧各国首府已经开始敲警钟，通产省官员则不敢问钟声为谁而鸣。1959年秋，基金组织在华盛顿召集会议，关贸总协定亦于同年12月在东京组织会谈。这两次集会上都有声音要求日本立即实行日元自由兑换，并对外国产品开放其国内市场。通产省官员明白，一旦有大量外国人参与进来，他们的高成长体制将难以运行，同时，他们也对似乎已在欧洲发生的那种"美国资本入侵"忧心忡忡。而他们最关心的，也许是他们在一种"自由化"经济中，到底能起什么样的作用。不过，他们并没有太多时间去思考这个问题。安保骚动期间，被近30万示威者围堵在国会大厦的岸信介内阁，于1960年6月24日通过了《贸易及外汇自由化计划》（Plan for the Liberalization of Trade and Exchange），这也是该内阁总辞职前最后一项正式举措。[84] 7月中旬，岸信介离任，池田勇人成为新一任首相，"自由化"时代就此拉开序幕。

艾尔弗雷德·钱德勒（Alfred Chandler）在回顾战后经济高速增长国家的重要特征时，总结说："德国和日本的奇迹是建立在制度改良和廉价石油的基础上的。"[85] 而在这两个因素中，本书感兴趣的则是第一个，因为第二个适用于任何一个聪明到可以利用它的国家，并不仅限于德国和日本。钱德勒对制度的定义是："为协调大型正式组织如公司、政府机构、大学等的活动并将这些组织彼此联系起来而形成的"正式及非正式、显性和隐性的社会结构。比起那些从自然、环境、文化或其他必然因素角度对日本成就（或失败）作出的解释，这种观点显得别具一格，也为理解日本高成长体制提供了迟到太久的新思路。在我看来，这一体制系由三个因素共同促成：经济发展优先的普遍共识——乃20世纪40年代的严酷环境决定，亦是日本当时的形势使然；昭和时代前25年留下来的组织层面遗产；以及，从道奇路线和朝鲜战争时期开始的有意识的制度革新。而所有这些政治和制度上的调整，目的都是为了动员整个国家去实现经济的快速增长——它们也确实达到了这个目的。

日本优先发展经济的选择并不难理解。上一章提到，太平洋战争已经给日本人造成了一种交战国平民所能忍受的最严酷的生存环境，"二战"后的通胀只是进一步恶化了这种环境。而20世纪40年代的苦难，除了给经济动员提供足够的激励，还提供了另一种结构性支持。因此，20世纪50年代的高速增长并没有导致社会分化，也就是那种一个群体或阶级牺牲另一个群体或阶级来满足自己的现象。从20世纪50年代的平均主义中受益的，是20世纪60年代出生的日本人。分配掉的那部分高速增长收益，基本是平均分配的，还有很大一部分收益根本没有分配，而是用于再投资。对日本自己的选择，美国给予了强有力的支持，它不但鼓励日本重获经济实力，还尽了一个盟友最大的努力来帮助该国达成目标。

昭和时代的组织层面遗产则要复杂一些。我觉得，是自主统制和国家统制双双失败的教训，促成了对公私协作的社会支持；共同或相似的教育背景（如东大法学院）导致了官僚和企业家间对经济管理性质的观点趋同；从前政府官员中招募政治家和企业经理人，则实现了精英阶层广泛的交叉渗透。日本社会的这些特征并非单纯由其文化决定，尽管它们也很难被其他国家复制，毕竟它们意味着日本能够从昭和时代早期的废墟中抢救什么。想仿效它们的国家恐怕得重新经历一下日本现代史。至于日本著名的"共识",更是只在20世纪50年代昙花一现,在20世纪30、40年代压根儿不存在,这就说明它是建立在历史环境和政治意识变化的基础上的,并不以独特的社会价值观为依托。

"制度改良"本章已讨论过。除了双重金融体系、财政投融资计划、一个组织庞杂的贸易促进机构、银行系列间的高度竞争、外汇的全面管制、外国资本的全面监管,以及让日本成为商人天堂的税收制度,其中还涉及第一章提到的所有其他制度。这些制度又包括:被企业工会主义调教得温顺听话的劳动力、广泛的分包制、"终身"雇佣制、农村劳动力大规模向工业转移、企业经营者的业务活动不受股东干涉、由于社会保障薄弱或缺失而导致的强制储蓄制度(政府鼓励在邮储系统存款的措施进一步强化了该制度,而邮储系统又将积累的资金直接汇入了大藏省账户),此外,还有许多其他例子,能够将表面上不相干的社会制度与高成长体制联系起来。最后有一点别忘了,那就是,政府通过产业合理化审议会这种官民联合论坛,积极促进并推广了这些制度革新。

所有这些"制度改良"中最重要的还是通产省。严格来说,其他任何一个实行民主制的先进工业国,都不存在起着如它一般导向机构或经济参谋本部作用的机构。讽刺的是,它的效能是因为1952年《临时物资需给调整法》废止后,其实行国家统制的绝对权随之丧失,才得到加强的。通产省并没有失去所有的控制权——外贸和外国技术的引入仍由它全权管理,但1952年以后,它不得不学着通过间接的、遵循市场规律的手段①去干预经济。这也使得它跟大藏省、农林省区分开来，并在工业部门中促成了一种真正的公私协作形式，在保留自主管理和国家统制双方面优势的同时，又摒弃了二者的缺点。

1952—1961年是通产省的黄金时代。通过财投、开银、产业合理化审议会和其他几个有影响力的机构，企业局一门心思地将日本产业结构的重心从劳动力密集的轻工业向钢铁、船舶、汽车这些令日本成为当今世界主流生产国的产业转移。如果要在其他国家找到由政府部门取得的类似成就，我们就得将目光投向诸如美国二战期间"曼哈顿计划"或美国宇航局把载人火箭送上月球这样的事例。显然，没有全民动员，没有私营部门的创新和竞争，没有政府其他机构的计划提供协助，通产省是无法取得它已有的成就的，但发展的努力本身也需要管理同样是事实。而通产省所提供的，恰恰就是这种管理。

1945年，在大阪的废墟中，一群实业家对一位美国观察员叹息道，军国主义者"提早二十年发动了战争"[86]。虽然这一数字可能更应该是四十年而非二十年，但从1941年左右到1961年，日本经济一直保持着战时体制，却是千真万确。不过，尽管目标已从军事胜利转变为经济胜利，如果日本人民实际参与的是一场国家存亡之战——一如他们的现实处境，他们就会毫不犹豫地尽最大努力去工作、去储蓄、去创新。好比全民战争总动员需要一个军事总参谋部，全民振兴经济总动员也需要一个经济参谋本部。

---

① 本书有时简单译作"市场先导手段"，尽管不是很严谨。——译者注

自 20 世纪 20 年代后期以来，商工省、军需省和通产省的官员们一直在为扮演这一角色而准备。到了 20 世纪 50 年代，他们终于听到了等待已久的冲锋号。

第七章

行 政 指 导

1913年4月5日,佐桥滋出生于岐阜县土岐市——一座距离名古屋约一个半小时火车车程的制陶小城。他家境一般(其父在土岐站附近经营一家小照相馆长达60年左右),而他最终从东大法学院毕业这件事则表明,日本战前的教育制度对有才能的人还是相当包容的,并不在意其经济状况。佐桥初中就读于名古屋的东海中学,那时他每天要赶凌晨五点的火车去上学。通过名古屋第八高等学校(相当于美国的文科学院,简称"八高")的入学试后,他获得父亲支持,进入了这所著名的预科学校,尽管他的家庭因资助他而经济拮据。从八高毕业后,他继续去东大深造,后成为该校1937年的毕业生。大二时,佐桥曾参加高等文官试验,惜未通过,但大三时总算如愿。苦于没有门路,他向所有省厅都提出了申请。最后,大藏省和商工省都同意接受他,而他选择了商工省,理由是,即使国家走向社会主义(大萧条时期似有一些苗头),商工省依然能够发挥作用。[1]

第七章　行政指导

佐桥入省四个月后，日本即与中国开战，又过了四个月，他本人也应征入伍，并被派往华中前线。这一时期，帝国大学的毕业生大多因为身体原因而不适合入伍，但佐桥素来身体强健，轻轻松松就通过了测试。作为东大毕业生，他在军队中经历了很多身体上的折磨，但这些经历似乎也让他变得更为坚强——他参加过武汉战役，且有助于他增强自信。岸信介接任商工大臣当月（1941年10月），他也服完兵役，回到了商工省。他在自传中提到，在其离开那段时间，该省进行了全面改组：他1937年入职的工务局已经被六个分管特定产业的垂直部局取代，它们每一个都以战时生产为导向，培育并管理所辖产业部门。整个战争期间，他在商工省和军需省的各个部局间辗转任职，直到1946年11月，他才首次被任命为课长（见附录三）。

佐桥注定要成为最著名，当然也是最具争议的通产次官。他的背景、观念和个性，无形中都在推动他去建立种种声名，如"异色官僚"（谓其与众不同）、"武士中的武士"、"暴力官僚"（gebaruto kanryō），以及报界的戏谑语——"怪人佐桥"（kaijin Sachan），通产省内"民族派"无可争议的领袖，而用铃木幸夫（Suzuki Yukio）的话来说，佐桥还是他那个时代"产业国粹主义者"的领军人物。[2] 佐桥身为企业局长、后来的通产次官，通产省对经济自由化最初的反应其实就是他在主导，他的政策也为20世纪60年代后期势头迅猛的工业增长奠定了基础。凭借实干和立场鲜明的观点，他无异于接连投掷爆弹，不仅惊动了官场、产业界和金融界，也让政坛为之变色。当政府在经济管理中居支配地位时，官僚利益与政策实质性问题是密不可分的，在这一点

311

上，佐桥的经历许是日本所能提供的最佳例证。

作为其影响力的表现之一，佐桥和他的时代，至少已经被三本畅销小说用作题材——有一本（系城山三郎所写）佐桥很喜欢，还有一本（《朝日新闻》的名和太郎以笔名"赤星润"发表）则令佐桥大为光火。① 它们都反映了公众对他以昂扬的高姿态捍卫通产省经济事务管理权这类事迹的着迷。佐桥一生颇多建树，除了有心为之的，亦有无心插柳的，其中之一是他在通产省丧失外汇管制权后，将"行政指导"制度化，使之成为该省推行产业政策的主要手段；而他卸任次官后，通产省紧跟着国际化，无论是相对他所拥护的政策，还是相对他本人而言，都显得一样反动。

入省以来，佐桥的精力实际上都分给了几个产业局——纤维、石炭、重工业各局，而他官场生涯中关键的四年，1957—1961年，则是在重工业局度过的。我们已经从上一章知道，他在

---

① 那三本小说是：城山三郎的《官僚们的夏天》（*Kanryō-tachi no natsu*）、赤星润的《小说通产省》（1971年），以及秋元秀雄的同名作品《小说通产省》（1975年）。秋元的小说最初系在畅销周刊《周刊文春》上连载。他和赤星都在其小说中使用了人物真名，而且后者的作品根本不属于真正意义上的小说（加上"小说"的字眼似乎只是为了避免被攻击）。三本小说都采用了同样的背景设定——反对自由化，佐桥与今井的次官之争，佐桥与住友金属的冲突，政客插手通产省人事，等等，赤星作品的不同之处仅在于最早问世。城山小说人物对应的原型姓名，参见 *kankai*，November 1975, pp. 130—131。举例来说，小说中的风越即为佐桥，须藤惠作即为首相佐藤荣作，九鬼大臣即为1965年6月—1966年12月担任通产大臣的三木武夫。1974年9月5日在东京与佐桥面谈时，他向我表达了对赤星那本小说的不满；时任次官的大滋弥嘉久也在1971年写道，他很震惊，自己尚未退职，这本书居然就已经出版了（*Tsūsan jyānaru*，May. 24, 1975, p. 44）。佐桥对城山小说隐晦的赞扬，出处同上，第38页。

第七章 行政指导

1951年得罪了官房长永山时雄，结果被外放到了仙台。回到本部后，他即担任炭政课长，又正值政府为应对（当时极有价格竞争力的）进口石油带来的压力，试图削减国内部分能源生产而施行初步合理化政策期间。由于他在石炭局工作出色，炭政系统知名前辈、时任通产次官的平井富三郎，特命他担任秘书课这一敏感课室的课长。秘书课掌管着通产省一应人事任命和调派，相当于原商工省的文书课，吉野和岸当初就是通过后者的有效运作，最终建立了"吉野—岸路线"。

佐桥掌管人事的时间比战后任何一位其他官员都要长。在官房任职的三年间，他采取了很多新举措：他是通产省内第一个雇佣女性担任职业官僚的人，他根据个人能力而非严格的资历来决定人员调配（令他的一些同事大伤脑筋），他还彻底消除了永山残留的影响。最重要的是，他致力于使省内的决策制定继续贯彻所谓的"岸—椎名路线"（重工业化）。通过谨慎、及时地调动其前、后辈的职务，他设计了一条通产次官交接路线：从石原武夫到上野幸七，跟着是德永久次，再传给松尾金藏，最后则是他所希望的，到他佐桥滋本人。该策略的关键在于，要把企业局长的位置变成升任次官前的最后一站，当1961年7月，松尾金藏从企业局长升任次长而佐桥本人递补企业局长之位时，佐桥似乎完成了这关键一步。

在按照上述策略布局的过程中，佐桥将通产省人员划分成了两类：一类是和他亲近的人，一类是和他疏远的人——他们还算不上明确的派系，但在通产省内确属不同的分工。与他亲近的人包括企业局和各个特定产业局的产业政策专家；与他疏远的人则包括派驻海外使馆或贸振会海外分部的官员，以及省内担任国际贸易相关职务的人员。佐桥曾说自己"不善外语"，是"仅堪国内留用的官僚"，这种描述也适用于他看重的大部分官员。[3] 佐桥的人事安排在 20 世纪 50 年代并不存在特别大的争议，只是随着自由化开始实施，通产省也采取相应措施，换言之，是在事后回顾时才变得极富争议。当重化工业化作为基本政策受到全省广泛支持时，那些受佐桥提携、反过来又协助他的人，都被视为重化工业化的代表人物。

石原武夫即将于 1957 年 6 月从次官任上退职时，曾询问长期担任人事长官且业绩亮眼的佐桥滋，想要在省内担任什么职位作为回报。结果，佐桥选择了当时如日中天、同时也是通产省中最保守部局的重工业局次长之位。重工业局主抓钢铁、机床、通用机械、汽车、电子、重电设备、铁道机车、航空产品及其制造行业的培育和出口。总体来说，机械产品已经开始在日本高附加值出口中占大头，而机械类企业的投资也在整个国内工业中排前列。再者，重工业局还是岸—椎名路线的开路先锋（有一点也要注意，岸是 1957—1960 年的内阁总理大臣，椎名是 1960—1961 年的通产大臣）。佐桥选得很妙。

管理钢铁产业是佐桥的众多职责之一。而他最初取得的成果中，有一样就是在 1958 年建立钢铁产业价格维持卡特尔，并使其得到了公取的批准。这种工作对一名通产官员来说并不难。钢铁企业在 20 世纪上半叶都是政府经营，而佐桥打交道的人大多是他省内的前辈，或者他战时在军需省制铁课工作时就已相熟的实业家。这些人包括：小岛新一，1941 年接替岸任商工次官，后成为八幡制铁（占领当局将日本制铁拆分后形成的两家会社之一）社长；稻山嘉宽，1927 年进入商工省并成为时属国有的八幡制铁所官员，1962 年接替小岛任八幡制铁社长；永野重雄，富士制铁社长（原日本制铁拆分后形成的另一家会社），战时曾在铁钢统制会与佐桥共事；藤井丙午（Fujii Heigo），八幡制铁副社长，几年后佐桥与拒绝国家指导的住友金属发生冲突时，站到了佐桥一边；以及，平井富三郎，八幡制铁理事，1954 年任命佐桥担当秘书课长的前通产次官。不久之后，小岛将作为新成立的产业构造调查会（通产省应对自由化影响的最高咨议机构）会长，在通产省事务中发挥重要作用。由于佐桥与八幡制铁、富士制铁交情深厚，所以当他担任次官时，住友金属的代表直斥通产省已经沦为"八幡制铁霞关办事处"[4]。

但佐桥与美国国际商用机器公司（即 IBM）的关系就没那么融洽了。不过，IBM 事件也给他提供了首次以抵御"美国资本入侵"的武士姿态亮相的机会。通产省已经制定了多种试图将外国企业排斥在本土市场之外的政策，非正式规定如：外国人在合资企业中所持股份不得超过 50%；限制日本企业中外籍理事的数量和投票权；未经日本企业同意，禁止外国人收购该企业。通过这些政策，外国人最终将无法以任何形式参与日本经济，除非征得通产省许可。在 20 世纪 50 年代后期的一起轰动性事件中，重工业局利用手中的职权，不遗余力地阻止美国胜家缝纫机公司（Singer，以下简称"胜家"）与日本派恩缝纫机会社（Pine，以下简称"派恩"）的合资办企意向落地。作为战前的行业龙头，胜家急欲夺回过去拥有的市场，但通产省正在扶植本土缝纫机行业，遂对胜家—派恩合作案施加了生产限制。[5] 然而，IBM 却抛出了特殊问题。由于日本的 IBM 早已安排为日元结算，通产省对外汇使用和回流的管制并不能适用于该公司。更重要的是，IBM 手里掌握着与计算机技术相关的全部基础专利，有效阻断了日本计算机产业的振兴之路。

佐桥想要 IBM 的专利，这一点他并没有掩饰。他极其坦诚地向 IBM 日本表明了他的想法："除非贵方以不超过 5% 的费率，许可日本企业实施 IBM 专利，我方将竭尽所能地阻止贵方顺利经营。"[6] 佐桥曾不无骄傲地忆及自己参加过的一次谈判会，他当时扬言："对你们，我们用不着自卑，只要给我们时间和金钱就能跟你们一较高下。"[7] IBM 最终只能妥协。作为在日本境内生产的条件，它出售了自己的专利，也同意遵照通产省的行政指导，来安排其在日本国内销售的计算机数量。由于 IBM 的机器仅供租赁而不是直接出售，为此，佐桥也在 1961 年设立了一家半官方的、由开银融资的日本电子计算机株式会社，以便从国内制造商那里购买硬件并将它们租给客户。为确保通产省的控制权，他特别邀请他在商工省的老前辈村濑直养出任该租赁会社的社长。

佐桥在工业发展上的极端排外主义，令他俘获了不少实业家的支持，但说到他官场生涯的另一面——同政界的关系，他的做法就不如他在面对 IBM 时那么机敏了。自民党 1955 年成立以来，政客作为官僚的对手，其权力一直在缓慢上升，但官僚们并没有完全适应正在发生的变化。从 1932 年开始，至少在 1955 年之前，军事官僚和经济官僚先后主导了日本政府。然而，大约从 1960 年起，类似于吉野信次 20 世纪 20 年代工作期间的那种环境开始

·第七章　行政指导·

重现；新一代政客远比早期政客依赖政府官员，但另一方面，他们所拥有的宪法性权力又比以往强大得多。石桥首相因病于1957年辞职后，他的继任者岸、池田和佐藤都是著名的政府前官僚，所以官僚们还是放心的①。可即便是池田和佐藤也不得不留意政治动向，他们已经不单单是前官僚，更是老练圆滑的政治家。可惜这一点佐桥并未意识到。

自民党很乐意将基本的决策权留给政府官员，但是，当官僚试图在他们自己的内部斗争中利用政治家时，他们就得准备付出代价了（即回报政治家）。比如，佐桥还是重工业局长时，他想出了一个绝妙的主意去促进日本机械的出口——他打算派一艘船在美国和欧洲的各大港口停靠，作为流动的产业展示平台之用。为此，他先是用了一艘改装过的货轮，但他真正想要的是一艘由政府出资打造、专门按照远洋商品交易会需求设计的新船。然而，大藏省主计局的官员们并不认为有必要为这么一艘新船花钱。为了给负责预算的政府同仁施加点儿压力，好让他们改变主意，佐桥去找了大野伴睦（Ōno Bamboku，1890—1964年）帮忙。大野是自民党内很有势力的派系领导人，国会"党人派"（区别于"官僚派"，即官僚出身的政治家）中的实权人物，还是佐桥的岐阜县同乡。最后，大野施压成功，佐桥收获新船，人人都说这点子太棒了。（十分讽刺的是，十七年后，日本将这艘名

---

① 日本一些政论家对该国首相之位在1957—1972年间为前官僚所把持痛惜不已。他们十分牵强地认为，如果1957年2月，石桥在出席其母校早稻田大学举行的户外庆典当天穿了外套，日本战后政治史很可能截然不同。参见读卖新闻政治部编，《总理大臣》改定版，东京：读卖新闻社，1972年，第80页。

317

为"樱丸"——即"樱花号"的船租给了美国，以便在日本港口展示美国产品。[8]）整件事中，佐桥只犯了一个错误：他忘了感谢大野。几年之后，佐桥对其他政治家（有些是大野的政敌）故技重施，大野趁机对他进行了报复——而池田当时政治麻烦缠身，并不能帮到佐桥。至于"樱丸"，作为一种水上贸振会，它是很有成效的，但当佐桥1963年争取次官之位时，它却成了佐桥的困扰。[9]

在佐桥如此这般地投身重工业局事务时，他1937年入省的同期今井善卫则忙着当时最重要的问题：国际组织和日本的盟友要求日本解除对本国经济的管束，日本该如何应对？今井在通产省的经历与佐桥截然不同。今井1913年10月5日出生于新潟，和佐桥一样，他也毕业于东大法学院，不过，进入东大前，他就读的是更拔尖的东京第一高等学校（"一高"）。战争期间，他从事的是物资动员计划相关工作，这为他在美占时期调入石炭厅和经济安定本部奠定了良好基础（参见附录三）。早在佐桥崭露头角前，通产省的许多领导就已经把今井视为1937年入省官员中最具才干的人之一了。通产省成立后，今井主要从事国际贸易这一块，而且，他还作为工作人员，在位于华盛顿的日本驻美大使馆度过了该馆重新开放后的第一年。他与佐桥同时进官房工作，不过是在不同的课室，他首次担任局长也要比佐桥早两年。他不得不面对自由化问题，正是在担任纤维局局长的1958年8月—1961年2月期间。

通产省作为一个政府机构，无疑担心自由化令它丧失存在的理由，因此，一旦没有其他选择，它就会去寻求新的控制权。可是，作为经济行政官员，通产省官员们也极为担忧自己创设的体制存在结构性缺陷——他们有时称之为"歪"（扭曲之意），然后自由化还会加剧这些"歪"。除此之外，爱国心也是促使他们担忧的因素之一——一个完全"开放的"日本经济很可能被规模更大、资本实力也更加雄厚的外国企业吞噬，但他们也知道，即使没有自由化的压力，他们也必须有所行动，以矫正现行体制驱动下看似无风险的过度投资。所谓的"过度竞争"问题，与作为政策问题的自由化是相伴而生的，处理其中任意一个问题牵涉到的方方面面，也会对另外一个问题的处理产生极大影响。纤维产业为过度投资和过度竞争之间的关系提供了一个最糟糕的反面案例。

今井担任纤维局局长期间适逢危机不断加重的时期。外汇预算制度仍在全面执行，但是，今井意识到，为防止难以约束的棉纺织业再度出现生产过剩，他还需要更多管制权。"伴随原棉分配制度产生的各种弊端，"他回忆道，"是令人十分震惊。我提议设立棉花输入公团来取代这种制度，但遭到了该行业的强烈抵制。原棉分配制度的根本问题在于，它鼓励对生产设备进行过度投资，结果导致产能过剩。我们需要掌握投资分配权，而不仅仅是原料分配权。"[10]大型纺织企业，如帝人、东丽、钟纺和日纺，一般很难管束，因为它们常常固守大阪的老传统，坚决反对政府插手其事务；但换成规模较小的企业，情况还要比这更糟。它们从自己的银行借钱购置设备，满心期待会获得政府担保的原棉进口配额；自由化的威胁致使政府和国会不得不面对来自该行业铺天盖地的抗议。

20世纪50年代后期，原棉和羊毛进口在外汇预算中占了20％，比20世纪70年代的原油进口占比还要高。这种状况必须改变。再者，美国也已开始抵制日本产"美元衬衫"[1]的大量涌入，美国总统艾森豪威尔还在1960年11月16日出台了后来被肯尼迪政府继续贯彻的"保卫美元"政策。这项政策减少了美国海外驻军的美元支付，导致美国对外援助计划优先采购美国产品，并敦促美、日两国就棉纺织品出口限制问题展开谈判。

作为应对上述问题的第一步，1958年10月，今井召集了一次"纤维综合对策恳谈会"（由政府和产业界人士共同参与的非正式讨论小组）。该恳谈会的核心人物是时任东京银行（由横滨正金银行战后改组而成，日本经营外汇业务的主要机构）总裁的堀江薰雄（Horie Shigeo）。其他成员包括：大屋晋三（Ōya Shinzō），商工前大臣、帝人社长；中山素平（Nakayama Sohei），来自日本兴业银行；稻叶秀三，内阁企划院前官员，1958年跻身一流经济评论家之列；以及，纤维产业界的其他代表人物。

堀江常在组内谈论欧洲国家为实现彼此间货币自由兑换（1958年12月实现）所采取的措施，以及欧洲共同市场的建立。他十分清楚德、英两国前不久转变为基金组织中"第八条款国"的事，加入此列的国家必须停止对经常交易支付和非居民持有货币的兑换施加限制[2]；他还说，日本作为一个必须靠贸易生存的国家，决不能被自己的贸易伙伴和竞争对手远远甩在后面。1959

---

[1] 一美元一件的廉价衬衫。——译者注
[2] 简言之，第八条款国就是实现了经常项目下货币自由兑换的国家。——译者注

· 第七章　行政指导 ·

年6月当上通产大臣后便立即出席恳谈会会议的池田，曾在会上表示："堀江先生很清楚自己关于全球化趋势的发言意味着什么。"[11]

1959年12月，基于恳谈会的讨论情况和今井的建议，池田作出了他实施自由化的第一项决定——取消政府对原棉和羊毛进口的一切限制，就此树立了一个很有力的先例。1960年1月，政府成立"贸易自由化促进阁僚会议"，以便为其他产业的自由化制订相应计划，结果在通产省为商议自由化而于1960年3月8日召开的省务会议上，引起了一场火药味十足的大论战。根据小松勇五郎的报告，时任通商局长的松尾泰一郎（Matsuo Taiichirō），是会上唯一发言支持自由化政策的人。今井则无须发言；他已经被归为自由化拥护者——有些人视他为英雄，而在其他人眼里，他和卖国贼没什么两样。[12]不过，他显然已经赢得了通产大臣的信任，而后者不久就当上了首相。

今井本人曾强调，自由化既是一个经济问题，也是一个牵涉到政治和行政的问题。他支持自由化，是因为他个人讨厌统制经济，这种讨厌从占领时代就开始了。但他同时也把自由化视为一个机会，可以促使日本形成企业数量总体减少、高技术产业部门企业数量相应增多的产业结构，在这一点上，他的立场与佐桥是一致的。不过，总体而言，在通产省内，年轻官员认为自由化意味着他们工作的终结，各个垂直产业局的高级官员担心本局所辖产业的结构缺陷，政治家们则忧惧连任失败。尽管如此，池田仍坚持实施自由化。1960年6月，即将离任的岸内阁通过了池田的贸易自由化计划，根据该计划设定的目标，日本经济将在三年内

321

实现80%的自由化。

80%这一数字将按照《布鲁塞尔税则目录》列出的商品和产品计算。以此为基准，进口自由化的比率，在1956年4月是22%，到1960年4月已上升至41%。池田计划的80%自由化目标拟在1963财年完成，1961年的初步目标则被定为62%。仅仅是这些数字的公布，就导致各个产业（及其对应的通产省各局）搞起了错综复杂的权谋，为的是将本产业自由化的时间延后而不是提前。城山通过他的小说暗示，池田之所以先拿棉花和羊毛开刀，真正的原因在于这些产业是其政敌的重要捐助者，不过，今井从未提及这是池田推动自由化的一个因素。[13]

今天的人很难体会1961年笼罩日本产业界的危机氛围。那个时候，报纸没完没了地絮叨"黑船二度来袭"，"面对外国资本主义庞大势力入侵无以自卫的日本列岛"，以及，"日本经济随时准备迎接民族资本与外国资本间的血战"。[14]佐桥本人则借用1938年《全国总动员法》的题名，声称日本需要再来一次"全国总动员"，以建立一种能够经得起国际竞争严酷考验的经济体制。[15]事实证明，危机被过分夸大了——海关清关数据显示，从1960年到1965年，日本出口贸易额增长了一倍多（从40亿美元增至87亿美元），这就表明，日本经济还是具有相当程度的国际竞争力的。尽管如此，危机感也是真实存在的，它很可能对刺激出口增长起到了助推作用。

为缓解普遍的焦虑，池田政府采取了许多措施。1960年，该政府设立亚洲经济研究所，作为研究欠发达国家市场的政府机构；1961年，它再度成立海外经济协力基金来提供对外援助。海

· 第七章 行政指导 ·

外宣传时，这两个机构都被粉饰成日本在盟国对外援助中贡献提升的证明，但在其本国，二者则被定性为出口促进机构，因为日本提供的援助是跟购置日本厂房和设备挂钩的。日本政府还在1960年调整了关税税率和分类，为完成自由化的产业提供更多保护，同时增加输出入银行资本，以加大出口融资力度。

政府最著名的稳定民心措施当属池田的国民收入倍增计划，内阁于1960年12月27日正式通过该计划。就该计划本身而言，它岂止是超额完成，还超得有点儿猛。事后看来，它最重要的作用，是它试图通过营造对未来的乐观态度，来打消新闻界和通产省对自由化的悲观念头，从而产生了一种心理效应。不过，收入倍增计划确实也对官场造成了一个重大后果。起草该计划的任务，池田当初是交给经济企划厅来完成的，而围绕经企厅承担这项工作展开的报道，则令其所谓的经企厅经济学家（即经企厅自己培养的职业官僚，而非从通产省或大藏省调入的官僚）跃跃欲试，想要借机摆脱被通产省操控的局面。经济企划厅试图任命自己的官员——著名经济学家、日后的外务大臣大来佐武郎担当该厅次官，而不是接受另一个来自通产省的高级官员。通产省成功挫败了这一企图，但在此过程中，它也不得不将经企厅职务变成通产省晋升路线中的终点站之一；通产省官员一旦调任经企厅次官，就再也回不去通产省。正如我们将看到的，这一点非常重要，因为佐桥滋就是利用了这一点，通过确保通产大臣任命对手担当意味着退出省内角逐的经企厅次官，干掉了他争当通产次官道路上的两名终极对手。

323

政府应对自由化最重要的举措,是通产省创造了"产业构造"① 的概念,并于 1961 年 4 月 1 日设立了产业构造调查会。产业构造这一概念,只是为了参照资本构成、出口比率、集中程度、规模经济等国际竞争力指标,对日本产业与美国、西欧的产业进行比较而使用的简略术语。一旦完成比较,这一概念就可以进一步用来断言:日本产业完全有能力参与国际商业竞争,但绝不是以当前的结构形态。每个产业部门的竞争企业数量必须减少,留存下来的少数企业则必须扩大规模,"系列"体制导致的抢先投资和产能过剩也必须得到控制。及至佐桥后来在次官任上推行其措施(重要产业的业内合并和投资调整卡特尔)时,产业结构说为他提供了重要理论依据。[16]

具体到这一概念的完善和合法化,那还得归功于产业构造调查会。以前商工次官、八幡制铁社长小岛新一为首,该调查会集齐了日本产业界所有头面人物,一国政府有史以来最为深入细致的经济分析之一就出自该调查会之手。[17] 1964 年,也就是该调查会须依法定期限解散之时,它与 1949 年成立的产业合理化审议会合并成产业构造审议会,此后便作为通产省实施行政指导的主要官方渠道存续至今。

原产业构造调查会是通产省利用表面上的民间议事机构,对其政策进行宣传并为之立威的典范。该调查会的实际工作皆由通产省完成;企业局负责就产业金融、劳动力、技术和国际经济形

---

① 犹言产业结构,为与调查会等专有名词保持一致,这里沿用日文说法。——译者注

·第七章 行政指导·

势等问题撰写报告和建议，新成立的产业构造调查室（隶属官房）则负责调查各个具体产业部门。该调查室由大滋弥嘉久担任室长，他是池田1960年自由化计划的起草者，后来当上了通产次官。

产业构造调查会的50名成员，充分体现了通产省"旧交"关系网覆盖之广。除会长小岛新一外，其他成员还包括：石原武夫（东京电力常务理事）、上野幸七（关西电力常务理事）、德永久次（富士制铁常务理事）——他们都是刚退职不久的通产次官，再加上植村甲午郎、稻叶秀三、永野重雄、稻山嘉宽等从商工省、军需省和内阁企划院走出来的老骨干，以及其他几个前官僚。该调查会主要的子委员会是产业体制部会，佐桥就是在这里想出了新修一部综合统制法的计划。不过，这个组织只有七名成员，包括：一名农林前官僚、开银总裁、一名《朝日》编辑、经团联常务理事、一家民间经济研究所所长，以及一位前通产次官（德永久次）；会长则是无处不在的有泽广已，他是占领期间倾斜生产方式的创始人，产业合理化审议会领导人之一，煤炭产业权威，还是通产省最重要的学界顾问。

1961年7月，佐藤荣作接替椎名悦三郎任通产大臣，佐桥滋则接替松尾金藏（此时已是次官）任企业局长。当这一切发生时，今井善卫正干着通商局长的苦差事，由于这个部门跟通产省控制的经企厅调整局协同工作，所以今井实际上决定了各个产业的自由化进程。一年后，即1962年7月，今井调任特许厅长官，通常坐上这个位置，下一步就是退官了。就这样，佐桥凭借他在作为通产省大势的产业政策领域的华丽业绩，成了1937届官员

325

中硕果仅存的重要人物。

然而，在他通往次官的道路上仍有一个障碍待解决。现任次官松尾金藏系1934届官员，但通产省内尚有两名非常优秀的官员，分别出自1935届和1936届，他们很有可能比1937届的优先受到提拔。不过，其中一位，即小出荣一（Koide Eiichi，1935届），已经出局，因为他是经企厅次官，而自从该厅经济学家搞了那次"政变"，他这个职位就沦为退休前的过渡了。另外一位，矿山局和公益事业局前局长、时任中小企业厅长官的大堀弘（Ōbori Hiromu，1936年生人）就是佐桥的麻烦了。为拔除这个障碍，松尾和佐桥向大臣佐藤提议，待小出"下凡"时，让大堀接替他出任经企厅次官。

尽管遭到小出、大堀本人及省内许多其他官员，甚至还有内阁官房长官大平正芳（Ōhira Masayoshi，后来的首相，因他本人在大藏省浸淫多年，对官场的明争暗斗并不陌生）的反对，佐藤仍然将大堀打发去了经企厅。这个时候，佐桥的前路貌似很明晰，但让有权势的政客插手通产省内部事务，如"樱丸"事件，无论通产省，还是佐桥本人，都得为此付出代价。佐藤的动机，是把通产省作为一个活动基地，助其实现接替池田任首相的政治追求——就像池田本人对大藏省、河野一郎对农林省所做的那样。而且，当时有传言说，佐桥打算在退官后竞选国会议员，佐藤自然想确保，他当选后会加入自己的派系——在这一点上，佐藤与另外两个派系的领导人，池田和大野伴睦，算是不谋而合。[18]

在此期间，佐桥也在企业局长任上取得了一项伟大成就，那就是酝酿并力促通过《特定产业振兴临时措置法案》（1963年内阁第151号提案，通称"特振法案"。该法案最终被国会否决，因为对任何一个政客来说，它的争议都太大了，根本不敢沾手。但它引发的争论却明确了战后重建结束后日本经济已经暴露出来的所有关键问题，同时也为20世纪60年代后期，通过行政指导非正式实施该法案规定铺平了道路。自占领初期以来，《特振法案》无疑是最重要的一项经济立法提案[19]。它的诞生，它所引起的轰动，以及它最终的被毙，对自由化政策、通产和大藏两省的管辖权之争、《独占禁止法》、围绕日本经济"过度竞争"问题的争论、自民党内部的派系政治、通产省内的次官职位之争——简言之，对构成日本产业政策的所有问题，都产生了影响。

《特振法案》提出的根本问题并非自由化本身，只是来自外部的自由化要求提供了完美的烟幕弹，使得无须太过声张真正的问题为何。佐桥固然不如今井那般热衷自由化，但他也十分清楚，日本要想继续扩大其海外市场并促进经济增长，自由化就是不可避免——甚至备受期待的趋势。当时存在的根本问题其实和吉野信次在20世纪20年代末、30年代初遇到的一模一样——太多的小工厂经营着太多受保护的企业，从而形成了太过激烈却又毫无经济效益可言的竞争形态。而自由化将导致这种状况在国际商业的冲击下暴露无遗，届时，日本经济将彻底陷入混乱，其中相当一部分很可能为外国资本所控制，就连通产省恐怕也会因此无法继续发挥作用[20]。

对佐桥来说，问题的实质，是设法将企业的财务和投资决策纳入到通产省建立的统制和扶植（"育成"）框架中来。但大藏省（控制银行）和公正取引委员会（执行《独占禁止法》）肯定不同意他人染指自己的地盘。尽管中间过去了几十年，除去必要的微调，解决上述结构性问题的办法，似乎仍然是吉野和岸在20世纪30年代想出来的那一套——卡特尔、强制合并、施压中小企业、让部分企业转行，以及换个名目发动一场类似过去"企业再整备"的运动。佐桥对这些老办法冠上的新名目包括：官民协调（即我们俗称的"公私合作"）、产业体制整备，以及意味着政府提供贷款和税收优惠以鼓励合并的"体制金融"。

然而，更棘手的问题是怎么落实。国家统制派和自由放任派过去的论战，在产业界老人那里记忆犹新，而他们反对国家统制是众所周知的。针对这些相反意见，佐桥手下的企业局次长，高岛节男（1962年6月—1963年10月在任），在1963年5月号的《经济评论》杂志上发表了一篇论证精妙的文章。他耐心剖析了"官僚统制"的缺陷——尽管他没有发现很多，但他承认人们并不待见这种体制。同时，他也讨论了"自主调整"——"它并未实现人们期望的结果"。然后，他便介绍了通产省为解决二者分歧提供的方案："诱导式行政"。在高岛看来，尽管这一方案会将产业发展方向的决定权交给政府，却可以避免政策实施过程中再度出现那些最无法接受的问题[21]。就实际操作而言，"诱导式行政"意味着由官员、实业家和银行家合作组成各个委员会，负责设定投资率、促进企业合并、阻止新企业进入特定产业，总的来说，就是以美国、西德作为两个供参照的主要外部经济体，试图建立一个与之旗鼓相当的产业结构。

为起草一部涵盖这些目标和方法的法律，佐桥在企业局中聚集了一群能力极为出众的通产官僚。当上该局局长不久，佐桥便

・第七章 行政指导・

以个人名义写信给当时在日本驻法大使馆工作的两角良彦（1956年6月—1961年8月驻巴黎），告诉他自由化势不能免，为此必须推出一项产业政策来应对，诚邀他加入企业局。两角是新一代通产官僚的代表人物，他们兼具海外工作经验（主要是欧洲大陆而非英美国家）和产业政策专门知识。其中许多人，包括两角在内，都在20世纪70年代当上了次官。在通产省内，他们就是共同市场、所谓美国资本入侵欧洲，以及诸如法国人所谓"协同经济"（économie concertée）或日本人所谓"混合经济"等产业发展主张方面的权威①。除了两角，在通产省中具有类似经历的人还包括林信太郎（1961—1965年任贸振会汉堡事务所所长）、小松勇五郎（1960—1965年任职日本驻波恩大使馆）和增田实（1962—1966年任职日本驻布鲁塞尔大使馆）。[22]佐桥下台前，这些官员们都是其法律提案（即《特振法案》）的坚定支持者，但到

---

① 用斯蒂芬·S.科恩（Stephen S. Cohen）的话来说："'协同经济'是大企业、政府及理论上但实践中并不参与的工会之间的一种合作关系。现代条件下，大企业经理人与政府管理者运营着一国经济的核心部门——主要是寡头垄断部门。按照市场理念，积极协作才是助推这些部门发展的动力，冲突不是。所以，政府不是一个沉默的合作方，而是一个主动的、活跃的合作方。政府对经济事务的方方面面均实施干预，不仅会发挥鼓励和引导教育作用，有时还会采取威胁性手段。它的目的是推动经济现代化：提升效率、增加产量、加速扩张。这种合作关系不但能促进总体利益，且在传统的政治领域之外也能发挥效用。议会，以及围绕议会建立的一系列机构对这种体制的顺利运行并非必要……协同经济是最受新一代高级公务员青睐的经济和社会组织模式。从根本上说，它是一种政府官员与大企业经理人之间相互协作的态度。"*Modern Capitalist Planning: The French Model*（Cambridge, Mass.: Havard University Press, 1969），第51—52页。前通产次官大滋弥嘉久直言："《特振法案》实际上就是将法国的'协同经济'引进日本的一次尝试。"大滋弥嘉久、内田忠夫，《日本的官僚行政及官民协调体制》（Nihon no Kanryō gyōsei to kanmin kyōchō），《现代经济》，1972年9月，第30页。

了 20 世纪 60 年代后期，他们又都变成了所谓的"国际派"。

两角是《特振法案》的主要执笔者，他把他从戴高乐将军治下的巴黎所获得的经验、他对"美国资本"的担忧，以及佐桥想在日本推行而他又恰好了解的法国先例，都融入了这部法案。1961 年 8 月 25 日，佐桥任命他为企业局企业第一课课长。其他参与该法案起草的官员还有：高岛，企业局次长；三宅幸夫，产业资金课长，佐桥的门生；以及两位比较年轻的官员，小长启一（Konaga Keiichi，后担任田中角荣首相秘书官，也是田中《日本列岛改造论》的实际作者）和内田元亨（Uchida Genkō，曾在培育汽车产业过程中发挥积极作用的技官）。[23]

企业局起初将其智慧结晶命名为《特定产业竞争力强化特别措置法》。现在的名字是内阁后改的。该法第一条明确了立法宗旨：为应对自由化带来的影响，通过提升特定产业的国际竞争力，促进国民经济的健康发展。第二条指定了三个产业作为首批"特定产业"——特殊钢、汽车和石油化工，并规定经与产业构造调查会商议后，再以政令的形式指定其他产业。第三条和第四条则规定了官民协调方式，佐桥认为这是整部法律的核心所在。[24] 这些条款同时也规定了由政府、产业界和金融界三方代表组成的三方恳谈会，它们将为各个具体产业部门确立并执行振兴基准。有一点也许应该注意，日文中的"恳谈会"一词要比其英文同义词的含义更加丰富。研究社的《新和英大辞典》（第四版）用了一个意大利词"*conversazione*"来解释恳谈会，即"两方或多方之间达成的口头协议"，这就说明恳谈会的约束力比契约要低，却又比"对话"（conversation）高得多。

第五条和第六条要求指定产业的经营者在提高其企业竞争力方面予以合作，并规定银行必须"关注"指定产业的贷款申请，而政府银行更是有义务去协助指定产业。第七条和第八条规定了面向指定产业的"体制金融"（直译为结构融资）、将由政令明确的各种税收优惠，以及法人所得税的减征。第九条将指定产业内的企业"协同行为"合法化，并特别规定此类行为不受《独占禁止法》约束。第十、十一、十二和十三诸条则属于技术性规定。和大多数日本制定法一样，《特振法案》也显得比较短。[25]

该法内容刚在产业构造调查会披露，就引起了三类比较大的争论。首先是过去青睐的"自主调整"与官民协调之争。经团联德高望重的会长石坂泰三，谨守小林一三在近卫内阁的"新体制运动"中建立的传统，公开表示他支持自主调整。他跟着又补充道："政府要做的只是防火防盗，剩下的工作留给国民就好。"不过，他也认为，"那些抵制外资的人，就好比明明是成年人，还要裹着尿布，拒绝断奶"[26]。尽管经团联拒绝支持该法，佐桥却也争取到了其对家——经济同友会的支持。

第二类争论涉及该法将银行和银行家强制纳入各种恳谈会的规定。金融界代表人士准确地判断出，这将直接打击到他们的系列（集团）；大藏省也满怀愤怒地对通产省这一入侵其地盘的举动作出了回应。三菱银行总裁、时任全国银行协会会长的宇佐美洵（Usami Makoto），甚至拒绝跟《特振法案》扯上任何关系。

第三类争论则是因公正取引委员会而起，它认为，佐桥企图通过该法彻底摆脱《独占禁止法》的制约。佐桥遂于1962年12月5日，就该法的意图、自由化对日本经济的威胁及建立卡特尔的必要性，与公正取引委员会展开谈判。经过近六次的会商，佐桥似乎与该委员会取得了一些进展，而且，通产省还在1963年2月1日公布了该法。然而，当此事进行到内阁层面时，池田仍然得依靠行政命令要求公取合作。

在上述争论过程中，佐桥获得的支持主要来自产业构造调查会。其下属的产业体制部会（有泽广巳教授领导）可以说是佐桥最重要的根据地，佐桥采取的每一项措施事先都曾与之商量过，但在1962年10月，产业金融部会也加入了支持佐桥的阵营。该部会以日本兴业银行的中山素平为首，此外只有四名成员（前通产次官上野幸七，一个制纸会社社长，一个报社主管，以及输出入银行总裁），他们认为，让银行加入恳谈会是很棒的主意，早该如此。

鉴于普遍的热议，政客们别无选择，只能介入其中，并设法解决这些难以计数的问题。1963年2月14日，池田首相命令内阁中所有负责经济事务的大臣定期与他碰头，直到该法的命运尘埃落定。结果，这个小组刚工作一周，关西经济团体联合会就正式表达了对通产省提案严重侵犯《独占禁止法》的不满（正如我们将要看到的，大阪的反对背后远不止这表面上的原因）。当大臣们最终做决定时，他们将该法的名称改成了相对保险的《特定产业振兴临时措置法》，附加了五年的有效期，修改了指定产业的方式，并加强了大藏大臣在该法实施中的参与度。基于这些改动，自民党政务调查会（前大藏官僚在该调查会中势力极大）不顾大藏省银行局的反对签了字，然后，自民党亦于1963年3月22日最终批准了这部法律。同一天，内阁正式投票决定提出该法案，3月25日，该法案进入众议院并交付商工委员会审议。

第七章 行政指导

不出所料的是，反对的各方公开谴责该法是官僚统制的回归，报界将其形容为"挽救通产省"的法案，专家们谓之"佐桥军团的突击"，演说家们则絮叨着"经济宪法"的死亡。佐桥在国会中回答了好几个小时的质询，但他的难题并不在于反对者。他很快就发现，内阁、自民党，甚至自己省的大臣，已经悄悄做了不入战局的决定。《特振法案》于是被称为"无人支持的立法"，意思就是当权派已经放弃了它。该法案从未被否决，只因为它从未进入表决环节。政府接连将它提交给第43届（1962年12月24日—1963年7月6日）、第44届（1963年10月15—23日）和第46届（1963年12月23日—1964年6月26日）国会讨论，但提交之后，自民党官员们却不曾为促成表决使过半分力气。通产省很官方地将该法案的流产归咎于"误解、（官僚的）山头主义和政治策略"，并把这次失败称为"惨痛的挫折"。[27]然而，该省很多人都明白究竟发生了什么。金融界和关西企业界的反对是很要命，但更要命的是佐桥本人出了问题。

佐桥担任企业局长期间，发生了好几件令整个企业界，尤其是大阪企业界恼火的事，尽管事实证明他的政策是明智的。其中最著名的一件与总部位于大阪的丸善石油会社有关。丸善成立于1933年，是三和银行系列（总部也位于大阪）的一分子；它过去是、现在仍然是日本本国所有的石油炼制和经销公司，但它与加利福尼亚联合石油公司（Union Oil Company of California，以下简称"联合石油"）之间存在长期合作关系，后者是它最重要的原油供应商。1956年苏伊士运河关闭之后，丸善社长和田完二（Wada Kanji）即签订了多个长期海运合同，结果，这些合同在经

333

济低迷的 1962 年变得极为不利，甚至威胁到了该会社的财务维持能力。社长和田遂提议接受联合石油的巨额借款，以保证会社正常周转，然后他就向通产省申请，要求按照《外资法》规定批准这项借款。

但佐桥无情地拒绝了他，声称是该会社自身经营不善才导致了这些问题，而且允许已然被外国公司完全主导的产业引进外资与国家利益相悖。不过，和田也不是没有政治资源的人，于是他便开始动用他的资源对通产省施压，可这些压力只是让佐桥变得越发好斗。但最后，佐桥到底同意组织一个五人委员会来挽救丸善石油。该委员会由植村甲午郎任会长，它建议和田退休，之后由通产省直接与联合石油谈判具体借款条件，以确保联合石油不会获得丸善的控制权。通产省接受了这些建议，结果：佐桥与联合石油达成了交易，三和银行的宫森和夫（Miyamori Kazuo）取代和田担任丸善新社长，丸善成功实现了重组。但好几位大阪议员在国会发言，控诉"官僚佐桥"把他们当地的财界领袖和田赶到了大街上。[28]

与此同时，1962 年 7 月 18 日，佐藤荣作辞去通产大臣职务，池田首相任命福田一（Fukuda Hajime）补缺。福田是一个典型的党人派政客，曾做过战地记者（新加坡）和同盟新闻社政治部长，并曾五次当选代表福井县的众议员——他还有一个身份是大野派忠实成员。池田就是因为大野的推荐才任命福田当通产大臣的，毕竟他需要大野的支持，以抵挡来自佐藤和河野一郎的政治挑战。而福田完全就是那种会被——还真的被通产省精英官员嘲笑为"三流政客"的人，但他作为 1963 年 7 月"福田台风"的始

第七章 行政指导

作俑者,却永远不会被通产省遗忘。

1963年6月,次官松尾金藏准备"下凡"到日本钢管任理事(后担任副社长)。关于他的继任者,他向福田推荐了佐桥——这样的权力更迭是经过长期以来精心谋划作出的选择。然而,福田却在1963年7月1日与一群记者展开了涉及甚广的讨论。在此过程中,其中一名记者发问:"通产省诸多人事问题悬而未决。对此你能否和我们谈谈?""当然,"福田答道,"因为通产省是为公众服务的机构,而佐桥在产业界名声不佳,所以他并不适合。我觉得今井会令人满意。下一任次官我打算任命他。"[29]

这件事在通产省内引发的地震已经成为传奇。所有工作都停了下来。就跟1936年发生兵变时一样,官员们按照他们的入省年次划分成不同小组,在组内秘密开会讨论这种史无前例的变故。次日的报纸上引述了其中一些人的质疑声:"一个党人政治家出身的大臣,我们伟大的通产省有什么传统他根本一无所知,怎么就能选一个我们不喜欢的次官?"新闻界不无讽刺地评论说,通产省官僚的"甜蜜生活"(*amai seikatsu*)到头了。公众则困惑不已:他们以为,通产省和其他省厅的大臣向来都是自主决定其最高下属(即事务次官)的人选。不过也有一些相对理智的人,他们表示:"从理论上讲,大臣当然拥有最终的人事决定权。选佐桥抑或今井都是可以的,二者谁都无法改变整个通产省,只不过佐桥已经在通产省内形成了自己的派系。"就这样,"佐桥派"诞生了,同时也诞生了它的对立面——"国际派",后者将在1966年成为通产省掌权派。而报界对"福田台风"的报道,实际上转移了对《特振法案》在国会命运的关注,并引发了对该法案起草者的诸多质疑，使得该法案最终沦为"无人支持的立法"。

　　福田那么做的原因并不是很难理解。首先，作为一个所属政党日益被前官僚控制的党人政治家，福田想让官僚谨守自己的本分。他常被引用的一句话就是："有些官僚企图篡政治家的权，纯粹是狂妄自大。"其次，丸善事件和《特振法案》使得财界对经济重回官僚统制体制担心不已。福田的次官人选总算让财界领袖们在这个问题上安下心来，因为今井不仅是自由化的拥护者，还是首相信任的人，更是山崎证券社社长山崎种二（Yamazaki Taneji）的女婿。再者，自民党内部人士相信，佐藤荣作与佐桥之间存在一种联系，而这恰恰是福田所属派系的领导人——大野伴睦想要切断的。

　　为免事态进一步失控，通产省元老们被找了过来。卸任在即的次官松尾告诫佐桥，在他们想出办法前要保持沉默。佐桥则明确表示，尽管自己与今井是1937年入省的同期，但自己绝不会遵照通常的惯例要求去退官。结果是由德高望重的前辈椎名悦三郎主持了一场正式会议，会上决定，今井出任次官，佐桥接替今井之前在特许厅的职务，但今井的次官只能当一年（他最终的实际任期是15个月），此后便由佐桥继任。佐桥曾写道，这件事是他长达30年的官僚生涯中最不愉快的经历，此言不虚。不过，他也确实为能看到自己的经济主张被接受和落实而深感欣慰，尽管他本人和他的法案并没有那么受欢迎。[30]

　　这段时期，要求日本加速实现自由化的国外压力持续加大。在1961年底的日美经济部长第一次联席会议上，美国人认为池田承诺的80%的自由化进度还是太慢，要求加快；基金组织更是在1962年9月建议将这一目标水平定为95％（基金组织和日本最终各让一步，定为90％）。接着，基金组织理事会又于1963年2月20日召开会议，拒绝接受日本方面就未加入第八条款国陈述的理由，并坚持要求日本同意一个高于90％的自由化速率。如果日本还想继续参与国际贸易，它当时真的别无选择。于是，日本发出公告，称该国将于1964年4月1日正式成为第八条款国，同时也将停止通过通产省控制预算的方式分配外汇额度。

关贸总协定同样在施压。英国在与日本签订一项通商航海基础条约前，坚持要求日本接受关贸总协定第14条（禁止政府实施出口补贴），而日本接受基金组织第8条就相当于遵守了关贸总协定第11条（不得以国际收支逆差为由实施贸易管制）。因此，上述英日条约于1963年4月4日批准后，日本便立即通知关贸总协定，它将在一年之内加入该协定第11条（即成为第十一条款国）。日本还在1963年7月申请加入经济合作与发展组织（简称"经合组织"，日本是第一个申请加入的亚洲国家），并于1964年4月29日获批，但同时也对经合组织的成员行为准则做出了近十七项临时保留。尽管如此，加入经合组织即意味着日本不仅有义务实行贸易自由化，还必须取消对资本交易的限制措施。全面开放经济终于提上了该国日程。

在接受这些新的国际义务时，日本经济本身正开始进入战后最严重的衰退期。1964年10月，也就是佐桥取代今井任次官的当月，衰退开始了。这种衰退最初给人的感觉，不过是一种因国际收支困境、政府收紧信贷而导致经济周期性下滑的正常现象，且日本自朝鲜战争结束以来已经历过多次。但接下来，日本特殊钢株式会社于1964年12月1日宣告破产，并根据《会社更生法》向法院申请重整。1965年3月6日，山阳特殊钢株式会社如法炮制，也宣称无力偿还近500亿日元的巨额债务。这是战后日本发生过的最大一起破产事件。仅隔两月，山一证券又来报告，说它也无力偿还债务，濒临破产；结果是一个政府担保的贷款计划从天而降才挽救了它。最后，政府在6月和7月放弃了它坚持16年之久的平衡预算政策，并开始发行债券，以弥补因反衰退支出导致的财政赤字。财政政策最终取代了日本长期以来唯一依赖的金融政策。

鉴于上述背景，分析人士开始断言，这不是一种"正常的"衰退，而是一种由高速增长的"扭曲效应"造成的"结构性衰退"。结构性衰退论的形成，主要与佐藤首相（1964年11月取代池田）身边的经济学家及通产省有关。[31] 现在回过头来看，这种观点多少有点儿言过其实，它的产生不光是基于经济中出现的根本性变化，同样也是佐藤试图找一个契机来打击池田的需要。至于衰退的原因，则包括如下几点：首先是在实施自由化、成为基金组织第八条款国、加入经合组织之后产生的不确定性；其次是因青壮年劳动力供应日趋紧张导致的劳动力成本不断攀升；第三是政府的银根紧缩政策；以及第四，由"系列"（银行与企业结成联合体）驱动型过度投资造成的产能持续过剩。

尽管在《特振法案》的问题上表现得冷静自持，包括通产大臣福田在内的政治领导人其实很担心类似情况再度发生。1964年年中，福田做了一件令佐桥十分满意的事。1964年6月26日，福田在内阁表态，《特振法案》的动机和目的都很合理，其中提

· 第七章　行政指导 ·

到的（官民）协调方式就是很不错的主意，应当作为一般性产业政策的实施工具予以通过，尽管该法本身未能通过。他声称，通产省将为合成纤维业（实际成立于1964年10月26日）和石油化工业（成立于1964年12月19日）建立协调恳谈会，并且不排除也为其他产能过剩的产业建立此类组织的可能性。他还说，这些措施将通过该省仍然保有的权力，"行政指导"——首次出现是在通产省1962财年年度报告中，且是仅出现过这么一次的名词，而不是依据某部法律去执行。[32] 1964年7月18日，距离福田上述发言不足一月，池田即改组内阁，用战前商工大臣（即前面提到的樱内幸雄，1931年在任）之子、河野派（河野1965年7月过世后改称"中曾根派"）领导人樱内义雄（Sakurauchi Yoshio）取代了福田。樱内在佐藤内阁时期继续担任通产大臣，但1965年6月，三木武夫取代了他的位置。因此，通过行政指导实施《特振法案》主张、进而对抗衰退的任务，就落到了樱内、三木和佐桥三人的身上。

有一种观点认为，日本的政企关系是以某种其他国家都不具备的、潜在的、很可能根植于文化的民族传统为基础的。就这种观点在世界范围内的传播而言，行政指导所作的贡献在日本各种制度中可谓一骑绝尘。伦敦《经济学人》杂志将行政指导界定为"指称不成文命令的日文名词"；东大的内田忠夫（Uchida Tadao）教授则写道："在这个国家，国会在……决定经济计划方面几乎毫无实权，因为这类权力实际上已经转移到行政部门，尤其是政府机关。"[33] 许多外国人对行政指导提出抗议。"令我们的制造商头疼的，"德国纺织业联盟的恩斯特·赫尔曼·施塔尔（Ernst

339

Hermann Stahr）表示，"其实并非日本的竞争，而是一大堆复杂难懂的政府支持和补贴。我们的制造商觉得，无论自己怎么做，日本人都只是把他们的价格定得比自己低一点儿罢了。"[34] 所以，正是行政指导，在20世纪60年代为通产省赢得了"单向贸易省"的名声。[35] 另一方面，也有一位日本分析家发文称，行政指导"是日本经济所以会取得这般成就的原因所在，正是它让这个国家成长为世界第三大工业国。它是维系日本公司的支柱之一"。[36]

行政指导并没有多神秘。它指的是相关省厅设置法规定的、在各省所辖业务范围内向企业或行政相对人予以指示、"要望"（即要求）、警告、劝告和"劝奖"（即鼓励）的政府权力[37]。行政指导的实施只有一个限制条件，那就是被指导者必须属于某个特定机关的管辖范围。而且，尽管它并不以法律明文规定为基础，却不得与现行法律相悖（比如，不得违反《独占禁止法》）。在20世纪50年代，提及行政指导时很少会与通产省的措施联系在一起，因为那时，该省的指示、许可和证照大多要严格遵循明确的统制法规。直到20世纪60年代期间，行政指导才被公开实施和讨论，而那也是因为自由化和《特振法案》流产使得通产省失去了大部分明文规定的统制权限。从某种意义上说，行政指导只不过是通产省换了其他方式来继续它以往的做法。所有日本观察家都赞同城山三郎的结论："《特振法案》失败后，剩下的选择就只有行政指导了。"[38]

行政指导与根据——比方说《外为法》发布的命令，二者的区别在于，前者不具备强制执行力。它的约束力源于20世纪30年代以来所建立的政企关系、对政府部门的尊重、省厅自称代表

第七章 行政指导

国家利益的立场声明,以及省厅能够施加的各种非正式压力。日本有一句古谚,"打击长崎以报复江户",就是用来描述这种被政府打击报复的威胁的——它的意思是,政府有的是办法去报复那些拒绝听从其行政指导的企业家。[39]正如我们将在下面看到的,通产省为报复不听话的企业,有时甚至会采取强制性措施。

有一些形式的行政指导,并不是很容易与政府的正式法令区分开来。其中一个例子就是以"指导纲要"(即政策声明)形式进行的指导。这涉及公众的一种义务,即关注并真诚响应政府以合理方式制定和公布的政策,尽管不遵守的惩罚从未明确规定过。这种形式的行政指导最著名的案例发生在20世纪70年代初。当时,东京近郊的武藏野市发布了一项政策声明称,营造大型工程的房屋承建商,若要提供或帮助购买小学校舍建设用地,须与政府协调。有一个承建商忽略了这些指导方针,该市便用混凝土把他为所揽工程铺设的上下水管都给封上了。承建商遂将该市诉至法院,但法院最终支持了该市。[40]一般说来,当行政指导打着为国民利益服务的旗号时,反对几乎没有任何意义。报界爱引用的一个例子是,某都市银行的一位主管,跑到大藏省抗议称,其银行没法承担通过行政指导分配给它的全部政府公债数额。结果,银行局的一位官员直接回他:"所以你认为你的银行即使在日本崩溃后也能继续存活?回去吧,把我的话原原本本告诉你家总裁。"[41]这种方式佐桥是特别擅长的,所以他也倾向于用这种方式来为他的行政指导作辩护。

如果一个省厅在它本该公正裁断的争端中被质疑不够中立,或者它被它本应规制的人反控制,或者它的行政指导实际上仅仅是披着政府外衣的非法卡特尔，又或者实施行政指导的审议会被具有某一种倾向的人充斥，行政指导就会开始出问题。一旦这样的不当行为被怀疑存在，再想摆脱它们造成的恶劣影响将很不容易。我们在下一章将看到，20世纪70年代爆发了多起抵制行政指导的事件，而抵制的理由就是上面这些。

1965年衰退期间，通产省实施行政指导的主要方式，是在协调恳谈会中进行投资调整。不管企业家及其代表在国会中是否有针对通产省、佐桥或《特振法案》，具体又说了什么，他们私底下对这些卡特尔还是很欢迎的，毕竟这些组织有助于他们在衰退期间，暂时避开自身抢先投资及需求日渐减少的不利后果。1965年1月29日，石油化学协调恳谈会决定，1965和1966财年新建乙烯生产设施产能应限制在35万吨，且只有该产业内已有企业才有权兴建这种设施。1965年3月18日，化学纤维协调恳谈会就新建腈纶设施产能维持在日产30吨以下的方案达成一致。1965年5月和1966年11月，通产省又先后为纸浆业和铁合金业成立协调恳谈会。其他产业则借助产业构造审议会的专门委员会，但目的都是一样的。最终，产业构造审议会取代恳谈会，成为大多数实业家和金融家聚在一起，协商各自要投资多少、在何种厂房和设备上的场所。

行政指导在这一时期的另一种重要形式是促进合并。有时，这仅仅意味着通产省集齐各方，并在公正取引委员会面前支持它们合并。这类合并中，规模最大的是1964年6月1日对占领当局解散原三菱重工业之后形成的三家会社进行的合并。但有些时候，实现合并所需要的绝不单单是口头的鼓励。以1963财年为例，日本开发银行为用于大企业合并的构造融资预留了近 30 亿日元（1964 财年扩大到 60 亿日元）。政府曾长期利用低成本融资促进中小企业间的合并，此阶段又把这种资金渠道扩大适用于汽车、石化和合金钢产业。据说，日产和王子（Prince）两家汽车会社合并时——最终完成于 1966 年 8 月 1 日，日产从开银获得了高达 1110 万美元的奖励性贷款。[42] 政府则辩称这种慷慨救助是其鼓励出口政策的一部分，因为规模经济能够有效降低出口产品的价格。正如霍勒曼所指出的："讽刺的是，占领当局打着经济民主的旗号解散了财阀，如今日本却又以进口自由化的名义致力于重建它们。"[43] 佐桥对樱内大臣促成日产—王子合并一事给予了高度评价，但观察者大多认为，佐桥本人承担了其中大部分工作。[44]

这几个月的"结构性衰退"、企业合并和行政指导，引起并影响了佐桥在次官任上的最后一次纠纷——与大阪住友金属的斗争，原因是后者拒绝遵从他的行政指导。用稻山嘉宽的话说，钢是"工业的粮食"，长期以来，钢铁产业一直被有见识的观察家视为代表日本政企关系的"模范生"[45]。然而，在 20 世纪 60 年代中期，通产省与它的模范生之间却出现了问题。由于八幡制铁所成立时是一家官办企业（1934 年成为日本制铁这家公团的主要成员），六大钢铁会社（八幡、富士、日本钢管、川崎、住友和神户）中有四家质疑通产省的中立性，认为它会偏心它的"亲生子"，也就是日本制铁被占领当局解散后留存的八幡和富士。再者，通产省与钢铁产业的关系也很微妙。六大钢企的董事会中都有原通产省高级官员任职——除了住友，它原则上拒绝雇佣前官僚。但尽管如此，想直接对钢铁产业下达指令也远非易事，因为该产业的高管很多都是经团联、经济同友会这类经济组织的最高领导人。

钢铁产业行政管理工作中存在两大难题：调整对新建高炉和转炉的投资，调整生产以维持合理的价格水平。任职八幡的稻山长期以来坚持认为，避免钢铁产业价格波动符合国家利益，因为这样做既能确保该产业安排好巨额投资性贷款的偿还计划，又能避免钢铁制品价格不稳定对其他经济部门造成连锁反应。从战后初期的倾斜生产时代开始，直到1960年左右，通产省通过产业合理化审议会的计划，以及《外资法》的策略性运用，始终在对钢铁产业投资进行巨细靡遗的控制。1960年的时候，松尾次官（退休后去了日本钢管）曾提议出台一部铁钢事业法对投资调整卡特尔作出规定，将其作为《独占禁止法》的除外情形，但业内人士不同意，他们倾向于自主调整，这种方式虽须由通产省凭借其所谓的监管权加以认证，真正负责实施的却是日本铁钢联盟。1965年，这项自主调整尝试宣告失败，钢铁产业的产能过剩问题再加上大环境的不景气，甚至使得日本规模最大的一些企业走到了濒临破产的境地。

紧随其后的热点议题则是通产省旨在避免钢铁价格暴跌的"劝告操短"。该省发出"劝告"（实为命令）：1965财年第二季度（7—9月），各个会社应根据各自在1964财年下半年（1964年10月—1965年3月）总产量中所占份额减产10%。包括住友在内的六大会社都照办了。接着，通产省又于1965年11月9日命令将这一减产政策延续至第三季度（10月迎来了衰退最为严重的时候）。这回，住友以自己是六大会社中唯一完成通产省分配的1965财年上半年出口指标的会社为由，拒绝接受该省的行政指

·第七章　行政指导·

导，同时还指控八幡、富士和日本钢管这几家最大的经营实体将一部分本该用于出口的钢铁产品投放到了国内市场。住友更声称，通产省决定市场份额的依据没有考虑各个会社的出口业绩，对管理较为完善的行业新参与者，如住友，存在歧视。

住友金属社长日向方齐（Hyūga Hōsai）是应对这种状况的老手。自1931年从东大法学院毕业起，他就一直在住友工作，并因为担任第三届近卫内阁（1941年）大藏大臣小仓正恒（Ogura Masatsune，住友出身）秘书官的关系，亲身体验过官场生态。而1965年期间，他更是大阪经济同友会的头号人物。在他眼中，通产省对钢铁产业的干预一贯是偏向八幡和富士，所以，拒不接受对他来说根本不是什么为难的事儿。

日向首次提出异议后，1965年11月18日，通产大臣三木——自民党内的派系领导人，连任时间最长的国会议员，未来的首相，与日向通了电话。据后者说，三木承诺，如果住友可以在第三季度执行该省的减产指令，他将对住友大规模投资其和歌山制铁所（该会社打算增设第四台高炉和第四、第五台转炉）的计划给予照顾。佐桥本人则并未直接参与此次纠纷，直到日向拒绝服从通产省的指令，至于他和三木在后者给日向去电前是否有商量过，二人都含糊其词。①

---

① 按照佐桥的说法，三木去电仅仅是一位上层政治家向一位有影响力的选民示好的礼貌行为。他的"承诺"极为含糊——是典型的"官厅用语"（字面意思是"官腔"，实际上却意味着一位政府官员出于礼貌口头同意了一位国民的请求，但同时又暗示官员根本没打算搭理该请求）。在佐桥看来，日向故意曲解了三木的意思。参见松林松男著，《回顾录：战后通产政策史》（东京：政策时报社，1973年），第141页。

345

然而，11月19日，也就是三木去电的次日，佐桥也联系了日向，并告诉后者，除非住友让步，他将根据《输入贸易管理令》（1949年第414号政令）限制该会社的焦煤进口，使其仅能获得生产已批准配额所需的焦煤数量，多一铲也不行。佐桥在这件事上展示了通产省最专制的一面，所以当整件事被披露出来时，报界一边倒地支持被视为弱者的住友。日向还在大阪召开了新闻发布会，并在会上表示，既然出钱和冒险的都是他的会社，他看不出自家会社生产多少与政府有何关系。当然，这句话并不全然属实，因为住友从政府支持的融资和政府担保的世界银行贷款中获得的好处不比其他会社少。然而，日向又更加尖锐地补充道，通产省偏爱那些有前通产官僚在其中任职的企业，他还有一种感觉，在这件事上，佐桥没有听从三木大臣的安排。"他俩谁才是大臣？"他问向在场的众多大阪记者们。这句话随后迅速被日本国内报纸改写成了从此像标语一般铭记在公众心中的大标题——"佐桥，大臣；三木，次官"。这一事件像极了1936年小川大臣与吉野次官之间，以及1941年小林大臣和岸次官之间的冲突。

佐桥很是尴尬，毕竟他与三木关系不错，但他仍然坚持了自己的意见，并最终获得胜利。1966年1月11日，住友发表声明，称它并未违抗行政指导，只是因为自己优异的出口表现想要争取特殊待遇罢了；同时还表示，它对行政指导将秉持与其他企业相同的立场。声明一出，住友必不可少的原料进口迅速得到恢复。而此次妥协的背后则是钢铁产业领袖们的运作和奔走，住友的出口配额也随之增加。

· 第七章 行政指导 ·

这一著名事件产生了多个后果。其中最重要的是，这场纷争在将通常保密的过程暴露在公众视野中之余，也使得整个钢铁产业及企业界陷入极度紧张与不安，以至于企业界元老和政府决定将八幡和富士两家制铁会社合并为一个地位明晰的产业领头羊，从而改变该产业自身的结构。经过与公正取引委员会漫长且阵仗往往不小的斗争，新日本制铁株式会社——世界上最大的钢铁企业——于1970年3月诞生了。下一章我们还会继续谈到通产省在这起著名合并案中的作用。

相对而言没那么重要但同样具有启示意义的后果则是，住友金属第一次接受了"下凡"官僚。这次风波过去三年后，日向于1969年邀请即将离任的通产次官熊谷典文加入住友金属理事会。由于熊谷入职通产省之前曾在住友短暂工作过一段时间，所以比起那些素不相识的官僚，他会更容易被该企业接受。1978年6月，日向升任理事会会长，住友金属社长一职则由熊谷担任。日向显然已经认识到，他的会社在其他方面都无可挑剔，只是管理层中尚存在一项短板：通产省内部人士的官僚技能。[46]

战胜住友之后仅隔三月，佐桥即自认对通产省已无用处。但他宣称绝不走高级官员退休后通常选择的三条路径。他不想进入私营企业，因为一个外部人的空降只会惹恼那些任职多年的雇员，毕竟这妨碍了他们的晋升机会；他也不想涉足政坛，因为他已经对政治家不抱幻想；至于政府开办的公团，他同样没兴趣，因为在那里，他将不得不听命于某位次官，这不符合他的作风。因此，接下来的六年时间，佐桥都用在了研究经济和撰写一系列极其实用又直言不讳的著作上。1972年，他终于接受了余暇开发中心理事长的职位，而该机构是通产省为推动旅游休闲业发展而发起的团体。1974年见到他时，他给我的感觉俨然是一个地地道道的国际旅游业经营者：当时刚从南太平洋回来的他身着一套白色旅游服，端坐在热带鱼缸环绕的办公室里，对我提出的问题，他回答得十分坦诚，同时也满怀激情地为他所热爱的通产省辩护。他被报界称为"通产省先生"不是没有原因的。

日本经济的正常化始于贸易和外汇的自由化，换言之，直到20世纪60年代初才真正开始；1956年《经济白皮书》中"别了，战后重建岁月"的声明说早了近五年。在被迫实施贸易自由化之前，日本一直是一个完全封闭的经济体，它与世界其他地区的接触都是通过政府机构的媒介作用来实现。贸易自由化开启了，但并没有终止日本经济向各种商业和竞争压力开放的复杂过程，而这些压力同时也影响着世界所有市场经济国家。直到1980年，1950年《外资法》最终废止时，我们才能说日本经济基本实现了正常化。尽管日本经济的繁荣很大程度上得益于贸易和资本自由化的全球性趋势，但日本取消统制措施的实际过程，对日本及其贸易伙伴来说都是极为痛苦的。正如我们将在下一章看到，1960—1980年这段时间留下的伤痕，历经二十年仍在影响着日美两国的同盟关系。

1981年1月，由日美两国杰出代表（1979年5月由日本首相大平和美国总统卡特任命的"智者"，负责研究影响两国长期经济关系的因素）组成的特别委员会公布了它的报告。在"日本市场：开放还是封闭？"（Japan's Market：Open or Closed?）的大标题下，这群智者对行政指导进行了阐述：

·第七章 行政指导·

对非日本人来说，日本经济体制最难理解的一个方面就是政企关系的性质。相比美国，日本公私部门间协商的范围更为广泛，对立关系也更少，这被一些美国人视为"日本公司"概念的现实基础。这种形象造成了对日本经济严重偏离事实且极具误导性的印象。它对美日两国经济关系也极为不利，因为它会导致日本可以随意操纵进出口的错误印象。企业不会乖乖听命于政府部门，政府也不是企业的工具。然而，大多数日本人的确承认政府依赖行政指导的现象是存在的，他们通常将其描述为，政府试图影响企业的非正式手段，以避免像美国那样求诸法律或规制措施。[47]

正如本章试图表明的，行政指导之所以会成为日本政企关系的显著特征，是有两大背景作为前提的，一是贸易自由化，一是通产省为其产业指导活动提供新法律依据（即《特振法案》）的努力终告失败。在那之前，政府在经济决策中的作用一直是通过其对外汇预算的管理来实现的。外汇预算取消后，政府继续一如既往地扮演它的传统角色——但却丧失了过去通过对某个产业或企业的外贸管制来强制对方服从的明确权力。

政府在经济中的作用，无论在贸易自由化之前还是之后，都从未受到法律的严格限制。当然，日本的经济体制同样要依赖法律基础——但通常是简短又笼统的法律，《特振法案》就是一个典型的例子。具体的实施细则则交由官员解释，以严格限定于保障预期效果的实现。不过，范围甚广的经济活动既不是靠一般法律，也不是靠政府或各省命令，而是留给了行政指导去管理。行

349

政指导权好比授权一个军事指挥官或船长负责其管辖范围内的一切事务，日本作为资本主义发展型国家，行政指导权不断层层下放也是合情合理，因为它重视有效性更胜合法性。

行政指导权大大增强了日本经济官员迅速灵活地应对新形势的能力，同时也为他们发挥主观能动性提供了足够充裕的空间。毋庸置疑，日本人确有受益于法律中介的消灭与公私往来中对立关系的避免。但官员与企业家之间这种亲密关系易被滥用也自不待言，我们在下一章将看到，被滥用的情形间或有之。不过，考虑到战后日本对经济发展的普遍需求，公众还是愿意接受官僚偶尔越权与经济行政工作更及时和高效之间的平衡的。随着贸易和资本自由化程度的提高，行政指导的重要性亦在降低，但只要公众尚能意识到日本经济的脆弱性，从而认同政府对经济活动实施调整的必要性，它就永远不会从日本舞台上彻底消失。

作为最后一位旧式产业政策官僚，佐桥努力减轻自由化的不利后果，尽可能持久地维持日本经济的高速增长。随着佐桥时代的结束，通产省的活动遭到了猛烈抨击，政企间的协调关系也在私人部门要求恢复自主调整的呼声中渐趋破裂。然而，1973—1974年的第一次"石油冲击"发生后不久，通产省再度听到了要求它出马的呼声——领导知识密集型的第三阶段工业化，纠正伴随自主调整回归产生的诸多弊端。与此同时，通产省自身也在经历一场内部改革，以及通产省官员必备素质的重新界定。不同于佐桥及其同僚代表的老一辈，新一代通产省官员必须具备处理国际事务的经验，精通外语，对贸易管理要与产业政策一样精通。与佐桥"仅堪国内留用的官僚"这一自况形成鲜明对比的是，他的继任者们都是"具有国际视野的民族主义者"。

岸—椎名路线的逝去,并不意味着高成长时代的终结。1950—1967年间,日本生产率的年均增长率高达9.5%;这一数字在1967—1976年间继续上升至10%;而在1978—1979年,尽管先前受到石油冲击的严重影响,也仍稳定保持在8.3%。20世纪70年代末,日本连同其盟友美国,每年共计生产全球新产品总量的35%左右,在世界贸易总额中占比则接近20%。日本已然蜕变成一个富裕国家。因此,以佐桥为代表的那些人,他们的真正遗产绝非他们的"统制官僚"思想,而是他们向这个国家所展示的:如何改革其产业结构以应对经济环境变化,还有如何在不放弃民主或竞争优势的前提下付诸实施。多亏了通产省,日本在如何逐步淘汰传统产业和如何逐步建立新兴产业方面,渐渐积累了比世界上任何其他国家都要丰富的知识和实践经验。

第八章

国　际　化

　　从 1965 年衰退到第一次石油冲击（1974 年）后衰退的十年间，通产省与日本先是各走各路，后又殊途同归。日本迎来了它战后经济增长的最高点，通产省则诠释了官僚体制最大痼疾发作的典型案例——完成使命，丧失存在意义。这一时期，困扰通产省的问题层出不穷：工业污染、对其行政指导的抵制、对其与大企业结党营私的指控、通货膨胀、公众对其工业选址政策部分后果的失望（尤其是一些日本海沿岸县如岛根县人口的实际减少，以及东京—神户工业区的过度拥挤），以及日本与其主要经济伙伴美国之间关系严重受损——由贸易失衡、日元贬值、日本资本自由化进展拖沓等原因导致。

　　但到了 20 世纪 70 年代中期，通产省居然又开始显现出复元的迹象：它成功实现了对其使命的重新定义，调整了人事，赋予了自身新的组织架构，并抛弃了不再切合时宜的自身传统——与此同时，它也在反复重申那些仍为日本所不可缺的要素。石油危

第八章 国际化

机及其造成的全部后果令通产省重焕生机。而通产省当时面临的首要问题，则是弄清楚需要做出什么样的改变，来回应对它的批评，并抵挡住那些将通产省势力衰微视为自身坐大机遇的竞争对手，如大藏省。有位官员把1968—1969年定性为通产省历史上最悲惨的一年，通产次官两角良彦（1971—1973年在任）则把那些促使该省于1973年7月彻底改组的岁月称为"冗长、幽暗的隧道"[1]。

这一切都始于资本自由化。日本1964年加入经合组织——附有比西班牙与葡萄牙以外的其他十六个成员国都要多的宽限条款，此后，它似乎就忘记了适度实现资本在签约国间自由流动这一经合组织基本目标。但很快就有许多外国人提醒日本，它已经同意结束对外国人在该国直接投资的限制了。日本通过经合组织成员国身份获得了诸多好处，比如在海外市场发行债券更加便捷，当然，它本身也是韩国、中国台湾和东南亚地区的主要投资国。日本履约进度缓慢的问题首次提出是在1965年5月的日美金融首脑会议上。之后的7月，在日美贸易经济联合会中也出现了日本应实行自由化的要求，接着在12月于东京举行的国际商务会议上，同样的要求被再度提出，到1966年2月，经合组织更是亲自重申了这一要求。[2]

一想到资本自由化，通产省官员和日本产业界领导人心中便会泛起阵阵恐慌。在他们看来，贸易自由化仅仅意味着让本国产品（质量、设计、价格等）参与国际竞争，在这个层面上，日本已经制定出了卓有成效的战略：从欧洲和美国进口技术，将之与日本劳动力结合，然后再向市场提供相对其他国家有竞争优势的

353

产品。但资本自由化则意味着企业的全方位竞争——涉及包括技术、资金来源、管理技能等在内的所有层面。然而，因为形成于资本短缺的朝鲜战争时期的间接金融体制，日本企业自有资本比例偏低，很容易成为外国资本收购的目标。当然，这个问题其实是一个民族问题，而非经济问题——一些日本人认为，美国既然已经"买下了"差不多整个西欧，自然也打算买下日本。

通产省长期以来一直担心某种类似灾难可能会落到日本头上，所以在1965年衰退期间（尤其是在山阳特殊钢破产之后），它开始嘲笑所谓的日本"花见酒经济"（直译为赏樱花、饮米酒经济）——指代无数自有资本极少、完全依赖政府担保银行贷款且存在过度投资问题的日本企业。[3] 如果这种处在温室经济中的企业尚且挨不过本国范围内的一次萧条，那又如何在国际层面与福特、杜邦及IBM竞争？通产省主张，解决这些问题的办法是促进大规模合并，以便形成与美国和西欧旗鼓相当的经济力集中。它计划将六大钢铁会社缩减成，比方说，两家或三家，汽车制造商则从十家（大发、富士、本田、日野、五十铃、三菱、日产、铃木、东洋工业和丰田）缩减至两家（日产和丰田）。但这一方案的问题在于，考虑到日本企业内设的工会、实行的终身雇佣制，以及与"系列"的隶属关系，很难对它们实施合并。再者，这样的政策还会导致通产省完全站在大企业一边，甚至是更糟的财阀型企业一边。一些观察人士索性将通产省"废旧建新"（首先在煤炭产业推行）的老口号重新解释为"废止中小企业""建立三菱重工业"。[4] 事实证明，比起中小企业，通产省更担心某些大企业出状况。而且，它已经完全将公正取引委员会抛在了脑后。

· 第八章 国际化 ·

在这些问题出现前，通产省就从财界高层那里获得了帮助，但这更多是因为住友金属事件的关系，而不是资本自由化本身。八幡制铁社长稻山嘉宽就曾慑于"佐桥大臣、三木次官"的论战，以及围绕钢铁产业市场份额的公开争执，在1966年1月向富士制铁社长永野重雄提议合并八幡、富士两家会社，从而打造一个能够真正称霸业内并如他所愿，为形成稳定寡头市场创造条件的大型钢铁会社。永野表示同意。为建立一个可以就这些议题进行磋商的论坛，1966年3月，各大产业联合会的领导们组成了一个政策委员会，或者说产业参谋本部，并取名为"产业问题研究会"（简称"产研"）。大型钢企合并就是产研最得意的成就（此后便不再活跃），但它的组建适逢资本自由化问题出现之际，该团体遂决定为所有主流产业探讨合并问题，而不是仅限于钢铁产业。[5]

产研根据其极尽完善和周详的组织框架设计，汇聚了钢铁、电力、化学、机械、纺织、贸易、金融和证券行业的领导者，以及中小企业代表。其工作的指导思想系由中山素平（1906年生人）规定。中山自1961年起便担任日本兴业银行总裁，可以说是现代日本产业界最伟大的中间人。他本身也掌管着一个为日本产业重组出谋划策的委员会，目的是终止"过度竞争"，为迎接资本自由化的挑战做准备。1966年7月—1967年6月间，新添了通产省和经企厅官僚的中山委员会一直在起草一份报告。最终完稿时，这份报告主张在七个产业（钢铁、汽车、机床、计算机、炼油、石化及合成纤维）中实施合并或"协调"。虽说中山委员会的主要贡献是为八幡与富士的合并提供理论依据，但它的影响在其他许多方面也有体现,既包括通产省最终流产的重组汽车产业尝试,也包括该省极为成功地将电子产业与机床产业联结在一起的各种举措[6]。

在这些研究活动开展的同时,通产省也忙着准备应对措施,以在重组基础阶段完成前抵御自由化的冲击。1967年1月,通产省在产业构造审议会中新设资本取引自由化对策特别委员会,来讨论并通过自己提出的方案。该委员会还与大藏省外资审议会设立的另一个特别委员会合作,制定了一套庞杂繁复的规则和程序,从而起到了确保日本的资本"自由化"在形式上严格遵循国际条约的作用。

这些规则的部分内容包括:100%的自由化仅适用于那些外国人不可能参与竞争的产业(有名的例子如清酒酿造、摩托车和日式木屐制作);其他产业的直接投资仅限于开办合资企业的形式,且其中的日资比例不得低于50%;取得既存企业股权的比例不得超过20%;有选择地指定拟实行自由化的产业;在宣称已实现自由化的产业中,至关重要的部门并不在开放投资之列(电视机产业宣布实行自由化,但外国人不得生产彩电或使用集成电路;世界十大高炉中,日本钢铁行业占了八个,但外国人不得供应汽车产业所需的特殊钢);日本国民在合资企业理事会中所占比例不得少于一半……凡此种种,不胜枚举。然后,似乎是怕光有这些措施还不保险,所有意向中的合资企业或外商独资子会社,只要涉及向日本引进外国技术,其设立就仍须根据《外为法》或《外资法》,经由通产省审批。[7] 很难想象一个合资企业或子会社会无须引进某种技术或诀窍。

·第八章 国际化·

1967年6月6日，内阁采纳了这些原则，并大张旗鼓地宣布，"第一轮"资本自由化将于7月1日启动。这一轮对外国投资者开放了近50个产业，其中17个外资占比可达100%，剩下的33个则限制在50%以内。作为初步努力，这项举措无疑只是一种装点门面的公关姿态。所有实行自由化的产业，要么是日本企业占据了50%以上市场份额的产业，要么是大多数产品仅对日本政府供应的产业（如铁道车辆），再就是在日本没有市场的产业（如玉米片）。真正的资本自由化只能在日本缓慢推进，且绝不会是通产省主动为之，而是该省影响力衰落，以及担忧被孤立的产业界日渐意识到"国际化"势在必行的共同结果。十分讽刺的是，及至20世纪70年代后期，日本经济终于实现完全自由化时，它最大的外国投资者既不是美国人，也不是欧洲人，而是阿拉伯的石油酋长们。[8]

这一时期的诸多领域中都能看到通产省活跃的身影。产研和通产省在1968年之前一直守口如瓶的八幡—富士合并案，要求该省使出浑身解数来施加影响，以摆平公取和其他钢铁会社。此外，通产省在汽车和纺织这种竞争性部门促进合并也遇到了困难，而外国人对1967年限制颇多的自由化也没有沉默太久。然而，在20世纪60年代后期，通产省推行其政策的能力却因为内部的派系斗争受到了削弱。佐桥与住友金属的纷争是他从通产次官任上引退的真正原因，但某些希望他出局的政客们，却把另一起事件搞得人尽皆知，并主张此事暴露了通产省的傲慢作风和佐桥的不称职。

佐桥作为通产次官曾任命川原英之（Kawahara Hideyuki，

1941年入省）担当官房长。多年来，川原一直是佐桥最亲密的伙伴之一，而他本身也是一位出色的通产省官员（他是最早意识到污染问题严重的人之一）。1966年2月27日，川原突发疾病身亡，经佐桥授意，在东京的筑地本愿寺（一个大佛寺）为他举行了一场由政府出资的正式葬礼。这在国会中引起了轻微的抱怨，因为相比川原葬礼的精心安排，为政治家举行的葬礼显得有些寒酸了。此事激怒了佐桥，但也让通产省注意到，政客们正在伺机对付佐桥和他所代表的那类通产官僚。[9]

在佐桥退官前，他是有权指定接替川原出任官房长的人选的，但三木大臣则明确表示，他将亲自挑选佐桥本人的继任者。最终接任官房长的是大滋弥嘉久（1966年3月—1968年5月在任），一个过渡性的人物，因为他虽然有时被看作佐桥派成员（他曾在《特振法案》时期担任通产省大臣官房产业构造调查室长），但他又比佐桥更重视日本参与世界经济所面临的问题。他也是最后一位多少能代表传统"岸—椎名"路线的通产次官（1969—1971年在任）。至于接替佐桥的下一任次官，三木选择了通商原局长、因曾供职于日本驻曼谷大使馆而在海外工作过的山本重信（Yamamoto Shigenohu）。1966年时，山本原本是在中小企业厅长官任上。接任次官后，他立即提拔熊谷典文担任他的企业局局长，接下来，熊谷又在1968年5月—1969年11月期间接替他担任次官一职。

除了各种悬而未决的政策问题，这个由山本、熊谷和大滋弥组成的后佐桥班子，还得把大量精力投放在内部派系问题，以及自佐桥—今井之争以来便始终存在的士气低落问题上。据报道，

·第八章 国际化·

山本的政绩极为亮眼,他是人们印象中最受爱戴的次官之一。在他的系统安排下,产业派官员与国际派官员进行了职务对调,这一措施也体现了他作为日本出口贸易促进专家的背景,不过这种专长限于重型机械和高附加值产品,而非纺织品及其他产品(值得注意的是,他也是第一位"下凡"进入汽车产业的通产次官——1968年成为丰田汽车常务理事)。反映山本人事政策的典型例子是分别任命宫泽铁藏(Miyazawa Tetsuzō)、两角良彦为通商局长、矿山局长,宫泽是有重工业方面的背景,但并不具备海外工作经历,两角则兼具海外(巴黎)和企业局工作经历。

这些政策在当时颇见成效,但通产省内部围绕佐桥政策的争论并未停止。坚持传统产业政策的干部们(国内产业派)含沙射影地指出,新生代领导人并非真正的"省内培养武士"(如佐桥),面对资本自由化的要求,他们倾向于追求一种"对外绥靖"政策。这些责难往往导致早期的"国际派"领导人刻意突出其强硬的一面,就为了反驳他们倾向于迎合外国人的指控,美日纺织品谈判即为例证。山本退休、熊谷继任次官后,通产省领导人终于决定将过去的佐桥派成员打发走。熊谷一方面任命两角为官房长(1968年5月—1969年11月在任),一方面对佐桥派的年轻成员进行彻底清洗。所以,佐桥本人引退之后,佐桥派成员均未在通产省内得到重用(大滋弥可能是一个例外,但他其实上是一个中立者)。

重要的是,得明白一点:这种内部派系斗争与通产省这一时期的各种政策相互作用,并影响着后者。在原则问题上,该省新领导人与佐桥并没有多大差别,但他们大多在国外工作过,深谙

359

国际商业"文化"（比如，基金组织、关贸总协定及经合组织等机构、资本自由化等潮流），此外，他们还对不久刚刚兴起，不久便会超越钢铁、化学和纺织的高技术产业颇为敏感。与佐桥这类人形成对比的是，他们被准确描述为"具有国际化视野的民族主义者"。而作为通产省领导人，也是他们在 1973 年对该省实施了改革，并指挥日本走出了石油冲击。

然而，在树立自己的最高权威时，他们很容易遭到省内的指责，说他们向政客屈服、与外国人为伍等，总而言之就是背弃了通产省的老传统。而一旦他们对这些内部抱怨做出回应，他们又得承受来自政客和其他省厅官僚的外部攻击和指责，诸如，他们跟不上时代，和老派的革新官僚一样狂妄自大，支持那些正在破坏日本外交关系的政策，还对大企业卑躬屈膝。尽管如此，当三木无视佐桥的企业局长岛田喜仁（Shimada Yoshito），转而任命山本当次官时，一个新的主流就已经在通产省内形成了。随之而来的是一条明确的次官交接路线，相比佐桥在 1955—1966 年间建立的，它显然更具国际主义倾向。这个新的谱系从山本开始，经熊谷、大滋弥、两角、山下英明，最后由小松勇五郎收尾。

1966 年春，山本次官一度是欢迎产研主张的合并的，尤其是大型钢企的合并；而且他已经开始与公正取引委员会接洽，为合并铺路。1966 年 11 月 28 日，他获得了公取对这些合并案的正式批准，尽管这些合并案打破了公取的既有规则，即禁止导致单一企业在某一产业内市场份额超过 30％的合并。公取还同意将必要的"投资调整"作为《独占禁止法》的例外情形，以便应对来自国外的威胁。[10] 而山本为这些措施辩护的理由，则是在资本全面自

·第八章 国际化·

由化对日本经济造成冲击前，对产业结构加以完善的必要性。当八幡与富士于1968年1月达成合并协议时，他也是由衷地高兴。这看上去就像一场"世纪合并"，当然，也是战前和战时存续的日本制铁的再生。

然而，由于富士制铁社长永野说漏嘴，《每日新闻》和《日刊工业新闻》两家报纸均在1968年4月17日曝光了八幡和富士计划合并的事。这个原本鲜为人知的消息，在公众中造成了只有四年前关于《特振法案》的争论才堪媲美的轰动。以内田忠夫教授为首的东大经济学家聚在一起，发表了一份正式声明：他们认为，拟进行的这项合并从经济上考量并不明智，而且会导致垄断性价格上涨。内田还声称："这件事真正耐人寻味之处在于，规模如此庞大的一宗合并案，其造成的法律、经济、社会影响居然无人关心，同时，普遍为人信奉的则是，私营企业的行为并非基于它们自身的独立决策，而是通产省的行政指导。"[11]尤其令内田担忧的是，日本公众并不理解经济发展需要竞争，且需要通过法律制度来保护竞争。

公正取引委员会听取了上述所有意见，于1969年1月27日澄清了自身对合并相关法律规定的立场。公取并非一定要反对导致行业内出现一家新的头号企业的合并，但同意的前提是让它相信，新出现的这家企业并不能光凭其规模就足以迫使其竞争者服从其定价决策。在此基础上，公取于一个月后（2月24日）正式宣布，只有两家会社均剥离出某些关键子会社，它才会批准八幡—富士合并案，因为那些子公司若是继续保留，将赋予新会社在钢铁产业中的价格控制权。稻山和永野都拒绝接受这项决定——尽管产研的中山已经提醒过他们，出售部分设施在所难免，还试图动用政治影响力抵制公取。结果，1969年5月7日，公取自成立以来第一次走进东京高等裁判所（简称"东京高裁"），并获得一项合并限制令。至此，事情显然是变得更糟了。

1969年6月，东京高裁就这项合并案举行公开听证会；公取陈述了它的立场，学者、企业、消费者团体和关联产业也都进行了表态——通产省则由该省重工业局铁钢业务课长左近友三郎（Sakon Tomosaburō）代表，公开发表了不合时宜的评论，他声称，在这个法庭上，"门外汉正在审判专家"。事后，报界对这次听证会进行了广泛报道。1969年10月30日，东京高裁最终裁定：只有富士将它的一个工厂出售给日本钢管，八幡将自己的一处设施转让给神户制钢，合并才能继续。两家会社很不情愿地照办了，就这样，1970年3月31日，世界上最大的钢铁企业——新日本制铁正式成立。三年后，也就是1973年5月30日，1955年退官并加入八幡制铁的前通产次官平井富三郎，成了这个日本最大企业的社长。尽管平井作为钢铁产业界领头人而广受尊敬，然而，一个前官僚就这样在一家与政府保持长期关系的会社中坐上头把交椅，也让一些人看出了官僚对经济干预过多的趋势。[12]

当然，通产省是完全支持这起钢企合并案的，别的不说，新会社的最高管理者，包括小岛新一、稻山嘉宽、平井富三郎和德永久次，都是商工省或通产省官员出身，仅凭这一个理由就足够了。由于这一点，以及随着合并案在法院尘埃落定而变得紧要的其他几个问题，通产省遭到了某种程度上堪称它漫长历史中最为尖刻的一次批评。同时期外国人对该省这样批评——詹姆斯·艾贝格伦（James Abegglen）所谓"日本公司"，以及伦敦《经济学人》以"臭名昭著的通产省"呼之，这些从未困扰到通产省官员，但国内的批评却让他们不得不认真对待。国内批评者提出的主要问题，除了八幡—富士合并，还包括环境破坏、工业分布过度密集、涉嫌与大企业勾结，以及一系列被公众要求解决的其他高成长负效应。然后，好似嫌这般景况还不够麻烦，就在上述问题爆发之际，通产省又经历了就当时而言，对其行政指导最严重的一次反抗，这一冲击也标志着它同大企业的关系出现了真正的转折点。

工业污染和环境破坏问题包括许多方面。最恶劣的一面涉及水俣病和"痛痛"病（itai-itai）的出现，它们的病因分别是窒素肥料会社造成的熊本县水俣湾水体被水银污染，以及富山县和其他地区遭到的镉污染。1969年9月，通产省下属东京矿山保安监督部课长，在确认群马县发生镉污染后当即自杀谢罪。[13]严重程度略低的是所谓"四日市哮喘病"，生活在四日市和德山大型石化产业园区的所有人似乎都染上了这种病。正如新闻报道中所披露的，事实上，这些病患中有许多早在1955年就确诊了，但政府并未采取任何补救措施。这种诘责的矛头直指通产省。

从政治角度看，更值得重视的是所有大城市普遍存在的空气污染（当时预测，一种时尚别致、设计精巧的防毒面具很快就会像雨伞一样，成为人们不可或缺的日常用品），以及乘用车和货车交通事故（由高速公路经费不足及所谓的汽车设计对安全性重视不够所致），毕竟它们影响的人群更为广泛。此外，大城市的噪音、拥堵和住宅用地短缺，也让很多人开始怀疑经济高速增长的价值。各地居民和消费者还成立了各种组织,来保护自己珍视的东西,如"日照权",即一个居民阻止阳光被横插进来的高层建筑全部遮挡的权利。"公害"(日文指"污染",或者就是其字面意思,即"公共危害")一词更是每天都见诸报端。

1967年,国会通过《公害对策基本法》(8月3日第132号法律),为七类污染规定了标准,它们是:大气、水质、土壤(1970年增加)、噪音、振动、地表沉降和恶臭。然而,在通产省的坚持下,国会修改了厚生省草案的第1条,增加了反污染措施必须"与经济健康发展相协调"的规定。[14]这其实就相当于拿走了该法的核心内容。但随着污染问题的加剧,政客们最终别无选择,只能否决通产省的意见。导致的结果就是著名的"公害国会"(1970年11月24日—12月18日开议的第64届国会),这届国会通过了近十四部反污染法律,并从《公害对策基本法》中删去了"与经济发展相协调"的用语。最后,通产省也意识到了问题的关键;1970年7月1日,它将其矿山保安局更名为"公害保安局",并将解决工业污染问题的预算从2.74亿日元(1970年)增加到了6.38亿日元(1971年)。十年后,通产省将会因为开展了史上最富成效的一次工业净化运动而备受赞誉,在此过程中,它还开拓了一个前景广阔的新产业——反污染设备生产。[15]但在1970年,没有人会感谢它,也没有多少人认为它会把这件事干成。

除了要对污染问题负责,通产省也受到了破坏日美关系的指责。1968年当选的尼克松政府公开承诺将对日本向美国出口合成纤维实施限制,这和肯尼迪政府之前针对棉织品订立"有序输出

第八章 国际化

协议"如出一辙。两个政府都是在回应美国纺织业协会（American Textile Manufaturers Institute）对政客提出的要求，后者用强有力的论据指出，进口正在令它们的大量黑人雇员被迫失业。应该注意的是，日本一直以皮革制品将与本国"部落民"——日本社会备受歧视和压迫的少数族群的产业竞争为由，禁止皮革制品进口并屡试不爽。

尼克松认为，既然佐藤首相提出了冲绳归还这样一个重大政治议题，那他就可以提一个交换条件。在华盛顿的佐藤—尼克松峰会（1969年11月19日—20日）上，尼克松同意了佐藤就冲绳归还要求的一切条件（不包括核武器），作为交换，他认为他已经从佐藤那里获得了日本限制合成纤维出口的承诺。甚至日本新闻界也是这么认为的，为此创造了"卖丝买绳"（*ito o utte, nawa o katta*，意为"用纺织业换冲绳岛"）的口号来概括佐藤的对美外交。[16]

结果，由于纺织业和通产省的阻挠，佐藤未能履行他的承诺。1969年9月15—19日期间，通产省的一个现场调查团曾赴美考察，以明确从日本进口纺织品对美国本土纺织产业是否造成损害，以及损害的程度如何。该调查团以通产省纤维局长高桥淑郎为首，由市场第一课长、原料纺织课长、纤维输出课长及其他官员组成。他们得出结论：美国纺织业仍然兴旺，根本不存在进口导致的损害。事实上，在接下来的两年里，日本始终坚持这种立场。这两年是两个盟国战后最没有成效的一段交流期，后来被前田靖幸形容为"泥沼交涉"的磋商期间。[17]

日美纺织品争端仅仅是几起经济冲突中最广为人知和轰动的

一个。其他许多争端，似乎也和纺织品争端一样，倾向于将通产省视为罪魁祸首。例如，实行资本自由化之后，通产省收到了美国得州仪器公司的一项提案，后者想在日本开办一个生产集成线路的独资子公司。结果，通产省将这项提案搁置了近 30 个月之久，还托称它正在"慎重考虑"对方的请求。之后，它便决定，美国公司在与日本同行合资办企时，其所持有的股份不得超过50%，而且，它还得将其技术授权给日本竞争者使用，并限制其产量，直到日本企业竞争力提升。[18]与此类似，在归还冲绳时，美国海湾石油公司（Gulf Oil Company，简称"海湾石油"）申请在冲绳建一座炼油厂，试图借机打入日本零售市场。通产省则表示，海湾石油不能这么干，除非它能找到一个日本合伙人，而当该公司有可能与日本油企出光兴产达成合作时，通产省又告诫出光兴产不要合作。[19]其他争端还包括电视机出口（1970 年 6 月 9 日，Zenith 指控日本对美倾销电视机，而通产大臣宫泽喜一承认日本电视机在国内的售价要比国外高，几乎是坐实了对方的指控）、葡萄柚进口（1968 年 11 月期间，美国要求对葡萄柚、西红柿、火腿、香肠、牛肉及其他农产品的进口取消限制，但农林省也效仿通产省，拒绝了这一要求），以及最主要的，汽车产业中的合资企业问题。[20]

以十年后的眼光来看，20 世纪 60 年代末围绕汽车产业的争论近乎可笑（1979 年，日本向美国出口了 210 万辆汽车，而美国仅向日本出口了 16224 辆）[21]。实际上，这个问题从来不是进口美国车的问题：美国制造商压根儿没有努力开发对日本市场具有吸引力的车型——日本关税太高，美国车在日本使用又显得太大、

·第八章　国际化·

太贵。问题在于，美国三大车企想要收购日本车企，作为其全球生产和销售战略的一部分。首轮资本自由化启动后的1967年下半年和1968年全年，福特、通用和克莱斯勒这三大车企的高管们一直在日本考察，试图找到能合资办企的伙伴。与此同时，通产省也在竭尽全力将小型企业并入以日产或丰田为中心的"系列"中去。我们从上一章看到，佐桥已成功合并了日产与王子，通产省此时正忙着从其他生产者那里争取不打算与美国人合资办企、除非事先与通产省商量过的承诺。为确保万无一失，通产省还动用了它在汽车产业中的"下凡"官员关系网：丰田的山本重信、日产的山崎隆造（Yamazaki Ryūzō，通商原局长）、日野的菅波称事（Suganami Shōji，原商工省商务局长）及其他几位前官僚。

然而，对通产省来说不幸的是，它在三菱汽车（1970年6月1日以前称"三菱重工业"）没有任何"旧交"关系，而原因也很简单：所有旧财阀中，三菱是将不得任用前官僚这一条执行得最严格的（仅在三菱商事中有一两个例外）。再者，作为日本最大也最有名气的"系列"，对于通产省仅允许建立丰田和日产这两个汽车王国而将自己排除之外的政策，三菱肯定是不满的。此外，三菱也没有通产官僚那么害怕外国人：三菱石油与盖蒂石油（Getty Oil）保持了很长时间的联系；三菱作为一个集团加入过不计其数的合资企业（卡特彼勒—三菱、三菱—约克、三菱—天合、三菱—马洛里等）；并且，鉴于三菱雄厚的资金实力，在任何一场汽车交易中，更有可能的情况都是作为日方的它买断其外国合作方，而不是相反。

这就为通产省遭遇史上最大一次冲击埋下了伏笔。那是1969年5月12日发布的一则声明，大意是三菱重工业副社长牧田与一郎（Makita Yoichirō）已从底特律归国，随身还携带着他们就设立一家新汽车会社与克莱斯勒达成的协议（在创办资本的分配上，三菱将投入460亿日元，或者说占比65％；克莱斯勒则投入161亿日元，或者说占比35％）。时任通产省重工业局长的吉光久（Yoshimitsu Hisashi）曾表示，这一声明对他的打击就好像在他睡觉时往他耳朵里灌水（即宛如一场晴天霹雳），次官熊谷也声称自己很是震惊。[22]

三菱—克莱斯勒协议造成的影响是巨大的。政客和企业家立刻就把它解读成了某些大企业家想要摆脱通产省控制的独立宣言。1969年10月14日，内阁决定加快汽车业资本的自由化进程，当时的计划是在1971年10月完成。在那之前，政府不会批准三菱与克莱斯勒之间的交易，但时间一到，它也不会再拖延。1969年秋，三菱为一款取名为"英勇硬顶小马"（Colt Gallant Hardtop）的轿车开辟了装配线，并在第70届世界博览会（EXPO）（通产省发起的大型国际博览会）期间，自豪地向组团访问日本的克莱斯勒批发商们炫耀这款轿车。实行自由化的日子刚过，三菱与克莱斯勒的合资企业即告成立，克莱斯勒也开始以"道奇小马"（Dodge Colt）之名在美国出售三菱生产的汽车。结果，三菱迅速超过东洋工业，跃升为日本第三大汽车制造商（十年后，当美国第三大汽车制造商不得不寻求政府援助以维持经营时，事实证明，与三菱的合资企业也是克莱斯勒最赚钱的部门）。

但通产省却因此颜面扫地。次官熊谷被迫约见企业界领袖，

·第八章 国际化·

并表示,如果私营企业打算与外国人合作,通产省没有任何意见。通产省原以为,通过1968年6月19日草签的协议,它已经圆满实现了三菱与五十铃的合并。事态既已变化,这种想法自然落空,而五十铃那边也迅速以65∶35的比例达成了与通用汽车合资办企的协议。相比财力、势力都不容小觑的三菱,通产省对五十铃的影响力要更大,所以,它修改了五十铃—通用汽车的协议,以确保通用汽车无法夺取合资企业的控制权。但通产省重组汽车产业的计划显然步履蹒跚[23]。

从更广泛的视角来看,这些状况赶在那样一个时间点发生,通产省很可能是幸运的。丰田和日产作为通产省选中的产业领头羊,其地位从未受到威胁;合资企业缓解了美国要求日本实行自由化的部分压力;流入三菱和五十铃的资本为二者都增强了活力,从而也为汽车产业的劳动者、部件供应商及商社(伊藤忠商事是五十铃的商社,三菱商事则为三菱汽车服务)提供了更多工作机会。然而,无论人们如何评判这一著名事件的结果,日本汽车产业得以自由化都要归功于三菱,而不是通产省或日本政府的其他部门。

三菱"反抗"并大获成功,使得通产省内部经历了一段真正意义上的困惑和慌乱期。1969年5月26日,通产大臣大平正芳在接受《日本经济新闻》采访时表示,该省不会干预其所认为的一种新的"民间主导型"(与原有的"政府主导型"相区别)产业发展模式。[24]这种说法在通产省内和产业界引发了一场论战,直到1973年秋石油冲击爆发,参战各方才收兵。通产省官员对大平主张的产业政策新模式产生了分歧;退休"前辈"表达了他们的失望；企业界领袖说它提出得正是时候；形形色色的评论家也都贡献了自己的意见。有人说，通产省"被自己的爱犬咬了手"，"长大了的儿子（产业）往往不记得感谢父母（通产省）的关爱"（佐桥语），通产省面临着被削弱至与美国商务部同等地位的危险（一言以蔽之，就只是大企业的"婢女"。这是从通产省的角度说的，因为它向来标榜代表国民利益，而非产业界利益）。

另一方面，众多批评者跳出来回应说，通产省已经变得"神经质"，它的做法就如同对产业"过度保护的妈妈"，它已经沦为单纯的官场"总会屋"（被某些企业管理层雇来阻止股东在年会上提出难堪问题的打手或捧场者），它在污染问题上暴露出了它令人发指的官僚式冷漠，企业是时候停止"在通产省门前痛哭流涕"了。[25]

通产省这边，大臣官房企划室长天谷直弘（1968年10月—1971年6月在任）发表了一篇重要论文，来回应该省的诸多批评者，同时也呼吁建立一个"新通产省"并确定"新的产业政策方略"。天谷是通产省最著名的内部理论家（即通产省自己培养的理论家），1962年1月，他还在担任官方总务课课长补佐时，就因一篇题为"时代要求我们做什么？"的文章而名声大噪。这篇文章对佐桥的官民协调方式，以及通产省强调要将产业结构改革作为其基本政策方针的新动向，进行了有力辩护。由于他当时只是一个年轻官员，"第一篇天谷论文"对一些资深官员的刺激未免有点儿大——有人直呼他为"放肆的小子"（kozō），然后他便被悄悄调去了日本驻悉尼领事馆，直到1966年。及至1980年，天谷时任通商产业审议官，这是1976年增设的一个职位，地位仅次于通产次官。

·第八章 国际化·

"第二篇天谷论文"——正式名称是《新通产政策的基本方向》(1969年6月)，则指出公众对经济继续高增长的态度已经改变，通产省必须做出回应。在天谷看来，这种改变之所以会发生，是因为日本正在开始由一个发达工业社会向一个后工业社会过渡，所以，国家也需要对工业结构进行一次调整，尽管这实现起来和20世纪50、60年代的重化工业化一样困难，但它的意义也会如后者一般深远。

这种新产业结构的部分特征包括：（1）第三产业（服务业）的增长和消费品生产企业的系统性扩张；（2）原材料由自动化工厂进行加工；（3）为高技术装配产业建立"金字塔"式产业链；（4）在医疗和教育部门开展技术革新；（5）其他与知识密集型产业相关的诸多进步之处。天谷毫不避讳地承认，通产省应当成为国际化运动、反污染斗争及产品安全和消费者保护水平促进活动的领导者。同时，他也赞同民间主导型产业发展模式，不过，他并没有说清楚这种模式的内涵。[26]

最终在20世纪70年代指导产业结构调整的那些通产省政策，其核心内容同样也包含在第二篇天谷论文中。然而，省内对这篇论文的第一反应却褒贬不一。民间主导型似乎意味着放弃着眼于微观政策的纵向产业局，转而支持着眼于宏观政策的横向职能局。而这一点是许多官员不愿让步的，次官熊谷就坚持，产业政策本身便意味着政府在微观层面的干预，除此之外的任何手段，都只是经济政策。[27]他的观点最终占了上风，但纵向局在1973年改革之后也比在高成长时期低调了许多。

其他官员则倾向于将天谷明确提出的主张换成他们自己的委

婉表达，比如，两角坚称，经济增长是该继续，但当前要强调的并非速度，而是为全社会的福祉"利用增长"。他担心通产省的新政策不够重视社会关切，从而忽视新产业的培育。不过，他也承认，如果通产省背负的社会福利义务过多，将引起与其他省厅间难以收拾的管辖权冲突。他还明确反对欧洲或美国主张的任何一种固定国际分工论，他说，日本必须参与计算机、航空和太空产业的国际竞争，他绝不同意将这些产业拱手让给其他国家。[28]

鉴于各方对民间主导型产业发展模式的态度，通产省要求产业构造审议会就适用于 20 世纪 70 年代的新产业政策提供建议。并不意外的是，由于调查工作是天谷在抓，该审议会支持并进一步丰富了他的许多主张。1971 年 5 月，新政策公布。它承认高速增长引起了诸如污染、公共设施投资不足、农村人口减少、城市过于拥挤等一系列问题。为此，它提出在现有标准之外再增加两个新的标准，来判断哪些产业适合留在新的产业结构内。也就是说，除了高需求收入弹性和高生产率增长率，再加上新的"过密与环境标准"和"劳动含量标准"。这两个新标准意味着该省将设法逐步淘汰那些造成过密和污染的产业，并代以高技术、高附加值的无烟产业。新政策的目标则是所谓的"知识集约型产业构造"，这种产业结构的主要组成部分将是集成电路控制的机器、电子计算机、自动化海洋资源开发、办公和通信设备、最新时尚产品（包括家具），以及诸如系统工程、软件、产业咨询等管理服务。为实施并管理这些政策，审议会对该省进行全面改革的建议也被提了出来，最终，事务次官两角良彦（1971 年 6 月—1973 年 7 月在任）承担了这项改革任务。[29]

第八章 国际化

尽管在1971年春天的时候，产业构造审议会的建议让人感觉有点儿超前，时间跨度也比较长，但没等这一年的夏天结束，那些建议为自己预设的大多数前提条件就已经过时了。之前的两位通产省大臣，大平和宫泽（1968年11月—1971年7月在任）为解决日美纺织品争端倾尽了所能。于是，1971年7月，佐藤首相命自民党内派系领导人田中角荣接任该省大臣，看看是否可以了结此事。田中是一位党人政治家，但却是其中的异类。他不仅不是高级官僚出身，甚至都没有接受过大学教育。与之相反，他是一位白手起家的百万富翁，经营的业务涉及建设工程、铁路和不动产。自从29岁，也就是1947年首次当选以来，他便一直担任代表其家乡新潟县的国会议员。当了十年的国会议员后，岸任命他担当邮政大臣，这让他成了日本历史上最年轻的阁僚之一；1962，他又被池田任命为大藏大臣（1962年7月—1965年6月在任），时年44岁。

田中在这个重要职位上干得颇为出色，此后，他改任自民党干事长。期间，由于他两次运作大选均助该党获胜（1967年1月—1969年12月）所表现出来的才能，佐藤首相亦对他青眼有加。在大藏省及之后的通产省任职期间，田中给人的印象是一位活跃的大臣：他告诉手底下的官僚他想做什么，将他们作为自己个人的智囊，且往往能凭借其卓越的才智和大度的为人而赢得他们的尊敬和忠诚。[30]他还以异常敏锐的记忆力著称，报界甚至戏称他为"电脑化推土机"。他本来就很富有，因为他在党内和政府位高权重的关系又敛了更多的金钱，然后他再把金钱有效运用到扩大自己一派在国会的势力上——所有这一切最终导致了他的垮台。

田中接手通产省后不久，就迎来了"尼克松冲击"。尼克松总统及其国家安全顾问基辛格是否因为佐藤总统未能履行"纺织品换冲绳"承诺，又或者仅仅因为他们忙着应付其他麻烦而忽略了日本（基辛格承认，他花了五年时间才对日本的政治进程有所了解），才会选择那样一个时点来报复，至今仍不得而知。[31]尼克松和基辛格确实觉得他们有理由对日本恼火：资本自由化的进展像蜗牛一样缓慢，要求日本将其显然被低估的货币升值又一直遭到拒绝；越南战争正在加剧美国国际收支的赤字状况，纺织品争端又在暗中发酵；而且，美国报界对日本的批评之声也变得日益尖刻（可参见《时代周刊》1970年3月2日关于日本"温室经济"及《商业周刊》1970年3月7日关于"日本公司"的评论）。

无论背后具体是什么情况，1971年7月，尼克松政府公开表明美国对中华人民共和国的政策已发生根本性转变，但这一新方针事先并未与其主要的东亚盟友通气；1971年8月16日，美国暂停国外央行以美元兑换黄金的权利，并对输入该国市场的商品加征10%的税费。1971年8月28日，日本银行对日元不再适用道奇1949年设定的汇率，在缔结终止固定汇率制的《史密森协定》后，又于1971年12月19日将日元升值了16.88%，即1美元合308日元。日本分析家甚至在事态发生如此戏剧性的变化之前，就忙着出版关于"日美经济战"的论著了，还声称"日美合作的时代再无可能"。事实证明，这种论断过于夸张了，但在1971年和1972年，并没有人意识到这一点。

不过，田中却巧妙地将尼克松冲击转化成了机遇。他公开支持日本承认中华人民共和国的地位——他的口号是"别错过开往

·第八章 国际化·

中国的船"。此举摧毁了佐藤首相连任的机会,同时也有效阻止了佐藤属意的继任者当选首相:福田赳夫算是时运不济,他这个外务大臣是在美中关系发生戏剧性转折的前两周才走马上任的。

1971年10月15日,田中通过满足尼克松政府的要求,并采取预计投入2亿日元的日本纺织品产业"救济措置"(包括政府采购剩余机器、补偿出口损失,以及为企业生产调整和转行提供长期低息贷款),机智化解了纺织品争端。[32]此外,田中也为应对日本过密问题的任务提供了新的领导班子。1969年"第二篇天谷论文"发表之后,通产省派了一些精干的年轻官员去调查过密问题的严重程度。结果,他们发现日本工业总产值中足有73%集中在东部沿海的狭长地带,近3300万国民则生活在以三大城市(东京、大阪、名古屋)为中心的30英里①范围内。这意味着全国32%的人口仅占用了1%的土地面积作为居住空间。

他们还拿出来惊人的统计数据作为证据:高峰时间,东京车流行进速度仅为5.6英里/小时(有些路线只有2.5英里/小时),该市仅有12%的土地面积用于道路建设(相比之下,华盛顿的数字是43%,伦敦则是23%);20世纪60年代期间,大约有22个农业县人口大幅减少(田中家乡新潟县的几个村落,被发现消防队伍全员都是女性)。为解决这些问题,通产省提出了一个工程浩大且费用高昂的工业再配置计划,包括在日本全境建设新干线网络,通过庞大的桥梁和隧道系统将四国、北海道与本州岛连接起来,以及采取极具吸引力的税收优惠措施来鼓励各个产业迁出

---

① 1英里=1.609344公里。

东京—神户地带。

负责这些计划的官员是1969年10月—1971年7月担任企业局立地指导课长的小长启一。田中1971年7月出任通产大臣后，即指定小长担任其秘书官，而小长也是田中名下畅销书《日本列岛改造论》[33]的真正作者。这本书出版于1972年6月，距离田中计划与福田赳夫争夺党总裁之位的自民党大会召开刚好还有一个月。作为通产省初始计划的改写和加工版，这本书卖出了一百多万册，对确保田中获胜起到了助推作用。1972年7月7日，田中从通产省搬到了总理官邸，并任命另一位党人政治家、自民党派系领导人及其在自民党党内竞选关键时刻的伙伴（报界曾暗示他俩之间有大笔金钱交易）——中曾根康弘为通产大臣。

田中内阁的成立，似乎标志着日本政治迎来了一个真正转折点。与始终由前官僚主导的政府形成对比的是，田中建立了一个由相对年轻的党人政治家组成的内阁。他们在告诉官僚们，他们在想要做什么方面有经验，能够毫无愧疚地指责官僚们的政策错误，而且在某种意义上堪称"激进分子"——在他们之前，这种"激进"在池田时代以来的国务大臣身上从未出现过。然而，他们在公共开支方面实在太过激进，结果导致了官僚政府在石油冲击后的回归。

田中建树颇多——首屈一指的是中日关系的正常化。但他的政府几乎从一开始就引起了严重的通货膨胀——公众谓之"狂乱物价"的时期。就通胀而言，田中的工业再配置政策并非主要原因，他的许多大型建设项目无论如何都是极为必要的（尽管有些人指责田中作为建筑业巨头的背景使得他对这些项目的兴趣超出

· 第八章　国际化 ·

了政治层面）。狂乱物价的根源其实是日本的财政体制，以及政客和官僚在财政管理上的分工。从这个意义上说，狂乱物价与过密、污染一样，也是经济高速增长的负效应。及至田中执政末期，日本又开始重新出现自占领时代以来一度销声匿迹的名词——经济统制和经济警察[34]。

问题在于流动性过剩。大藏省从不认为日本真的会被迫放弃因日元低估获得的贸易优势，它在1971年下半年设定的日元对美元汇率仍使得日元被严重低估（1973年以前，日元汇率不允许浮动）。然而，许多企业却在按照比官方高出很多的内部汇率做生意，并将差额装进了自己的腰包。《每日新闻》指出："大约从1972年年中起，日本产业界就一直是按照270—280日元/美元的汇率进行贸易，再按照301日元/美元的汇率将到手的美元出售给日本银行，这样一来，每兑出1美元，他们就能赚取20日元的差价[35]。"此外，政府在20世纪60年代后期掀起的投资热潮，让日本产业再度陷入了产能严重过剩的状态。结果，投资在整个20世纪70年代上半叶都呈锐减趋势，加之外国保护主义的威胁，原有的出口驱动安全阀也不再像十年前那么容易获取了。1970年3月31日，日本政府甚至采取了将原最高输出会议更名为"贸易会议"这种装点门面的措施。日本继续实施贸易保护主义同样引来了麻烦：政府禁止进口商把外汇花在诸如木材之类的商品上，以保护国内工业。

田中政府对这样的经济环境注入资金，在以往的历届政府中是破天荒的，其背后除了该政府工业分散计划的因素，还因为该政府认为，它必须补偿那些声称被资本自由化、"尼克松冲击"

或纺织品争端的解决所牵累的产业。通产省自己也承认，在1971年尼克松冲击之后的一个月中，一般会计预算和投资预算增加了2340亿日元（据说是用于拯救中小企业），田中还迫使通常不受干涉的大藏省主计局满足了他所有的要求。奉田中之命，主计局长相泽英之（Aizawa Hideyuki）将1973财年的预算在上一年的基础上增加了近24.6%。[36]正如约翰·坎贝尔所言："（田中分散）计划最重要的实际效果似乎只是为高支出提供一个正当理由，好让自民党人乃至大藏省给财政预算披上至高至善的外衣，但说到底，这个预算不过是日本财政史上最大的一次分肥拨款。"[37]

由此导致的通胀状况与一战期间引起"米骚动"的物价飞涨极为相似。和1917年的情形一样，综合商社再次冲在了投机风潮的最前线。在所有企业中，商社的闲置资金是最多的，因为太多，它们甚至都没地儿花。于是，它们开始投资土地，结果以一种史无前例的方式推高了不动产价格。以三菱商事为例，它以每平方米600万日元的价格——比官方评估价格高出数倍，买下了位于东京市中心、原属日本放送协会（NHK）的房产，最后为自己招致大量非议。但话又说回来，毕竟它有钱，而购买不动产又是抵消通胀损失的最佳手段。[38]

当综合商社开始投机日用必需品，并对外惜售以期价格继续上涨时，严重的政治问题也接踵而至。和1971年时一样，报界和公众开始质疑垄断市场（*kaishime*）和商品惜售（*urioshime*）是狂乱物价的根本原因。当1973年下半年钢价暴涨时，批评的矛头又开始对准垄断企业和卡特尔组织，它们本该贴上非法的标签。但众所周知，在通产省行政指导的保护下，它们发展得红红

·第八章 国际化·

火火。许多消费者团体开始宣称，"民间主导型"归根结底是"财阀主导型"，而20世纪30年代将产业指导权移交政府的主张，最初援用的理由就是为了避免这种局面的发生。

1973年3月10日，经济企划厅新设的物价调整课向国会提交了一份名为《禁止垄断、惜售生活日用品临时措置法》(*Seikatsu Kanren Bussi no Kaishime oyobi Urioshimi ni tai suru Rinji Sochi ni kan suru Hōritsu*)的草案，意在赋予政府统制物价的新权限。围绕该草案的论战引发了对通产省和大企业的批评，其激烈程度与"公害国会"时如同一辙。不过，国会还是通过了这项提案并于7月6日正式实施（第48号法律）——恰好赶在了石油危机将这些问题复杂化之前。[39]

通产省展现其组织层面的"新面貌"也正值"狂乱物价"中间阶段，距离之后第一次石油冲击爆发仅三个月。通过从根本上重新修订《通产省设置法》（1973年7月25日第66号法律），中曾根大臣和两角次官对通产省进行了改组，而他们当时所采取的方式，目的则在于安抚批评者、赋予该省应对新问题的职能，并确保其业已具备的能力不受损。这是自1952年以来对通产省组织结构进行的第一次全面调整，在通产省内部，有"世纪改革"之称。

通商局和贸易振兴局其实都被两角保留了下来，只是改了名字；企业局被改名为产业政策局，并在该局内部增设产业构造课和企业行动课；原来的轻工业局和重工业局则被合并成新的基础产业局（金属和化学工业亦被纳入）；还增设了机械情报产业局，从而将电子、计算机、汽车和一般机械都归入同一部门管理（后

379

面我们还会再谈到这个组合）；原来的纤维杂货局被改组为生活产业局；最后，还增设了一个外局——自然资源能源厅，将石油、煤炭、能源保护和公益事业（包括核能发电）相关的行政管理职能均整合进了这个权力极大的单位（附录二中包含了通产省的新组织结构图，一些持批判态度的记者称之为"改头换面"）。[40]

两角在这个新组织结构公布的当天退官，同时也将付诸实施的任务移交给了山下英明（1943年入省，历任驻加拿大大使馆一等书记官、重工业局次长，以及化学工业局、通商和企业局局长）。1973年10月6日，（日本人所谓）"第四次中东战争"爆发。十天后，石油输出国组织的六个成员国将其原油价格提高了21%，10月20日，又有六个中东国家对支持以色列的国家实施石油禁运。"石油冲击"——一起远比日本报界所谓"尼克松冲击"重大的事件，令日本乃至整个世界都受到了破坏力惊人的打击。1973年11月16日，内阁通过出台《紧急石油对策》，下令执行紧急石油消费节约措施；同时，包括通产大臣中曾根康弘在内的日本政治领导人则奔赴中东，试图与他们过去不怎么关注的国家建立友好关系。日本是世界上最大的石油进口国，而它的石油进口又完全依赖中东。中曾根为巩固关系而同意在该地区投建的项目之一，是位于伊朗夏普尔港——1979年革命后改称"霍梅尼港"、造价高达30亿美元的石油化工联合工厂。十分讽刺的是，最终负责该项目建设的，是退职后成为三井物产常务理事的通产次官山下英明。费用超支、革命乱局、两伊战争的破坏，很可能已经导致该项目变成了日本实施的对外援助项目中最昂贵的一个。[41]

· 第八章 国际化 ·

鉴于本书研究的目的，石油冲击的意义其实就在于，它再度提醒日本民众，他们需要为自己服务的官僚机构。自明治维新以来，日本一直有着这样那样的政府能源政策，而20世纪70年代的能源问题，用《每日新闻》的话说，则给通产省提供了一个重树过去权威的"千载难逢之机"——以其卓越才干和智慧应对的一次挑战。[42]

通产省首先要解决的问题是石油危机对业已"狂乱"的物价的影响。起初是取暖用油开始出现价格上涨，然后齐刷刷从市场消失；接着是卫生纸、家用清洁剂相继变得供不应求。公众渐渐相信，工业卡特尔正在乘危机之便，牟取暴利。整个国家于是笼罩在一种类似"米骚动"时期的氛围中。见此情景，中曾根大臣在通产省内设立了一个指挥部，由他本人、各局局长及生活产业局纸业课长（负责卫生纸）、基础产业局化学制品课长（负责清洁剂）组成。每当出租车司机因液化石油气短缺而罢工，或家庭主妇由于煤油短缺而在大阪闹腾；再或者发现民众在据说有卫生纸卖的超市门前大排长龙，通产省领导们就会设法送去应急物资来平息这种恐慌抢购。在"钢铁是工业食粮"这一口号下培养起来的老产业政策官僚，此时发现，自己的工作光剩下为消费品和怒气冲冲的家庭主妇头疼了。而那些早在占领时期就已开始其官僚生涯的通产省领导人则表示，眼前的景况让他们想起了经济安定本部时代，那会儿，商工省对所有商品都实施统制。[43]

这种混乱状态催生了两部新法：《国民生活安定紧急措置法》（1973年12月22日第121号法律）和《石油需给适正化法》（1973年12月22日第122号法律，"适正化"即正常化）。二者

381

赋予了通产省广泛的权力，包括：要求批发商和零售商提交关于其供应情况的报告，为指定商品规定标准价格，制订消费品供给计划，处罚违法者。中村隆英特意将上述石油法与吉野 1937 年 9 月的《输出入品等临时措置法》相提并论，角间隆则认为这两部 1973 年的法律至少都倒退回了佐桥推出《特振法案》的时代。[44] 究其实质，这两部新法不过是将通产省的行政指导合法化，并正式承认行政指导符合国民利益。虽然它们并没有像某些人所担心的那样，开启一个"第三期统制时代"，但它们确实使得日本开始从自主调整回归国家统制。

然而，在 1973 年，随着该国通货膨胀率到达 29％的高位，通产省的行政指导是为国民利益服务还是只为大企业利益服务的问题，仍然极具争议。而直接将这个问题变成众人瞩目焦点的则是公正取引委员会。1972 年 10 月 24 日，田中首相任命了一位极具个性的无党派前官僚——高桥俊英（Takahashi Toshihide, 1963 年 4 月—1965 年 6 月任大藏省银行局局长，其间该局因《特振法案》的关系接连与佐桥发生冲突）担当公正取引委员会委员长。高桥只信奉一点——他的工作就是捍卫《独占禁止法》，尽管该法近些年被普遍忽视。他还坚信，1972 年和 1973 年的经济事件都与这种轻视《独占禁止法》的态度脱不了干系。

高桥本来可以从几个产业中任选一个来表明他的观点的（如钢铁产业），但由于石油危机的爆发，他选择了石油精炼和运销行业。1973 年 11 月 27 日，公正取引委员会的官员们突击检查日本石油联盟和十二家石油会社的办公场所，并要求查看其账簿。照公取这边的说法："现场检查是因为有报告反映，那些石油会社在石油联盟的唆使下对其产品提价并限制供应,需要展开调查。"[45]

1974年2月19日,在其检查人员所搜集证据的基础上,高桥指控上述石油联盟和会社非法结成价格卡特尔,并将此案移送东京高等检察厅。这件事引起了轰动——高桥的照片在那一周占领了大多数全国性杂志的封面,而当石油会社方面回应说,它们一致采取的任何行动均符合通产省行政指导的要求时,反响就更大了。

检察方传唤了大量通产省官员——其中包括曾负责石油产业行政指导、时任基础产业局局长的饭塚史郎(Iizuka Shirō),穷追不舍地质问他们行政指导时的意图,石油联盟在当中扮演什么角色,以及许多通产省不愿在报纸上公开的其他问题。山下次官之后会见记者,极为不悦地否认了通产省纵容非法行动的指控;他辩称,若没有该省的行政指导拦着,石油会社的价格要比现在还贵上一倍。但通产省显然处于守势。1974年4月16日,《朝日新闻》登出了50位前通产省官员的名字,其中包括5名"下凡"后在石油业界任高管的前次官——到了这个时候,该省的辩解也就无济于事了。[46]

1974年5月28日,检方对石油联盟、十二家石油会社及其十七位高管提起公诉,指控他们涉嫌触犯《独占禁止法》第3条和第8条——具体来说,就是在1972年11月—1973年12月期间,这些高管会了近五次面,彼此间达成了提高价格并限制产品供应的非法协议。通产省并未受到指控,行政指导也没有在起诉书中提及,但被告方明确表示,这二者将构成其抗辩的核心。而且，那些高管每一位都面临三年监禁或50万日元罚金的最高刑。[47]

就这样，著名的黑色卡特尔案拉开了序幕。据报道，主妇联的妇女们在听到起诉的消息后，连声高呼"万岁"（*banzai*），但经团联肯定高兴不起来。公取委员长高桥表示，这些诉讼应该会对其他人起到警示作用。通产省则表态称，其行政指导是被石油会社"背叛"了，它准备对整件事进行检讨，在日后的政策实施中引以为鉴。山下次官还在一次记者招待会上表示，他希望日本的实业家们不要因为这些诉讼就"丧失他们的斗志"，甚至变得"绝望"。

黑色卡特尔案是自《独占禁止法》颁布以来，第一次针对违反该法行为提起的刑事公诉，也是自行政指导开始实施以来，政府官员出于职责而对此做法予以批评的首例。然而，比该案本身（该案进入审判阶段后久拖不决，直到1980年，东京高裁才最终判定：通产省无权通过行政指导迫使企业限制生产）更重要的是，公取委员长高桥试图强化《独占禁止法》的作用。1974年9月18日，公取公布了它的修正建议，包括授权公取责令企业终止卡特尔、降低价格（根据当时施行的《独占禁止法》，公取只能发出警告）。它还建议加强关于对那些几乎已取得本行业垄断控制权的大企业进行拆分的规定，授权检方仅凭间接证据即可就限价行为提起公诉，以及其他几处修改。[48]

尽管经团联和通产省强烈反对《独占禁止法》修改，但到了11月，随着田中首相在7月参议院选举中花费巨额资金，并被指控利用职务之便中饱私囊——更糟糕的是，他没有向税务机关申报详情等相关丑闻的爆出，公取修法提案的推进也得到了新的助

·第八章 国际化·

力。虽然田中没被起诉，但他最终于11月26日辞去了首相职务。由于自民党在公众中的声望降至历史新低，自民党副总裁椎名悦三郎遂将首相之位让给了三木武夫（佐桥任通产次官时的通产大臣）——在政治家中以"清洁先生"之称为公众熟知。田中的"金权政治"结束后，三木为扭转本党被败坏的形象，做出了好多努力，其中就包括在国会中支持高桥的修法提案。[49]

对三木和高桥来说，遗憾的是，光有首相的力挺还不够。为挽回首相的颜面，众议院通过了《独占禁止法》修正案，但它这么做，只是因为它明白椎名会设法在参议院否决该法案，而最终的结果也确是如此。1976年2月，高桥由于受挫兼患病，辞去了职务。然而，随着他的谢幕，经济评论家们开始大赞他是公取史上最耀眼、最能干的委员长；当时正处于参众两院多数席位优势最微弱时期的自民党则发现，高桥提出的《反垄断法》修正案很得民心。于是，1977年6月3日，一项经过大改的高桥修正案终获通过；该法多多少少为企业公然结成非法卡特尔增加了难度，并使公取获得了拆分垄断企业的有限权力。[50]

至于黑色卡特尔案和《独占禁止法》修改对通产省的影响，那就是提醒通产省：行政指导的实施必须符合国家和国民利益，该省务必要防止自身权力受到滥用。这层意思，通产省理解起来有点儿困难，但它最终领会了其中要义。正如前次官两角在通产省内对其下属讲话时所提到的，官员有义务接受法律对其行为的约束并遵照法律行事，尽管它有时令人恼火。[51]

在上述所有外部事件及自身内部改革的压力下，通产省终于开始了国际化进程。1974年，产业政策局新设的产业构造课，在

385

有过哈佛大学短期研修经历的经济学家并木信义（Namiki Nobuyoshi）领导下，制订了新的产业结构计划，且这些计划比天谷1969年论文和产业构造审议会1971年计划走得更远。同时，新计划还考虑到了石油危机、与美国和欧洲的经济冲突、公众对经济增长态度的改变，以及当时的经济衰退等因素。

1974年11月1日，通产省公布了它的第一个产业结构"长期愿景"，在其十年目标期限剩下的几年中，这份文件每年都要修改，并公布出来供国民讨论。该声明为能源保护和石油储存规定了严格标准，详细阐述了"知识集约化产业结构"会是什么样子，将保护主义定性为一种严重威胁并要求日本为自身福祉"国际化"，还从总体上向国民和政治家们解释了日本所处的经济地位，以及为保持繁荣，日本必须往何处去。愿景还引入了"计划主导型市场经济"的概念。这从本质上说，就是佐桥原来的"官民协调模式"在政府内部的制度化；它赋予了产业构造审议会对预算优先次序、投资决定、研究和开发支出进行年度调整的职责。[52]

资本自由化的最终完成是在第一个"愿景"声明公布之后的几年里。1973年5月1日，政府宣布，日本实现了"100％自由化"——只不过，作为例外，它仍对近22个产业部门实施保护，针对合资企业和子企业的所有旧规则也仍然适用；而且，它还保留了大量对贸易和资本转移的行政限制措施（这类措施被称为"非关税壁垒"）。作为例外的产业部门中，有四个属于对所有国家都适用的、标准的"不容侵犯的存在"——农业、矿业、石油业和零售业；同时还得加上一个皮革制品，之所以把它也包括进这个"标准"例外，则是为了保障日本底层人民，即部落民的生活。但另外 17 个就都属于通产省正在培育的新兴战略产业了（简称"其他例外产业"）。

电子计算机是最著名的例子。自 20 世纪 60 年代后期以来，通产省为国内的计算机研究投入大量资金，推动企业"系列"化，许可外国技术引进并限制竞争——简言之，通产省按照 20 世纪 50 年代的模式，形成并执行了一套标准发展计划。其机械情报产业局的创设就反映了这一动向：为了给本省继汽车之后确定的出口领头羊——半导体、数控机床、机器人和录像机之类的高端家用电器铺路，该局特意将电子计算机与机械绑在了一起。然而，及至 20 世纪 70 年代中期，当通产省意识到保护主义无法继续作为其政策工具使用，它便将电子计算机产业的完全自由化安排在了 1976 年 4 月 1 日。随着零售业的开放，17 个其他例外产业大多也在同一时期实现了开放。

国际化的另一个主要标志，是通产省决定取消它最重要的法定权力，亦即废除 1949 年的《外为法》（外汇与外贸管理法）和 1950 年的《外资法》。1979 年 11 月 11 日，从占领当局作为临时措施批准《外为法》的那天算起，时隔近 30 年，国会通过了通产省提交的《外为法》修正案。这项一年之后生效的修正案，废除了《外资法》；将《外为法》中规定"基本目标"的文字，从"原则上禁止"改成了"原则上自由"；还削减了政府权力，仅保留国际收支困难或其他紧急情况下干预经济的权力。[53] 随着 1977 年全球贸易盈余达到 175 亿日元左右，即相对 1976 年增长 77%，日本也终于有了稍微放松其经济防御措施的底气。

20 世纪 70 年代的新经济形势还为通产省提供了机会，去行使它在过去50年中臻于完善的原有职能。比如，20世纪70年代后期，它致力于在"结构性衰退产业"（纺织、橡胶、钢铁、有色金属、造船及部分石化产业）中建立卡特尔，以便分配拟削减的市场份额，以及计划再培训或强制退休的雇员数量。根据《特定不况产业安定临时措置法》（1978年5月15日，"不况"即不景气、衰退之意），通产省设立了100亿日元的基金（80亿来自开银，20亿来自产业界），用于补偿那些拆除过剩设施的企业；同时，它还设法将"投资限制卡特尔"与旨在削减过剩产能的合并，列入了《独占禁止法》的除外情形（遭到公取反对）。所有这些似乎都给人一种很熟悉的感觉。[54]

从积极的一面来看，在石油冲击过后的几年里，通产省促使大部分发电企业将燃料从石油换成了液化天然气、液化石油气或煤。它还在1980年将核能发电量提升了58%左右；全国43座高炉中，将近一半被它从使用重油转为使用焦炭和焦油（计划对全部43座都实行这种改造）；它将石油进口在1973年的水平上减少了10%还不止；它储备了可维持一百多天正常供应的石油；它在中东以外与多个石油供应源（尤其是墨西哥）建立了联系；它还委托服装设计师森英惠（Mori Hanae），为男士设计了一种夏季穿的"节能装"——无领带的短袖猎装，以减少空调能耗。1979年7月，通产大臣江崎真澄（Ezaki Masumi）特地亲自穿了这款新装留影，并要求通产省其他官员也都换上它。不过，大藏省则拒绝让自己的官员穿所谓的"节能装"，觉得它太不庄重。

尽管20世纪70年代期间，通产省总是麻烦缠身，但当这十年进入尾声时，该省领导人还是有理由感到满意。日本战后超额完成了其官僚为它设定的长期目标；它也的确追上了西欧和北美。日本全体国民的生活，已经从20世纪30年代的贫困、40年代的死亡与破坏，变成了一种全球人均收入水平最高条件下所呈现出来的状态。这十年之中，日本经济还经受住了两次石油危机的考验，并以更为强大的面貌崛起。尽管事实上，日本仍然是世界各国中最容易受贸易中断影响的经济体。

日本的成就受到了普遍的认可和尊重。伦敦《泰晤士报》（1980年7月21日）就曾宣称，日本已然崛起为"世界一流工业国"。不过，通产省领导人并未耽溺于自满，而是继续活力满满地致力于打造日本未来的产业结构。但人均国民生产总值（GNP）大致达到与其他工业发达的民主国家相同的水平，也明确标志着一个时代的终结。所以，现如今，日本未来的经济问题有一个全新的前提作为起点：日本是世界富裕国家之一。这样的成就也在世界范围内引起了一种极大关注：日本为何发展得这么快，还持续了这么长的时间？美国对这个话题尤其感兴趣，因为它重振本国经济的愿望正变得日益迫切。与此同时，日本的经济伙伴和竞争者则一再提出这样的问题：从日本现代经济史中可以学到哪些经验和教训？

第九章

日　本　模　式？

现代国家史已经成为国家职能持续扩张史。国家职能已经从传统的国防、司法和交通，扩展到教育、国民身心健康、生育控制、消费者保护、生态平衡、消除贫困，最后，在极权主义社会制度（字面意思）下还包括竭力消除国家与社会间的差异。本书研究系从监管型国家与发展型国家的区分开始，但这些论述很难穷尽 20 世纪后期的国家职能。就职能而言，现在有福利国家、宗教国家、平等主义国家、国防国家、革命国家等。这一切不过是一种方式，用以说明国家处理的事务不计其数，但可以根据国家优先考虑的不同程度，大致排列出它们的等级序列，且通过一个国家最优先的目标便能定义其本质。当然，这些优先目标可能会改变，从而改变国家的性质；有些时候，优先目标次序不明还可能导致国家各个部门之间朝着相互冲突的方向运行。

日本政府在经济方面的有效性首先应归功于该国的优先目标。50 多年来，日本政府始终将经济发展作为第一优先。不过，

第九章 日本模式？

这并不意味着日本在此期间总能有效实现其优先目标，但最高目标的连贯性和连续性生成了一个不断学习的过程，使得该国在这一时期的后半段要比在前半段有效得多。日本政府的一些经济发展政策，如太平洋战争时期的帝国主义，是灾难性的，但这并没有改变其优先目标存在连贯性的事实。因此，一个国家想要取得与日本相当的经济成就，就必须确定与日本类似的优先目标。它首先得是发展型国家——只有经过了这一阶段，才能继续成为监管型国家、福利国家、平等主义国家，或社会希望它履行的任何一种其他职能。当然，这种发展导向并不能保证取得任何程度的成功，它仅仅是一个前提条件。

鉴于日本的国家优先目标在20世纪中期极为连贯，必须迅速在后面补充一点，它在实现其优先目标过程中的收获可谓好坏参半。这并非是要质疑日本经济在1955年之后持续创下的巨大成就。作为一个自然资源极为稀缺又有着1.15亿庞大人口的国家，日本在20世纪70年代末的经济实力，以及基于上述国情考虑如何在9000—10000美元左右这一人均GNP水平上养活其国民的问题时所表现出来的集体智慧，均已表明，日本有能力以自己期待的方式来养活其人口，也有能力在未来几十年里促进其他国家的福祉。特别要强调的是，高成长体制无法简化成某种具体策略或制度，或储蓄率，或雇佣制，或金融体系，当然，它也不是某个人或某个党派在某一特定时期的突发奇想。日本的成就是经历曲折的学习与适应过程后才得到的结果，就目前而言，这个过程起自1927年的金融恐慌，止于1973年石油冲击后的调整。

对日本来说，高成长体制，和该国确定的基本优先目标一样，与其说是一种选择，倒不如说是势所必然——根植于该国在整个昭和时期遭遇的一系列经济危机。除了 1927 年金融恐慌和石油危机，这些危机中最突出的还包括 1931 年入侵中国东北、20 世纪 30 年代法西斯主义者对资本主义的攻击、1937—1941 年的对华战争和太平洋战争、1946 年的经济崩溃、1949 年的道奇路线、1954 年朝鲜战争结束后的经济衰退、20 世纪 60 年代初的贸易自由化、1965 年的经济衰退、1967—1976 年的资本自由化，以及 20 世纪 70 年代初的公共卫生与安全危机。当然，令人欣慰的是，日本最终就如何实现其优先目标形成了强有力的构想，紧跟着又严格、彻底地贯彻落实。但是，任何国家都曾不得不忍受步入现代的痛苦历程，日本的高成长体制便是其中最痛苦的一种历程结成的果实，如果不能注意到这一点，就是罔顾历史的无知妄断。

其他国家不全盘照搬日本历史，而是单纯效仿其优先目标和高成长体制，也许是可能的。但是，制度抽象性导致的风险和潜在的优势一样大。一方面，促使日本的优先目标被国民确认并合法化的，首先是日本的贫困和战争史。20 世纪 50、60 年代概括日本人特征的、与日本有关的著名共识，即国民广泛支持并愿意为经济发展付出艰辛的努力，与其说是一种文化特质，不如说是源于苦难的经历和号召大多数国民支持经济发展目标的动员。事实上，随着没有经历过贫穷、战争和占领的新生代走到台前，日本人压抑个人欲望、服从集体要求的意愿正在明显减弱。迄今为止，日本还没有遇到其他国家存在的平等主义问题，原因很简单：由于战争和战后通胀，所有日本人都一样贫穷，而且日本事

·第九章 日本模式?·

实上禁止外国移民流入。

日本政府的优先目标首先源于对本国紧要状况的分析,从这个意义上说,它们并非文化、社会组织或因岛国根性的产物,而是理性的产物。这些紧要状况包括发展的落后、自然资源的匮乏、庞大的人口、对贸易的迫切需求和国际收支平衡的限制。借鉴日本的优先目标和制度也许尚有可能,但日本国民在20世纪50、60年代因客观状况导致的国家主义意识,则是其他民族必须靠自己的力量形成的,而不是靠借鉴。20世纪20、30年代,日本试图通过将经济发展的职责移交给政府的方式,来解决它所面临的经济问题。结果,政府在20世纪30年代的做法将事情变得更糟,而不是更好,这一点自不用说。但即便当时真的可以采用更可取的做法,优先目标的合理性也不会因此受到减损。同样的紧要状况在今天的日本仍然存在,尽管由于海外投资、贸易顺差和市场多元化等因素已有所缓和。而扶植经济已然是日本政府最重要的优先目标之一,因为任何其他做法都意味着对外部的依赖、贫困和社会制度崩溃的风险。无论昭和时代发生过多么激烈的政治体制变革,其间的经济优先目标始终位于或者接近政府议事日程之首,这是绝无可能更改的永恒追求。

令人惊奇的也许是,虽然美国占领者为改变日本的经济制度作出了坚持不懈的努力,但纵观整个昭和时代,在政府实现经济发展的措施中仍存在相当程度的连续性。明显的中断当然是不光彩地依靠武力,通过对外扩张来实现经济安全。此举失败得如此彻底,以至于在1945年后被完全放弃。但这并不意味着,军国主义时期纯经济的发展政策遭到了否定或理当如此。与被否定相反，它们构成了一套完整的政策工具，可以在实现和平与独立后再度使用。这一点其实没什么可惊讶的：就像战后美国政府的激进主义根植于罗斯福新政，战后日本政府的发展主义则根植于20世纪30年代的经济措施。在这个意义上，20世纪30、40年代的经验对战后的日本绝不全是负面的；那是发展型国家的管理工具最初接受考验的时代，其中一些工具被否定，剩下的则被证明有效。克服萧条需要经济发展，备战、开战需要经济发展，战后重建需要经济发展，摆脱对美国援助的依赖还是需要经济发展。结果，为某一目标而采取的发展手段，最终被证明对其他目标同样适用。

政府战前和战后的政策工具间也存在着显著的连续性。20世纪20年代后期，吉野和岸摸索出了产业合理化来作为克服衰退的手段；20世纪50、60年代，他们的门生——山本、玉置、平井、石原、上野、德永、松尾、今井和佐桥，又靠这一手段建立了富有竞争力的现代企业。而在这两个时期，政府都试图用协调取代竞争，同时又不完全丧失竞争的好处。政府对日元兑换的限制从1933年一直持续到1964年，甚至在那之后还以相对宽松的形态继续维持。再有，1934年《石油业法》是1962年《石油业法》的标准范本。而内阁企划院的计划及其制订方式则被经济安定本部和经济企划厅先后继承，尤为明显的是，后两个机构均利用外汇预算来实施它们的计划。通产省独特的组织结构特征——它为每个战略产业单设的垂直局、它的企业局，以及它的官房（前身是原商工省总务局和军需省总动员局），可分别追溯到1939年、1942年和1943年。这些机构直到1973年仍在通产省继续运

第九章 日本模式？

转，并承担着始终如一的职能，有些时候连名字都不曾改变。至于行政指导，则源于 1931 年的《重要产业统制法》。产业政策本身当然也不例外，它在 1935 年就已经是日本政府的专用术语了，且重要程度和 1955 年的情形一模一样。

或许最大的连续性就表现在该国产业政策实施者方面。吉野、岸、椎名、植村，实际上还包括政界、银行界、产业界和经济行政部门的所有其他领导人，他们在战前、战时和战后都是公共领域响当当的人物。而商工省与通产省之间的连续性则不仅体现在历史和组织结构上，还体现在人事上。20 世纪 70 年代末标志着一个时代的终结，但这种改变首先是一种代际的更迭：官僚机构最高领导人不再具备战时或战后占领时期的工作经历。通产省 20 世纪 80 年代的新官员将是 20 世纪 60 年代出生的日本年轻人，由于缺乏对和平与繁荣来之不易的体认，他们与同为 20 世纪出生、年长于他们的其他日本人都很不一样。

通产省被迫在 20 世纪 70 年代末进行伤筋动骨的变革，至少在一定程度上是因为：在 1935—1965 年前后主导日本经济发展的人，亦即以佐桥为代表的那代人的思想已经不足以应对本国和本省面临的新问题了。过去那些领导人首先是重化工业化的管理者。但在 20 世纪 70 年代及此后的岁月中，由于日本已然实现工业化且因其举足轻重负有全球责任，所需要的则是能够对这种经济体进行有效管理的专门人才。必须称赞通产省的是，它培养了这样的领导人，而这些人又开始酝酿一场新的、侧重于后工业化时代"知识密集型"产业的产业结构变革。然而，面对如此困难的工程，他们想要取得成功，最大的保证其实就在于将他们培养出来的组织已经有过一次产业结构改革的成功经验。

国家主导型高成长体制的基本问题其实就是政府机构与私营企业间的关系问题。在吉野麃下临时产业合理局所制订计划中的产业政策，刚开始执行即引爆了这个问题，之后该问题便一直持续到三菱反抗、公正取引委员会批判通产省行政指导、纵容石油精炼产业结成卡特尔期间。这是一个永远不会消失的问题，因为它是发展型资本主义国家所固有的。为解决这个问题，过去50年间，日本曾形成并试图执行三种不同的方案——即自主管理、国家统制和官民协调，虽然它们并非完美，但只要将发展硬性规定为国家最高目标，每一种方案都有可取之处。

自主管理指的是国家放权给私营企业去实现发展目标。典型的制度是国家支持卡特尔，即政府批准其指定的战略产业组建卡特尔，但紧跟着便将结成并运作卡特尔的任务留给企业自己去完成。这也是1931年《重要产业统制法》采用的方案。而钢铁行业，从1958年的公开销售制度到1965年的住友金属事件，其间更是一直在采用这种方案。这类政企关系最重要的优点在于，它能为发展型国家体制提供最大限度的竞争和私人经营；而它最大的缺陷则是很容易导致一个产业被内部最大的集团所控制（如财阀支配），使得大企业利益与国家利益间的冲突成为可能（如战时各种统制会）。所以，这类政企关系历来是大企业比较倾向的一种。

国家统制指的是将经营权与所有权分离，并将企业经营置于国家监督之下。这通常是为20世纪30年代后期的"革新派"（或"统制派"）官僚，以及战后重建时期和高成长初期的全体官僚所青睐的一类政企关系。它的主要优点是国家目标优先于私营企业目标;主要缺陷则包括抑制竞争,从而容许极其低效的经济行为存在,以及助长不负责任的经营行为。日本这方面最典型的例子发生在"满洲"、战前和战时的电力产业中、战时的军需会社中、战后的煤炭产业中,以及当代的上百家公团中。普遍的看法是,国家统制的这种低效率应对日本工业在太平洋战争期间的糟糕表现负责。

第三类政企关系,即官民协调(本章出现的"协调"当按"合作""协作"理解),其重要程度远超其他两类。尽管这三类关系在本书研究覆盖的整整 50 年间都曾存在过(主要取决于国家政治权力和私营企业的变化),但自 20 世纪 20 年代后期以来,发展模式已经经历了从自主管理跳跃到与之相对的国家统制,再回归作为两者结合体的协调这一跨度很大的变迁过程。此类政企关系的主要优点在于,它使得私人业主能够兼具所有权和经营权,因而,相比国家统制,它能够实现更高水平的竞争;同时,相比自主管理,它又能赋予政府对私营企业决策更大限度的社会目标设定权和影响力。它的主要缺点则是很难付诸实施。20 世纪 50、60 年代,它之所以能在日本盛行,主要是由于另外两种政企关系模式在 20 世纪 30、40 年代双双失败。在高成长时期,和历史上的任何一种混合经济形态一样,日本式的官民协调几乎也是在挑战不可能——在避免弊端的前提下完成社会目标的设定。

这种协调关系的主要机制包括:有选择地赋予企业获得政府融资或政府担保融资的权利、定向税收减免、为确保所有参与方有利可图而在政府监督下实施投资协调、不景气时由国家合理分配负担（私人卡特尔很难做到）、政府支持产品的商品化和销售，以及当某个产业开始出现整体性衰退时提供政府援助。

这类政企关系并不特别或仅为日本独有，相比其他资本主义国家，日本不过是为完善它付出了更多努力，并把它运用到了更多的部门中去。例如，美国所谓的"军工复合体"，表现为一种经济关系而不是单纯的政治名词。在这个意义上，它和日本式的官民协调是一回事。如果把美国国防部和诸如波音、洛克希德、北美人洛克维尔、通用动力等公司之间存在的各种关系推广到其他工业部门，同时赋予政府选择战略部门并决定何时将它们淘汰的权力，就会发现美国的政企关系与日本的战后模式十分相像。美国国防工业领域中的政企关系——包括对核武器实验室经营权和所有权的特别安排，以及诸如昔日原子能委员会和如今国家航空航天局等官方机构的存在，在美国人看来是与众不同的，但对高成长时期的日本主要工业部门而言，这只是常态。同样有意义的或许是，正如日本在钢铁生产、造船、家电、铁路运输、合成纤维、钟表和照相机等行业出类拔萃，飞机、航天器和原子能也都是美国独领风骚的工业部门。

正如前面所提到的，协调式政企关系在发展型资本主义国家是很难建立和维持的。协调之所以成为政企领导人的共识，一来是由于他们类似的教育背景（如东大法学院毕业），一来是由于官僚提早从政府部门退休、进入大企业再就业导致的精英阶层间广泛的相互渗透。但尽管这种政企关系有着如此深厚稳固的社会支持做基础，日本还是很难长期维持官民协调模式的正常运作。企业固然很愿意接受政府援助，但并不喜欢政府对它们发号施令

（钢铁和汽车行业即为例证）。政府则往往因为其努力扶植的产业充斥着过度竞争、抢先投资而备感沮丧（如石化和纺织产业）。然而，日本人仍然不辞艰辛地致力于建立协调关系，并发展了大量特别机构（制度）来推动这种关系的建立。此类机构（制度）包括：官方审议会，如1927年的商工审议会、1943年的内阁顾问会、1949年的产业合理化审议会、1964年的产业构造审议会；通产省针对各个产业分别建立的垂直部局，以及官方批准设立的相应产业团体；政府与私营企业间短期的人事交流（如将通产省的年轻官员安排到经团联总部锻炼）；《特振法案》流产后开展的正式恳谈会；以及，政府官员与银行界、产业界代表可以不受法律和律师约束地调整彼此活动以趋一致的行政指导。

此外，日本还促进了对协调的各种社会支持。我们已经提过其中两种——公、私管理者本质上的官僚主义教育背景，以及广泛的旧交关系网。不过，千万不要以为这些就是全部的社会支持了，也不要以为它们是其他社会无法复制的。其他社会想要复制它们确实很难，毕竟它们依赖于由来已久、根深蒂固的习惯做法，但它们并不单单是文化的产物。正如本书试图揭示的，日本20世纪50年代存在的共识和合作要多过同世纪30年代，这就意味着，差异背后的原因应该从历史环境和政治意识的变化中找，而不是从文化习俗之类相对无变化的因素中找。其他一些对官民协调的社会支持还包括：因产业金融制度导致的企业股东无实际控制能力；由享受准终身雇佣制的劳工贵族、临时工、小规模分包人和企业工会组成的分散劳动力；通过邮政系统积聚私人储蓄、将之集中汇入政府账户并根据官僚管理的单独预算（财政投融资计划）进行投资的制度；覆盖石油勘探、原子能开发、矿业逐步淘汰和计算机软件开发等高风险领域的近115家官办企业（其前身是20世纪30年代的"国策会社"、战时的"营团"，以及占领时期的"公团"）；最后是一种分销系统，它不仅为零售业服务，还能确保失业者、年老体弱者有工作可干，从而弱化要求日本转变为福利国家的呼声。

与美国相比，日本社会为官民协调提供的最有力的支持之一，是不会单凭短期的财务业绩来评判一个企业经营者。正如20世纪20年代末之后，日本产业政策的精神实质，在于寻找以协调取代竞争又无须大量牺牲效率的途径，产业合理化运动的目的也是为了寻找短期收益率以外的其他优质管理评判标准。这些标准包括维持充分就业、提高生产率、扩大市场份额、削减成本，以及长期创新管理。

索尼会长盛田昭夫（Morita Akio）认为，过分强调收益率是美国工业衰退的一个主要原因。他声称："对美国部分高管来说，他们能拿多少年终分红全看年收益。所以，如果他个人收入和管理能力仅依据年收益判断，那么，他们即便知道自己企业的生产设施需要更新换代，也是不大可能作出投资新设备的决定的。"[1] 盛田还认为，战后日本企业的激励结构是与日本的发展目标相适应的，而美国企业的激励结构则与短期收益反映的个人业绩相适应。结果，美国不止缺乏长期规划，还存在高管薪资过高、因公出行动辄私人飞机、办公室装修极尽奢侈，以及其他凸显劳资双方收入差距过大的问题。而在战后日本，企业最高负责人与一般工人的生活水准只有细微差别（盛田注意到，索尼美国子公司美籍总裁的薪酬甚至比他本人在索尼本部挣的还多)。另一方面，也要注意到，日本经理们有权动用的企业招待费数额之大是其他任何一个国家都比不上的。据日本国税厅统计，1979年，企业交际费接近2.9万亿日元，折合美元高达138亿，这相当于企业高管每天都要花上3800万美元，就为了给其同事与客户间的吃吃喝喝、打高尔夫、馈赠礼物买单。[2]

问题的关键在于，日本对经营者较为灵活的评估手段，有助于该国维持比其他一些国家更为平和的劳资关系，同时也避免了那些阻碍企业与其同行及政府协调的因素。而这些做法之所以会形成，则源于日本战后面临的各种状况。照盛田的说法，"日本历史表明，平和的劳资关系从来不会自然生成"，战前的日本资本主义"赤裸裸地剥削劳动者"。战后因通货膨胀和国家困境造成的全体国民收入平等化，不但使高成长时期的收入相对平等成为可能，也让重视收益率以外的经营业绩评估标准获得了契机。这些社会条件对日本与美国这样的国家竞争十分有利，但要移植它们显然远非易事：即便美国经理们可以降低薪酬，但建立短期收益率之外的一些其他业绩评估标准，也是需要对美国通过股市将储蓄分配给工业的制度进行改革的。

虽然日本的优先目标及对官民协调的社会支持，很可能无法被其他国家复制，但做到与之匹敌还是容易想象得到的——也就是说，其他国家可以通过与战后日本类似的方式整理本国社会制度，以便将经济发展置于头等重要的位置，并为公私协作提供激励。倘能如此，那么这样的国家将需要日本高成长体制的抽象化模式，好作为本国具体适用的指引。关于这一模型中包含的确切

401

要素及其重要性，研究现代日本的专家们会出现分歧，但下面是我本人基于通产省历史，对日本这个发展型国家基本特征的一点愚见。为方便讨论，我先假定：日本的特定历史无须再去重新经历，全民动员的社会支持和企业参与协调的激励因素，在试图仿效日本的国家中已然存在（正如本书想要表明的，假定并不一定是真的）。

日本模式的第一个要素，是存在一个规模不大、费用不高却精英化的官僚阶层，由该体制中能找到的最具经营才能的人组成。他们的素质应当主要由其在学术和竞争方面——尤其是在最好的公共政策和管理学院中的优异表现来衡量，而不是其所能获得的薪资。部分官僚应当根据职务的性质，从工程师和技师中招募，但大部分官僚应当是公共政策制订和实施方面的通才。他们应当受过法学和经济学教育，但最好不要是专业的律师或经济学家，因为一般说来，专业人士的组织能力会差一些。如果要用一个最合适的词来概括我们在这里所期待的那种官僚，那不会是专业人士、公务员或专家，而将是经营者。他们应当在整个经济行政系统内经常性地轮换，退职时间也宜早不宜晚，应赶在 55 岁之前。

这些官僚的职责首先是确认和选择需要发展的产业（产业结构政策）；其次是确认和选择促进选定产业快速发展的最佳手段（产业合理化政策）；第三是监督指定战略部门中的竞争，确保其在经济上合理有效运行。这些职责将通过市场先导的国家干预方式来履行（参见下文）。

日本模式的第二个要素，是赋予上述官僚足够空间去发挥主观能动性、有效开展工作的政治体制。具体来说，这意味着政府立法、司法机关的职权设置必须以发挥"安全阀"作用为限。当官僚阶层行事过分时（无疑会发生在多种场合），这两个机关必须随时准备介入其工作并加以制止，但二者更为重要的总体职能则是打击社会中那些一旦纵容便会扭曲发展型国家优先目标的众多利益集团。如果牵涉到的利益群体无法被忽视、阻止或以象征性方式满足其要求，或者其本身是维持该政治体制所依赖的力量，政治领导人就必须迫使官僚阶层满足他们的要求，并设法影响他们。

日本以外也有与我们寻求的这种关系类似的例子，比如美国立法机关与战时的曼哈顿计划或战后核潜艇开发计划之间的关系。发展型国家的政治体制对统治权与管理权有着潜在分工：政治家统治，官僚管理。但要明白的是，如果行使统治权的政治家无法履行其积极任务，尤其是为官僚主观能动性不受政治权力限制创造空间的任务，官僚也做不到有效管理。

这种类型的政治体制会产生如下几种后果：一是无法进入该体制的群体有时会采取上街游行的方式，以使他们的不满被注意到（如日本 1960 年的"安保骚动"、20 世纪 60 年代末的学生运动、抵制新东京国际空港和政府原子力船建造计划的示威游行，以及反工业污染运动）。这些示威活动可能是因为政府长时间忽略某些重要利益，或者只是反映参与政治的要求。不过，无论如何，只要发生这类活动，政治领导人就得行使"保险阀"职能，迫使官僚阶层对优先目标作出以平息抗议为限的变更，但示威的大部分"火力"则由他们自己承担。聪明的政治家会预见到这类事件的爆发（佐藤荣作1970年针对安保条约改订所采取的策略即为例证）。只要经济发展计划顺利实施，并公平地惠及全体国民，政治领导人就应该可以对症下药地处理好这些问题。同时，实施那些能够让国民注意到政府在发展方面的努力、对其成就引以为傲的项目，也是值得推崇的做法（如日本1964年的东京奥运会和第70届世界博览会）。

日本式政治体制还应该区别于阿根廷、巴西、智利和乌拉圭的官僚威权政体。在上述南美洲国家中，掌握管理权的精英阶层试图通过将以往动员起来的经济集团排除在权力之外，并与跨国公司建立合作关系来推动工业化。为完成这一目标，他们采取了一种规则实施严重依赖威压手段的技术官僚政治制度。[3] 日本的不同之处在于，它是一个通过多数票决产生政治领袖的民主国家；其稳定依赖于执政党与有志于经济增长和有效管理的选民结成联盟的能力。在高成长时期，这一联盟反映了日本国民对本国紧要状况的广泛认同；在20世纪70年代初，这一联盟开始明显弱化，但由于能源危机和产业结构新一轮调整的需求，它似乎又恢复了活力。直到不久之前，日本人都还不是很愿意与外国资本合作。相形之下，韩国作为发展型国家，似乎就呈现出了一定程度的威权体制特征，就这一点而言，也应该将韩国的体制与战后日本的体制区别开来。

除了偶尔的抗议性示威，资本主义发展型体制进一步的后果很可能是周期性爆出的"贪腐"丑闻。之所以会产生这样的后果，既是由于统治权和管理权分离，也是因为这种体制本身给了内部人利用发展计划牟取私利的机会。只要这些丑闻主要发生在政治家而不是官僚身上，只要发展活动的推进符合全社会的利益，那么这些丑闻就会被当作整个体制令人遗憾但瑕不掩瑜的缺陷而得到容忍。可是，一旦它们发生在官僚身上，就意味着需要赶快对该体制作出纠正甚至重构了。

日本模式的第三个要素是完善市场先导的国家干预经济手段。在执行产业政策时，国家必须注意将竞争程度保持在与其优先目标相适应的水准。这就需要避免国家统制滞后性的弊端及势必由此导致的效率低下、激励丧失、贪污腐败和官僚主义。可能的现象是：真正有效的市场先导手段无法靠逻辑推理得来，必须在政府管理者与私有战略产业经营者之间的冲突中产生。政府与私营企业间的协调关系同样也不是自然生成的，政府不可避免地会走得太远，私营企业则不可避免地抵触政府对其决策的干预。当二者中的任何一方相对另一方处于明显主导地位时，比如20世纪40年代后期（国家主导）与20世纪70年代初（私营企业主导）的日本，发展便会停滞不前。从日本的经历得出的一个明确教训就是政府需要市场，私营企业则需要政府；一旦双方达成这一共识，协调就有了可能，高成长也随之出现。

日本提供了一整套市场调和的政府干预手段，包括：建立在指引性方面和金融方面具有同等影响力的政府金融机构；广泛运用严格限定目标并及时调整的税收优惠政策；利用纲领性计划为整体经济规定目标和指导方针；建立众多正式的、持续开放的论坛，以交流观点、检讨政策、获取反馈和解决分歧；将一些政府职能指派给各种民间或半民间组织行使（如日本贸易振兴会、经团联）；广泛依靠公法人，尤其是那些由公私混合经营的企业转变而来的公法人，去实施涉及高风险或难治理领域的政策；政府在一般预算之外建立并运用不依赖一般预算拨款的、自由度较大的"投资预算"；反垄断政策的制订以促进经济发展和国际竞争的目标为导向，而不是严格限制在维护国内竞争的范围内；政府开展或资助研发工作（如计算机产业）；利用政府的许认可权来完成发展目标。

不过，最重要的市场先导干预手段也许还要属行政指导。这项权能相当于赋予了官僚阶层自由裁量且不受监督的权力——显然容易遭到滥用，一旦运用不当还可能对市场造成破坏。然而，出于如下关键原因，它又是资本主义发展型国家不可或缺的权能：避免法律规定得过于详细是必要的，因为法律由其本质决定，永远不可能详尽到覆盖所有可能发生的情况，而且它的详尽还会给灵活的行政管理造成束缚。同时，日本产业政策的明显优势之一就是它能够处理互不关联的复杂情况，而无须事先找到或制定一部规定了该情况的法律。另外，从极尽详细的法律条文中受益的主要是律师，并非发展本身。因此，律师的缺位在日本的政治经济学中极为明显；其他国家由律师承担的职能，在日本则是由官僚通过行政指导来完成。

日本人当然也依靠法律，只不过是篇幅短小又规定得极为笼统的法律。他们之后就会通过源自官僚的政令、省令、规则和行政指导赋予这些法律以具体含义。日本所有的官僚机构都倾向于滥用这种规则制定权（形成对比的例子是美国国内收入署大量出台规则引起的喧哗）；但是，这一问题的解决似乎在于选任更好的官僚，而不是取消他们的自由裁量权。在臭名昭著的官僚滥用

第九章 日本模式？

职权事件中，受害方可能得求诸法院——日本人开始较多地采用这种方式是在20世纪70年代（比如，污染诉讼，公取在八幡—富士合并案中向法院起诉，以及黑色卡特尔案）。尽管如此，与采取其他体制的国家不同，日本也在争取避免诉讼，并以政府针对具体问题定制的解决措施作为替代（如丸善石油事件），从而避免对本没有必要遭受诉讼的部门造成法律冲击。日本式行政指导最理想的状态，就好比一个负责国际条约谈判的外交官被授予的自由裁量权。成功取决于他的技巧、良好的判断力和正直的操守，而不是一套无论起草得多完善都不可能真正告诉一个谈判官该怎么做的法律规定。

日本模式第四个亦即最后一个要素，是有一个类似通产省的领航机构。这里的问题是要明确该领航机构需要具备的一系列权力，既不能让它管理太多的部门导致权力过大，又不能管得太少使得它发挥不了作用。通产省本身是通过一个偶发的累积过程产生的。商工省源于农林行政与商工行政的分离。它先是通过放弃商务相关职能、增加产业相关职能，使自身得到了发展；然后在内阁企划院与军需省总动员局合并时具备了制订计划的能力；当煤炭、石油和电力行政在军需省时期整合到一起时，它终于获得了对能源的完全统制权。战争也为该省提供了通过其企业局实施微观干预的权力。最终，通产省在商工省与国际贸易管理机构（贸易厅）合并后，正式走上了历史舞台。通产省从来不曾拥有过对交通运输、农业、建设营造、劳动或金融等事务的管辖权，尽管它对这些部门的影响力很大，而且通过诸如日本开发银行之类的机构对金融界的影响力尤为显著。佐桥版《特振法案》之争,主要就是围绕通产省试图将其管辖权进一步扩大到产业金融所采取的动作展开的。

界定领航机构的职能范围显然会引起争议。通产省的经验表明,管理产业政策的机构至少需要具备计划制订、能源、国内生产、国际贸易和部分金融(特别是资本供应和税收政策)方面的职能。通产省的经验还表明,这种需要不能脱离实际,具体职能可以而且也应当视情况需要增加或减少。通产省的主要特征在于它不大的规模(是日本政府所有经济部门中最小的),它对政府资金的间接控制(因此不必受制于大藏省主计局),它的智囊职能,它为了在微观层面执行产业政策而组建的垂直局,以及它的内部民主。在其他任何一个发达工业民主国家都找不到一个与它完全对应的类似机构。

上述四个要素只是构建了一个模式,甚至这个模式也不过是一个大致轮廓。很明显,这个构造显然还造成了很多社会和政治方面的结果,既有规范性的,也包括思想上的。它们也是任何一个国家打算效仿该模式时必须慎重考虑的问题。正如前文反复强调的,这种政治经济体制与其说日本主动采取了它,不如说是继承了它。在它暗含的各种意味中,有一点尤其需要提及:资本主义发展型国家产生了一种在许多方面都不同于其他民主国家的冲突模式。

日本属于官僚管理体制。正如 S. N. 艾森斯塔特(S. N. Eisenstadt)在 30 多年前就已经指出的,所有已知的官僚体制都会产生两种冲突:官僚内部斗争,官僚与中央政治权威之间的斗争。[5] 本通产省专题研究中为这两种冲突均提供了大量例证。政府

· 第九章　日本模式？·

机构之间围绕政策、拨款和优先目标的管辖权之争是日本官场的生命力所在。商工省形成有一部分原因就是主管农业官僚与主管工业官僚之间的斗争。20 世纪 30 年代，商工省革新官僚为推进他们的产业发展计划，与军方结盟以对抗包括大藏省和外务省在内的保守省厅。然而，到了战争期间，商工省及军需省的文官们又接连与军方官僚起冲突。通产省本身则诞生于外务省与商工官僚之争。在高速增长期间，该省与公正取引委员会的争斗就没消停过，与大藏省的虽然没那么频繁，却可能更为重要。为了扩大自己对小规模机构（经济企划厅、防卫厅、环境厅等）的影响力，并将本省培养的人调派到政府内部有权势的职位上，各个既有省厅都在互相竞争。

这种冲突为发展型国家承担了重要职能，尤其是刺激了官僚机构，赋予了它们强烈的团体精神，并通过竞争为它们提供了自满、官僚式僵化和自大等不良风气的约束机制。官僚生涯安全的最大威胁并不是来自政界或私人利益集团，而是来自于其他官僚。另一方面，官僚之间的矛盾也会导致决策拖沓、为照顾竞争方官僚的利益而曲解政策，以及回避高风险问题的处理。要完全避免这些缺陷断无可能，而官僚间的关系"调整"① 又无疑是最令人感到挫败和费时费力的，但尽管如此，这仍是国家领导人的重要任务。

为缓和官僚间的竞争，日本形成了好几种颇具创新性的惯例。一种是将政策最初的形成和"调整"工作交给不那么显眼的

---

① 即协调，本章凡加引号的调整皆为协调之意。——译者注

年轻官员。这种策略可以使他们的上级看起来只是在批准下属的政策。这样一来，高级官员就能帮忙拿主意或从中"调整"，而不必受到政策出自何人的制约。另一个有用的措施是从前高级官僚中选任各省大臣和其他高级别政治领导人，从而将"调整"权交给那些官场经验老到、"旧交"关系网发达且与现任官僚之间存在上下级关系的领导人（当然，这一做法也会将官僚间的内斗推高到更加激烈的水平，如吉田与通产省之间的例子）。日本还有一种惯例是利用预算编制过程"调整"，这就要求预算编制权必须掌握在官僚手中，结果大大提升了大藏省的影响力。第四种创新是利用官僚代理人如各种审议会"调整"。所有国家通用的应对官僚竞争和"调整"之策，在日本的使用也很突出，包括向媒体泄露消息和官僚操纵媒体，有选择地在事前放消息给自己支持的政治家，对官僚生活实际准则保密，等等。

另一种冲突，即官僚与政治权威间的冲突，在日本同样很普遍。发展型体制的有效运行要求统治权与管理权分离，但这种分离本身是从不被正式承认的（是内在的，不是表面的；是隐晦的，不是明确的）。结果是，一旦政治领导人认为官僚机构越权（如 20 世纪 30 年代期间）或官僚认为政治领导人越权（如"福田台风"和田中角荣首相执政期间），边界问题就会不可避免地冒出头来，同时引发激烈冲突。通产省历史提供了关于这类冲突的大量实例：商工大臣小川和吉野、岸之争；财阀出身的大臣与革新官僚之争；商工大臣小林与岸及内阁企划院"赤色"分子之争；1944 年东条与岸之争（不过这或许更适合作为官僚内部冲突的例子）；通产省创设时，吉田和白洲为一方、商工省领导人为

第九章 日本模式？

另一方的斗争；以及在今井—佐桥之争中政治家的卷入。

用来缓和官僚内部斗争的措施，大多数也适用于缓和官僚与政治家之间的冲突。缓和的准则在于，努力避免冲突或将冲突私人化。这往往会通过将各方立场汇总到一个领导人那里来实现。日本战后最重要的政治家——吉田、岸、池田、佐藤、福田赳夫和大平都曾是高级官僚。发现政治领导人出身自日本高级官僚这种内在精英阶层，尽管也算平常，但战后日本起用他们这些人，显然有助于发展型国家的有效运行和"调整"。

本章尝试为日本体制构建模式并不是为了贬低日本的成就，也无意将其模式推荐给其他国家。通产省的历史实际上揭示了比这些都更为可靠的经验和教训；尽管日本声称其做法借鉴了国外，日本政治精英们真正依赖的其实是对自身政治财富的辨别和运用。通产省的发展过程诚然是痛苦的，但它独具一格的特征与它所运行的环境，却是源于日本政府与社会之间特殊的相互作用。日本人建立了众所周知的优势：他们的官僚机构，他们的财团，他们的银行制度，他们同质化的社会，以及向他们开放的市场。尽管战后（占领当局的）改革，如清退政治生活中的军方势力、财阀合理化改造、强化国会，以及社会阶层平等化，均有其价值，但令日本成为发展型国家的各项制度却是日本人自己锐意创新和往昔经验的共同产物。

这意味着，对试图仿效日本成就的其他国家，建议它们从本土取材为自己的发展型政府构筑各项制度，也许会更合适。例如，可以提议，像美国这样的国家所需要的（并非日本所拥有的）是政府对国民的储蓄、投资、就业和参与国际竞争等领域减少管制、增加激励。为保障国家生存，日本人学会了彼此间如何有效协作，20世纪40年代的战争和经济困难，则迫使他们将战时必要限度的社会和经济总动员一直维持到了20世纪60年代。对美国而言，由于缺乏与日本相当的目标共识，更为可取的建议或许是建立自己的优势，释放国民私底下的竞争冲动，而不是给已然不堪重负的监管机构再追加一层重担。

然而，从长远来看，让美国实行这种政策是不切实际的。考虑到美国的各种需求——在拥有核武的大国间维持军事平衡，重振经济，实现环境、能源、福利、教育和生产政策间的协同一致，以及停止对资本的过度依赖。美国或许也应该认真考虑自己的领航机构。首先，美国必须学会预测和"调整"政府政策的效果。农业政策已经在整体经济战略之外放逐了太久；商务和经济代表也在国务院官阶的次席上委屈了太久；国内监管措施在没有事先对其经济影响进行成本—收益分析的情况下，同样实施了太久；最后，在经济事务中，目标导向的战略思考已经被日益庞大的法律规则体系取代了太久。这些只是作为美国的领航机构可能需要解决的部分问题。美国什么时候才能将这样一个机构从国会、法院和特殊利益集团加诸的束缚中解放出来尚不明确，但是，如果经济总动员能够成为国家的一项优先目标，那么，通产省就将是一个值得学习和研究的重要机构。诚如彼得·德鲁克所言："作为例外的、能够实现有效性的相对稀缺的服务机构，比仅完成'计划'的大多数更具启发意义。"[6]

附　录

附录一

1925—1975年日本商工行政机构政治及行政领导人一览

大臣	事务次官
Ⅰ.商工省（1925—1943年）	
第一次加藤高明内阁，1924.6.6—1925.8.8（联合内阁）	
1.高桥是清，1925.4.1—1925.4.17（政友会）	1.四条隆英，1925.4.1—1929.4.10
2.野田卯太郎，1925.4.18—1925.8.2（政友会）	
第二次加藤高明内阁，1925.8.8—1926.1.1（宪政会）	
3.片冈直温，1925.8.2—1926.1.30（民政党）	
第一次若槻礼次郎内阁，1926.1.1—1927.4.4（民政党）	
片冈直温，1926.1.30—1926.9.14	

续表1

大臣	事务次官
4. 藤泽几之辅，1926.9.14—1927.4.20（民政党）	
田中义一内阁，1927.4.4—1929.7.7（政友会）	
5. 中桥德五郎，1927.4.20—1929.7.2（政友会）	2. 三井米松，1929.4.10—1930.7.2
滨口雄幸内阁，1929.7.7—1931.4.4（民政党）	
6. 俵孙一，1929.7.2—1931.4.14（民政党）	3. 田岛胜太郎，1930.7.2—1931.12.21
第二次若槻礼次郎内阁，1931.4.4—1931.12.12（民政党）	
7. 樱内幸雄，1931.4.14—1931.12.13（民政党）	
犬养毅内阁，1931.12.12—1932.5.5（政友会）	
8. 前田米藏，1931.12.13—1932.5.26（政友会）	4. 吉野信次，1931.12.21—1936.10.7
（海军大将）斋藤实内阁，1932.5.5—1934.7.7（举国一致内阁）	
9. 中岛久万吉，1932.5.26—1934.2.9（古河财阀）	
10. 松本烝治，1934.2.9—1934.7.8（贵族院议员）	
（海军大将）冈田启介内阁，1934.7.7—1936.3.3（举国一致内阁）	
11. 町田忠治，1934.7.8—1936.3.9（民政党）	
广田弘毅内阁，1936.3.3—1937.2.2（官僚主导）	
12. 川崎卓吉，1936.3.9—1936.3.27（民政党）	

续表2

大臣	事务次官
13. 小川乡太郎，1936.3.28—1937.2.10（民政党）	5. 竹内可吉，1936.10.7—1936.12.22 6. 村濑直养，1936.12.22—1939.10.19
（陆军大将）林铣十郎内阁，1937.2.2—1937.6.6（官僚主导）	
14.（海军中将）伍堂卓雄，1937.2.10—1937.6.4	
第一次近卫文麿内阁，1937.6.6—1939.1.1（举国一致内阁）	
15. 吉野信次，1937.6.4—1938.5.26	
16. 池田成彬，1938.5.26—1939.1.5（三井财阀）	
平沼骐一郎内阁，1939.1.1—1939.8.8（官僚主导）	
17. 八田嘉明，1939.1.5—1939.8.30（前官僚）	
（陆军大将）阿部信行内阁，1939.8.8—1940.1.1（举国一致内阁）	
18.（海军中将）伍堂卓雄，1939.8.30—1940.1.16	7. 岸信介，1939.10.19—1941.1.4
（海军大将）米内光政内阁，1940.1.1—1940.7.7（举国一致内阁）	
19. 藤原银次郎，1940.1.16—1940.7.22（三井财阀）	
第二次近卫内阁，1940.7.7—1941.7.7（举国一致内阁）	
20. 小林一三，1940.7.22—1940.8.31（三井财阀） 河田烈，1940.8.31—1940.11.2（大藏大臣兼任） 小林一三，1940.11.2—1941.4.4（三井财阀）	8. 小岛新一，1941.1.4—1941.10.21
21.（海军大将）丰田贞次郎，1941.4.4—1941.7.18	

415

续表3

大臣	事务次官
第三次近卫文麿内阁，1941.7.7—1941.10.10（举国一致内阁）	
22.（海军中将）左近司政三，1941.7.18—1941.10.18	
（陆军大将）东条英机内阁，1941.10.10—1944.7.7（官僚主导）	
23. 岸信介，1941.10.18—1943.10.8	9. 椎名悦三郎，1941.10.21—1943.10.8
24. 东条英机，1943.10.8—1943.11.1（首相兼任）	10. 岸信介，1943.10.8—1943.11.1
Ⅱ. 军需省（1943—1945年）	
1. 东条英机，1943.11.1—1944.7.22（首相兼任）	1. 岸信介，1943.11.1—1944.7.23
（陆军大将）小矶国昭内阁，1944.7.7—1945.4.4	
2. 藤原银次郎，1944.7.22—1944.12.19（三井财阀）	2. 椎名悦三郎，1944.7.23—1944.7.28
3. 吉田茂，1944.12.19—1945.4.7（前官僚）	3. 竹内可吉，1944.7.28—1945.4.10
（海军大将）铃木贯太郎内阁，1945.4.4—1945.8.8	
4.（海军大将）丰田贞次郎，1945.4.7—1945.8.17	4. 椎名悦三郎，1945.4.10—1945.8.25
东久迩宫稔彦王内阁，1945.8.8—1945.10.10	
5. 中岛知久平，1945.8.17—1945.8.25（政友会）	
Ⅲ. 商工省（1945—1949年）	
1. 中岛知久平，1945.8.26—1945.10.9	1. 椎名悦三郎，1945.8.26—1945.10.12
币原喜重郎内阁，1945.10.10—1946.5.5（保守派）	

续表 4

大臣	事务次官
2. 小笠原三九郎，1945.10.9—1946.5.22	2. 丰田雅孝，1945.10.12—1946.6.14
第一次吉田茂内阁，1946.5.5—1947.5.5（保守派）	
3. 星岛二郎，1946.5.22—1947.1.31	3. 奥田新三，1946.6.14—1947.2.12
4. 石井光次郎，1947.1.31—1947.5.24	4. 冈松成太郎，1947.2.12—1948.11.8
片山哲内阁，1947.5.5—1948.3.3（社会党为中心的联合内阁）	
5. 水谷长三郎，1947.5.24—1948.3.10	
芦田均内阁，1948.3.3—1948.10.10（社会党为中心的联合内阁）	
水谷长三郎，1948.3.10—1948.10.19	
第二次吉田茂内阁，1948.10.10—1949.2.2（保守派）	
6. 大屋晋三，1948.10.19—1949.2.16	5. 松田太郎，1948.11.8—1949.5.24
第三次吉田茂内阁，1949.2.2—1952.10.10（保守派）	
7. 稻垣平太郎，1949.2.16—1949.5.24	
Ⅳ. 通商产业省（1949—1975 年）	
1. 稻垣平太郎，1949.5.25—1950.2.17	1. 山本高行，1949.5.24—1952.3.31
2. 池田勇人，1950.2.17—1950.4.11	
3. 高濑庄太郎，1950.4.11—1950.6.28	
4. 横尾龙，1950.6.28—1951.7.5	
5. 高桥龙太郎，1951.7.5—1952.10.30	

续表 5

大臣	事务次官
	2. 玉置敬三, 1952.3.31—1953.11.17
第四次吉田茂内阁, 1952.10.10—1953.5.5（保守派）	
6. 池田勇人, 1952.10.30—1952.11.29	
7. 小笠原三九郎, 1952.11.29—1953.5.21	
第五次吉田茂内阁, 1953.5.5—1954.12.12（保守派）	
8. 冈野清豪, 1953.5.21—1954.1.9	
	3. 平井富三郎, 1953.11.17—1955.11.25
9. 爱知揆一, 1954.1.9—1954.12.9	
第一次鸠山一郎内阁, 1954.12.12—1955.3.3（保守派）	
10. 石桥湛山, 1954.12.10—1955.3.19	
第二次鸠山一郎内阁, 1955.3.3—1955.11.11（保守派）	
石桥湛山, 1955.3.19—1955.11.22	
第三次鸠山一郎内阁, 1955.11.11—1956.12.12（自民党）	
石桥湛山, 1955.11.22—1956.12.22	4. 石原武夫, 1955.11.25—1957.6.15
石桥湛山内阁, 1956.12.12—1957.2.2（自民党）	
11. 水田三喜男, 1956.12.23—1957.2.25	
第一次岸信介内阁, 1957.2.2—1958.6.6（自民党）	
水田三喜男, 1957.2.25—1957.7.10	5. 上野幸七, 1957.6.15—1960.5.13
12. 前尾繁三郎, 1957.7.10—1958.6.12	

续表 6

大臣	事务次官
第二次岸信介内阁，1958.6.6—1960.7.7（自民党）	
13. 高碕达之助，1958.6.12—1959.6.18	
14. 池田勇人，1959.6.18—1960.7.15	
	6. 德永久次，1960.5.13—1961.7.7
第一次池田勇人内阁，1960.7.7—1960.12.12（自民党）	
15. 石井光次郎，1960.7.19—1960.12.8	
第二次池田勇人内阁，1960.12.12—1963.12.12（自民党）	
16. 椎名悦三郎，1960.12.8—1961.7.18	
	7. 松尾金藏，1961.7.7—1963.7.23
17. 佐藤荣作，1961.7.18—1962.7.18	
18. 福田一，1962.7.18—1963.12.9	
	8. 今井善卫，1963.7.23—1964.10.23
第三次池田勇人内阁，1963.12.12—1964.11.11（自民党）	
福田一，1963.12.9—1964.7.18	
19. 樱内义雄，1964.7.18—1964.11.9	
	9. 佐桥滋，1964.10.23—1966.4.25
第一次佐藤荣作内阁，1964.11.11—1967.2.2（自民党）	
樱内义雄，1964.11.9—1965.6.3	
20. 三木武夫，1965.6.3—1966.12.3	

续表 7

大臣	事务次官
	10. 山本重信，1966.4.25—1968.5.25
21. 菅野和太郎，1966.12.3—1967.2.17	
第二次佐藤荣作内阁，1967.2.2—1970.1.1（自民党）	
菅野和太郎，1967.2.17—1967.11.25	
22. 椎名悦三郎，1967.11.25—1968.11.30	
	11. 熊谷典文，1968.5.25—1969.11.7
23. 大平正芳，1968.11.30—1970.1.14	
	12. 大滋弥嘉久，1969.11.7—1971.6.15
第三次佐藤荣作内阁，1970.1.1—1972.7.7（自民党）	
24. 宫泽喜一，1970.1.14—1971.7.5	
	13. 两角良彦，1971.6.15—1973.7.25
25. 田中角荣，1971.7.5—1972.7.7	
田中角荣内阁，1972.7.7—1974.12.12（自民党）	
26. 中曾根康弘，1972.7.7—1974.12.9	
	14. 山下英明，1973.7.25—1974.11.8
	15. 小松勇五郎，1974.11.8—1976.7.27
三木武夫内阁，1974.12.12—1976.12.12（自民党）	
27. 河本敏夫，1974.12.9—1976.12.24	

附录二

1925—1973年省内组织结构一览（特定时期）

1. 商工省（1925年）

  大臣

  政务次官

  次官

   大臣官房

    秘书课

    文书课

    统计课

    会计课

   商务局

    商政课

    贸易课①

    取引课

    保险课②

   工务局

    工政课

    工业课

    工务课

---

① 1930年3月3日升格为内局，1937年7月14日调整为外局。
② 1927年5月27日升格为"部"，1935年5月8日升格为内局。

矿山局

　　矿政课

　　矿业课

外局：

　　特许局

　　制铁所

2. 商工省（1939 年 6 月 16 日）

大臣

次官

　　大臣官房

　　　　秘书课

　　　　文书课

　　　　会计课

　　　　调查课

　　　　报道课

　　　　法令审查委员会

　　总务局

　　　　总务课

　　　　生产扩充课

　　　　物资调整课

　　矿务局

　　　　矿政课

　　　　产金课

　　　　产铜课

非铁金属课

机械局

　　一般机械课

　　输送机械课

　　精密机械课

纤维局

　　总务课

　　棉业课

　　羊毛制品课

　　人造纤维课

铁钢局

　　制铁课

　　调整课

　　特殊钢课

化学局

　　无机课

　　有机课

　　合成课

监理局①

　　总务课

　　生命保险课

---

① 由原商务局（仅部分，其余业务移交总务局和物价局。——译者注）和保险局合并而来，1941年废撤，权力移交大藏省。

损害保险课

　　取引课

　　商事课

振兴部①

　　总务课

　　商业组合课

　　工业组合课

　　施设课（设施课）

　　金融课

外局：

　　贸易局

　　物价局

　　燃料局

　　特许局

3. 通商产业省（1949 年 5 月 25 日）

大臣

次官

通商监

　　大臣官房

　　　秘书课

　　　总务课

　　　会计课

---

① 企业局前身；参见第五章。

　　　　厚生课（福利课）

　　　　地方课

　　　　涉外课（对外联络课）

　　　　广报课（公共情报课，负责宣传）

　　　　审议室

　　　　调查统计部

　　通商局

　　　　通商政策课

　　　　物资调整课

　　　　输出课

　　　　输入第一课：英镑区

　　　　输入第二课：南北美洲、欧洲大陆、中东

　　　　输入第三课：亚洲

　　　　市场课

　　　　通商调查课

　　通商振兴局

　　　　振兴课

　　　　通商监查课

　　　　农水产课

　　　　管理课

　　　　输出检查课

　　　　施设课

　　　　经理部（会计部）

通商企业局

    企业课

    产业资金课

    复兴课

    产业劳动课

    调达赔偿部

通商纤维局

    纤政课

    纤维输出课

    棉业课

    绢业课

    化学纤维课

    麻毛课

    衣料课

    制品课

    监查课

通商杂货局

    包装杂货课

    杂货输出课

    日用品课

    纸业课

    橡胶课（Gomu-ka）

    窑业课

    建材课

·附录·

　　皮革课

　　木制品课

通商机械局

　　机政课

　　机械输出课

　　产业机械课

　　农林民生机械课

　　电气机械课

　　铸锻造品课

　　电气通信机械课

　　车辆部

通商化学局

　　化政课

　　有机课

　　无机课

　　酒精课

　　油脂课

　　化学肥料部

通商铁钢课

　　铁钢第一课

　　铁钢第二课

　　原料课

　　回收课

外局：

 资源厅

  长官官房

  石炭管理局

  石炭生产局

  矿山局

  矿山保安局

  电力局

 特许厅

 中小企业厅①

 工业技术厅②

4. 通商产业省（1952年9月1日）

大臣

次官

 大臣官房（9课1室1部；1200人）

 通商局（14课；428人）

 企业局（9课；282人）

 重工业局（12课；204人）

 轻工业局（10课1部；253人）

 纤维局（7课；112人）

 矿山局（4课；94人）

---

① 1948年8月2日设立。
② 1948年8月1日设立。

石炭局（5课；121人）

　　矿山保安局（3课；58人）

　　地方通商产业局及矿山保安监督部（共计5135人）

外局：

　　特许厅（672人）

　　中小企业厅（166人）

　　工业技术院（4422人）

5. 通商产业省（1973年7月25日）

大臣

政务次官（2人）

次官

大臣秘书官

　　大臣官房

　　　秘书课

　　　总务课

　　　会计课

　　　地方课

　　　广报课

　　　情报管理课

　　　厚生管理课

　　　调查统计部

　　通商政策局

　　　总务课

　　　美洲大洋洲课

西欧非洲中东课（Seiō Afurika Chūtō-ka）

　　南亚东欧课（Minami Ajia Toō-ka）

　　北亚课（Kita Ajia-ka）

　　贸易调查课

　　国际经济部

　　经济协力部

贸易局

　　总务课

　　输出课

　　输入课

　　农水产课

　　为替金融课（外汇及贸易融资课）

　　输出保险企划课

　　长期输出保险课

　　短期输出保险课

产业政策局

　　总务课

　　调查课

　　产业构造课

　　产业资金课

　　企业行动课

　　国际企业课

　　商政课

　　商务课

消费经济课
　　物价对策课
立地公害局
　　总务课
　　工业再配置课
　　立地指导课
　　工业用水课
　　公害防止企划课
　　公害防止指导课
　　保安课
　　矿山课
　　石炭课
基础产业局
　　总务课
　　铁钢业务课
　　制铁课
　　非铁金属课
　　化学品安全课
　　基础化学品课
　　化学制品课
　　化学肥料课
　　酒精事业部
机械情报产业局
　　总务课

通商课

　　产业机械课

　　铸锻造品课

　　电子政策课

　　情报处理振兴课

　　电子机械电机课

　　自动车课（汽车课）

　　计量课

　　航空机武器课

　　车辆课

　　机械保险课

生活产业局

　　总务课

　　通商课

　　原料纺织课

　　纤维制品课

　　纸业课

　　日用品课

　　文化用品课

　　窑业建材课

　　住宅产业课

　　纤维检查管理官

外局：

　　资源能源厅（Shigen Enerugī Chō）

长官官房

　　石油部

　　石炭部

　　公益事业部

特许厅

　　中小企业厅

　　工业技术院

附录三

通产次官佐桥滋与今井善卫仕途年表

1. 佐桥滋

1937 年 4 月	1937 年（期次）入商工省，同期入省者共 19 人，其组织称为"德和会"（Tokuwa Kai，此处系音译）
1937 年 4 月—1938 年 1 月	工业局工务课
1938 年 1 月—1941 年 10 月	随陆军中国服兵役：主计中尉
1941 年 10 月—1946 年 11 月	先后辗转商工省纤维局绢毛课；军需省铁钢局；军需省东海北陆地方军需监理部；商工省矿山局铁钢课（同时兼任全商工劳动组合委员长）
1946 年 11 月—1947 年 5 月	首次担任课长：商工省总务局劳动课课长
1947 年 5 月—1948 年 12 月	纤维局纸业课课长（1947 年 6 月 19 日该课移属生活物资局）
1948 年 12 月—1951 年 8 月	商工省/通产省纤维局棉业课课长
1951 年 8 月—1952 年 8 月	仙台通商产业局总务部部长
1952 年 8 月—1954 年 7 月	通产省石炭局炭政课课长
1954 年 7 月—1957 年 6 月	大臣官房秘书课课长
1957 年 6 月—1960 年 6 月	重工业局次长
1960 年 6 月—1961 年 7 月	重工业局局长
1961 年 7 月—1963 年 7 月	企业局局长
1963 年 7 月—1964 年 10 月	特许厅长官
1964 年 10 月—1966 年 4 月	通产次官
1966 年 4 月—1972 年 4 月	佐桥的"浪人"期（武士失业）
1972 年 4 月以后	余暇开发中心（通产省发起、致力于推动旅游业发展的公益团体）理事长

2. 今井善卫

1937年4月	1937年（期次）入商工省
1937年4月—1946年9月	先后辗转商工省/军需省贸易局；临时物资调整局；纤维局
1946年9月—1947年6月	首次担任课长：商工省石炭厅配给课课长
1947年6月—1949年10月	经济安定本部生产局需给课课长
1949年10月—1951年2月	通产省通商局输入第一课课长
1951年2—6月	通商局通商政策课课长
1951年6月—1952年8月	日本驻美大使馆（华盛顿）一等秘书
1952年8月—1954年7月	通产省通商局通商政策课课长
1954年7月—1956年6月	大臣官房总务课课长
1956年6月—1958年8月	中小企业厅振兴部部长
1958年8月—1961年2月	纤维局局长
1961年2月—1962年7月	通商局局长
1962年7月—1963年7月	特许厅长官
1963年7月—1964年10月	通产次官
1965年11月以后	先后出任日本石油化学常务、社长（1966年5月升任）；产业构造审议会石油委员会委员长

注 释[①]

第一章

1. 作为日本最杰出的经济学家之一,筱原三代平(Shinohara Miyohei)之后也承认,他并非一直理解和赞成政府的政策,他是基于事后的认识才改变了想法,参见 Shinohara。至于最早见诸伦敦《经济学人》的《惊人的日本》一书的影响,参见 Arisawa,1976,p. 371。

2. William W. Lockwood,"Economic Development and Issues," in Passin, p. 89; Uchino Tatsurō, *Japan's Postwar Economic Policies* (Tokyo: Ministry of Foreign Affairs, 1976), p. 6.

3. Arisawa, 1937, p. 4.

[①] 简引著作完整的作者姓名、著作名称、出版信息详见后面的参考文献。(为便于读者查阅相关资料,除必要的说明,此注释一律沿用英文原文。——译者注)

4. Kindleberger, p. 17.

5. See Gotō.

6. Richard Halloran, *Japan: Image and Realities* (New York: Knopf, 1970), p. 72.

7. Hadley, p. 87.

8. *Consider Japan*, p. 16.

9. Haitani, p. 181.

10. Kaplan, p. 14.

11. Ruth Benedict, *The Chrysanthemum and the sword* (Boston: Houghton Mifflin, 1946), p. 316.

12. Titus, p. 312.

13. See Chen.

14. Hugh Patrick, "The Future of the Japanese Economy: Output and Labor Productive," *The Journal of Japanese Studies*, 3 (Summer 1977): 239.

15. 出处同上, p. 225。

16. Sahashi, 1972, p. 190.

17. Philip H. Trezise, "Politics, Government, and Economic Growth in Japan," in Patrick and Rosovsky, p. 782.

18. Campbell, pp. 2, 200. 在自民党以微弱多数主导国会期间, 国会也曾于1977年和1978年对预算进行细微调整。

19. Industrial Structure Council, *Japan's Industrial Structure: A Long Range Vision* (Tokyo: JETRO, 1975), p. 9.

20. Roberts, p. 439.

21. 关于三大神器,参见 Shimada Haruo,"The Japanese Employment System," *Japanese Industrial Relations*, Series 6 (Tokyo:Japan Institute of Labor,1980),p. 8。相关背景和文献,参见 Organization for Economic Cooperation and Development,1977a。

22. Amaya,p. 18; Organization for Economic Cooperation and Development,1972,p. 14.

23. Clark,p. 64.

24. 关于公营公司和财政投融资制度,参见 Johnson,1978。

25. Amaya,p. 20.

26. See,e. g.,Richard Tanner Johnson and William G. Ouchi, "Made in America (Under Japanese Management)," *Havard Business Review*, Sept.-Oct. 1974, pp. 61－69; and William McDonald Wallace,"The Secret Weapon of Japanese Business," *Columbia Journal of World Business*, Nov.－Dec. 1972,pp. 43－52.

27. Allison,p. 178.

28. Tomioka,pp. 15－16.

29. M. Y. Yoshino,p. 17.

30. Ohkawa and Rosovsky,p. 220.

31. Amaya,pp. 9－69.

32. R. P. Dore,"Industrial Relations in Japan and Elsewhere," in Craig,p. 327.

33. Nakamura,1974,pp. 165－167.

34. See Toda.

35. Hadley, p. 393.

36. Kaplan, p. 3.

37. Boltho, p. 140.

38. Yasuhara, pp. 200—201.

39. Louis Mulkern, "U. S.-Japan Trade Relations: Economics and Strategic Implications," in Abegglen et al. , pp. 26—27.

40. Wolfgang J. Mommsen, *The Age of Bureaucracy: Perspectives on the Political Sociology of Max Weber* (New York: Harper Torchbooks, 1977), p. 64; Dahrendorf, 1968, p. 219; Dore, in Craig, p. 326; George Armstrong Kelly, "Who Needs a Theory of Citizenship?" *Daedalus*, Fall 1979, p. 25.

41. *The Bureaucratization of the World* (Berkeley: University of California Press, 1973), p. 147.

42. Amaya, p. 51.

43. 关于美国发展型产业政策的初期迹象,参见 David Vogel, "The Inadequacy of Contemporary Opposition to Business", *Daedalus*, Summer 1980, pp. 47—58。

44. See Johnson, 1974; Johnson, 1975.

45. Shibagaki Kazuo, "Sangyō kōzō no henkaku" (Change of industrial structure), in Tokyo University, 1975, 8: 89.

46. See Drucker.

47. Allinson, pp. 34—35.

48. Henderson, p. 40.

49. Nettl, pp. 571—572.

50. Bell, p. 22, n. 23.

51. Ernest Gellner, "Scale and Nation," *Philosophy of the Social Sciences*, 3 (1973):15—16.

52. Black, p. 171.

53. Tiedemann, p. 138.

54. Amaya, p. 1.

55. Kakuma, 1979a, p. 38; Nawa, 1975, p. 88.

56. Ozaki, 1970, p. 879.

57. MITI, 1957, pp. 3—4.

58. Nawa, 1974, p. 22.

59. 关于"泰勒主义"(或称"泰勒制"),参见 Samuel Haber, *Efficiency and Uplift：Scientific Management in the Progressive Era* (Chicago, Ill.：University of Chicago Press, 1964)。丹尼斯·希利(Denis Healey)将他本人担任英国财政大臣后于1974年在该国建立的制度形容为"提升我国产业效益的新举措"。他的做法其实也可以归结为产业合理化的一种尝试。参见 Denis Healey, *Managing the Economy*, The Russell C. Leffingwell Lectures (New York：Council on Foreign Relations, 1980), p. 29。

60. Gilpin, pp. 70—71.

61. See Ueno, p. 27.

62. *Can Pluralism Survive?* The William K. McInally Lecture (Ann Arbor：Graduate School of Business Administration, University of Michigan, 1977), p. 24.

63. Takashima Setsuo, p. 30.

·注释·

64. Ueno, p. 14.

65. Ohkawa and Rosovsky, p. 200.

66. See Kodama.

67. Ohkawa and Rosovsky, p. 182.

68. Boltho, pp. 188—189.

69. Amaya, p. 78.

70. MITI, *Industrial Policy and MITI's Role* (Tokyo: MITI, 1973), p. 1.

71. In Arisawa, 1976, p 133; and Nakamura, 1974, p. 164.

72. Arisawa, quoted in Obayashi, p. 69; Shiina, 1976, pp. 106—14.

73. Tanaka, pp. 655—656.

74. Maeda, 1975, p. 9.

75. Clark, p. 258.

第二章

1. See Johnson, 1980. 赛登施蒂克的提议出自1979年7月25日的一封信。

2. Kakuma, 1979b, p. 171.

3. Japan Industrial Club, 2:434.

4. See Obayashi. Cf. Berger, pp. 87—88.

5. Campbell, p. 137.

6. Weber, p. 1004, n. 12.

7. Black, pp. 55, 77.

8. Weber, p. 959.

9. Cf. Ide Yoshino, "Sengo kaikaku to Nihon kanryōsei" (Postwar reform and the Japanese bureaucratic system), in Tokyo University, 1974, 3:146.

10. Ide and Ishida, pp. 114—115.

11. 从理论角度对这种为许多发展中国家所采用的组织体制的讨论,参见 Heeger。

12. See Iwasaki, pp. 41—50.

13. Kojima Kazuo, p. 26. See also Personnel Administration Investigation Council, p. 58.

14. Henderson, pp. 166, 195.

15. Isomura and Kuronuma, pp. 11—15, 18.

16. See Kanayama.

17. Black, p. 209.

18. Yamanouchi, pp. 85, 121—122, 181—182. 关于"武士刀"在类似政治语境中的使用,参见 Sōri daijin, pp. 56—57.

19. Duus and Okimoto, p. 70.

20. Craig, p. 7.

21. 关于这场整肃运动(或者说"清洗")的情况主要参考 Hans H. Baerwald, The Purge of Japanese Leaders Under the Occupation (Berkeley: University of California Press, 1959)。

22. Satō, p. 60.

23. Amaya, p. 72.

24. Noda Economic Research Institute, p. 5.

· 注释 ·

25. Roser, p. 201.

26. See Ide Yoshinori, in Tokyo University, 1974, 3: 149—158.

27. 详情参见 Qkōchi Shigeo, "Nihon no gyōsei soshiki"(The organization of administration in Japan), in Tsuji, 2: 94—99。

28. Kakuma, 1979b, p. 5 et seq.

29. "Shihai taisei no seisaku to kikō"(The policies and structure of the ruling system), in Oka, pp. 53—68.

30. Campbell, p. 128, n. 29.

31. Wildes, p. 92.

32. "Kanryō o dō-suru"(What about the bureaucracy?), Chūō kōron, Aug. 1947, p. 3.

33. Ōkubo, pp. 4—5.

34. Watanabe Yasuo, "Kōmuin no kyaria"(Careers of officials), in Tsuji, 4: 200; Satō, pp. 60—61.

35. Sugimori Kōji, "The Social Background of Political Leadership in Japan," The Developing Economies, 6 (Dec. 1968): 499—500.

36. Robert M. Spaulding, Jr, "The Bureaucracy as a Political Force, 1920—45," in Morley, p. 37.

37. 根据1947年宪法在前三十届国会提出的内阁法案和私法法案数量的统计数据，参见 Fukumoto, pp. 132—36。另参见 T. J. Pempel, "The Bureaucratization of Policy-making in Postwar Japan," American Journal of Political Science, 18 (Nov. 1974): 647—664。

38. 参见 Ministry of Finance, Tax Bureau, p. 9; and Hollerman, 1967, p. 248. 原参议院商工委员会技术顾问小田桥贞寿(Odahashi Sadaju)声称,各种审议会实际上在代行国会的审议法律职能。参见 Odahashi, p. 23. See also Yung H. Park, "The Governmental Advisory Commission System in Japan," Journal of Comparative Administration, 3 (Feb. 1972): 435—467。关于各个审议会的专门研究,参见 Yung H. Park, "The Central Council for Education, Organized Business, and the Politics of Education Policy-making in Japan," Comparative Education Review, 19 (June 1975): 296—311; and Michael W. Donnelly, "Setting the Price of Rice: A Study in Political Decisionmaking," in Pempel, pp. 143—200。

39. Interview with Sahashi Shigeru, Tokyo, Sept. 5, 1974.

40. "Nihon ni okeru seisaku kettei no seiji katei" (The political processes of policy-making in Japan), in Taniuchi, pp. 7—8.

41. Yamamoto, pp. 46—50, 74—78.

42. MITI Journalists' Club, Oct. 1963, p. 76. 关于形容审议会的"kakuremino"(隐性蓑衣)一词,参见 Yamamoto, p. 21。

43. Weber, p. 1416.

44. "Gendai yosan seiji shiron" (A sketch of modern budgetary politics), in Taniuchi, p. 107.

45. Campbell, p. 280.

46. Titus, p. 11.

47. Wildes, p. 113.

48. 关于收入分配,参见 Boltho, p. 163。

·注释·

49. In Taniuchi,pp. 15—20.

50. Satō,p. 66.

51. Akimoto,p. 142.

52. Matsubayashi,1976,p. 233.

53. Itō Daiichi,1968,pp. 457—458.

54. Industrial Policy Research Institute,p. 264.

55. See Kusayanagi, May 1969, p. 165; Matsumoto, 1:16, and Takeuchi,p. 14.

56. Akaboshi,p. 171.

57. Martin Landau and Russell Stout, Jr. , "To Manage Is Not to Control,"Public Administration Review,39 (Mar. —Apr. 1979):151.

58. Kusayanagi,Jan. 1969,p. 180.

59. "Tsūsan-shō ni miru gendai keibatsu kenkyu"(Research on modern keibatsu as seen in MITI),Zaikai tenbō,Aug. 1978,pp 62—65.

60. Kubota,p. 50.

61. Matsubayashi,1973,p. 85.

62. Nishiyama,pp. 109—114,228—230.

63. Spaulding,p. 265,table 45.

64. See the preface by Kishi in Yoshino Shinji Memorial Society,Yoshino Shinji. 岸信介对吉野信次极为尊重,参见 Kishi, Sept. 1979,p. 282。

65. "Amakudari"(下凡),Shūkan yomiuri,Sept. 4,1976,p. 149.

66. Honda,1:164—169.

445

67. Shibusawa, p. 17. See also Konaka, pp. 99—125.

68. Mainichi Daily News, Apr. 8, 1974.

69. Clark, pp. 36—37.

70. Sakakibara, 1977a, pp. 31—32.

71. Mainichi Daily News, Apr. 8, 1974.

72. Kakuma, 1979b, p. 100.

73. Yoshino Shinji, 1962, pp. 242—250; Shiina, 1970, p. 212.

74. In Tsuji, 4:179—181.

75. Kusayanagi, 1974, p. 126, Nawa, 1975, p. 80; and *Japan Times*, July 1, 1974. 如需参考林信太郎所著文章, 见 Ozaki, 1970。

76. Ōjimi and Uchida, p. 31.

77. MITI journalists' Club, 1963a, p. 227.

78. Misonō, p. 13.

79. Takeuchi, p. 63.

80. Akimi, pp. 9—13; MITI Journalists' Club, 1956, pp. 266—269; and Akimoto, pp 19—21.

81. 引爆 1979—1980 年事件的报道是由 Jin ltsukō、Oka Kuniyuki 和 Murakami Masaki 三人联合执笔的《公团、官僚议员和事业团如何吞掉 13 兆亿日元的税收巨资》(*Kōdan, yakunin, giin, jigyōdan no ketsuzei 13-chō en kuichirashi*),《现代》,1979 年 11 月刊,第 80—110 页。

82. *Mainichi Daily News*, Jan. 6, 1976.

83. 日本政府 1872—1976 年间的贪腐案件,参见大内穗著《腐败的构造:亚洲权力的特质》(*Fuhai no kōzō, Ajia-teki kenryoku no*

tokushitsu),东京:钻石社(Daiyamondo Sha),第 193—196 页。

84. See, e. g. , *Far Eastern Economic Review*, July 1, 1974, pp. 33—36; and *Japan Times Weekly*, Apr. 28, 1979, p. 5.

85. Fukumoto, pp. 157—159.

86. 加藤真二,"通产官僚全产业界下凡分布图"(*Tsūsan OB no zensangyō "amakudari" bumpuzu*),《财界展望》,1978 年 8 月刊,第 84—90 页。

87. See Ward Sinclair, "Good Grazing for Old Firehorses," *San Francisco Chronicle*, Feb 10, 1980 (reprinted from the *Washington Post*). See also *Serving Two Masters: A Common Cause Study of Conflicts of Interest in the Executive Branch* (Washington, D. C. : Common Cause, 1976).

88. Hadley, p. 38.

89. Quoted by Shiba and Nozue, p. 32.

90. Amaya, p. 57.

91. Nakamura, 1969, p. 314.

92. 火曜会成员的完整名录,参见 MITI Journalists' Club(通产省新闻记者俱乐部), 1963a, 第 41—42 页、266—276 页。

93. Iwatake, pp. 306—307; *Shūkan yomiuri*(《读卖周刊》), Sept. 4, 1976, p. 149.

94. 这方面资料基本源于 Ōkōchi(Tsuji, 2:7—11)。

95. Shinobu Seizaburō(信夫清三郎), "From Party Politics to Military Dictatorship," *The Developing Economics*, 5 (Dec. 1967): 666—684.

96. Sahashi, July 1971, p. 108.

97. Sakakibara, Nov, 1977, p. 73.

98. *Mainichi Daily News*, Aug. 2, 1974; *ibid.*, Jan. 10, 1976.

99. *Keizai seisaku*, p. 211.

100. See Johnson, 1977, pp. 235—244.

101. Honda, 2: 47.

102. Ōjimi and Uchida, p. 32.

103. *Mainichi Daily News*, Jan. 21, 1976; Honda, 2: 77.

104. 参见 Suzuki Kenji, "Keisatsu o shimedashite, Bōeichō o nottoru ōkura kanryō（排挤警察：大藏官僚控制防卫厅）, *Sandē Mainichi*, July 30, 1978, pp. 132—134。自卫队的背景情况，参见 Martin E. Weinstein, *Japan's Postwar Defense Policy*, 1947—1968 (New York: Columbia University Press, 1971)。也可参见 Honda, 2: 121—155。

105. Shibano, pp. 131—139.

106. Watanabe Yasuo, m Tsuji, 4: 186.

107. Hollerman, 1967, pp. 160—161.

108. Sakakibara, Nov. 1977, p. 71.

109. 对这些机构的研究，参见 Johnson, 1978 年。

110. MITI Journalists' Club, 1956, pp. 273—274.

111. Nawa, 1974, pp. 126—128. 从第七等往下，对应的官职不时会发生变动。另参见 Nawa, Apr. 1976。

112. See *Kankai* Editorial Board, Oct. 1976; and Fukui Haruhiro, "The GATT Tokyo Round: The Bureaucratic Politics of

Multilateral Diplomacy,"in Blaker,pp. 101—102.

113. Akaboshi,pp. 164—72;Policy Review Company,1970,s. v. "Tsūsan Shō,"pp. 68—69.

114. Kakuma,1979a,pp. 103,107.

115. Japan Civil Administration Research Association, 1970, p. 153.

116. Kusayanagi,May 1969,p. 163.

117. 参见"MITI and Japan's Economic Diplomacy—With Special Reference to the Concept of National Interest",一份供美国社会科学研究会在讨论日本对外政策的会议上参考的非公开论文,Jan. 1974,p. 46。

118. Sahashi,1971a,pp. 266—268.

119. Ozaki,1970,p. 887.

120. Kakuma,1970b,pp. 220,223.

第三章

1. See James Q. Wilson,"The Rise of the Bureaucratic State," *The Public Interest*,41 (Fall 1975):77—103.

2. Kobayashi,1977,p. 102 *et seq.*

3. Tiedemann,p. 139.

4. Horie Yasuzō, "The Transformation of the National Economy,"in Tōbata,pp. 67—89.

5. See Roberts,p. 131.

6. See MITI,1962,pp. 3—163.

7. In Tōbata, p. 87.

8. Kusayanagi, May 1969, p. 173.

9. Arisawa, 1976, p. 4; Odahashi, p. 139.

10. Yoshino Shinji, 1962, pp. 99 — 100; History of Industrial Policy Research Institute, 1975, 2:3 — 5; Maeda, 1975, p. 9.

11. Yoshino Shinji, 192, pp. 18 — 21, 34 — 35.

12. History of Industrial Policy Research Institute, 1975, 1:10; 2:124 — 127.

13. Honda, 2:9 — 11; and Inaba, 1977, pp. 176 — 184. 顺便说一下，另一个在原农商务省开始其毕生事业的名人是柳田国男（1875—1962 年）。

14. Masumi, p. 172.

15. Japan Industrial Club, 1:109.

16. Arisawa, 1976, p. 5.

17. Havens, p. 74.

18. See MITI, 1951, pp. 61 — 63; MITI, 1962, pp. 170 — 180; MITI, 1964, pp. 38 — 40; MITI, 1965, pp. 7 — 9; Kakuma, 1979a, pp. 164 — 165; and Shiroyama Saburō（城山三郎）, *Nezumi*（鼠）(Tokyo. Bungei Shunju Sha, 1966). 关于"垄断性收购"(*kaishime*)，参见 Frank Baldwin, "The Idioms of Contemporary Japan", *The Japan Interpreter*, 8(Autumn 1973):396 — 409。

19. Shirasawa, pp. 28 — 33; Ann Waswo, *Japanese Landfords: the Decline of a Rural Elite* (Berkeley: University of California Press, 1977), pp. 117 — 118.

20. Takane, pp. 74—78; and Gotō.

21. Yoshino Shinji Memorial Society, pp. 207—210; Kakuma, 1977a, pp. 176—178; Nawa, 1974, pp. 18—19; and Kishi, in MITI, 1960, p. 95.

22. 关于木挽町，参见 Yoshino Shinji, 1965, p. 147 et seq。

23. Kakuma, 1979a, p. 163; Japan Industrial Club, 1:111.

24. Japan Industrial Club, 1:47—51.

25. *Fifty Years*, p. 18; and Roberts, pp. 240—242.

26. Yoshino Shinji Memorial Society, pp. 175—177, 188, 194—204; and Yoshino Shinji, 1962, pp. 43—44. 关于河合荣治郎的被捕，参见 Richard H. Mitchell, *Thought Control in Prewar Japan* (Ithaca, N.Y.: Cornell University Press, 1976), p. 158。

27. Arisawa, 1937, pp. 6, 42—47; 吉野信次，《我国工业的合理化》(*Waga kuni kōgyō no gōrika*)，东京，1930 年。

28. Arisawa, 1976, pp. 66—68; and Arisawa, 1937, pp. 67—80.

29. Havens, p. 80; Yoshino Shinji, 1962, pp. 12, 1—28.

30. History of Industrial Policy Researh Institute, 1975, 1:145; 2:44—45; and Yoshino Shinji, 1962, pp. 117—121.

31. Maeda, 1975, p. 9.

32. Kakuma, 1979a, pp. 184—185.

33. *Nawa*, 1974, p. 20.

34. See Chō; Fujiwara, pp. 322—323; Ōshima Kiyoshi, "The World Economic Crisis and Japan's Foreign Economic Policy," *The Developing Economics*, 5, (Dec. 1967):628—647; Hugh T. Patrick,

"The Economic Muddle of the 1920's," in Morley, pp. 211—266; MITI, 1960, pp. 11—12; and Yasuhara, p. 30.

35. Kishi, Sept. 1979, p. 282; Nishiyama, pp. 129—132. 直到1959年,日本才将本国原有的计量标准全部换成公制。当时负责完成这项公制转换工作的官员是通产省的岩武照彦。

36. Shiroyama, Aug. 1975, p. 304.

37. Arisawa, 1976, p. 64.

38. Yoshino Shinji Memorial Society, p. 233.

39. Arisawa, 1976, p. 65.

40. Ōshima Kiyosi(n. 34), p. 633; Arisawa, 1976, p. 20.

41. Quoted in Haran, pp. 47—48.

42. 关于吉野继任次官,参见 Yoshino Shinji Memorial Society, pp. 233—250。关于岸与薪俸争端,参见 Imai; Kurzman, pp. 100—111; Yoshimoto, pp. 85—88。部分岸所支持的非职业官僚后来被外派到了伪满洲国政府工作,在那里他们仍然对岸忠心耿耿。参见 Kakuma, 1979a, pp. 187—188。岸从欧洲回国后,薪俸争端又起。尽管滨口内阁早在1929年10月便已下令减薪,但若槻内阁直到1931年5月27日才真正付诸实施。岸与时任通产大臣樱内幸雄起了冲突,这次,为了迫使岸让步,连岸的前辈、与他出自同一个封建藩、时任贵族院议员兼商工省政务次官的松村义一也不得不被请了过来。See Watanabe Yasuo(渡边保男),"Nihon no kōmuinsei"(日本的公务员制), in Tsuji, 2:127—139; Kūno, and Robert M. Spaulding, Jr. , "The Bureaucracy as a Political Force, 1920—45," in Morley, pp. 53—55.

43. Yoshino Shinji,1935,p. 313.

44. Maeda,in Arisawa,1976,p. 64.

45. 1925年《重要输出品工业组合法》在1931年和1934年都进行了修改,为的是扩大其适用范围并赋予卡特尔组织迫使外部人服从的权力。商工省的监督权也得到了加强。中小企业组合则主要对纺织品、编织品、搪瓷器、赛璐珞、火柴、玩具、化肥和印刷产业实施统制。

46. Hadley,p. 330.

47. MITI,1964,p. 54. 该法全文及逐条的详细解析,见第47—73页。

48. Yoshino Shinji,1962,pp. 213—214;Arisawa,1976,p. 93;Fujiwara,pp. 352—353;and Takase Masao.

第四章

1.《军需工业总动员法》全文,见 MITI,1964,pp. 25—29。关于"事变状态",参见 *New York Times*,Mar. 16,1938。

2. History of Industrial Policy Research Institute,1975,2:270—271.

3. See Peattie,p. 67.

4. 关于植村,参见 *Kankai*,Editorial Board,Mar. 1976。

5. 该法全文,参见 MITI,1964,pp. 36—37。

6. Fujiwara,pp. 384—385.

7. Ministry of Finance,Secretariat,pp. 52—55,67,71,74—79,101—102,151,173,182—183;Yasuhara,p. 32.

8. Osaka *Asahi shimbun*, July 21, 1928; quoted by Yamamura Katsurō, "The Role of the Finance Ministry," in Borg and Okamoto, p. 29.

9. Anderson, pp. 84, 93.

10. See History of Industrial Policy Research Institute, 1978; and Katō, p. 24.

11. 关于帝人事件,参见 Roberts, pp. 294—295, Arthur E. Tiedemann, "Big Business and Politics in Prewar Japan," in Morley, pp. 294—296; and Yoshida Shigeru Biography Publication Committee, p. 72. (注:此吉田茂并非战后成为首相的那一位。)

12. Nakamura, 1974, pp. 30—31.

13. Ide and Ishida, p. 110.

14. Yoshino Shinji, 1962, pp. 356, 367—369.

15. Arisawa, 1976, pp. 113—119; Katō Tosiihiko, "Gunbu no keizai tōsei shisō"(军部的经济统制思想), in Tokyo University, 1979, vol. 2, *Senji Nihon keizai* (战时日本经济), pp. 67—110.

16. Shiina, 1976.

17. Yoshino Shinji, 1962, pp. 277—278.

18. Yoshida Biography Committee, p. 76.

19. Arisawa, 1976, p. 147; Itō Mitsuharu; and Ōsawa, pp. 204—228.

20. On Ogawa and his purge of MCI, see Akimi, pp. 144—145; Kakuma, 1979a, p. 221; Kishi, Sept. 1979, pp. 282—283; Kurzman, p. 118; Shiroyama, Aug. 1975, p. 306; and Yosimoto, pp. 92—96.

·注释·

21. Yoshino Shinji,1962,pp. 281,285－289.

22. See Murase Memorial Editorial Committee,pp. 105－110,698,711－715;and MITI,1960,pp. 92－94.

23. Yoshino Shinji,1962,pp. 290－291.

24. Nakamura,1974,pp. 21－23;Peattie,pp. 208－217. 皮蒂特别提到了苏联经济计划对"满洲国"五年计划的影响。

25. See Tajiri,pp. 113－114;MITI,1960,pp. 101－102;Shiina,1970,pp. 186－187;Shiina,1976,pp. 107－108;Kishi,Sept. 1979,pp. 284－288;and Kishi,in *Tsūsan jyānaru*（通产杂志）,May 24,1975,p. 21.

26. Domestic Political History Research Association,p. 129. 本书中出现的田中申一,一度系南满铁道的官员,直到1937年,他加入鲇川所创"满业"旗下的一家企业,后来,又从那里调至内阁企划院,紧接着就是军需省、商工省、通产省。

27. Kaikuma,1979a,pp. 167－169,195－196. 关于该法本身,参见MITI,1964,pp. 88－89。小金义照也参与了该法的起草。参见Nishiyama,pp. 103－108。

28. MITI,1964,p. 238.

29. Yamamura,in Brog and Okamoto,pp. 288－289,300.

30. History of Industrial Policy Research Institute,1975,2:171－173. See also Yoshitomi,pp. 148－155.

31. Industrial Policy Research Institute,p. 234;MITI,1960,pp. 123－124.

32. Shiroyama,Aug. 1975,p. 307;Berger,pp. 123－124.

455

33. Yoshino Shinji Memorial Society, pp. 295－299. 同时也可参见吉野1937年末的宣传册，*Nihon kokumin ni uttau*（《致日本国民报告》）。

34. Yoshino Shinji, 1962, pp. 365－366; History of Industrial Policy Research Institute, 1975, 2:176－177.

35. Nakamura, 1974, p. 44.

36. MITI, 1964, p. 141.

37. History of Industrial Policy Research Institute, 1975, 2:271.

38. 根据该法产生的41个最重要敕令的列表，参见 Arisawa, 1976, p. 156.

39. 有一点可能需要指出，"物资动员计划"也是日文中指称苏联式计划方式的专门术语。See Ueno, p. 16. 关于日本最初的物动，伊东光晴评论说："理论上，它是一种物资动员计划，因为编制预算时用物资取代了原先用货币表达的项目。"Itō Mitsuharu, p. 361.

40. 关于物动和苏联先例的影响，参见 Nakamura, 1974, pp. 24, 164－167; MITI, 1964, p. 124; and Tanaka, p. 655。田中那本书出版，当时得到了稻叶秀三、德永久次、佐桥滋及其他战后产业政策领导人的支持。

41. Tanaka, p. 11.

42. Arisawa, 1976, pp. 149－52; Inaba, 1965, pp. 22, 40－44.

43. Inaba, 1965, pp. 26, 59; Itō Mitsuharu, p. 362; and Tanaka, preface.

44. 有两位通产次官曾让人注意到他们在物动方面的工

作——平井富三郎(《通产杂志》,1975年5月24日,第28—30页)和上野幸七(MITI,1960年,第123页)。上野特别提到迫水久常,视其为制订并执行物动的核心人物之一。

45. Nakamura,1974,p. 63.

46. Yoshino Shinji Memorial Society,pp. 310—312.

47. Shiroyama,Aug. 1975,p. 308.

48. In Morley,p. 311.

49. Maeda,1968,pp. 31—32;Kumagai,quoted in Suzuki Yukio,1969,pp. 92—93.

50. MITI,1964,p. 148.

51. See Miyake.

52. 参见《日本经济的重组和笠信太郎》(Nihon keizai no sairhensei to Ryū Shintarō),后藤隆之助主编,《昭和研究会》,东京:经济往来社,1968年,第225—34页。

53. See Arisawa,1976,pp. 200—203;Nakamura,1974,pp. 95—102;and MITI,1964,pp. 444—449. 关于对经济新体制的有趣辩护,参见 Tsukata。

54. Anderson,pp. 149,154.

55. Kakuma,1979a,p. 231;and Imai.

56. Fujiwara,p. 446.

57. Inaba,1965,pp. 55—80;and Inaba,1977.

58. 关于稻叶与协调会的关系,参见 Inaba,1977。内阁调查局首任长官吉田茂同样也是协调会成员,稻叶、胜间田及战后成为一桥大学著名经济学教授的美浓口时次郎都是他从该组织挖到内阁调查局的。关于协调会,参见 Japan Industrial Club,1:103。

59.《重要产业团体令》全文、最为重要的统制会及其会长列表,参见 MITI,1964,pp. 458—465,508。

60. Shiroyama,Aug. 1975,pp. 311—312.

61. Bisson,p. 3.

62. Peattie,p. 219.

第五章

1. Cohen,p. 54.

2. MITI,1964,p. 501.

3. Arisawa,1937,pp. 45—46 and note.

4. Kakuma,1979a,pp. 238—239.

5. MITI,1965,pp. 164—165.

6. MITI,1964,p. 488.

7. Tanaka,pp. 25,111.

8. Hadley,p. 124.

9. 参见 *Important Industries Council*,这本书中收录了时任总务局生产扩充课课长的山本重信所写的一篇信息丰富的文章,还有一份重要企业人事名录。此外还可参见 Tsukata,第 34—42 页。

10. MITI,1965,p. 275.

11. See MITI,1960,pp. 104—105;and *Tsūsan jyānaru*(《通产杂志》),May 24,1975,p. 25.

12. *Supreme Commander for the Allied Powers*,Monograph 48,"Textile Industries",p. 73.

·注释·

13. 该政策及两项政令全文,参见 MITI,1964,pp. 562—572。See also Kakuma,1979a,pp. 237—238.

14. Cohen,p. 56.

15. Tanaka,p. 260;and Maeda,in Arisawa,1976,p. 212.

16. Bisson,p. 96.

17. MITI,1964,p. 524.

18. *Radio Report on the Far East*,no. 28(Aug. 31,1943),p. A20.

19. 关于藤原的秘密任命,出处同上,no. 34(Nov. 24,1943),p. A1;有关他的评论,参见 MITI,1964,p. 525。

20. 军需省和《军需会社法》相关第一手资料最重要的提供者是北野重雄。北野 1926—1946 年在商工省及军需省任职,退休时官至商工省矿山局长。1943 年 11 月—1944 年 11 月,他担任军需省大臣官房文书课长。关于战时最后几周的军需工厂国有化,参见 MITI,1965,p. 382(s. v. entries for June 8 and July 10,1945);以及 Roberts,p. 362。

21. Bisson,pp. 116,202.

22. Nawa,1974,p. 28.

23. Ōkōchi,"Nihon no gyōsei soshiki"(日本的行政组织),in Tsuji,2:92—93.

24. Kishi,Oct. 1979,pp. 298—299.

25. See Imai. See also Tajiri,p. 115.

26. 战后重建商工省的完整详情,当时的参与者从未披露过。有关山本和椎名的评论,参见 MITI,1960,pp. 49,103,114。《朝日新闻》的名和太郎通过以其本名及笔名"赤星润"发表的一系列文章，提供了关于其他参与者的信息。See Nawa,1974,p. 29；and Akaboshi,pp. 15—16. 名和说平井当时在场可能是有误会；据平井本人的说法，他 1942 年—1945 年 12 月一直在新加坡工作。See *Tsūsan jyānaru*(《通产杂志》),May 24,1975,p. 29. 军需省内部对军方极为抵触的证据，参见《佐桥回忆录》,1967,pp. 74—76。

27. *Supreme Commander for the Allied Powers*, Monograph 13,"Reform of Civil Service,"pp. 24—25.

28. 出处同上,p. 27。

29. 关于盟军最高司令部当时差一点在日本酿成了共产主义革命的议论，参见 Johnson,1972。

30. 关于日本会社内部职务的降阶，参见 JETRO, *Doing Business in Japan* (Tokyo：JETRO,1973),p. 9。吉田的传记，参见 J. W. Dower, *Empire and Aftermath：Yoshida Shigeru and the Japanese Experience,1878 — 1954* (Cambridge,Mass.：Harvard University Press,1979)。

31. Hadley,p. 72.

32. "U. S. Banker Honored Here", *Japan Times*, Sept. 20, 1975.

33. *Tsūsan jyānaru* (《通产杂志》),May 24,1975,pp. 44—45.

34. See MITI,1972,p. 19.

35. Hata,p. 373；MITI Journalists' Club,1956,p. 15.

36. 一万田的名字很难罗马化；他的姓氏有时写成"Ichimanda",他的名字则写成"Hisato"。我现在采用的是 *The*

Yoshida Memoirs(p. 255)中的写法。关于吉田邀他担任大藏省职务一事,参见 Shioguchi,p. 32;and Abe,pp. 109,239,255。

37. See, inter alia, Kakuma, 1979a, pp. 248－249,264; Matsumoto,2:95;MITI Journalists' Club,1956,pp. 249－251;and MITI Journalists' Club,1963a,p. 16.

38. 关于盟军最高司令部认为日本"需要计划经济"的立场,参见 Shiroyama,Aug. 1975,p. 313。关于盟军最高司令部对片山社会主义政府的好感,参见 Haji,p. 235。

39. Kakuma,1979b,p. 14.

40. *Fifty Years*,p. 215.

41. Quoted in Nakamura,1974,p. 154.

42. 关于一万田与惠特尼的关系,参见 Shioguchi,pp. 31,248－250。

43. 关于复金,参见 Arisawa,1976,pp. 286－289。

44. 关于煤炭政策,参见 *History of Industrial Policy Research Institute*,1977a,pp. 4－61。这部重要著作的作者是三重大学的高桥正二。另参见 Kojima Tsunehisa;and Katō,pp. 28－30。与冈松"食物换煤炭"政策相关的回忆,参见 MITI,1960,pp. 109－110。

45. 关于商工省官房企划室与倾斜生产方式,参见小岛庆三的回忆,Industrial Policy Research Institute,p. 256。

46. 关于经济安定本部,基本的参考资料是 Economic Planning Agency(1976,pp. 24－73),其中也包括了有泽回忆的内容(pp. 405－407)。

47. 设立经济安定本部借鉴的美国先例,参见 MITI,1962,p. 349。

48. 关于石桥的追放，参见 latanabe, pp. 51 – 55; Wildes, p. 138; and *The Yoshida Memoirs*, p. 93。

49. See "Yamaguchi hanji no eiyō shitchōshi"（山口判事因营养不良致死）in *Shōwa shi jiten*, pp. 283 – 284。

50. 关于这部煤炭国有化法，参见 Arisawa, 1976, p. 291; and MITI, 1965, p. 446。高桥彦博指出，对煤炭国有化感兴趣的只有商工官僚自己。参见其 "Shakaitō shuhan naikaku no seiritsu to zasetsu"（社会党内阁的成立与垮台），in *Iwanami kōza*, p. 286. 1975 年，在他制定该法二十年后，时任日本最大企业（日本制铁）社长的平井富三郎还会兴奋地说起煤炭国有化，而他为了实现这一目标又付出了多少艰辛。See *Tsūsan jyānaru*（《通产杂志》），May 24, 1975, p. 29.

51. 工藤的评论，参见 Kakuma, 1979b, p. 29。池田的评论，参见 Shioguchi, p. 112。另参见 Japan Development Bank, p. 484; Ikeda。

52. See Akaboshi, p. 16.

53. Cohen, p. 431.

54. Supreme Commander for the Allied Powers, Monograph 50, "Foreign Trade," p. 152.（这份资料直到 1970 年 2 月 27 日才解禁。）

55. "贸易厅"直译成英文是 "trade agency"，但贸易厅自己会在其公文和其他正式文献中使用 "Board of Trade" 的名称。关于贸易厅的设立，参见 MITI, 1965, p. 414; and MITI, 1971, p. 361。

56. 丰田的回忆，参见 MITl, 1960, pp. 5 – 6; and *Tsūsan*

jyānaru(《通产杂志》),May 24,1975,p. 24。

57. Japan External Trade Organization,p. 3.

58. Inaba,1965,pp. 218—237. See also Fukui Haruhiro,"Economic Planning in Postwar Japan: A Case Study in Policy Making,"*Asian Survey*,12 (Apr. 1972):330—331.

59. Kakuma,1979a,pp. 13—14,253—55;MITI,1960,p. 113 (Matsuda Tarō's collections);Nawa,1974,p. 33;and Shiroyama,Aug. 1975,p. 314.

60. See Shioguchi,pp. 40—42.

61. 稻垣的演讲,参见 MITI,1962,pp. 386—387。

62. See Ozaki,1972;and MITI,1971,pp. 390—399.

63. MITI,1962,pp. 448—449.

64. *Supreme Commander for the Allied Powers*,Monograph 50,"Foreign Trade,"p. 110.

65. Hollerman,1979,p. 719.

66. Charles S. Maier,*Recasting Bourgeois Europe* (Princeton,N. J. :Princeton University Press,1975),pp. 580,582.

第六章

1. Nakamura,1969,p. 313.

2. Japan Development Bank,p. 17.

3. See Johnson,1972.

4. *Supreme Commander for the Allied Powers*,Monograph 47,"The Heavy Industries,"p. 120.

5. Boltho, p. 55n.

6. 注意约翰·坎贝尔的评论:"池田不仅是个扩张主义者,而且,从吉田到田中,历任首相中,就数他在总体国内政策,尤其是预算方面的主张最为激进。"Campbell, p. 233.

7. See Chalmers Johnson, "Low Posture Politics in Japan," *Asian Survey*, 3 (Jan. 1963):17—30.

8. See MITI Journalists' Club, 1956, p. 42; Kakuma, 1979b, p. 84; and Abe, p. 255.

9. Itō Daiicht, 1968, p. 465.

10. Broadbridge, p. 88.

11. Watanabe, p. 234.

12. See MITI, *Tsūshō sangyō shō nempō* (fiscal 1949), p. 129 (以下引用时简写为"MITI, *nempō*")。

13. 下面是一个错误地用文化来解释的例子:"收益率、共同融资或贸易活动都解释不了企业朝着'系列化'方向集合成团的行为。'系列'下属企业组成集团的基本动机源于社会学因素。组成集团的倾向是日本文化传统中所固有的。"Haitani, p. 124.

14. Ikeda, pp. 148—150.

15. See "Mergers Revive Trade Concerns Splintered in Japan in Occupation," *New York Times*, Dec. 7, 1952; and "Broken-up Concerns in Japan to Reunite," *New York Times*, Mar. 31, 1955.

16. MITI, *Nempō* (fiscal 1954), p. 80; MITI, 1965, pp. 573—575; and MITI Journalists' Club, 1956, p. 42.

17. Abegglen and Rapp, p. 430.

18. 认为日本计划工作者无能的典型论著是 Watanabe Tsunehiko, "National Planning and Economic Development: A Critical Review of the Japanese Experience," *Economics of Planning*, 10 (1970):21—51。

19. Japan Development Bank, p. 23.

20. 参见玉置敬三回忆录(in MITI, 1960, p. 116);以及林信太郎的评论(*Ekonomitsuto Editorial Board*, 1:99—101)。See also Japan Development Bank, p. 28.

21. *Supreme Commander for the Allied Powers*, Monograph 39, "Money and Banking,"p. 42.

22. MITI, *Nempō* (fiscal 1950), p. 151. 注意:这些年度报告都是在它们覆盖的财年结束后才整理出来的;因此,以1950财年的报告为例,其封面上的日期标注为1951年10月1日实属正常。

23. 开银理事会成员情况,参见 Japan Development Bank, p. 52。

24. See "Sharp Increase in Post Office Savings Upsets Banks and Worries: Bank of Japan," plus editorial, *Japan Economic Journal*, Oct. 7, 1980. See also Ministry of Finance, Tax Bureau, pp. 27, 41.

25. MITI Journalists' Club, 1956, p. 24; Endō, 1966, pp. 174—175.

26. Japan Long Term Credit Bank, pp. 4—5.

27. Endō, 1966, p. 179. See also Fujiwara, p. 426; and Shibagaki Kazuo, "Sangyō kōzō henkaku" (产业构造变革), in Tokyo

University,1975,8:88.

28. Boltho,p. 126. 关于财投资金规模的具体数字及其与一般会计预算、国民生产总值的比较情况，参见 Johnson,1978,pp. 83—84。

29. "外务省分店"（Gaimu-shō no demise）一说，参见 Policy Review Company,1968,p. 118；"黑暗时期"一说，参见 Akimoto,p. 39。

30. 参见山本高行回忆录（in MITI,1960,p. 115）；Shiroyama,Aug. 1975,p. 315；以及，Takase Sōtarō Memorial Association,p. 1067。

31. 通产省各单位人员数，参见 MITI,1975,p. 95.

32. Sahashi,1967,pp. 79,87—88,120—126. 佐桥将自己领导的全商工称为"开除委员会"（kubikiri iinkai）。

33. 关于永山事件，参见 Akimi,pp. 76—77,148—151；Akimoto,p. 43；MITI Journalists' Club,1956,pp. 258—259；以及，Nawa,Apr. 1976。永山之所以会去昭和石油和三菱油化任职，也是因为他当官房长期间曾深度参与四日市境内原海军燃料补给站对财阀们的出售，且昭和石油与三菱油化都位于四日市。

34. 全文参见 MITI（1972,pp. 42—44）。同时参见 Tsuruta Toshlmasa,"Sangyō seisaku to kigyō keiei"（产业政策及企业经营），in Kobayashi,1976,p. 138。

35. 参见 Ueno,pp. 23,221 et seq. 该书副标题是"经济法规、行政及其效果"。

36. MITI,Nempō（fiscal 1949）,p. 128；（fiscal 1950）,p. 148；

(fiscal 1951), pp. 145—149; and (fiscal 1952), p. 164.

37. Noda Nobuo, pp. 27—28. 美国管理技术的"逆流", 参见 "U. S. Firms Worried by Productivity Lag; Copy Japan in Seeking Employee's Advice," Wall Street Journal, Feb. 21, 1980; and the important follow-up letter of Martin Bronfenbrenner, "How Japanese Firms Pick Their Workers," *Wall Street Journal*, Mar. 10, 1980.

38. Noda Nobuo, p. 24; Sakaguchi, p. 175; and the eulogy of Ishikawa, written by Deming Federation of Economic Organizations, pp. 264—267. 1980 年戴明奖获得者是富士施乐公司。See *Wall Street Journal*, Oct. 16, 1980.

39. MITI, *Nempō* (fiscal 1951), p. 148; and (fiscal 1952), p. 136.

40. *Supreme Commander for the Allied Powers*, Monograph 50, "Foreign Trade," p. 130.

41. Ariga Michiko, "Regulation of International Licensing Agreements under the Japanese Antimonopoly Law", in Doi and Shattuck, p. 289.

42. MITI, *Nempō* (fiscal 1951), p. 149.

43. MITI, 1957, pp. 13—14.

44. Sahashi, 1972, p. 160.

45. See Arisawa, 1976, pp. 344—347; Akimi, pp. 49—53; and MITI, 1970, p. 502. 后来的通产省官员因一万田对川崎制铁有看法而有求于他的例子, 参见 Amaya, pp. 75—76。

46. 关于世界银行贷款,参见 MITI,1972,p. 101。各方对这些贷款的反应,参见曾赴华盛顿协助贷款谈判的大堀弘回忆录(in Industrial Policy Research Institute,p. 238);以及 MITI Journalists' Club,1956,pp. 47—48。

47. 参见平井的评论,《通产杂志》,1975 年 5 月 24 日,第 29 页。See also Ōnishi,p. 12.

48. Akimi, p. 78; Akimoto, pp. 19—21; and MITI Journalists' Club,1956,pp. 66—87.

49. See "Kurabu kisha hōdan"(出版俱乐部记者自由讨论),*Tsūsan jyānaru*(《通产杂志》),May 24,1975,p. 50.

50. *Supreme Commander for the Allied Powers*, Monograph 26,"Promotion of Fair Trade Practices,"pp. 95,101.

51. 出处同上,p. 60。

52. 关于桥石案,参见 Hewins,p. 310;关于杜邦—东丽案,参见 Senba Tsuneyoshi,"Sengo sangyō gōrika to gijutsu dōnyū"(战后产业合理化及技术导入),in History of Industrial Policy Research Institute,1977a,pp. 118—119。

53. *Supreme Commander for the Allied Powers*, Historical Monographs, vol X, part C. "Elimination of Private Control Associations,"p. 85. 该资料并没有包含在美国档案馆摄成缩微胶片、重新编号并对公众开放的资料合集中;应笔者特别申请,美国档案馆专门于 1974 年 6 月 4 日将它拍摄成了缩微胶片。

54. See,e. g. ,MITI,1969a,p. 6.

55. Maeda,1975,p. 14.

· 注释 ·

56. "New Japanese Law Sanctions Cartels," *New York Times*, Sept. 27, 1953.

57. 关于钢铁产业的"公开销售制度",参见 Nawa, 1976a, pp. 146—154; Sahashi, 1967, pp. 180—185;以及"Gyōsei shidā no jittai o arau"(探寻行政指导的真相), *Tōyō keizai*, Apr. 6, 1974, pp. 31—33. 长期供职于公取也是公取第一位女性委员的有贺美智子称钢铁公开销售制度是对《独占禁止法》的"阉割"。参见对她的采访,"Kazaana aita dokkinhō"(独禁法千疮百孔), Ekonomisuto Editorial Board, 1:226—254, particularly pp. 243—244。

58. MITI, *Nempō* (fiscal 1957), pp. 100—101; (fiscal 1958), p. 100, and (fiscal 1959), p. 99.

59. Sahashi, 1971a, pp. 266—275; Sahashi, 1972, pp. 18—19.

60. Kakuma, 1979b, p. 106.

61. Economic Planning Agency, 1976, pp. 75—76; and Ōnishi, p. 13. 草柳大藏点出了重化工业化政策的来源,《文艺春秋》,1974年8月刊,第112—113页。

62.《新通商产业政策大纲》全文,参见 MITI, 1962, pp. 499—501.

63. 参见平井对冈野和石桥两人的评论, in Matsubayashi, 1973, pp. 31—34, 41—42;以及 Industrial Policy Research Institute, p. 247。

64. Quoted in *Consider Japan*, p. 56.

65. See Shibagaki Kazuo, in Tokyo University, 1975, pp. 8, 89.

66. Japan External Trade Organization, pp. 2—68, 951—952.《日本贸易振兴会法》(The JETRO Establishment Law)系以英译本

刊登,pp. 935—943。

67. See "How Foreign Lobby Molds U. S. Opinion," *San Francisco Chronicle*, Sept. 15, 1976. 1959—1962年间,贸易振兴会纽约事务所还聘用了前纽约市长 Thomas E. Dewey 充当说客。See Japan External Trade Organization, p. 78.

68. *Ekonomisuto* Editorial Board, 1:100—105; Japan External Trade Organization, p. 49; *Fifty Years*, p. 273; MITI Journalists' Club, 1956, pp. 88—101, and Stone, pp. 147—148.

69. Nakamura, 1969, p. 309.

70. *Ekonomisuto* Editorial Board, 1:51—52.

71. See Kakizaki.

72. Ministry of Finance, Tax Bureau, p. 84.

73. *Ekonomisuto* Editorial Board, 1:27—28.

74. 出处同上, pp. 24—25。

75. Kakizaki, p. 83; Ministry of Finance, Tax Bureau, pp. 84—91.

76. MITI, *Nempō* (fiscal 1956), p. 109.

77. 出处同上(fiscal 1964), p. 62。

78. Tsuruta Toshimasa, in Kobayashi, 1976, p. 148.

79. *Ekonomisuto* Editorial Board, 1:36—38.

80. 关于石化产业,参见 inter alia, MITI, 1969b, pp. 317—324（基本政策声明）;*Ekonomisuto* Editorial Board, 2:98—148（政企关系）;and Senba Tsuneyoshi, in History of Industrial Policy Research Institute, 1977a, pp. 101—114（技术许可和引进）。出售国有财产

引发的争议,参见 Industrial Policy Research Institute,pp. 126,246, and Arisawa,1976,p. 244(此处认为,20 世纪 50 年代出售政府设施比 19 世纪 80 年代明治政府出售官产(1880 年,明治政府出台《廉价处理官营工厂概则》)还要重要。

81. Arisawa,1976,pp. 375,390.

82. MITI,*Nempō*(fiscal 1961),p. 112.

83. Kakuma,1979b,p. 131.

84. 该计划全文参见 *Ekonomisuto* Editorial Board,1:172—174。

85. Chandler.

86. Otis Cary, ed., *War-Wasted Asia*, Letters, 1945 — 1946 (Tokyo:Kōdansha International,1975),p. 193.

第七章

1. 佐桥个人背景,参见其自传,*Ishoku kanryō*,1967;以及,Sahashi,1972,pp. 158—162。

2. 注意:"异色官僚"(*Ishoku kanryō*)的称呼战前也适用于在企划院事件中被捕、后来在占领时期又称为经济安定本部总务长官的农林官僚和田博雄。参见 Inaba,1977,p. 178。"武士中的武士"一语,参见 Matsubayashi,1973,p. 138。"暴力官僚"(*gebaruto kanryō*),参见 Kusayanagi,May,1969,p. 162。"怪人佐桥"(*kaijin Sachan*),参见 Kusayanagi,1974,p. 115。另参见 Suzuki Yukio,1969,p. 62。

3. Sahashi,1967,p. 207.

4. MITI Journalists' Club,Oct. 1963,p. 76.

5. *Ekonomisuto* Editorial Board,1:72—74;MITI Journalists' Club,1956,pp.190—194.

6. *Ekonomisuto* Editorial Board,1:142—143.

7. Sahashi, 1967, p, 215. See also Kakuma, 1979b, pp.131—136.

8. "樱丸"照片及其故事,参见"Japan's Floating Fair Finds Success in Europe,"*New York Times*,Aug.10,1964。"樱丸"租借给美国的详情,参见"Japanese Get Chance to Buy U. S. Goods at U. S,Prices,"*Los Angeles Times*,Oct.30,1978。

9. See Sahashi,1967,pp.191—207,and Akimoto,pp.80—82.

10. Interview with Imai,*Ekonomisuto*,Sept.14,1976,p.78.

11. 出处同上,p.79。

12. Komatsu,p.23.

13. Shiroyama, 1975a, pp. 86—87. 关于自由化比率,参见 MITI,1965,pp.698,703。

14. Arisawa,1976,p.443;MITI Journalists' Club,Oct.1963,p.74.

15. Sahashi,1967,p.248.

16. See Ōta Shin'ichirō(通产省官房企划室),"Sangyo kōzō seisaku"(Industrial structure policy),in Isomura,1972,pp 312—315; MITI, 1969a, p. 11; MITI, 1972, pp. 128—131; and MITI. *Nempō* (fiscal 1961),pp.75—76,109—110.

17. Industrial Structure Investigation Council; ed. , *Nihon no sangyō kōzō*.

18. Akaboshi, pp. 73—82; MITI Journalists' Club, Oct. 1963, pp. 78—84; MITI Journalists' Club, 1963a, p. 39; and Itō Daiichi, 1967. pp. 78—104.

19. Maeda, 1975, p. 16; Arisawa, 1976, p. 443; and Suzuki Yukio, 1963.

20. 对日本"过度竞争"的各种分析,参见 Abegglen and Rapp; Aliber; Boltho, p. 61; and Hollerman, 1967, p. 162。

21. Takashima Setsuo.

22. 在日美贸易相对重要的情况下,具有欧洲而非美国工作经历的通产次官人数,参见 Endō, 1975, p. 110。

23. 关于小长和内田,参见 Kusayanagi, 1974, pp. 116—119。

24. Sahashi, 1967, pp. 245—251.

25. See Japanese Diet, pp. 2—4.

26. 参见石坂泰三的讣闻,载于 *Japan Times*, Mar. 7, 1975 和 *San Francisco Chronicle*, Mar. 7, 1975。

27. MITI, 1969a, pp. 2, 11.

28. See Akaboshi, pp. 93—96; Sahashi, 1967, pp. 240—245; MITI Journalists' Club, 1963a, p. 38; and Resources Development and Management Research Council, p. 60, s. v. "Maruzen Oil Company".

29. 本段及后面段落直接引用的原始资料出自 MITI Journalists' Club, Oct. 1963。

30. Akimoto, pp. 91, 142—143; Kakuma, 1979b, pp. 34—46; Sahashi, 1967, pp. 257—268, and Policy Review Company, 1968, p. 89.

31. 关于结构性衰退论,参见 Arisawa,1976,pp. 465—467。通产省对这一理论的支持,参见 MITI,*Nempō* (fiscal 1965),p. 64。

32. 福田的发言,参见 MITI,*Nempō* (fiscal 1964),p. 59;"行政指导"一词首次使用,出处同上,(fiscal 1962),p. 123。

33. *The Economist*, Nov. 10, 1979, p. 85; Japan Economic Journal,May. 14,1974.

34. *Newsweek*,Aug. 21,1972.

35. Stone,p. 152.

36. "Gyōsei Shidō Gets Close Public Scrutiny," *Japan Times*, June. 3,1974.

37. Henderson,p. 202. See also Maeda,1968,pp. 38—40.

38. Shiroyama, Aug. 1975, p. 317. See also Amaya, p. 79; and Yamamoto,p. 81.

39. Yamanouchi,p. 193.

40. 出处同上,pp. 47—49。

41. "Administrative Guidance," *Mainichi Daily News*, Jan. 8,1976.

42. Hewins, p. 305. 这些合并最重要的官方资料是 MITI, Enterprises Bureau, ed., Kigyō gappei(企业合并)(Tokyo: Ōkurashō Insatsukyoku,1970)。

43. Hollerman,1967,p. 252.

44. Sahashi,1967,pp. 294—295. 中山素平判断佐桥在此次合并中所做贡献极大的估计,参见 *Ekonomisuto*,July. 13,1976,p. 87。

45. Nawa,1976a,p. 141;"Gyōsei shidō no jittai o arau"(探寻行

政指导的真相》,*Tōyō keizai*, Apr. 6, 1974, pp. 31—33.

46. 住友金属事件的第一资料包括 Sahashi, 1967, pp. 282—289 和 Hyūga, in *Ekonomisuto* Editorial Board, 2: 67—74。另参见 Akaboshi, pp. 83—92; Akimoto, pp. 58—63; Industrial Policy Research Institute, pp. 117—119; Kakuma, 1979b, pp. 172—176; Nawa, 1976a, pp. 159—166; Yamamoto, pp. 82—84; and Yamanouchi, pp. 29—30。该事件相关法律研究的引用,参见 Yamanouchi, p. 53, n. 2。熊谷的"下凡",参见 Matsubayashi, 1973, pp. 182, 194。

47. *Report of the Japan-United States Economic Relations Group, Prepared for the President of the United States and the Prime Minister of Japan* (Washington, D. C.: Japan-U. S. Economic Relations Group, 1981), p. 61.

第八章

1. Quoted in Suzuki Yukio, 1969, pp. 49, 124.

2. MITI, *Nempō* (fiscal 1965), p. 69.

3. Nawa, 1974, pp. 39—40.

4. Kakuma, 1979a, pp. 73—75.

5. See Katō Hidetoshi, "Sanken: A Power Above Government," *The Japan Interpreter*, (Winter 1971): 36—42; Nawa, 1976a, pp. 81—82, 265—266; and Yamamoto, pp. 74—75.

6. See the interviews with Nakayama Sohei, in *Ekonomisuto*, July 6 and 13, 1976.

7. 详情参见 Allan R. Pearl,"Liberalization of Capital in Japan, Parts I and II,"*Havard International Law Journal*,13,nos. 1 and 2 (Winter and Spring,1972):59—87,245—270。

8. See"Japanese Economy Attracts Oil Money,"*Washington Post*,Oct. 5,1980.

9. 关于川原葬礼引发的争论,参见 Kakuma,1979b,pp. 47—49; Matsubayashi,1973,p. 138;and Sahashi,1967,pp,299—306. See also the volume of the Kawahara Hideyuki Memorial Committee.

10. 通产省与公取所订协议的文本及相关分析,参见 Ueno, pp. 24—26。

11. Ōjimi and Uchida,p. 31. 同时参见山本的评论(针对《每日新闻》泄密),in Matsubayashi,1973,p. 166;and Nawa (on Uchida's group),1974,p. 42。

12. See Urata.

13. Japan Civil Administration Research Association, 1970, p. 156.

14. Shibano,p. 27,Organization for Economic Cooperation and Development,1977b,p. 29.

15. See"Japan: Environmentalism with Growth,"*Wall Street Journal*,Sept. 5,1980. 关于通产省内部的变化,参见 Policy Review Company,1970,s. v. "Tsūsan-shō,"pp. 127—129。

16. See Hanabusa,p. 123;and Nawa,1974,p. 45.

17. Maeda,1975,p. 17.

18. See"MITI: Japan's Economic Watchdog,"*Business Week*,

・注释・

Aug. 19, 1967; and Suzuki Yukio, 1969, p. 47.

19. Hanabusa, pp. 184—189.

20. 关于日本电器的价格差异, 出处同上, p. 32; 葡萄柚和其他贸易商品争端, 参见 Kakuma, 1979b, pp. 214—220。

21. "Study on trade Deficit with the Japanese," *Wall Street Journal*, Apr. 29, 1980. 日本在 1965—1977 年间生产的车辆总数及每年进出口数量, 参见 Komatsu, p. 41。

22. Kakuma, 1979b, pp. 149—151; *Mitsubishi Group*, pp. 34—35; Suzuki Yukio, 1969, pp. 64—66; and Yamamoto, pp. 54—57, 88—91, 191, 200.

23. 熊谷次官对这些事件的看法, 参见 *Ekonomisuto* Editorial Board, 1: 276—277; 以及, Matsubayashi, 1973, pp, 191—192。

24. See Industrial Policy Research Institution, pp, 29—30, 122—124; and Suzuki Yukio, 1969, pp. 66, 84—86.

25. "咬了手": Sato, p. 61。"长大了的儿子": Suzuki Yukio, 1969, p, 60。"商务部": Yamamoto, pp. 60—61。"神经质": Suzuki Yuklo, 1969, pp. 45—46。"妈妈": Aoki, p. 143。"总会屋": Honda, 1: 41。"冷漠": Fifty years, p. 398。"痛哭流涕": Kakuma, 1979a, p. 71。

26. Japan Civil Administration, 1970, p. 164; Nawa, 1975, p. 85; and Suzuki Yukio, 1969, pp. 31—32。

27. 参见对熊谷的采访, in Suzuki Yukio, 1969, pp. 83, 92—93。

28. Matsubayashi, 1973, pp. 220, 223.

29. See Ōta Shin'ichirō, "Sangyō kōzō seisaku"(产业构造政策), in Isomura, 1972, pp. 312—315。

30. 前大藏次官吉国二郎对田中能力和个性的高度称赞,参见 Matsubayashi,1976,pp. 232—233。

31. "Kissinger Says It Took Him Five Years to Understand Japan,"*Los Angeles Times*,Feb. 10,1978.

32. See Destler,p. 305.

33. 该论著由日刊工业新闻社出版。1973 年 5 月,Simul Press 又以"*Building a New Japan: A Plan for Remodeling the Japanese Archipelago*"为题出了英译本。

34.《通产杂志》,1975 年 5 月 24 日,第 18 页。

35. *Fifty Years*,p. 372.

36. 关于通产省 1971 年的预算增加,参见 MITI,Nempō（fiscal 1971）,p. 65；关于田中和相泽,参见 Satō,p. 63。

37. Campbell,p. 257.

38. See"Japan's 'Economic Animals',"*Far Eastern Economic Review*,Mar. 26,1973,pp,32—33.

39. Ōnishi,p. 47；Komaisu,p,148.

40. 部局的更新升级,参见 Trade and Industry Handbook Compilation Committee,1974,pp. 360—361。对该省新组织结构的评论,参见 Honda,1：35—38。

41. 日本对石油冲击最初的反应,参见 Johnson,1976。关于夏普尔港,参见 the Economist（London）,June 30,1979,p. 82；以及,"Mitsui Plans to Finish Stalled Work in Iran on Petrochemical Unit,"*Wall Street Journal*,May 7,1980。

42. Quoted in Kakuma,1979b,p. 269.

43. Aoki, pp. 139—140. 关于卫生纸及为购买它大排长龙的照片,参见 Komatsu, pp. 152—155。

44. Nakamura, 1974, pp. 169—173; Kakuma, 1979b, p. 195. 这两部法律本身的主要内容,以及国会对它们进行修改的详情,参见 MITI Information Office, *News from. MITI*, no. 73—55 (Dec. 15, 1973), no. 73—56 (Dec. 15, 1973), and no. 73—67 (Dec. 28, 1973).

45. "FTC Raids,"*Japan Times*, Nov. 28, 1973.

46.《朝日新闻》的名单转载于 Watanabe Yōzō, "Sekiyu sangyō to sengo keizaihō taisei"(石化产业及战后经济法体制), in Tokyo University, 1975. 8: 275. See also "Probe Into Oil Products Pricefixing,"*Japan Times*, Mar. 14, 1974; "Prosecutors Probe,"ibid., Mar. 20, 1974;"Probers to Grill MITl,"ibid., Mar. 25, 1974;"MITI Role Questioned,"*ibid.*, Apr. 16, 1974;"MITI Says Oil Industry's Acts Completely Lawful," *ibid*,, Apr. 17, 1974;Prosecutors Get Oil Price Report,"*ibid.*, May. 8, 1974.

47. See *Nihon keizai shimbun*, *Asahi shimbun*, *Japan Times*, *Mainichi Daily News*, and *Wall Street Journal*, May. 29, 1974. See also the *Asahi* series "Sekiyu karuteru"(石油卡特尔), May. 29 and 30, 1974,"Oil Companies Are Indicted" *Japan Economic Journal*, June 4, 1974;"Letter from Tokyo,"*Far Eastern Economic Review*, June 3, 1974. 关于该案的进展情况和结果,参见 Kakuma, l 979b, pp. 154—170, 178—189; *Japan Economic Journal*, Oct. 21, 1980, Editorial; *Japan Times Weekly*, Feb. 14, 1981。

48. "Antimonopoly Law,"*Japan Times*, May 30, 1974;"MITI-

FTC Dispute," *Mainichi Daily News*, June 29, 1974.

49. See Chalmers Johnson, "Japan: The Year of 'Money-Power' Politics," *Asain Survey*, 15（Jan. 1975）25—34; and Chalmers Johnson, "Japan 1975: Mr. Clean Muddles Through," *Asian Survey*, 16（Jan. 1976）:31—41.

50.《独占禁止法》修法年表,参见 Komatsu, p. 174;椎名推翻1975年《独占禁止法》修正案通过,参见 Nawa, 1976a, p. 94。同时参见"FTC Head Takahashi Quits," *Japan Times*, Feb. 6, 1976。

51. See Morozumi.

52. MITI, 1974, p. 268,更新的部分内容于1975年8月20日公布。贸易振兴会还出版了题名为"日本的产业结构:一个长期愿景"的第一个"愿景计划",以及1975年版的增补本。

53. *News from MITI*, no. 79—34（Dec. 20, 1979）; *Look Japan*, Jan. 10, 1980.

54. See Saxonhouse.

第九章

1. Sam Jameson and John F. Lawrence, "U. S. Problem Not Labor but Managers-Sony Chief," *Los Angeles Times*, Oct. 29, 1980.

2. "Films Go Wild on Expenses; Japan's Taxmen Indulgent," *San Francisco, Examiner*, Jan. 6, 1981.

3. 评论官僚威权政体的经典文章,参见 David Collier, ed., *The New Authoritarianism in Latin America*（Princeton, N. J.: Princeton University Press, 1979）。

·注释·

4. 详情参见 Ellen Comisso, *Workers' Control Under Plan and Market: Implications of Yugoslav Self-Management* (New Haven, Conn.: Yale University Press, 1979)。

5. "Political Struggles in Bureaucratic Societies," *World Politics*, 9 (Oct. 1956): 20—36.

6. Drucker, p. 53.

参考书目[1]

Abegglen, James C. "The Economic Growth of Japan." *Scientific American*, 222 (Mar. 1970): 31—37.

——, and Rapp, William V. "Japanese Managerial Behavior and 'Excessive Competition.'" *The Developing Economies*, 8 (Dec. 1970): 427—44.

——et al. *U. S. — Japan Economic Relations*. Berkeley: University of California, Institute of East Asian Studies, 1980.

Abe Yasuji. *Ichimada Naoto den* (A biography of Ichimada Naoto). Tokyo: Tōyō Shokan, 1955.

Administrative Investigation Council (Gyōsei Chōsa Kai). Kaku kanchō kyoka ninka jikō no seiri ni kan suru chōsashu (Investigation report on the reduction of license and approvals by government

---

[1] 涉及同一作者的多个文献系按出版先后次序列出。

agencies). Vol. 1, N. p. , Jan. 21, 1926.

Abe Yasuji, *Ichimada Naoto den* (A bibliography of Ichimada Naoto). Tokyo: Tōyō Shokan, 1955.

Administrative Investigation Council (Gyōsei Chōsa Kai). *Kaku Kanchō kyoka ninka jikō no Seiri ni kun suru chōsashu* (Investigation report on the reduction of licenses and approvals by government agencies). Vol. 1, N. p. , Jan. 21, 1926.

Akaboshi Jun (pseud. of Nawa Tarō). *Shōsetsu Tsūsan-shō* (MITI stories). Tokyo: Daiyamondo Sha, 1971.

Akimi Jirō. *Tsūsan Kanryō, seisaku to sono jittai* (Trade and industry bureaucrats: policy and its reality). Tokyo: San'ichi Shobō, 1956.

Akimoto Hideo. *Shōsetsu Tsūsan-shō* (MITI stories). Tokyo: Futami Shobō, 1975.

Aliber, R. Z. "Planning, Growth, and Competition in the Japanese Economy. "*Asian Survey*, 3 (Dec. 1963): 596—608.

Allinson, Gary D. *Japanese Urbanism: Industry and Politics in Kariya*, 1872 — 1972. Berkeley: University of California Press, 1975.

Amaya Naohiro. *Hyōryū-suru Nihon Keizai, shin sangyō seisaku no bijon.* (The Japanese economy adrift: a vision of the new industrial policy). Tokyo: Mainichi Shimbun Sha, 1975.

Anderson, Irvine H. , Jr. *The Standford-Vacuum Oil Company and United States East Asian Policy*, 1933 — 1941. Princeton, N.

J. : Princeton University Press, 1975.

Aoki Kazuki. "Tsūsan-shō no Shōhisha shikō wa honmono ka" (Is there any substance to MITI's commitment to consumers?). Seikai ōrai, June 1975: 138—44.

Arisawa Hiromi. *Nihon Kōgyō tōsei ron* (The control of Japanese industry). Tokyo: Yūhikaku, 1937.

——, ed. *Sengo Keizai jūnen shi* (Ten-year history of the postwar economy). Tokyo: Shōkō Kaikan Shuppan-bu, 1954.

——, ed. *Shōwa Keizai shi* (Economic history of the Shōwa era). Tokyo: Nihon Keizai Shimbun Sha, 1976.

Bartlett, Randall. *Economic Foundations of Political Power*. New York: Free Press, 1973.

Bell, Daniel. *The Cultural Contradictions of Capitalism*. New York: Basic Books, 1976.

Berger, Gordon Mark. *Parties Out of Power in Japan* 1931—1941. Princeton: N. J. : Princeton University Press, 1977.

Bieda, K. *The Structure and Operation of the Japanese Economy*. Sydney, Australia: Wiley, 1970.

Bisson, T. A. *Japan's War Economy*. New York: Institute of Pacific Relations, 1945.

Black, Cyril E. , et al. *The Modernization of Japan and Russia*. New York: Free Press, 1975.

Blaker, Michael, ed. *The Politics of Trade ; U. S. and Japanese Policymaking for the GATT Negotiations*. New York: Columbia

· 参考书目 ·

University, East Asian Institute, 1978.

Boltho, Andrea. *Japan: An Economic Survey*, 1953 — 1973. London: Oxford University Press, 1975.

Borg, Dorothy, and Okamoto Shumpei, eds. *Pearl Harbor as History: Japanese-American Relations* 1931 — 1941. New York: Columbia University Press, 1973.

Broadbridge, Seymour. *Industrial Dualism in Japan*. Chicago: Aldine, 1966.

Campbell, John Creighton. *Contemporary Japanese Budget Politics*. Berkeley: University of California Press, 1977.

Chandler, Alfred D., Jr. " Industrial Revolutions and Institutional Arrangements. "*Bulletin of the American Academy of Arts and Sciences*, 33 (May 1980): 33—50.

Chen, Edward K. Y. *Hyper-growth in Asian Economies: A Comparative Study of Hong Kong, Japan, Korea, Singapore, and Taiwan*. London: Macmillan, 1979.

Chō Yukio. "Exposing the Incompetence of the Bourgeoisie: The Financial Panic of 1927. " *The Japan Interpreter*, 8 (Winter 1974): 492—501.

Clark, Rodney. *The Japanese Company*. New Haven, Conn. : Yale University Press, 1979.

Cohen, Jerome B. *Japan's Economy in War and Reconstruction*. Minneapolis: University of Minnesota Press, 1949.

Commerce and Industry Research Council (Shōkō Gyōsei Chōsa

485

Kai), ed. *Shōkō-shō yōran* (MCI handbook). Tokyo: Shōkō Gyōsei Sha, 1941.

Consider Japan. Comp. by staff of the *Economist*. London: Duckworth, 1963.

Craig, Albert M., ed. *Japan: A Comparative View*. Princeton, N. J. : Princeton University Press, 1979.

Dahrendorf, Ralf. *Society and Democracy in Germany*. Garden City, N. Y. : Doubleday, 1967.

——. *Essay in the Theory of Society*. Stanford, Calif. : Stanford University Press, 1968.

Destler, I, M., Fukui Haruhiro, and Satō Hideo. *The Textile Wrangle: Conflict in Japanese-American Relation*, 1968 — 1971. Ithaca, N. Y. : Cornell University Press, 1979.

Doi Teruo and Shattuck, Warren L., eds. *Patent and Knowhow Licensing in Japan and the United States*. Seattle: University of Washington Press, 1977.

Domestic Political History Research Association (Naiseishi Kenkyū Kai). *Tanaka Shin'ichi shi danwa sokkiroku* (Transcript of a conversation with Mr. Tanaka Shin'ichi). Tokyo: Naiseishi Kenkyū Kai, 1976.

Drucker, Peter F. "Managing the Public Service Institution." *The public Interest*, 33 (Fall, 1973): 43 — 60.

Duus, Peter, and Okimoto, Daniel I. "Fascism and the History of Prewar Japan: The Failure of a Concept." *Journal of Asian*

Studies, 39 (Nov. 1979): 65—76.

Economic Planning Agency. *New Long-range Economic Plan of Japan* (1961—1970): *Doubling National Income Plan.* Tokyo: The Japan Times, [1961?].

——(Keizai Kikaku-chō), ed. *Gendai Nihon Keizai no tenkai, Keizai Kikaku-chō 30-nen shi* (The development of the modern Japanese economy: thirty-year history of the Economic Planning Agency). Tokyo: Okura-shō Insatsukyoku, 1976.

Ekonomisuto Editorial Board, ed. *Sengo sangyō shi e no shōgen* (Interview toward a history of postwar industry). Vols. 1, 2, Tokyo: Mainichi Shimbun Sha, 1977.

Endō Shōkichi. *Zaisei tōyūshi* (Fiscal investment and loan funds). Tokyo: Iwanami Shoten, 1966.

——, ed. *Nihon Keizai no gunzō* (Japanese economic groupings). Tokyo: Gakuyō Shobō, 1975.

Esman, Milton J. "Japanese Administration: A Comparative View."*Public Administration Review*, 7 (Spring 1947): 100—112.

Fahs, Charles B. *Government in Japan: Recent Trends in Its Scope and Operation.* New York: Institute of Pacific Relations, 1940.

Federation of Economic Organizations (Keizai Dantai Rengōkai), ed. *Ishikawa Ichiroku* (Recollections of Ishikawa Ichirō), Tokyo: Kashima Kenkyūjo Shuppan Kai, 1971.

Fifty Years of Light and Dark: The Hirohito Years. Comp.

by staff of the *Mainichi Daily News*. Tokyo: Mainichi Shimbun Sha, 1975.

Fujiwara Akira, Imai Seiichi, and Ōe Shinobu, eds. *Kindai Nihon shi no kiso chishiki* (Basic knowledge of modern Japanese history). Tokyo: Yūhikaku, 1972.

Fukumoto Kunio. *kanryū* (Bureaucrats). Tokyo: Kōbundō, 1959.

Gilpin, Robert. *U. S. Power and the Multinational Corporation*. New York: Basic Books, 1975.

Gotō Shin'ichi. *Takahashi Korekiyo, Nihon no "Keinzu"* (Takahashi Korekiyo: the "Keynes" of Japan). Tokyo: Nihon Keizai Shimbun Sha, 1977.

Hadley, Eleanor M. *Antitrust in Japan*. Princeton: N. J. : Princeton University Press, 1970.

Haitani Kanji. *The Japanese Economic System: An Institutional Overview*. Lexington, Mass. : D. C. Health, 1976.

Haji Fumio. "Ikeda Hayato ron" (On Ikeda Hayato). *Kankai*, 3 (Jan. 1977): 230—37.

Hanabusa Yoshihisa. *Nichi-Bei Keizai sensō* (A Japanese-American economic war). Tokyo: ? 做 ru Shuppan Sha, 1970.

Harari, Ehud. *The Politics of Labor Legislation in Japan*. Berkeley: University of California Press, 1973.

Hata Ikuhiko. "Japan Under the Occupation." *The Japan Interpreter*, 10 (Winter 1976): 361—80.

・参考书目・

Havens, Thomas R. H. *Farm and Nation in Modern Japan.* Princeton: N. J. : Princeton University Press, 1974.

Heeger, Gerald. "Bureaucracy, Political Parties, and Political Development. "*World Politics*, 25 (July 1973): 600—607.

Henderson, Dan Fenno. *Foreign Enterprise in Japan: Laws and Politics.* Tokyo: Tuttle, 1975.

Hewins, Ralph. *The Japanese Miracle Men.* London: Secker and Warburg, 1967.

History of Industrial Policy Research Institute (Sangyō Seisaku Shi Kenkyūjo). *Shōkō gyōsei shi dankai sokkiroku* (Transcript of discussion meetings on the history of commercial and industrial administration). 2 vols, Tokyo: Tsūshō Sangyō Chōsa Kai Toranomon Bunshitsu, 1975.

——. *Taishō Shōwa jidai shōkō gyōsei nempyō* (Chronology of commercial and industrial administration in the Taishō and Shōwa eras). Tokyo: Tsūshō Sangyō Chōsa Kai Toranomon Bunshitsu, 1976a.

——. *Waga kuni daikigyō no keisei hatten katei.* (The formation and development of big business in our country). Tokyo: Tsūshō Sangyō Chōsa Kai Toranomon Bunshitsu, 1976b.

——. *Sangyō seisaku shi kenkyū shiryō* (Research materials on the history of industrial policy). Tokyo: Tsūshō Sangyō Chōsa Kai Toranomon Bunshitsu, 1977a.

——. *Shōkō-shō Tsūsan-shō gyōsei kikō oyobi kanbu shokuin no hensen*（Changes in MCI and MITI administrative organs and leading personnel）. Tokyo：Tsūshō Sangyō Chōsa Kai Toranomon Bunshitsu,1977b.

——. *Nenryō kyoku sekiyu gyōsi ni kan suru zadankai* (Discussion group on petroleum administration by the Fuel Bureau). Tokyo：Tsūshō Sangyō Chōsa Kai Toranomon Bunshitsu,1978.

Ho, Alfred K. *Japan's Trade Liberalization in the 1960's.* White Plains,N. Y.：International Arts and Sciences Press,1973.

Hollerman, Leon. *Japan's Dependency on the World Economy：The Approach Toward Economic Liberalization.* Princeton. N. J.：Princeton University Press,1967.

——. "International Economic Controls in Occupied Japan." *Journal of Asian Studies*,38（Aug. 1979）：707—19.

Ide Yoshinori and Ishida Takeshi. "The Education and Recruitment of Governing Elites in Modern Japan." In Rupert Wilkinson, ed., *Governing Elites：Studies in Training and Selection*. New York：Oxford University Press,1969.

Ikeda Hayato. *Kinkō zaisei, senryōka sannen no omoide* (Balanced finance：recollections of three years under the occupation). Tokyo：Jitsugyō no Nihon Sha,1952.

Imai Hisao. "Kenka Nobusuke, Kanryō ichidai"（Nobusuke the quarreler：the life of a bureaucrat). *Kankai*,2（Nov. 1976）：104—112.

Important Industries Council（Jūyō Sangyō Kyōgikai）, ed.

Sangyō Setsubi Eidan kaisetsu (Explanation of the Industrial Facilities Corporation). Tokyo: Tōhō Sha, 1943.

Inaba Hidezō. *Gekidō sanjōnen no Nihon Keizai.* (The Japanese economy through thirty years of upheaval), Tokyo: Jitsugyō no Nihon Sha, 1965.

——. "Kanryō to shite no Wada Hiroo" (Wada Hiroo as a bureaucrat). *Kankai*, 3 (Feb. 1977): 176—84.

Industrial Policy Research Institute (Sangyō Seisaku Kenkyū-jo), ed. *Tsūsanshō 20-nen gaishi* (An unofficial twenty-year history of MITI). Tokyo: Sangyō Seisaku Kenkyū-jo, 1970.

Industrial Policy Study Group (Sangyō Seisaku Kenkyū Kai). *Sangyō seisaku no riron* (The theory of industrial policy). Tokyo: Keizai Hatten Kyōkai, 1967.

Industrial Structure Council, International Economy Committee (Sangyō Kōzō Shingikai, Kokusai Keizai Bukai), ed. *Nihon no taigai Keizai seisaku* (Japan's foreign economic policy). Tokyo: Daiyamondo Sha, 1972.

Industrial Structure Investigation Council (Sangyō Kōzō Chōsa Kai), ed. *Nihon no sangyō kōzō* (Japan's industrial structure). 5 vols. Tokyo: Tsūshō Sangyō Kenkyū Kai, 1964.

Industiral Technology Research Committee (Sangyō Gijutsu Chōsa Iinkai), ed. *Gijutsu kaihatsu seido to Tsūsan-shō ōgata purojekuto* (The technological development system and MITI's large-scale projects). Tokyo: Sangyō Kagaku Kyōkai, 1974.

Ino Kenji and Hokuto Man. *Amakudari kanryō* (Descended-from-heaven bureaucrats). Tokyo: Nisshin Hōdō, 1972.

Inoue Kanae. *Taikei kanchō kaikei jiten* (Dictionary of official accounting). Tokyo: Gihōdō, 1973.

Invention Association (Hatsumei Kyōkai), ed. *Tokkyo-chō* (The Patent Agency). Tokyo: Kyōiku Sha, 1975.

Isomura Eiichi, ed. *Gyōsei saishin mondai jiten* (Dictionary of current administrative problems). Tokyo: Teikoku Chihō Gyōsei Gakkai, 1972.

——and Kuronuma Minoru. *Gendai Nihon no gyōsei* (Contemporary Japanese administration). Tokyo: Teikoku Chihō Gyōsei Gakkai, 1974

Itō Daiichi. "Keizai kanryō no kōdō yōshiki" (The behavioral pattern of economic bureaucrats). In Japan Political Science Association (Nihon Seiji Gakkai), ed. , *Gendai Nihon no seitō to kanryō* (Contemporary Japanese political parties and the bureaucracy). Tokyo: Iwanami Shoten, 1967.

——. " The Bureaucracy: Its Attitudes and Behavior. " *The developing Economies*, 6 (Dec. 1968): 446—67.

Itō Mitsuharu. " Munitions Unlimited: The Controlled Economy. "*The Japan Interpreter*, 7 (Summer-Autumn 1972): 353—63.

Itoh Hiroshi, ed. *Japanese Politics: An Inside View*. Ithaca, N. Y. : Cornell University Press, 1973.

Iwakawa Takashi. *Kyokai, Kishi Nobusuke kenkyū* (Godfather: research on Kishi Nobusuke). Tokyo: Daiyamondo Sha, 1977.

Iwanami kōza Nihon rekishi (Iwanami lectures on Japanese history). Vol. 22. Tokyo: Iwanami Shoten, 1977.

Iwasaki Uichi. "The Working Forces in Japanese Politics. "Ph. D. Dessertation, Columbia University, 1921.

Iwatake Teruhiko. *Zuihitsu Toranomon* (Toranomon essays). Tokyo: Tsūshō Sangyō Chōsa Kai, 1960.

Japan Civil Adiministration Research Association (Nihon Minsei Kenkyū Kai), ed. *Kōkyū kanryō sōran* (General survey of higher bureaucrats). 2 vols. Tokyo: Hyōron Shinsha, 1970—71.

Japan Development Bank (Nihon Kaihatsu Ginkō). *Nihon Kaihatsu Ginkō 10-nen shi* (A ten-year history of the Japan Development Bank). Tokyo: Nihon Kaihatsu Ginkō, 1963.

Japanese Diet, House of Representatives (Nihon Kokkai Shūgiin). *Shōkō iinkai kiroku* (Records of the Commerce and Industry Committee). 43rd Diet, May 21, 1963.

Japan External Trade Organization (Nihon Bōeki Shinkō Kai), ed. *Jetoro 20-nen no ayumi* (The twenty-year course of JETRO). Tokyo: Nihon Bōeki Shinkō Kai, 1973.

Japan Industrial Club, Fifty-year History Editorial Committee (Nihon Kōgyō Kurabu Gojūnenshi Hensan Iinkai), ed. *Zaikai kaisōroku* (Recollections of business leaders). 2 vols. Tokyo: Nihon

Kōgyō Kurabu, 1967.

Japan Long Term Credit Bank, Industrial Research Association (Nihon Chōki Shin'yō Ginkō Sangyō Kenkyū Kai). *Jūyō sangyō sengo 25-nen shi* (Twenty-five-year postwar history of important industries). Tokyo: Sangyō to Keizai, 1972.

Japan Trade Research Association (Nihon Bōeki Kenkyū Kai). *Sengo Nihon no bōeki 20-nen shi* (Twenty-year history of postwar Japanese trade). Tokyo: Tsūshō Sangyō Chōsa Kai, 1967.

Johnson, Chalmers. *Conspiracy at Matsukawa*. Berkeley: University of California Press, 1972.

———. "The Reemployment of Retired Government Bureaucrats in Japanese Big Business. "*Asian Survey*, 14 (Nov. 1974): 953—65.

———. " Japan: Who Governs? An Essay on Official Bureaucracy. "*Journal of Japanese Studies*, 2 (Autumn 1975): 1—28.

———. "The Japanese Problem. " In Donald C. Hellmann, ed., *China and Japan: A New Balance of Power*. Lexington, Mass. : D. C. Health, 1976.

———. "MITI and Japanese International Economic Policy. " In Robert A. Scalapino, ed., *The Foreign Policy of Modern Japan*. Berkerley: University of California Press, 1977.

———. *Japan's Public Policy Companies*. Washington, D. C. : American Enterprise Institute, 1978.

———. " *Omote* (Explicit) and *Ura* (Implicit): Translating

Japanese Political Terms. "*Journal of Japanese Studies*, 6 (Winter 1980): 89—115.

Kakizaki Norio. "Shingikai, kanryō e no hōshi no kiseki" (Deliberation councils: places of service to the bureaucracy). *Ekonomisuto*, July 31, 1979, pp. 82—87.

Kakuma Takashi. *Dokyumento Tsūsan-shō*, I, "*shinkanryō*" *no jidai* (Documentary on MITI, I: the era of the "new bureaucrats"). Kyoto: P. H. P. Kenkyū-jo, 1979a.

———. *Dokyumento Tsūsan-shō*, II, *Kasumigaseki no yūutsu* (Documentary on MITI, II: the melancholy of Kasumigaseki). Kyoto: P. H. P. Kenkyū-jo, 1979b.

Kanayama Bunji. "Seiiki no okite, kanryōdō no kenkyū" (Rules of the sacred precincts: research on the way of the bureaucrat). *Chūō kōron* (July 1978): 230—45.

Kankai Editorial Board. "Enerugī gyōkai ugokasu Tsūsan OB gun" (MITI's old boy network that controls the energy industry). *Kankai*, 2 (Mar. 1976): 128—35.

———. "Tsūshō kokka Nihon o ninau Tsūsan-shō" (MITI: the guide of Japan's destiny as a trading nation). *Kankai*, 2 (Oct. 1976): 152—57.

Kaplan, Eugene J. *Japan: The Government-Business Relationship*. Washington, D. C.: U. S. Department of Commerce, 1972.

Katō Takashi. *Shigen Enerugī-chō* (The Natural Resources

and Energy Agency). Tokyo: Kyōiku Sha, 1974.

Kawahara Hideyuki Memorial Committee (Kawahara Hideyuki Shi Tsuitōshū Kankōkai), ed. *Utsukushii kokoro, Kawahara Hideyuki shi no tsuioku* (Beautiful spirit: recollections of Mr. Kawahara Hideyuki). Tokyo, 1968. Privately published.

Keizai seisaku no butaiura (Behind the scenes of economic policy). Comp. by the Economics Department (Keizai-bu) of Asahi Shimbun. Tokyo: Asahi Shimbun Sha, 1974.

Kindleberger, Charles P. *The World in Depression*, 1929 — 1939. Berkeley: University of California Press, 1973.

Kishi Nobusuke, Yatsugi Kazuo, and Itō Takashi. "Kankai seikai rokujūnen" (Sixty years in the bureaucratic and political worlds). *Chūō kōron* (Sept. 1979): 278—96.

——. "Shōkō daijin kara haisen e" (From MCI minister to the defeat). *Chūō kōron* (Oct. 1979): 286—304.

Kitano Shigeo. *Gunju-shō oyobi Gunju Kaisha Hō* (The Ministry of Munitions and the Munitions Companies Law). Tokyo: Takayama Shoin, 1944.

Kobayashi Masaaki. *Nihon no kōgyōka to kangyō haraisage* (The industrialization of Japan and the sale of government enterprises). Tokyo: TōYō Keizai Shimpōsha, 1977.

——et al. *Nihon keieishi o manabu* (The study of the history of Japanese enterprise management). Vol. 3. Tokyo: Yūhikaku, 1976.

Kodama Fumio. "A Framework of Retrospective Analysis of Industrial Policy. "Institute for Policy Science Research Report No. 78 — 2. Saitama University, Graduate School of Policy Science. July 1978.

Kojima Kazuo. *Hōrei ruiji yōgō jiten* (A dictionary of synonymous terms in laws and ordiances). Tokyo: Gyōsei, 1975.

Kojima Tsunehisa. " Sengo no sekitan seisaku to sekitan sangyō" (Postwar coal policy and the coal industry). *Shosai no mado*, 252 (Apr. 1976): 1—7.

Komatsu Yūgorō. *Gekidō no tsūsan gyōsei, kaiko to tembō* (Trade and industry administration in upheaval: retrospect and prospect). Tokyo: Jihyōsha, 1978.

Konaka Yūtarō, ed. *Todai Hōgaku-bu* (The Law School of Tokyo University). Tokyo: Gendai Hyōron Sha, 1978.

Kōno Kōnosuke. *Sakurauchi-ke no hitobito* (Members of the Sakurauchi family). Tokyo: Nihon Jihō Sha, 1965.

Kubota Akira. *Higher Civil Servants in Postwar Japan.* Princeton, N. J. : Princeton University Press, 1969.

Kurzman, Dan. *Kishi and Japan.* New York: Obolensky, 1960.

Kusayanagi Daizō. "'Ikōgyō' Kobayashi Ataru no naimaku" (Behind the scenes of Kobayashi Ataru and his " influence industry"). *Bungei shunjū* (Jan. 1969): 178—88.

———. "Sahashi Shigeru, amakudaranu kōkyū kanryō" (Sahashi Shigeru: a senior bureaucrat who will not descend from heaven).

Bungei shunjū (May 1969):162—74.

——. "Tsūsan-shō, tamesareru sutā kanchō" (MITI: a star bureaucracy on trial). *Bungei shunjū* (Aug. 1974):110—26.

Kyoto University, Research Institute on Law and Economy (Kyoto Daigaku Hōsei Keizai Kenkyūkai). *Kōmuin jiten* (Public officials' dictionary). Kyoto:Kōbunsha,1949.

Langdon,Frank C. "Big Business Lobbying in Japan: The Case of Central Bank Reform."*American Political Science Review*,55 (Sept. 1961):527—38.

MacDonald, Hugh H. , and Esman, Milton J. "The Japanese Civil Service. "*Public Personnel Review*,7 (Oct. 1946):213—24.

Maeda Yasuyuki. "Seisaku kainyū no henshitsu to tsūsan kanryō"(Decline of policy intervention and the trade and industry bureaucracy). *Keizai hyōron*,17 (Feb. 1968):29—40.

——. "Tsūshō sangyō seisaku no rekishi-teki tenkai" (The historical development of trade and industrial policy). *Tsūsan jyānaru (rinji zōkan)*,May 24,1975,pp. 8—18.

Magaziner,Ira C. ,and Hout,Thomas M. *Japanese Industrial Policy*. Berkeley:University of California,Institute of International Studies,1981.

Marshall,Byron K. *Capitalism and Nationalism in Prewar Japan:The Ideology of the Business Elite*,1868—1941. Stanford, Calif. :Stanford University Press,1967.

Masumi Junnosuke. *Nihon seitō shi ron* (The history of

Japanese political parties). Vol. 4. Tokyo: Tokyo Daigaku Shuppankai, 1968.

Matsubayashi Matsuo, ed. *Kaikoroku, sengo Tsūsan seisaku shi* (Memoirs: postwar MITI policies). Tokyo: Seisaku Jihō Sha, 1973.

———, ed. *Kaikoroku, sengo Ōkura seisaku shi* (Memoirs: postwar Ministry of Finance policies). Tokyo: Seisaku Jihō Sha, 1976.

Matsumoto Seichō. *Gendai kanryō ron* (On contemporary bureaucrats). 3 vols. Tokyo: Bungei Shunjū Sha, 1963—66.

Matsumura Yutaka. *Japan's Economic Growth*, 1945 — 60. Tokyo: Tokyo News Service, 1961.

Ministry of Finance, Secretariat, Research and Planning Section (Ōkura-shō Daijin Kanbō Chōsa Kikaku-ka), ed. *Ōkura daijin kaikoroku* (Memoirs of ministers of finance). Tokyo: Ōkura Zaimu Kyōkai, 1977.

———, Tax Bureau. *An Outline of Japanese Taxes*, 1977. Tokyo: Ministry of Finance, Printing Bureau, 1977.

Ministry of International Trade and Industry (MITI) (Tsūshō Sangyō-shō). *Tsūshō Sangyō-shō nempō* (MITI annual report). 26 vols. Tokyo: Tsūshō Sangyō-shō, 1949—. 1 vol. per fiscal year.

———. *Tsūshō sangyō gyōsei kikō enkaku shōshi*. (A short history of the development of the administrative structure for trade and industry). Tokyo: Tsūshō Sangyō-shō, 1951.

———. *Sangyō gōrika hakusho* (Industrial rationalization

whitepaper). Tokyo: Nikkan Kōgyō Shimbun Sha, 1957.

——. *Shōkō-shō sanjūgonen shōshi* (A short history of the thirty-five years of the Ministry of Commerce and Industry). Tokyo: Tsūshō Sangyō Chōsa Kai, 1960.

——. *Shōkō seisaki shi* (History of commercial and industrial policy). Vol. 3, *Gyōsei kikō* (Administrative structure). Tokyo: Shōkō Seisaku Shi Kankō Kai, 1962.

——. *Shōkō seisaku shi* (History of commercial and industrial policy). Vol. 11, *Sangyō tōsei* (Industrial control). Tokyo: Shōkō Seisaku Shi Kankō Kai, 1964.

——. *Tsūshō Sangyō-shō shijū nen shi* (Forty-year history of MITI). Tokyo: Tsūsan Shiryō Chōsa Kai, 1965.

——. *Tsūshō Sangyō-shō nijū nen shi* (Twenty-year history of MITI). Tokyo: Tsūshō Sangyō-shō, 1969a.

——. *Shōkō seisaku shi* (History of commercial and industrial policy). Vol. 21, *Kagaku kōgyō* (Chemical Industry, part 2). Tokyo: Shōkō Seisaku Shi Kankō Kai, 1969b.

——. *Shōkō seisaku shi* (History of commercial and industrial policy). Vol. 17, *Tekkōgyō* (The steel Industry). Tokyo: Shōkō Seisaku Shi Kankō Kai, 1970.

——. *Shōkō seisaku shi* (History of commercial and industrial policy). Vol. 6, *Bōeki* (Foreign trade, part 2). Tokyo: Shōkō Seisaku Shi Kankō Kai, 1971.

——. *Shōkō seisaku shi* (History of commercial and industrial policy). Vol. 10, *Sangyōe gōrika* (Industrial rationalization, part 2). Tokyo: Shōkō Seisaku Shi Kankō Kai, 1972.

———. *Sangyō kōzō no chōki bijon* (A long-range vision of the industrial structure). Tokyo: Tsūshō Sangyō Chōsa Kai, 1974.

———. *Tsūshō sangyō gyōsei shihan seiki no ayumi* (The course of a quarter century of trade and industrial administration). Tokyo: Tsūshō Sangyō Chōsa Kai, 1975.

Misawa Shigeo. "Seiji kettei katei no gaikan" (Outline of the political decision-making process). In Japan Political Science Association (Nihon Seiji Gakkai), ed. , *Gendai Nihon no seitō to kanryō* (Contemporary Japanese political parties and the bureaucracy). Tokyo: Iwanami Shoten, 1967.

Misonō Hitoshi. "Keizai kanryō no kinō to kongo no hōkō" (The functions of the economic bureaucracy and its future course). *Keizai hyōron*, 17 (Feb. 1968): 8—19.

MITI Journalists' Club (Tsūsan-shō Kisha Kurabu). *Tsūsan-shō* (MITI). Tokyo: Hōbunsha, 1956.

———. *Tsūsan-shō no isu* (The chair of MITI). Tokyo: Kindai Shinsho Shuppankai, 1963a.

———. "Tsūsan-shō no kao, Keizai kanryō no seitai" (The faces of MITI: the ecology of the economic bureaucrats). *Chūō kōron* (Oct. 1963): 72—86.

Mitsubishi Group. Comp. by staff of the *Mainichi Daily News*. 2nd. ed. Tokyo: Mainichi Shimbun Sha, 1971.

Miyake Haruteru. *Kobayashi Ichizō den* (A biography of Kobayashi Ichizō). Tokyo: Toyō Shokan, 1954.

Morley, James W., ed. *Dilemmas of Growth in Prewar Japan*. Princeton, N. J.: Princeton University Press, 1971.

Morozumi Yoshihiko. "Shinkanryō-zō" (The image of the new bureaucrats). *Jinji-in geppō*, 27 (June 1974): 1—3.

Murase Naokai Memorial Editorial Committee (Murase Naokai Shi Tsuitōruku Hensan Iinkai), ed. *Murase-san no omoide* (Recollections of Mr. Murase). Tokyo, 1970. Privately published.

Nakamura Takafusa. "Sengo no sangyō seisaku" (Postwar industrial policy). In Niida Hiroshi and Ono Akira, eds., *Nihon no sangyō soshiki* (Japan's industrial organization). Tokyo: Iwanami Shoten, 1969.

———. *Nihon no Keizai tōsei, senji sengo no keiken to kyōkun* (Japan's economic controls: experiences and lessons from the wartime and postwar periods). Tokyo: Nihon Keizai Shimbun Sha, 1974.

Nakasone Yasuhiro. *Kaizu no nai kōkai, sekiyu kiki to Tsūsan-shō* (At sea without charts: the oil shock and MITI). Tokyo: Nihon Keizai Shimbun Sha, 1975.

Nawa Tarō. *Tsūsan-shō* (MITI). Tokyo: Kyōiku Sha, 1974.

———. "Kankai jinmyaku chiri" (Georgraphy of bureaucratic personnel relations). *Kankai*, 1 (Nov. 1975): 80—88.

———. *Inayama Yoshihiro*. Tokyo: Kokusai Shōgyō

Shuppan,1976a.

——. "Fukuzatsu na Tsūsan jinmyaku oyogikiru" (Wading through the complex MITI personnel connections). *Kankai*, 2 (Apr. 1976):35—41.

——. "Kankai jinmyaku chiri, Tsūsan-shō no maki" (Georgraphy o bureaucratic personnel relations: MITI). *Kankai*, 2 (Dec. 1976):40—49.

——et al. "Kurabu kisha hōdan"(Free discussion by the Press Club). *Tsūsan jyānaru* (rinji zōkan),May 24,1975,pp. 48—58.

Nettl, J. P. "The States as a Conceptual Variable." *World Politics*,20 (July 1968):559—92.

Nishiyama Mataji. *Kogane Yoshiteru den* (A biography of Kogane Yoshiteru). Tokyo: Teishin Kenkyū Kai,1978.

Noda Economic Research Institute (Noda Keizai Kenkyū-jo). *Senjika no kokusaku kaisha* (The national policy companies during wartime). Tokyo: Noda Keizai Kenkyū-jo,1940.

Noda Nobuo. *How Japan Absorbed American Management Methods*. Manila: Asian Productivity Organization,1970.

Obayashi Kenji. "'Nihon Kabushiki Kaisha' no shukuzu, Sankōshin no kanmin kyōchō-buri"(The epitome of"Japan, Inc."): official-civilian cooperation in the Industrial Structure Council). *Nikkei bijinesu*,July 26,1971,pp. 68—70.

Odahashi Sadaju. *Nijon no shōkō seisaku* (Japan's commercial and industrial policy). Tokyo: Kyōiku Shuppan,1971.

Ohkawa Kazushi and Rosovsky, Henry. *Japanese Economic Growth : Trend Acceleration in the twentieth Century.* Stanford, Calif. ; Stanford University Press, 1973.

Ōjimi Yoshihisa and Uchida Tadao. "Nihon no kanryō gyōsei to kanmin kyōchō taisei (Japan's bureaucratic administration and the system of public-private cooperation). *Gendai Keizai* (Sept. 1972) : 26—37.

Oka Yoshitake, ed. *Gendai Nihon no seiji katei* (The political process of modern Japan). Tokyo : Iwanami Shoten, 1958.

Ōkubo Shōzō. *Hadaka no seikai* (The political world laid bare). Tokyo : Saimaru Shuppankai, 1975.

Ōnishi Yukikazu. *Keizai Kikaku-chō* (The Economic Planning Agency). Tokyo : Kyōiku Sha, 1975.

Organization for Economic Cooperation and Development. *The Industrial Policy of Japan.* Paris : OECD, 1972.

———. *The Development of Industrial Relations Systems : Some Implications of Japanese Experience.* Paris : OECD, 1977a.

———. *Towards an Integrated Social Policy in Japan.* Paris : OECD, 1977b.

Ōsawa Etsuji. *Denryoku jigyōkai* (The electric power industry). Tokyo : Kyōiku Sha, 1975.

Ōta Akira. "Tsūsan-shō no 'batsu' kenkyū" (Research on MITI's "factions"). *Hito to Nihon* (Oct. 1978) : 38—46.

Ozaki, Robert S. "Japanese Views on Industrial Organization."

Asian Survey,10（Oct. 1970）:872—89.

——. *The Control of Imports and Foreign Capital in Japan.* New York:Praeger,1972.

——. *The Japanese: A Cultural Portrait.* Tokyo: Tuttle,1978.

Passin,Herbert, ed. *The United States and Japan.* 2nd. rev. ed. Washington,D. C. :Columbia Books,1975.

Patrick,Hugh,and Rosovsky,Henry,eds. *Asia's New Giant: How the Japanese Economy Works.* Washington, D. C. :Brookings Institution,1976.

Peattle,Mark R. *Ishiwara Kanji and Japan's Confrontation with the West.* Princeton,N. J. :Princeton University Press,1975.

Pempel, T. J. , ed. *Policymaking in Contemporary Japan.* Ithaca,N. Y. :Cornell University Press,1977.

Personnel Administration Investigation Council （Jinji Gyōsei Chōsa Kai）, ed. *Kōmuin jinji gyōsei no hensen* （Civil official personnel administration in transition）. Tokyo: Jinji Gyōsei Chōsa Kai,1972.

Policy Review Company （Seisaku Jihō Sha）, ed. *Tsūsan-shō, sono hito to soshiki* （MITI:its personnel and organization）. Tokyo: Seisaku Jihō Sha,1968.

——, ed. *Nihon no kanchō* （Japanese government agencies）. Tokyo:Seisaku Jihō Sha,1970— ,Biennial.

Radio Report on the Far East. Comp. by U. S. Federal

Communications Commission, Foreign Broadcast Intelligence Service. Washington,D. C. ,Aug. 17,1942-Oct. 14,1945.

Resources Development and Management Research Council (Shigen Kaihatsu Un'ei Chōsa Kai, ed. *Zaikaijin jiten* (Dictionary of business leaders). Tokyo: Shigen Kaihatsu Un'ei Chōsa Kai,1973.

Rice, Richard. "Economic Mobilization in Wartime Japan: Business,Bureaucracy,and Military in Conflict. "*Journal of Asian Studies*,38 (Aug. 1979):689—706.

Roberts,John G. *Mitsui*. Tokyo:Wealtherhill,1973.

Roser, Foster B. "Establishing a Modern Merit System in Japan. "*Public Personnel Review*,11 (Oct. 1950):199—206.

Sahashi Shigeru. *Ishoku kanryō* (An exceptional bureaucrat). Tokyo:Daiyamondo Sha,1967.

———. "Kanryō shokun ni chokugen suru"(Straight talk to the gentlemen of the bureaucracy). *Bungei shunjū* (July 1971): 108—15.

———. *Yūjō mugen* (Anxieties). Tokyo: Sangyō Shinchō Sha,1971a.

———. *Nihon e no chokugen* (Straight talk to Japan). Tokyo: Mainichi Shimbun Sha,1972.

Sakakibara Eisuke. "'Gyōsei kaikaku' no hinkon"(The poverty of"administrative reform"). *Shokun* (Nov. 1977):68—78.

———. *Nihon o enshutsu-suru shinkanryō-zō* (A portrait of the new bureaucrats who run Japan). Tokyo: Yamate Shobō, 1977a.

Satō, Seiichirō. "Okura-shō no chinbotsu" (The sinking of the Ministry of Finance). *Shūkan bunshun*, May 26, 1977, pp. 56—66.

Saxonhouse, Gary R. "Industrial Restructuring in Japan." *Journal of Japanese Studies*, 5 (Summer 1979): 273—320.

Scalapino, Robert A. *Democracy and the Party Movement in Prewar Japan*. Berkeley: University of California Press, 1953.

Shiba Kimpei and Nozue Kenzō. *What Makes Japan Tick?* Tokyo: Asahi Evening News Co., 1971.

Shibano Kōichirō. *Kankyō-chō* (The Environment Agency). Tokyo: Kyōiku Sha, 1975.

Shibusawa Kijirō. *Kōkyū kōmuin no yukue* (The paths of higher officials). Asahi Shimbun Chōsa Kenkyū Shitsu, Internal Report, no. 120. Tokyo, May 10, 1966.

Shiina Etsusaburō. Autobiographical article in Nihon Keizai Shimbun Sha, ed. , *Washington no rirekisho* (My personal history). Vol. 41. Tokyo: Nihon Keizai Shimbun Sha, 1970.

——. "Nihon sangyō no daijikkenjō, Manshū" (Manchuria: the great proving ground for Japanese industry). *Bungei shunjū* (Feb. 1976): 106—14.

Shimomura Osamu. "Kōdō seichō to Nihonjin" (High-speed growth and the Japanese). *Bungei shunjū* (Feb. 1976): 126—34.

Shinohara Miyohei. "Isetsu, Nihon Kabushiki Kaisha ron" (Conflicting views on Japan, Inc.). *Ekonomisuto*, Nov. 5, 1976, pp.

104—14.

Shioguchi Kiichi. *Kikigaki, Ikeda Hayato* (Verbatim notes: Ikeda Hayato). Tokyo: Asahi Shimbun Sha, 1975.

Shirasawa Teruo. *Nōrin-shō* (The Ministry of Agriculture and Forestry). Tokyo: Kyōiku Sha, 1974.

Shiroyama Saburō. *Kanryō-tachi no natsu* (The summer of the bureaucrats). Tokyo: Shinchōsha, 1975a.

——. "Tsūsan kanryō jinbutsu shōshi"(A short history of the bureaucratic personalities in MITI). *Chūō kōron* (Aug. 1975): 303 —19.

Shōwa shi jiten (Dictionary of Shōwa history). Tokyo: Mainichi Shimbun Sha, 1980.

Sōri daijin (The prime minister). Comp. by the Political Department (Seiji-bu) of *Yomiuri Shimbun*. Rev. ed. Tokyo: Yomiuri Shimbun Sha, 1972.

Spaulding, Robert M., Jr. *Imperial Japan's Higher Civil Service Examinations*. Princeton: N. J. : Princeton University Press, 1967.

Stone, P. B. *Japan Surges Ahead: The Story of an Economic Miracle*. New York: Praeger, 1969.

Sugimoto Eiichi. *Tsūshō Sangyō-shō* (MITI). Tokyo: Kyōiku Sha, 1979.

Supreme Commander for the Allied Powers. *History of the Nonmilitary Activities of the Occupation of Japan*, 1945 —1951. 55 monographs. Washington, D. C. : National Archives, 1951.

Suzuki Kenji. "Keisatsu o shimedashite, Bōei-cho o nottoru Ōkura kanryō"(The police frozen out; Finance bureaucrats take over the Defence Agency). *Sandē mainichi*, July 30, 1978, pp. 132—34.

Suzuki Yukio. "Sangyō seisaku gyōkai saihen o meguru zaikai rīdā no ishiki to bihēbiyā" (Financial leaders' views and behavior concerning industrial policy and industrial reorganization). *Keizai hyōron*, 12 (May 1963);34—45.

——. *Keizai kanryō, shin sangyō kokka no purodyūsā* (Economic bureaucrats; producers of the new industrial state). Tokyo; Nihon Keizai Shimbun Sha, 1969.

Tajiri Ikuzō, Takemura Yoshio, and Shioda Mitsuhiko. "Kishi Nobusuke kenkyū"(Research on Kishi Nobusuke). *Bungei shunjū* (July 1978);100—168.

Takane Masaaki. *Nihon no seiji erīto* (Japan's political elite). Tokyo; Chūō Kōron Sha, 1976.

Takase Masao. "Nihon ni okeru dokusen kiseihō no keifu"(The genealogy of monopoly regulation legislation in Japan). *Hōritsu jihō*, 46 (Jan. 1974);76—87.

Takase Sōtarō Memorial Association (Takase Sōtarō Sensei Kinen Jigyōkai), ed. *Takase Sōtarō*. Tokyo; Toppan, 1970.

Takashima Setsuo. "Nihon no sangyō gyōsei to kyōchō hōshiki" (Japan's industrial administration and the cooperation formula). *Keizai hyōron*, 12 (May 1963);26—33.

Takashima Tadashi. "Keizai kōsei no jitsugen to sangyō

seisaku" (Industrial policy and the achievement of economic welfare). *Seikai ōrai* (July 1976):114—25.

Takeuchi Naokazu. *Konna kanryō wa yamete-shimae* (Bureaucrats such as these should be fired). Tokyo: Nisshin Hōdō,1978.

Tanaka Shin'ichi. *Nihon senji Keizai hishi* (Secret history of Japan's wartime economy). Tokyo:Computer Age,1974.

Taniuchi Ken et al. *Gendai gyōsei to kanryōsei* (Modern administration and the bureaucratic system). Vol. 2. Tokyo: Tokyo Daigaku Shuppankai,1974.

Temporary Administrative Investigation Council (Rinji Gyōsei Chōsa Kai). *Gyōsei no kaikaku* (Reform of administration). Tokyo: Jiji Tsūshin,1967.

Tiedemann, Arthur E. "Japan's Economic Foreign Policies, 1868—1893. "In Tiedemann, Arthur E. "Japan's Economic Foreign Policies,1868—1893. "In James W. Morley, ed. , *Japan;s Foreign Policy*,1868 —1941. New York:Columbia University Press,1974.

Tobata Seiichi, ed. *The Modernization of Japan*. Tokyo: Institute of Asian Economic Affairs,1966.

Toda Eisuke. "Mokuhyō o miushinatta Tsūsan kanryō"(MITI bureaucrats who have lost their objective). *Ekonomisuto*, May 31, 1977,pp. 24—29.

Tokyo University, Social Science Research Institute (Tokyo Daigaku Shakai Kagaku Kenkyū-jo), ed. *Sengo kaikaku* (Postwar reform). Vols. 3,8. Tokyo:Tokyo Daigaku Shuppankai,1974,1975.

―――, ed. *Fashizumu-ki no kokka to shakai* (State and society in the Fascist era). Vol. 2. Tokyo:Tokyo Daigaku Shuppankai,1979.

Tomioka Tadao. *Chūshō kigyō-chō* (The Medium and Smaller Enterprises Agency). Tokyo:Kyōiku Sha,1974.

Trade and Industry Handbook Compilation Committee (Tsūsan Handobukku Henshū Iinkai), ed. *Tsūsan handobukku* (Trade and industry handbook). Tokyo: Shōkō Kaikan, [1965?] — 1976. Published annually.

Tsuji Kiyoaki, ed. *Gyōseigaku kōza* (Lectures on the science of administration). Vols. 2, 4. Tokyo: Tokyo Daigaku Shuppankai,1976.

Tsukata Ichizō. *Sangyō gōrika ron* (On industrial rationalization). Tokyo:Nihon Shuppan Sha,1942.

Ueno Hiroya. *Nihon no Keizai seido* (The economic system of Japan). Tokyo:Nihon Keizai Shimbun Sha,1978.

Urata Tomoo. " Sangyōkai ni haishutsu-suru kanryō shusshinsha"(Ex-bureaucrats in the industrial world). *Keizai ōrai* (Oct. 1973):146—53.

Watanabe Takeshi. *Senryōka no Nihon zaisei oboegaki* (Notes on Japanese finance under the occupation). Tokyo: Nihon Keizai Shimbun Sha,1966.

Weber,Max. *Economy and Society*. Ed. By Guenther Roth and Claus Wittich. New York:Bedminster Press,1968.

Wildes, Harry Emerson. *Typhoon in Tokyo: The Occupation and Its Aftermath*. New York: Macmillan, 1954.

Wilson, James Q. "The Rise of the Bureaucratic State." *The Public Interest*, 41 (Fall 1975): 77—103.

Yamamoto Masao, ed. *Keizai kanryō no jittai, seisaku kettei no mekanizumu* (Facts about economic bureaucrats: the mechanisms of policy determination). Tokyo: Mainichi Shimbun Sha, 1972.

Yamamura Kozo. *Economic Policy in Postwar Japan*. Berkeley: University of California Press, 1967.

Yamanouchi Kazuo. *Gyōsei shidō* (Administrative guidance). Tokyo: Kōbundō, 1977.

Yasuhara Kazuo. *Ōkura-shō* (The Ministry of Finance). Tokyo: Kyōiku Sha, 1974.

Yoshida Shigeru. *The Yoshida Memoirs*. Cambridge, Mass. : Houghton Mifflin, 1962.

Yoshida Shigeru Biography Publication Committee (Yoshida Shigeru Denki Kankō Henshū Iinkai). *Yoshida Shigeru*. Tokyo: Meikōsha, 1969.

Yoshimoto Shigeyoshi. *Kishi Nobusuke den* (A biography of Kishi Nobusuke). Tokyo: Tōyō Shokan, 1957.

Yoshino, M. Y. *The Japanese Marketing System*. Cambridge: Massachusetts Institute of Technology Press, 1971.

Yoshino Shinji. *Nihon kōgyō seisaku* (Japan; s industrial policy). Tokyo: Nihon Hyōron Sha, 1935.

——. *Nihon kokumin ni uttau* (Report to the Japanese people). Tokyo: Seikatsusha, 1937.

——. *Shōkō gyōsei no omoide* (Recollections of commercial and industrial administration). Tokyo: Shōkō Seisaku Shi Kankō Kai, 1962.

——. *Sazanami no ki* (A record of rippling waves). Tokyo: Ichigaya Shuppan Sha, 1965.

Yoshino Shinji Memorial Society (Yoshino Shinji Tsuitōroku Kankō Kai), ed. *Yoshino Shinji*. Tokyo, 1974. Privately published.

Yoshitomi Shigeo. *Gyōsei kikō kaikaku ron* (On reform of administrative organs). Tokyo: Nihon Hyōron Sha, 1941.

Zaikai tenbō Editorial Board. "'Tsūsan kanryō no seitai' tettei kenkyū" (Research in depth on the "mode of life of MITI bureaucrats"). *Zaikai tenbō* (Aug. 1978): 62—95.